Fürst Hermann von Pückler-Muskau

Briefwechsel und Tagebücher
Dritter Band

Salzwasser

Fürst Hermann von Pückler-Muskau

Briefwechsel und Tagebücher
Dritter Band

1. Auflage | ISBN: 978-3-84601-747-0

Erscheinungsort: Paderborn, Deutschland

Salzwasser Verlag GmbH, Paderborn. Alle Rechte beim Verlag.

Nachdruck des Originals von 1874.

Inhalt.

Kein Briefwechſel Pückler's zeigt mehr ſeinen edlen Geiſt, ſein tiefes Gemüth, ſeine Fähigkeit zu wahrer und treuer Freundſchaft und Anhänglichkeit, die Liebenswürdigkeit und Vielſeitigkeit ſeines ganzen Weſens, als ſein Briefwechſel mit Varnhagen.

1.

Pückler an Varnhagen.

(Berlin, Sommer 1822.)

Euer Hochwohlgeboren

muß ich bitten mich bei Ihrer Frau Gemahlin zu entschuldigen, daß ich gestern Abend nicht von der Erlaubniß, Ihnen aufzuwarten, Gebrauch machen konnte, weil sowohl der Kutscher als der Bediente hier aus dem Hause Ihre Wohnung nicht kannten, und ich selbst mich derselben leider so wenig erinnerte, daß wir wohl bei zehn Häusern vergeblich vorgefahren sind, auch bei Rose, wo ich nachher hinfuhr, nicht erfahren konnten.

Ueber meine Ungeschicklichkeit und schlechtes Gedächtniß sehr bekümmert, muß ich nun bis zu meiner Rückkehr von Neuhardenberg es aufsparen, mich zu entschädigen und Ihnen mündlich zu sagen wie sehr Ihnen ergeben ist

Ihr ganz gehorsamster H. Pückler.

Donnerstag früh.

2

2.
Varnhagen an Pückler[1]).

Muskau, den 31. Juli 1828.

Ew. Durchlaucht

begrüße ich aus Muskau freudigst und angelegentlichst, aus Muskau, Ihrer herrlichen, einzigschönen Besitzung, und mehr als dieses, Ihrer großartigen, wunderbaren Schöpfung, in welcher Sinn und Erfolg so glücklichen Verein zeigen, wie selten in menschlichen Dingen getroffen wird! Indem ich dieses Blatt an Sie zu richten wage, folge ich dem Drange von Empfindungen, welche mir aus dieser Oertlichkeit von allen Seiten zuströmen, folge ich dem Gefühle des Wohlseins und der Dankbarkeit, welches meine Brust im Genusse dieses Aufenthalts erfüllt, und fürchte daher nicht die kleinste Miß= deutung von Ihnen, der Sie in dem Ausdruck, den ich Ihnen so gern darbringe, nichts anderes wiederfinden können, als was Sie schon an Ihren Naturgebilden gewohnt sind, das Gedeihen, Wachsthum und Erblühen alles dessen, was Sie verschwenderisch ausgestreut. Gewiß, Ew. Durchlaucht hoher Geist, wie er sich in dieser schaffenden und ordnenden Her= vorrufung kund giebt, welche hier die Augen rings bezaubert, ist der Berührung eitler Schmeichelei weit entrückt, aber eben darum nicht verschlossen, denk' ich, den absichtslosen, durch den Gegenstand erweckten, freien Huldigungen, die ein selbststän= diger, anerkennender Sinn begeistert Ihnen widmet!

Wenn wir lange Zeiten hindurch an den Werken eines Dichters uns erfreut, mit seinen Gestalten gelebt, in seinen Empfindungen geschwelgt haben, und wir lernen endlich ihn selbst kennen, als einen herrlichen Mann, der nicht blos in

---

[1] Anmerkung von Pückler, als er später von dem folgenden Briefe Varnhagen's und einem anderen von Rahel eine Abschrift sandte: „Wahrlich, zwei holde Briefe! Meisterstücke an sich, und ein reiches, belohnendes Geschenk für den Empfänger, der sie wenigstens nach ihrem ganzen Werth zu schätzen weiß".

seinen Erzeugnissen, sondern auch in seiner Persönlichkeit gekannt sein will, so müssen wir einsehen, daß der Mensch erst mit seinen Werken und seiner Welt ein Ganzes ist, und Aeußeres und Inneres sich gegenseitig erhellt und trägt. Dasselbe Ergebniß wird mir bei Ew. Durchlaucht auf entgegengesetztem Wege zu Theil. Lange Zeit schon hatte ich die Ehre, Sie persönlich zu kennen; die Schärfe des Geistes, die Anmuth der Bildung, die seltnen Gaben des Umgangs, und überhaupt die geniale Eigenart, ja auch inmitten der weltlichen Kälte der doch warme Herzschlag, waren mir wohlerkannt und geehrt nach Gebühr; ich kannte den Dichter, aber seine Gedichte kannt' ich nicht, nur unbefriedigend hatte mir es verlautet, daß deren vorhanden wären. Und nun auf einmal eröffnen sich die reichen Blätter, ich schwelge in den zauberischen Gedichten, ich sehe mich in eine nicht erwartete Welt versetzt, deren Urheber ich nun erst in ungeahndeten Bezügen seines Wesens neu erkennen lerne! Wahrhaftig, das Bad und der Park von Muskau sind ein mächtiges Gedicht, den größten und fruchtbarsten Werken schöner Kunst vergleichbar, dem widerstrebendsten Stoffe durch Geisteskraft siegreich abgewonnen, dem Hervorbringer ein leuchtendes Ehrendenkmal. —

Wie so ist dieser herrliche Park, der, nach dem Ausspruche vollgültiger Zeugen, mit allem, was Altengland in solcher Art darbietet, an Schönheit sich messen kann, alles in Deutschland Vorhandene aber auch durch die Art weit übertrifft, nicht längst nach Würden bekannt und gepriesen, nicht wenigstens in Berlin den so sehr der Naturschönheit und Naturbildung bedürftigen Landsleuten als ein Zeugniß und Ziel der musterhaftesten Bestrebungen lebendiger vor Augen? Ich muß die Dumpfheit bewundern, mit welcher auch sonst wohl sinnbegabte Personen, welche Muskau besucht hatten, die daselbst empfangenen Eindrücke verwahrlost haben müssen, um sie nur so flüchtig und allgemein, nicht begeisterter und

1*

eigenthümlicher wiederzugeben. Aber in dieser Dumpfheit und Zurückhaltung, die unter unseren Landsleuten zwar endlich immer, aber fast niemals im Anfange, dem genialen Wirken die verdiente Ruhmesbahn gewährt, leuchtet das Feuer der Beharrlichkeit auch um so staunenswerther, mit welchem ein edler Geist, unbekümmert um augenblicklichen Dank, seine Umgebung bildet, seinen Sinn, sei es durch Wort den be= dürftigen Gemüthern, sei es durch kräftige Werkthätigkeit dem verabsäumten Naturboden einprägt! Wir, die wir gegen= wärtig hier auf allen Wegen und Schritten den immer neuen Reiz, die vervielfachten Entzückungen von Ew. Durchlaucht schönem Werke genießen, wir können und wollen uns nicht zu jenen zählen lassen, die dergleichen Namen nur gleichsam träumend hinnehmen.

Beinahe drei Wochen sind es, daß wir, — ich, meine Frau, ihre Nichte und ein liebliches Kind derselben, — in Folge der freundlichen Mahnungen, die wir im vergangenen Winter zu Berlin durch die Frau Fürstin Durchlaucht dieser= halb empfangen hatten, und der dringenderen Einladungen, die von Seiten der uns so theuren und wahrhaft befreun= deten Fürstin von Carolath uns zugegangen waren, hieher nach Muskau kamen, und mit jedem Tage wuchs unsere Annehm= lichkeit, unser Behagen, unsere Bewunderung. Leider sehen wir schon den Tag des Scheidens annahen, während wir doch des Stoffes dieser Genüsse, statt einer Minderung, nur immer größere Zunahme gewahren! Denn, wird das Beschränkte durch süße Gewohnheit unendlich, so bedarf das Ausgedehnte, Umfassende, Mächtige der Wiederholung und Gewöhnung nicht minder, um auch sein Freundliches und Liebliches in ganzer Fülle zu entfalten. Dieses Leben in gemächlicher Ländlichkeit, wo jeder Schritt über die Schwelle zu Laubengängen, zu Blüthen= sträuchern und Wiesenteppichen führt, die reizendsten Nah= und Fernsichten den Blick anziehen, jede Stimmung ihre Gegend, jede Richtung ihre geschmückte Bahn findet, der

Raum sich für jede Bewegung reichlich erstreckt, und überall auch die Wildniß Ordnung und Pflege verräth wie gastlichen Schirm anbietet, — in dieser harmlosen Geselligkeit, die anspruchslos genügt, nach Umständen die glänzendste und bewegteste werden kann, und unter allen Umständen in der hohen Weltbildung und milden Einwirkung der Frau Fürstin eine nicht[1])
Beseelung gesichert hat in diesen wohlthätigen
der Luft und des wirksamen, höchst angemessen
eingerichteten Bades, — dieses erquickliche, Gesundheit und Friedensfreude spendende Leben hier, möchte man nicht nach Wochen und Monaten, sondern lieber gleich nach Reihen von Jahren zählen! In der That sprechen wir unter uns nicht nur oftmals vom Wiederkommen, sondern auch mit Antheil und Gefallen betrachten wir das Loos derer, welchen diese Wohnstätte bleibend angehört. Es sei mir erlaubt, in dieser Beziehung auch mit wahrer Befriedigung des trefflichen Leopold Schefer zu gedenken, den ich hier auch endlich, nach= dem ich lange nur seine von Ew. Durchlaucht herausgegebenen Gedichte geschätzt, zu meiner Freude persönlich habe kennen lernen.

Meine Frau, deren Theilnahme und Empfindung hier mit der meinigen wetteifernd diesen Brief mit begründet, sendet Ew. Durchlaucht nebst den besten Grüßen die herz= lichsten Glückwünsche zu der schönen und großen Welt, die Sie hier geschaffen haben! Wir rechnen Beide auf Ihre Freundlichkeit und Nachsicht bei Empfang dieses Blattes, welches keinen anderen Zweck hat, als Ihnen die Gesinnung darzubringen, welche uns für Sie hier in gesteigerten Maßen

---

[1]) **Anmerkung von Pückler:** „Worte, die mit dem angeklebten Siegel abgerissen wurden, und die ich mir nicht zu ergänzen erlaubt habe".

aufrichtigſt beſeelt, und in deren wiederholtem, eifrigſten
Ausdruck ich ehrerbietigſt mich nenne

Ew. Durchlaucht
ganz gehorſamſter
R. A. Varnhagen von Enſe.

3.
Fürſtin Lucie von Pückler-Muskau an Rahel.

Muskau, am 21. November 1828.

Schreiben Sie, verehrte und liebenswürdige Frau, nur
dem Gefühl, welches Ihr Umgang ſo natürlich einflößt, dies
unaufgeforderte Blatt bei, womit ich Ihnen und Herrn von
Varnhagen das Bedürfniß auszudrücken wünſche, unſere
Relationen nicht ganz abgebrochen zu ſehen! Der Zufall
trennt und enträckt uns im Leben ſo oft von dem und von
denen, welchen wir immer nahe ſein möchten, daß ich dieſem
Gebieter menſchlicher Schickſale, bei meiner längeren Entfernung von Ihnen, es wenigſtens nicht allein überlaſſen will,
in Ihrem Andenken fortzubeſtehen, oder meines Gedächtniſſes
Untergang darin zu finden.

Sie ſollen auch wiſſen, wie Ihre geiſtreiche Geſellſchaft,
jene durchdringende, wohlthätige Wärme Ihres Gemüthes,
Ihre ſo herzliche Theilnahme mich ganz mit Achtung und
mit Dank erfüllte, wie überhaupt alle Augenblicke, wo wir
zuſammen waren, mir werth und unvergeßlich ſind!

Möchte doch in Ihren Plänen für die Zukunft mir und
dem Thale von Muskau wieder ein Lichtpunkt Ihrer An-
weſenheit hier leuchten — Sie mich aber indeſſen in Kenntniß
deſſen erhalten, was Sie vorzüglich nahe betrifft und
berührt.

Von Ihrer Geſundheit, von Ihrer Art zu leben, den
intereſſanten Zirkeln, worin Sie ſich befinden, den Haupt-

perſonen darin, von der lieben Nichte und dem lieben Nichtchen theilen Sie mir doch etwas mit! Meine Einſamkeit bietet dazu wenig Stoff; aber kein wichtiges oder entſcheidendes Ereigniß wird mich treffen, ohne daß ich Sie davon unter= richte, und Ihr Intereſſe dafür in Anſpruch nehme. Das= jenige, welches Sie' und Ihr Gemahl dem guten Schefer bezeigen, und der edle Eifer, womit Sie deſſen beſcheidenen Fleiß und Talent aus der Verborgenheit, worin es gehüllt, zu Tage fördern: dies ſei Ihnen vom Himmel gelohnt; das Wort der Anerkenntniß über meinen Freund, den erſten Herausgeber von Schefer's Gedichten, geſprochen, dies dankt mein Herz dem, der es ſagte, mit ganz wahrer Empfindung.

Es würde für mich in den langen Wintertagen, die ich ſo ganz allein hier zubringe, eine unendliche Erholung ſein, gute Bücher zu haben. — Alles Geſchichtliche, wenn es nicht gelehrt und aus interminablen Details zuſammengeſetzt iſt, vorzüglich aber Memoiren, und was ganze Zeiten und Ka= raktere darſtellt, intereſſirt mich, franzöſiſche Schriften beſonders! Vielleicht, daß Herr von Varnhagen die Güte hätte mir einiges von ſeinem Ueberfluß zu verſchaffen, oder doch einen Weg zu eröffnen, wie ich, ohne alles zu kaufen, und daher Beträchtliches darauf zu verwenden, zu einem ſolchen Genuß und Troſt gelangen könnte! Nehmen Sie ſich, iſt es möglich, meines Wunſches an, und rechnen Sie auf Pünktlichkeit und Promptheit, wäre ſie nöthig.

Und jetzt, liebe und verehrte Frau, nehmen Sie noch meine Wünſche, daß es Ihnen ſo gut und angenehm ergehen möge, als Sie ſelbſt ſind. Ihrem Herrn Gemahl ſprechen Sie meine ausgezeichnete Hochachtung aus, und erhalten Sie mir Beide Ihr freundliches Wohlwollen.

Für immer ganz ergeben Ihre

L. Pückler = Muskau.

4.

Rahel an die Fürstin von Pückler=Muskau.

Berlin, den 6. Dezember 1828.

Wie Recht haben Ihre Durchlaucht, den Zufall den „Gebieter menschlicher Schicksale" zu nennen! Wenn wir nämlich das um uns bewegte All so nennen, auf dessen Strom wir getrieben, von dessen Wellen wir verschlungen und gereckt, die nur durch seltene große Geschicklichkeit oder einen solchen Karakter durchschifft und bezwungen werden. Mich bezwin= gen sie ganz. Jeden Tag mehr: meine Einsicht steigt; mein Karakter sinkt: die Kräfte, die Detail = Muth beleben, aus denen er besteht. Und so ist es möglich geworden, so viele Tage Ihren mich überraschenden, lieben, geehrten, mich be= schämenden Brief nicht zu beantworten. Ich hätte Ihnen schon längst schreiben sollen, verehrte Fürstin! wenn Recht vor Unrecht ginge: das heißt, wenn wir unserem Inneren folgten, anstatt auf jenem Meere uns treiben zu lassen. Ich mag Ihnen nicht Welle vor Welle nennen; es waren auch nicht immer sonnenbeschienene reizende, die mich aus meinem Meere führten! Meine drei Domestiken waren einer nach dem anderen krank; fast zugleich; Gäste und Fremde häuften sich zu der Zeit: mein Kind, Elischen [1]), hatte den Keichhusten, und war öfters in Pension bei mir. Musiken — obligées — bei mir; drei Stück, wo Fürst Radziwill Dilettantinnen hören mochte, und auch sie mit Kompositionen und Gesang belohnen wollte. Zwei neue Stücke von meinem Bruder Ludwig, der viel darauf giebt, wenn sie mir gefallen, oder nicht: viele Damen, die scheel von mir denken, weil ich sie nicht mit Besuchen abwarten kann, andere, denen ich das doch leistete. Und ich — todtkrank an Nerven; an du rhuma- tisme délayé sur les nerfs. Ein leidender Barometer! Sonnabend eine Migraine, nach der ich bis heute nicht schrei= ben konnte. Dies die nur zu nennenden Hindernisse! Mit

[1]) Rahels Nichtenkind.

dieſen allen hinter mir, wage ich um Vergebung zu bitten! Aber auch zugleich darum, daß mir Ihre Durchlaucht nun nicht — aus dem beſcheidenen Gemüthe, wie ich es geſehen habe — ſagen: ich ſoll künftig nicht ſchreiben, mich nicht geniren. Ich bitte im Gegentheil, ſchreiben zu dürfen: auch einmal zur Unzeit; wenn ich etwas für Sie weiß, was ich geleſen, geſehen, gedacht habe; und dieſer Bitte ſchließt ſſich die an, daß Sie mir das grobe Papier, worauf ich zu ſchreiben gezwungen bin, einer Nervenſtimmung wegen, zu Gnaden halten mögen, die kein feineres mir erlaubt.

Gewiß kann ein ſolches Zuſammentreffen, wie dies in Muskau dieſen Sommer, ein ſolcher Blick, ein ſolches Gemüth, wie Sie mich eines erſchauen ließen, nicht ohne fruchtreiche Folgen bleiben, und hätten Sie mich nie, mit keinem Worte beehrt. Aber Ihre Durchlaucht haben Recht; ſolch ſchöner Fund muß auch willentlich zum Fortleben unterhalten werden; und in Folge dieſes belebenden Willens erlauben Sie mir auch wohl, hier meinen wohlgefühlten Dank für Ihre wohl= thätige Aufnahme in Muskau keck auszuſprechen. Nicht ein Wort, nicht ein Blick, keine Nüance iſt zerſtäubt davon; alle liegen, als Samen in meinem Herzen aufgefangen! Das ſag' ich in höchſter Wahrheit, alſo mit etwas Dreiſtigkeit. Sie haben Ihr ſchönes edles Vertrauen einem Virtuoſen in Herz= und Menſchenerkenntniß geſchenkt: und das fühlten Sie auch gewiß, darum waren nur feine, unmerkliche Aeußerungen nöthig, ohne welche das namhafte Vertrauen, des edlen Freundes Briefe zu leſen, wohl nicht hätte erfolgen können. Hier möchte ich ausrufen: Genießen Sie Ihr eignes Herz Das einzige wahre Geſchenk des Himmels; und auch das Einzige, was wir eigentlich hier finden können; zu ſuchen haben; denn wahrlich, auch geſucht muß dies werden. Aller Weltbeifall iſt eitel; wenn er auch manchmal nöthig ſein kann. Nehmen Sie meinen Glückwunſch gnädig auf! und verzeihen Sie mir meinen Muthzuſpruch!

Varnhagen legt sich Ihrer Durchlaucht zu Füßen, und fragt ergebenst an, ob Sie die folgenden Theile der Contemporaine befehlen? und schickt vorläufig die mémoire des duc de Rovigo. Ich werde mich eilen, Fürsten und Völker von Südeuropa im sechszehnten und siebzehnten Jahrhundert von Ranke auszulesen — wunderschön — um es Ihnen zu schicken. V. ist Ihr größter Verehrer, liebe Frau Fürstin; er wird so frei sein Ihnen zu schreiben, und ihm kann es besser gelingen, Ihnen zu sagen, welche Freunde Sie an uns haben, und wie die von Ihnen denken. Er hat einen himmlischen Brief vom Fürsten Pückler aus Dublin.

Seit acht Tagen haben wir das Glück, die Fürstin Carolath hier zu besitzen; nach Umständen wohl, sehr ruhig, und beruhigt; von allen Freunden erwünscht, geliebt, geehrt; und durchaus nach meinem besten Wunsch. Nur die edle Mutter fehlt: wir hofften Alle, Sie gewiß hier zu sehen: ich hatte so ein bequemes Quartier ermittelt: gleichererde. Alles, alles! dürfen wir nicht mehr hoffen? Gestern sprach ich Frau von Hünerbein auf einer Musikfête bei Mad. Beer, wo die Frau Fürstin und die halbe Welt war; aber auch die konnte mir keinen erwünschten Bescheid geben. Lassen Sie mich ihr einen solchen bringen!

Fast möchte ich mich sehr dieses langen Schreibens wegen entschuldigen. Aber ich konnte nicht finden, was darin wegzulassen sei. —

5.

Pückler an Rahel.

Den 12. August 1830.
Donnerstag Nachmittag.

Darf ich den gütigen Gönnern meiner Sandinsel einige der Früchte anbieten, die neben Kartoffeln und Tannzapfen dort in tropischer Hitze gedeihen? Der schüchterne Geber wird sich durch freundliche Annahme hoch geehrt fühlen.

Zugleich frage ich gehorsamst an, ob man heute nach
dem Theater Ihnen aufwarten darf, und bitte nur um
lakonische mündliche Antwort mit Ja und Nein.

H. Pückler.

6.

Pückler an Rahel.

(August 1830.)
Freitag früh.

Ich werde, verehrte Gönnerin und angenehme Schmeich=
lerin, Sonnabend aufwarten, doch wissen Sie wohl, braucht
es keiner aushäuslichen Potenzen, um mich zu Ihnen zu ziehen,
Sie und Ihr Mann allein bleiben mir immer die interessan=
teste Gesellschaft im Varnhagen'schen Hause.
Tausend Schönes und Respektvolles.

H. Pückler.

7.

Rahel an die Fürstin von Pückler=Muskau.

Sonnabend, den 18. Juli 1829.

So gestalten sich die werthesten Dinge, die erwünschtesten
Ereignisse! — so, daß mir Ihr theurer, gütiger Brief, ver=
ehrte Fürstin, auch schmerzlich werden muß. Einer so güte=
vollen Einladung nicht auf der Stelle folgen zu können, ist
hart, sogar beschämend. Bis jetzt glaubt' ich nichts anderes,
als nach dem herrlichen Muskau zu kommen, und seine ein=
zigen Bewohner zu begrüßen: plötzlich wendet sich alles
anders, und ich muß mit Varnhagen nach Süddeutschland:
da dies geschieht, so will ich auch am Ende Baden=Baden
auf einen Augenblick sehen. Die schöne Badebewegung erleb'
ich also diesmal nicht unter dem Schutz Ihrer Durchlaucht
und der Fürstin Adelheid; und still, wie alles, was das
Geschick uns bietet, muß ich dies hinnehmen: aber die Hoff=
nung, doch Muskau noch vor dem Schnee zu begrüßen,

gebe ich nicht auf! Ihre Durchlaucht müßten dies etwa nicht
wünschen! — Weniger als je bin ich im Stande Ihren lieben
Brief voller Güte und Sanftmuth, zu beantworten! Plötzlich
ward unsere Reise zu morgen bestimmt; und alle Einrich=
tungen dazu mußten durch mich, für sie und das Haus,
getroffen werden; die ich noch attakirt in den Nerven bin,
welches eine beinah lasterhafte Skrupligkeit noch erhöht, die
mich sabelhaft beherrscht. Halten mir Ihre Durchlaucht
diesen Brief nachsichtig zur Gnade, so trocken und schlecht er
sich auch macht. Es ist Sperre in meinem Busen; nichts
von Besserem darin kann hervor. Sehen Sie auch auf diese
Weise, verehrte Frau Fürstin, meinen dankbaren Stolz über
Ihr Schreiben, meine schmerzliche Freude. Ich sehe ganz
Muskau, und inmitten seine Herrscherin, fast feenartig; und
fühle tiefes Bedauern. Bleiben uns Ihre Durchlaucht ge=
wogen! warum ich auch hier Fürstin Adelheid, meine holde
Gönnerin, zu bitten wage, weil ich ihr erst von unterwegs auf
ihren theuren Brief antworten kann! Meine Schreibekräfte
versagen! Glauben Ihre Durchlaucht an meine zärtlichste
Verehrung, und daß ich mich dankbar fühle für Ihre Güte
so lange ich lebe. Treu und ergeben

Fr. Varnhagen.

Darf ich Sr. Durchlaucht dem Fürsten Pückler mich
hier empfehlen! Varnhagen küßt Ihro Durchlaucht ehr=
erbietigst die Hand.

8.

Pückler an Varnhagen.

Dublin, den 28. August 1828.

Euer Hochwohlgeboren

gütiger Brief hat mich ungemein überrascht und erfreut.
Sie sagen zwar viel zu viel Gutes von mir, aber wer hört
sich nicht gern so schön, und aus dem Munde Solcher loben,

die er selbst von jeher so hoch gestellt! Uebrigens haben
Sie in der That recht eigentlich mein Streben erkannt,
denn es ist allerdings der schwache Ausdruck meiner Poesie,
der Ihnen dort in Bäumen, Fluß und Wiesen entgegen=
getreten ist, und ich war immer der Meinung, daß ein Kunst=
werk nicht allein mit Hülfe des Griffels, Pinsels oder Meißels,
sondern auch mit den eigenen Materialien der Natur dar=
zustellen sei. Ueberdem verdankte ich dieser von jeher meine
höchsten Freuden, und widmete ihr daher auch mein innigstes
Streben. Die Arbeit und Mühe war gering, denn es war
ein mit Liebe gepflegtes Werk, folglich ein leichtes, genuß=
reiches, und Natur wie Kunst sind wesentlich dankbar —
aber das bis jetzt erreichte Resultat ist soweit noch von der
Vollendung entfernt, daß ich mir denke, Ihr höherer Dichter=
genius hat aus der entworfenen, partiell von mir sogar kon=
densirten, und fast nirgends vollendeten bloßen Skizze das
Ideal schon im Geiste geschaffen, was mir nur vorschwebt —
und dies allein ohne Zweifel verdient das verführerische
Lob, das ich mir noch nicht anmaßen kann. Einestheils
waren meine Mittel zu beschränkt, und Schwierigkeiten un=
überwindlich, anderseits mein eigener Geschmack nicht genug
gereinigt, die Regel überall von mir noch nicht genügend
aufgefunden, und ihre Nothwendigkeit gehörig erkannt. Mein
zweijähriger Aufenthalt in England hat mich hierin sehr viel
weiter gebracht, indem er manche noch übrig gebliebene Vor=
urtheile zerstört, und mir dadurch in meinen Ansichten eine
größere Selbstständigkeit gegeben. Er hat mich, ich hoffe es
wenigstens, gänzlich vom Nachahmen befreit, vom sklavischen,
grundlosen, meine ich, und erst jetzt traue ich mir in dieser
Hinsicht zu sagen: Anch' io son pittore — obgleich die
Künstler von Profession über eine solche Anmaßung lachen
würden, aber die Dichter — die verstehen mich. Uebrigens
Ehre, dem Ehre gebührt. Ich begnüge mich gern mit dem
geringsten Verdienst. Nicht allen ist es gegeben, mit Adlers=

schwingen zur Sonne zu fliegen, und ich fürchte fast, daß
für mich das Gleichniß der Mücke besser passen würde, die
so lange um's Licht umhergeflattert, bis sie sich die Flügel
verbrannt. Manchmal denke ich auch, es sei Schade, wenn
die Umstände (Verhältnisse, schlechte Zeiten ꝛc.) mir nicht
erlaubten auszuführen, was im Reich der Phantasie schon
ziemlich als ein Ganzes vor mir steht, denn meine Pläne
sind groß, das Wenigste davon erst anschaulich, obwohl viel
vorbereitet, und die Undankbarkeit des Lokals in vieler Hin=
sicht würde, völlig überwunden, ihnen vielleicht nur zur
besseren Folie dienen — aber solcher Gedanke ist nur eine
menschliche Eitelkeit! Die Natur selbst giebt uns hierüber
die beste Lehre. Sie schafft ewig fort, setzt aber keinen
Werth auf ihre Werke. Was eine Kraft vielleicht noch nicht
vollendet, zerstört schon die andere wieder, ja ihre höchsten
Schönheiten stellt sie oft im Verborgenen aus, und unter
dürrem Sand verdeckt sie ihr Gold. Es genügt ihr fort und
fort und fort immer nur zu schaffen, nur das große Kunst=
werk, das All, bleibt beständig. So im geringeren Maßstabe
geht es wohl auch dem Künstler. Nicht um des Gewinnstes,
nicht um Dank, nicht um der Eitelkeit willen, ja nicht einmal
um den Besitz arbeitet er. Es ist das Werk selbst, das ihn
begeistert. Wie oft kann er nie den Raum gewinnen, es
in äußerer Erscheinung ganz nach Wunsch zu verwirklichen,
und ist es vollendet, entschwindet es vielleicht auf immer
seinen Blicken — aber in seinem Gemüthe lebt es dennoch
fort mit heiligem Genuß, und begeistert zu neuen Schöpfun=
gen. Soviel ist gewiß, es giebt nur zwei Dinge auf dieser
Welt, die etwas werth sind: Aus sich selbst etwas schaffen,
oder in seltnen, seligen Momenten seine Individualität verlieren
im Allgemeinen, in Gott — sich auflösen in Liebe. Hier
berührt der Mensch die entgegengesetzten und doch zusammen=
hängenden Pole ewiger Thätigkeit und unendlicher Ruhe. —

Doch ich glaube wahrhaftig, die unverhoffte Freude, mich mit Ihnen zu unterhalten, berauscht mich, und mein Phantasiren, von Dublin datirt, wird Ihnen wie ein echter Irish Bull vorkommen. In diesem Fall rufe ich Frau von Varnhagen zu Hülfe, deren Güte und Indulgenz ich von jeher als überschwänglich gekannt. En vérité, elle m'a toujours gâté, mais je ne l'en aime pas moins, et c'est ce que je vous prie de lui dire. Wie gern hätte ich Ihnen und Ihrer liebenswürdigen Frau Gemahlin selbst die Honneurs von Muskau gemacht, aber ich hoffe, dazu findet sich noch eine andere Gelegenheit. Vergessen Sie mich unterdessen nicht, nehmen Sie meinen Dank für ein so wohlthuendes wenngleich zu schmeichelhaftes Anerkenntniß als das Ihrige, und erlauben Sie mir die Versicherung der herzlichsten Verehrung hinzu= zufügen, mit der ich stets sein werde

Euer Hochwohlgeboren

aufrichtigst ergebener Diener

H. Pückler.

9.

Rahel an die Fürstin von Pückler-Muskau.

Freitag, den 7. Mai 1830.

In der besten Voraussetzung Ihres Wohlseins, und daß Ihre Durchlaucht heute die Oper, oder vielmehr Mlle. Sonntag — in ihrer besten Leistung — hören, wünsche ich einen schönen Maimorgen, und gratulire dazu! Ueber Herrn Dr. Sik ist uns zwischen heute und morgen Antwort verheißen, welches Varnhagen mich beauftragt, mit seinen besten Empfehlungen Ihro Durchlaucht zu melden.

Und nun melde ich mich wie ein Offizier seinem General. Bis morgen 8 Uhr Abends, die Mittagsstunde von 3 bis 5 ausgenommen, können Ihro Durchlaucht über meine Zeit,

etwa zu einem Besuch, einer Besprechung, oder einer Fahrt
unter Bäumen schalten; und Sie wissen, ob es mein Vortheil
ist, wenn Sie es möchten und könnten! Um 8 Uhr mußte
ich, nach dem vorigen und jetzigen Winter, bei der Baro=
nin Reden eine Soiree annehmen, wo meine Schwägerin
noch dazu singt. — Den ganzen Winter von Gesellschaft
gesperrt, sah ich diese hannöversche Familie nicht. Mußte
absagen. Im Frühling lud ich sie Einmal; gleich kamen
sie Alle; sie besuchten mich dann: nicht zu Hause; sie luden
mich: ich zum Geburtstage meines Kindes. Alle besuchten
mich Dienstag; ich bei Willisen's auf dem Lande, in Lichten=
berg. Sie ließen mich einladen: das nahm ich an. Aber
von nun an gebieten Sie! inclusive morgen bis 8 Uhr.

Auch heute morgen hätte ich gewagt, und gesucht, Ihro
Durchlaucht einen Augenblick zu sprechen, anstatt diesen mili=
tairischen Bericht zu schicken; aber meine Nichte Frau von
Lamprecht hat mir ihr sechsjähriges Töchterchen gebracht,
und vertraut; die erst vor vierzehn Tagen sich einen Arm
ausgefallen hat. Die Mutter ist seit der Zeit zum ersten=
mal bei einem Diner. Ich bin so glücklich, Großmutter
spielen zu können; immer viel, ohne Kinder! — Ihnen sei
es gelobt! Wie man sagt: Gott sei's geklagt. Dem
dank' ich's.

Mit höchster Anerkennung Ihro Durchlaucht ergebenste

Fr. Varnhagen.

Schreiben Sie nur Ihren Willen auf einen Zettel!

. . . .

10.
Pückler an Rahel.

Berlin, den 10. August 1830.
Dienstag früh.

Sie haben mich, gnädigste Frau, gestern Abend durch
Ihr Lob, das ich so wenig rechtfertige, völlig dekontenanzirt,

und ich gestehe es als eine besondere Eigenheit ein, daß ich in dieser Hinsicht immer blöder werde, je mehr Jahre ich zähle, nämlich vom Lobe mehr als vom Tadel mich beschämt zu fühlen.

Demohngeachtet erfreut es mich von zwei so gewichtigen Freunden, und ich sende Beiden daher inliegend mehr als sie wahrscheinlich erwarteten, dem Volumen nach, aber höchst wahrscheinlich weniger, was den Inhalt betrifft. Unmöglich kann der Styl dem Meister darin genügen, noch minder vielleicht die paar Körnchen Salz der Fülle zwei so geistreicher Leser Befriedigung geben.

Dem sei indeß wie ihm wolle, jedenfalls darf ich auf zwei Dinge mit Bestimmtheit rechnen, auf eine milde Kritik, und auf vollständige Diskretion.

Eine Menge fataler Druckfehler sind vom Verfasser im vorliegenden Exemplar korrigirt worden, manche mögen ihm wohl noch entgangen sein.

Der Himmel schenke Ihnen Geduld für zwei lange Theile, und verdopple Ihre Nachsicht.

H. Pückler.

11.
Rahel an Pückler.

Berlin, Donnerstag, den 26. August 1830
12 Uhr Nachts.

Sonnabend kommt Dlle. Heinefetter zu mir; sie hat es mir heute Morgen versprochen. Ich bitte Sie, lieber Fürst, auch kommen zu wollen. Aus unserer Fahrt nach Stimming konnte des Wetters wegen heute nichts werden. Morgen ist dies ebenso, ohne Zweifel; übermorgen sind meine Herren außer mein eigentlicher, alle zu Goethens Geburtstag. Sonntag ist die Null in der Woche; also ist es gewiß bis Montag nichts. Mündlich davon; wie von meiner vortrefflichen, höchst amüsanten Lektüre! Sie spart mir nicht die Reise nach und

in England; sondern sie läßt sie mich wirklich höchst nützlich
und ergötzlich machen. Uebt den Zauber aus, den ich mir
immer wünsche: durch ein Zauberperspektiv nach den Orten
hinsehen zu können, die wir kennen möchten; mein Buch ist
solcher Gucker, und liefert noch die geistvollsten, launigsten,
melancholischsten, sinnvollsten, tröstlichsten Bemerkungen oben=
ein! — Gute Nacht! und alle Nächte gut! Zum Dank!

Fr. Varnhagen.

12.

Pückler an Varnhagen.

Berlin, den 29. August 1830

Verehrtester Freund

Ich erschrecke doch ein wenig vor Ihrem Gedanken, jene
unbedeutenden Briefe Goethe, der meiner armen Seele in
diesem Augenblick wie der unerbittliche Rhadamant erscheint,
vorlegen zu wollen. — Er ist solchen freien Ergießungen
des Augenblickes ohne Kunst und ohne Plan nicht günstig,
und ich kann mir, wenn er so geringer Erzeugung überhaupt
seine Aufmerksamkeit schenkt, sein Urtheil schon aus seiner
Korrespondenz im voraus wörtlich abschreiben. Ja das
geschah bereits in meinem Tagebuch, und hier ist es: „Geist=
reich und unterhaltend, aber leider leichtsinnig, dilettantisch,
mitunter hasenfüßig und phantastisch."

Viel besser wird es mir nicht gehen, wo noch so gut.
— Indessen wer einmal die Schwachheit hatte sich drucken
zu lassen, muß sich allem unterwerfen, und selbst ein Tadel
Goethe's ist noch ehrenvoll, wie man dem lieben Gott auch
für die Züchtigung dankt.

Ich versuche noch heut früh Sie zu Hause zu treffen,
und bin wie immer

Ihr aufrichtigst ergebener

H. P.

P. S. Ich kenne übrigens den hohen Greis persönlich — und in den noch nicht erschienenen Theilen meiner Briefe ist mehr von ihm die Rede.

13.
Varnhagen an Pückler.

Berlin, den 30. August 1830.

Ew. Durchlaucht

haben einen gütigen Blick auf meine Anzeige von Goethe's und Schiller's Briefwechsel zu werfen versprochen; eben erhalte ich die verliehen gewesenen Blätter zurück, und sende sie Ihnen mit dem besten Vertrauen auf Ihre Nachsicht! Mögen Ew. Durchlaucht aus dieser Probe zugleich eine günstige Vorstellung von künftigen Arbeiten entnehmen können, die mir in dieser Art, sei es auch selbst durch An= maßung, noch obliegen! Wenigstens habe ich dabei das Gefühl stets gegenwärtig, daß das Verhältniß zwischen Autor und Rezensent — wie das zwischen Autor und Publikum — ein gleichberechtigtes, wechselseitiges ist, und es oft eine eben so bedeutende und bedenkliche Frage wird, wie die Rezension dem Autor gefalle, als die zu sein pflegt, wie das Buch dem Rezensenten? — In dieser Anzeige des Briefwechsels ist übrigens die Einschaltung so vieler den Briefen entlehn= ten Stellen ganz in polemischem Sinne geschehen, nämlich im Gegensatz wider das Verfahren der hiesigen Kirchenzeitung, die gleichfalls eine Menge von Stellen, aber mit gehässigster Absicht, zusammengehäuft hatte. —

Die Fahrt nach Stimming ist noch aufgeschoben; der Sonnenschein wäre wohl gut, aber der Wind ist zu stark.

Mit wahrhafter Verehrung und inniger Ergebenheit verharrend Ew. Durchlaucht

gehorsamster

K. A. Varnhagen von Ense.

2*

14.

Pückler an Varnhagen.

Berlin, den 31. August 1830

Mit ungemeinem Interesse und Vergnügen habe ich Ihre schöne Rezension gelesen, mein verehrter Freund, und kann wohl sagen, daß keine Ansicht, keine Behauptung darin ausgesprochen ist, die ich nicht theilte, wenn ich gleich das Talent nicht besessen haben würde, sie weder so scharfsinnig aufzufinden, noch so klar und gediegen vorzutragen. Um Ihre Rezension aber in jeder Hinsicht würdigen zu können bitte ich, wenn Sie das Blatt besitzen, mir auch den Angriff auf die Korrespondenz in der Kirchenzeitung zukommen zu lassen.

Ich bin seit gestern früh unwohl und nicht ausgegangen Folgen einer Erkältung, die mich vielleicht noch länger zu Hause hält. Wundern Sie sich also nicht, wenn ich in dem mir so angenehmen Besuche Ihres Hauses eine Pause ein= treten lasse, und grüßen Sie die Gemahlin von mir bestens.

Euer Hochwohlgeboren
sehr ergebener H. Pückler.

P. S. Sie werden finden, daß ich, gleich den Damen, nicht ohne Postskriptum schreiben kann — aber eben fällt mir ein, ob es nicht zweckdienlich wäre, wenn Sie bei Ueber= sendung meiner Briefe an Goethe mein gestriges Billet als eine kleine captatio benevolentiae beilegten.

In diesem Falle bitte ich aber (mit der mir inwohnen= den Kindlichkeit), bei dem Worte Rhadamanth das wahr= scheinlich ausgestrichene h wieder herzustellen, da mir seitdem aus den Schulnebeln meiner Kindheit das ϑ (Θητα) wie ein mahnender Geist erschienen ist.

15.

Varnhagen an Pückler.

Berlin, den 8. September 1830.

Verzeihen Ew. Durchlaucht, daß ich erst als Gemahnter, und darauf doch noch verspätet, meine Zusage erfülle! Ich konnte aber in diesen Tagen kaum zu Athem kommen. Hier ist der Zinzendorf! Möge er Ihnen wunderlich genug er= scheinen, um seiner nicht allzubald überdrüssig zu werden, und am besten wäre es, wenn der in der That große Werth des Mannes Sie über die Mängel der Darstellung günstig hinwegführte!

Meine Frau ist unwohl und zu Bette; ich hoffe nicht für länger als heute; es sind Husten= und Schnupfübel, nicht gefährlich, aber mit vielem Leiden verknüpft. Ew. Durch= laucht sind hoffentlich ganz wieder hergestellt?

Mit innigster Verehrung und Ergebenheit verharrend

Ew. Durchlaucht

gehorsamster

K. A. Varnhagen von Ense

16.

Pückler an Varnhagen.

Berlin, den 9. September 1830
Donnerstag früh.

Euer Hochwohlgeboren

übersende ich hierbei die mitgetheilte interessante Rezension zurück, mit vielem Danke für diese sowohl, als die seitdem eingetroffene Biographie Zinzendorf's, in welche ich schon ein gutes Stück hineingelesen habe.

Obgleich ich selbst nur wenig Sinn für ein solches Treiben wie das Zinzendorf'sche besitze, und mich daher für den Helden nicht enthusiasmiren kann, so ist doch die Naivetät einer solchen Selbsttäuschung liebenswürdig, und überhaupt jede Art von Naturerzeugung anziehend, die sich tüchtig in ihrer individuellen Richtung ausbildet. Der Haupthelb bei dieser Lektüre sind aber Sie selbst für mich, mein verehrter Freund, und Ihre kunstreiche Behandlung des Stoffes mein Studium.

Ich bedaure sehr, daß Frau von Varnhagen mich im Kranksein abgelöst hat. Erlaubt sie es, so mache ich noch heute einen Besuch am Krankenbett. Mit großer Hochachtung und Anhänglichkeit

Euer Hochwohlgeboren

sehr ergebener H. Pückler.

17.
Rahel an Pückler.

Sonnabend, den 11. September 1830.

Ich will hoffen, daß Sie mich gestern für meine vor=gestrige Unpäßlichkeit haben strafen wollen; oder, daß das reizendste Ereigniß Sie abgehalten habe, uns gestern zu be=glücken. Ich war eigends in mein Sitzzimmer dazu, und auf ein anderes Lager gewankt. Vergeblich. Doch Eins war gut dabei; ich dachte mir bei allem Erwarten, Sie kämen nicht. Weil ich so ziemlich die Konstellation kenne, unter welcher ich mit jedem meiner Freunde und Bekannten stehe: solcherlei Wesen regiert jedes Vornehmen, in dem wir stehen; oder vielmehr, ist sein wahrzunehmendes Resultat. Dürfen wir heute hoffen, Sie zu sehen? Den Abend bin ich zu Hause; jetzt will ich als Spanier „die Sonne nehmen", im verschlossenen Wagen, des unspanischen Windes wegen, vor dem man hier nie sicher ist. Ergebenst

Fr. Varnhagen.

18.
Varnhagen an Pückler.

Berlin, den 26. September 1830.

Ew. Durchlaucht

übersende mit eifrigsten und treulichsten Grüßen von Rahel und mir hiebeigefügt vorläufig Einen Abdruck der beiden be=sprochenen Rezensionen, von denen die erstere Ihnen jetzt erst bekannt wird; möge die Nachbarschaft Goethe's ihr zum gnädigen Schutz gereichen!

Soll ich die anderen Abdrücke auch noch nach Muskau senden, oder hier aufbewahren? Ich 'dächte letzteres am liebsten! Meine Frau läßt Ihnen ohnehin sagen, Sie möchten nur ja recht Wort halten, und baldigst wiederkommen! Berlin belebt sich schon herbstlich, und die Kunstausstellung ist an die Stelle der Schloßplatzszenen getreten.

Mit innigster Verehrung verharrend

Ew. Durchlaucht

gehorsamster

K. A. Varnhagen von Ense.

An Goethe sind auch schon Abdrücke fortgesandt, und ich habe ihm das Billet, welches die beabsichtigte Sendung des Buches an ihn betraf, größtentheils abgeschrieben, sonst aber keine Silbe verrathen oder errathen lassen.

19.
Pückler an Varnhagen.

Schloß Muskau, den 10. Oktober 1830.

Mein verehrtester Freund.

Für's Erste bitte ich mir bei Frau von Varnhagen das Wort zu reden, damit sie mich nicht wegen des gegebenen Auftrags, den Muskauer Gerstentrank betreffend, für vergeß=

licher hält als ich verdiene. Leider kann er vor dem Früh=
jahr nicht erledigt werden, indem die Zeit des Lagerbieres
vorbei ist, und das noch jetzt vorhandene nicht mehr gut, auch
nur auf Bouteillen gefüllt existirt, die nach des Brauers
Versicherung beim Transport alle platzen würden. Mit
gutem Bier hätte ich ihn dennoch versucht, aber mit schlechtem
ist es nicht der Mühe werth.

Meine Rückkunft nach Berlin hat sich verzögert, weil
ich wieder etwas zu schriftstellern angefangen habe, und auch
glücklich den dritten Theil des Briefes vollendet, den ich,
Ihrer gütigen Erlaubniß gemäß, Ihnen mitbringen, und
Ihrem Urtheil unterwerfen werde. Streichen Sie ja ohne
Zögern was Ihnen nicht gefällt, er ist dick genug, um ohne
Nachtheil mehrere Aderlässe zu erleiden. Die Originalbriefe
konnte ich leider für diese Epoche wenig brauchen, und mußte
über die Hälfte ganz neu machen, oder doch wenigstens völlig um=
schmelzen. Demungeachtet bleibt es noch rhapsodisch genug,
und ich wünsche mehr als ich es hoffe, daß dieser Theil den
früheren wenigstens nicht nachstehen möge.

Im Litteraturblatte des Morgenblattes ist nun auch
eine sehr vortheilhafte Rezension erschienen, die aber mit der
sonderbaren Nachricht anfängt: der Verfasser gäbe sich für
einen deutschen Fürsten aus. Wo der Rezensent das herge=
nommen, begreife ich doch nicht. Vergessen Euer Hochwohl=
geboren doch ja nicht, den mir zugesagten Abdruck Ihrer
und der Goethe'schen Rezensionen zu senden, sobald sie er=
scheinen, da ich doch wohl noch 14 Tage hier verweilen werde

Wie sehr ich auf Ihr Urtheil en détail begierig bin
können Sie denken! Ich lege übrigens diesem Briefe noch
zwei Exemplare des Werkes bei, ein korrigirtes und ein un=
korrigirtes. Wohl wünschte ich, Sie möchten das erste Ihrer
schönen Schwägerin[1] geben, ohne daß sie deßhalb den Autor

---

[1] Friederike Robert, geb. Braun.

errathen könnte. Aber ihr Urtheil möchte ich schon kennen, denn sie ist eben so klug als schön. Der Weiber Beifall ist aber natürlich immer der süßeste. Ihr Mann wird schon weniger mit mir zufrieden sein, denn obgleich, wie ich mir schmeichle, kein besserer Christ als ich, scheint er mir doch ein bei weitem gläubigerer zu sein.

Für Frau von Varnhagen verbleibe ich n alter Ado= ration, und Sie, mein verehrter Freund, bedürfen keiner Be= theurungen der Hochachtung und Anhänglichkeit, mit der ich stets sein werde

Euer Hochwohlgeboren

ganz ergebener H. Pückler

20.

Pückler an Varnhagen.

Muskau, den 13. Oktober 1830

Verehrter Freund.

Kaum war mein letzter Brief an Euer Hochwohlgeboren abgegangen, als ich die Entdeckung machte, daß ein Paket, welches ich für eine Lieferung der Allgemeinen Zeitung hielt, und deßhalb unentfaltet liegen gelassen hatte, die sehnlichst erwarteten Rezensionen enthielt. So lag, wie es im Leben so oft geht, der Schatz unter meiner Hand, ohne daß ich seine Nähe ahndete.

Nun nochmals den schon im voraus abgestatteten Dank für die mühevolle Prüfung meiner Schreiberei, und für ein Urtheil, dem ich die Partheilichkeit ganz verzeihe. Es geht wie mit dem Park in Muskau — Ihre geistreiche Ent= wickelung umgiebt das Bestehende mit glänzenderem Licht, und der ganz geschickt gemachte Glasstein wird durch die untergelegte Folie, wenn auch nicht zum Rubin, doch zum **Rubis balais.**

Daß Sie mein deutsches Element anerkennen und hervorheben, hat mir sehr geschmeichelt, denn gerade darauf bin ich ein wenig stolz, und ich denke nicht, daß das französische Blut der Mutter, als Beimischung, zuviel geschadet, sondern mich gerade als Kind des achtzehnten Jahrhunderts erhalten, dessen klarer Verstand in der That den Nebeleien des neunzehnten vorzuziehen sein möchte, ich meine in Hinsicht auf Religion und Schulphilosophie — obgleich es mir nicht ganz klar wird, ob Sie völlig dieser Ansicht beistimmen. Doch wohl im Ganzen? vielleicht nur mit anderen Modifikationen. Eben so dankbar bin ich für die Würdigung des Verhältnisses zu meiner guten Lucie, und mit Ihnen bedaure ich, daß keiner ihrer Briefe dem Publikum bekannt wird, denn sie sind hinsichtlich des Gefühls (der Weiber Stärke) weit liebenswürdiger wie die meinen.

Ihre Sorgfalt, mich vor Tadel zu bewahren, ist übrigens wahrhaft mütterlich, so auch der Wink der Herausgabe wider meinen Willen. Alles wird gar wohl in Demuth erkannt.

Eine Stelle (obwohl, ich wiederhole es, zu schmeichelhaft) that mir wohl, weil sie zeigt, wie tief Sie meine Individualität erkannt und wie gütig hervorgehoben haben. Es ist die, welche mit den Worten anfängt: „diese bei höchster Bildung bewahrte Unschuld des Sinnes u. s. w."

Ein sonderbarer Druckfehler hat sich in Ihrer Rezension eingeschlichen, der die aus dem Buche angezogene Stelle ungemein tiefsinniger macht. Im Buche steht: „. . . . Gleich Napoleon erscheint er (Byron) mager, wild und leidend wo er noch strebte, fett geworden und lächelnd als er erreicht hatte." In der Rezension steht auch das zweitemal „leidend" für lächelnd. Unterstreicht man nun noch das fett geworden, so ist der Satz wahrer und zugleich, (so lächerlich hier die Explikation klingt) höchst rührend, denn so ein Dichtergemüth leidet immer, beim Streben wie nach allem Gelingen.

Ueber die Skizzen der persönlichen Satyre haben Sie mich auch großmüthig, und als geschickter Steuermann, möglichst hinüber zu bugsiren gesucht, so wie über die Blasphemie gegen Werther, die naturalistisch philosophirenden Ergießungen und die allerdings etwas schwachen Geschichten.

Neu und interessant ist gewiß die gegen mich schon mündlich geäußerte Ansicht über eine Ausbildung der Litteratur von der vornehmen Seite, und wünsche ich von ganzem Herzen, daß das Scharfsinnige, was Sie darüber sagen, bald beherzigt, und ein besserer Repräsentant dieser Seite als ich bin, in meine Fußstapfen trete.

Angenehm ist es, zu sehen, wie die beiden Geister, welche mein irdisches Flämmchen zu beurtheilen gewürdigt, doch im Wesentlichen so gleiche Ansichten hegen, und sich oft wörtlich derselben Ausdrücke bedienen. Dies könnte auch mich ein wenig eitel machen! Es ist aber leider gerade das Gegentheil der Fall. Lob, ich habe es schon einmal ausgesprochen, entmuthigt mich oft, weil ich nicht immer sicher bin es wieder zu verdienen, und der Timiditätsfehler, an dem ich mehr leide als man glaubt, artet von neuem in die von Frau von Varnhagen gerügte Poltronerie aus. Ich möchte die Fortsetzung jenes Buches zurückhalten, und bitte Sie wenigstens, mir es als wahrer Freund ganz unumwunden zu sagen, wenn Sie die zweite Arbeit zu sehr unter der ersten finden. Dies bitte ich zugleich nicht à la Gilblas zu verstehen.

Und hiermit nehme ich Abschied. Verzeihen Sie den zu langen Brief. Ich konnte mir ihn nicht versagen. Tausend Schönes für meine freundliche Gönnerin, und Ihnen Freundschaft und Gruß.

H. Pückler.

P. S. War nicht in Goethe's Rezension eine Stelle über Religion anders? Hat sie etwa die Zensur nicht passirt? Doch irre ich mich wohl.

Ich höre, daß Rezensionen der Briefe im Konversations=
blatte und Hesperus stehen sollen. Könnten Sie wohl die
Güte haben, mir diese zu verschaffen?

Anmerkung: Die Rezension der „Briefe eines Verstorbenen"
von Varnhagen erschien in den „Jahrbüchern für wissenschaftliche
Kritik", und ist später wieder abgedruckt in „Zur Geschichtsschreibung
und Litteratur." Berichte und Beurtheilungen von K. A. Varnhagen
von Ense. Hamburg, 1833. S. 311 und f. f.

21.

Varnhagen an Pückler.

Berlin, den 15. Oktober 1830.

Ew. Durchlaucht

freundliches, Gaben bringendes und verheißendes Schreiben
säume ich nicht wenigstens mit einigen Zeilen und durch
Uebersendung der begehrten Abdrücke zu beantworten. Wahr=
scheinlich sind doch meine unter dem 26. September abge=
sandten Blätter angekommen? Ganz deutlich erhellt es nicht;
im Verneinungsfall wäre eine Nachfrage auf der Post an=
zustellen. — Meine Frau dankt für Ew. Durchlaucht gutes
Gedenken ihrer Wünsche, hat das Buch an seinen Ort mit
hülfreichem Witz unverrathen angebracht, und freut sich mit
mir der schönen Aussicht, baldigst mit Ew. Durchlaucht
Wiederkehr auch die Quelle dieser Lesegenüsse neu eröffnet
zu sehen! Wir sind in der That beide sehr begierig auf die
Fortsetzung, und werden unsere frühe Einweihung durch freie
Aufrichtigkeit zu verdienen suchen!

Goethe schreibt mir unter dem 3. d. wörtlich folgendes
„Es war im eigentlichen Sinne des Wortes recht liebens=
würdig von Ihnen und der Direktion, daß Sie meine Re=
zension nach der Ihrigen abdrucken ließen; ich erinnere mich
dabei der venetianischen Rechtspflege, wo der eine Advoka

die Sache ruhig und gründlich vorträgt, damit man wisse wovon die Rede sei, der andere aber in lebhafter Peroration das Publikum auf eine leichtere Weise in's Interesse zu ziehen sucht. Verfasser und Verleger können zufrieden sein, denn wer wird dies Buch jetzt nicht lesen?"

Der Rezensent im Morgenblatt hat doch bei seiner Behauptung im Buche selbst einigen Grund; es ist eine solche Stelle vorhanden, ich weiß sie nur nicht gleich zu finden

Die politischen Ereignisse scheinen sich in ihrer Verwirrung einstweilen etwas festzusetzen; von hiesiger Seite wird kein übereilter Schritt erfolgen, und das ist sehr viel gewonnen. Uebrigens, wie schwierig auch die Völker zu behandeln sein mögen, mit manchen Regierungen wird es doch noch weit schwerer fertig zu werden!

Ich bin in dieser Zeit auch ein fleißiger Drescher des leeren Strohes, und zuweilen fällt wunderbar denn doch noch ein Körnchen heraus!

In Hoffnung des verkündeten baldigen Wiedersehens verharr' ich treulichst in Verehrung und Ergebenheit

Ew. Durchlaucht

gehorsamster

K. A. Varnhagen von Ense.

22.
Varnhagen an Pückler.

Berlin, den 1. November 1830.

Ew. Durchlaucht

wollen mein säumiges Schreiben gütigst mit dem Drange der Tagesaufgaben entschuldigen, deren Wogen mich gußweise so überstürzt, daß dann von mir gar nichts zu sehen sein kann! — Die gewünschten Blätter vermag ich nicht zu bekommen, hier aber ist ein anderes, das beachtet sein will. Das Buch,

welches man Ihnen allgemein zuschreibt, ist nun in vollem
Zuge; hier sind die Abbrücke für den Augenblick erschöpft
Wegen des Verfassers ist niemand mehr in Zweifel, man
hat die Erkennungszeichen zusammengestellt, und darunter un=
fehlbare gefunden; die im Buche befindlichen Auszüge aus
englischen Zeitungen, worin die Person des Verfassers be=
schrieben ist, geben zwar für dessen Namen nur Punkte, in
den Zeitungen selbst aber steht ja der Name, und da Tag
und Jahr angegeben sind, so braucht man nur nachzusehen,
um unwidersprechliche Gewißheit zu haben: Dennoch dürfte
ein wirkliches Eingestehen zu vermeiden sein. Wünschens=
werth aber ist vor allem die Fortsetzung, damit der noch
kämpfende Feind völlig niedergeschlagen werde durch littera=
risches Weiterschreiten und bestätigten Erfolg. — Auch die
persönliche Gegenwart wäre hier jetzt vortrefflich; wie sehr
insonderheit wir sie auch aus eigennützigen Gründen wün=
schen, bedarf keiner Versicherung! — Die hin und wieder
Verletzten möchten natürlich gern den geistigen Werth des
Buches herabsetzen, . . . es wird ihnen nicht gelingen! Unsere
Stimmen gelten auch etwas. Mein Freund Willisen erklärt
sich ebenfalls mit Nachdruck in höheren Kreisen für das
Buch. —

Ich muß abbrechen, weil ich gestört werde. — Mit
Verehrung und Ergebenheit verharr' ich treulichst

Ew. Durchlaucht

gehorsamster

K. A. Varnhagen von Ense.

23.

Pückler an Varnhagen.

Muskau, den 2. November 1830

Verehrtester Freund.

Hier schicke ich Ihnen denn das Corpus delicti, und begleite es mit einem Stoßseufzer, daß es Ihnen ge=fallen möge!

Wenn Sie es angemessen finden, so möchte ich wohl, daß etwa in einem Monat von dato, oder auch gleich, die Vorrede und einige andere Stellen als Auszüge im Morgenblatt eingerückt würden. Ich erwarte Euer Hoch=wohlgeboren Entscheidung hierüber, und bitte zugleich, durch Ihre vielfache Güte recht sehr verwöhnt, mir diejenigen Stellen anzustreichen, von denen Sie glauben, daß sie sich am besten für partielle Mittheilungen passen.

Der letzte Theil wird nun noch Ausführlicheres über das Theater, und genauere Details über die Gesellschaft ent=halten, abwechselnd, wie der vorliegende, mit einigen roman=tischen Ausflügen — wenn es deren nicht zu viel wird. — Ueber alles das seien Sie nur recht aufrichtig, ich kann wirklich Wahrheit vertragen, besonders von denen, die ich so liebe und schätze als Sie und Frau von Varnhagen. Dem Bekannten schmeichelt man mit Recht, wenngleich mit Maß, dem Freunde ist man die nackte Wahrheit schuldig. Als öffentlichem Rezensenten erlaube ich Ihnen dagegen gar gern die ausgedehnteste Großmuth. Ich möchte wohl wissen, was Heine über mein Buch urtheilt, denn obgleich ich ihm zuweilen Mangel an Takt und gutem Geschmack vorwerfen muß, so bin ich doch ein großer Verehrer seines Talents, seines schlagenden Witzes, seiner höchst liebenswürdigen Laune, und auch seiner Grundsätze, so weit sie Politisches und Re=ligiöses betreffen. Auch kann er unmöglich bös sein, da er so tiefsten Gefühls fähig ist, und so wunderbar ergreifende Verse machen kann, bei deren Lesen die lachende Lippe die wehmüthigsten Thränen des Auges auffängt; sie gemahnen mich an einen Menschen, der sich auf einem Maskenball in Dresden, als Harlekin verkleidet, zu den Füßen seiner Ge= liebten erschoß.

Hie und da werden Sie auch ein paar kümmerliche Verse finden, die ich aus den Originalbriefen mit abge= schrieben. Diese sind nun ganz meine schwache Seite, machen aber auch keine Prätension. Im Fall sie jedoch gar zu schülermäßig wären, bitte ich sie zu streichen. Ich habe zwar zwei rüstige Hofpoeten hier, von denen ich mir leicht bessere könnte machen lassen, mais en amour comme en poésie, je n'aime ni les remplaçants, ni ce qu'on achête tout fait.

Was den letzten Theil betrifft, so hoffe ich Gutes von ihm, er möchte wohl der Gehaltreichste, nach der Meisten Ansicht sein, doch kann ein Autor über seine eignen Produkte nie urtheilen, sonst hätte wohl Petrarca selbst sich nicht ein= gebildet, seine längst vergessenen lateinischen Verse seien sein Bestes. Also salvo meliori!

Manche Details über englische Gebräuche gehen wohl ein wenig in's Kleinliche. Ich habe sie aber vor der Hand stehen lassen, weil es vielerlei Leser giebt, und manche Hausfrauen oder Hausmachende dergleichen Notizen oft sehr gern kennen lernen, um sie zu benutzen. Mißfällt es, so bitte ich auch hier ohne Umstände zu streichen.

Ich bin aber ganz beschämt, Sie mit meiner schwarzen Wäsche so vielfach zu inkommodiren. Ermüden Sie nicht in Nachsicht und Güte, und zweifeln Sie noch weniger an der Dankbarkeit, mit der ich sie erkenne.

Euer Hochwohlgeboren

gehorsamster H. Pückler.

Der Besuch bei Goethe ist durch die nöthige Moderation oder Moderirung derselben, fürchte ich, sehr leer geworden.

Bös könnte Goethe nun doch wohl nur in dieser Hinsicht (nämlich des Unbedeutenden) darüber werden.

P. S. Da mich der Abschreiber im Stich gelassen hat, so sende ich einstweilen nur die Hälfte des Manuskripts.

Noch eins: wäre es nicht am Ende am besten, Goethe geradezu das, was ihn betrifft, zuzuschicken, um das, was ihm doch vielleicht nicht recht wäre, zu streichen oder zu be= richtigen. Ich möchte doch um alles in der Welt nicht bei ihm anstoßen, und weiß mir wirklich in der Sache nicht recht zu helfen.

Vielleicht sind diese Bedenklichkeiten mal à propos, aber Euer Hochwohlgeboren müssen einem angehenden und darauf bald verlöschenden Schriftsteller etwas zu Gute halten.

11.
Varnhagen an Pückler.

Berlin, den 5. November 1830.

Nur ein paar Zeilen heute Ihnen, Hochverehrter, zur gebührenden Nachricht, daß ich gestern früh von der wohlbe= kannten Hand aus Muskau eine Adresse an mich nebst bei= gefügter schönen Ananas durch die Post empfangen habe, und sodann Abends wieder einen Brief, der jener Sendung nicht, aber einer anderen erwähnt, des höchstersehnten Ma= nuskripts nämlich, das jedoch weder ganz, noch, wie die Nach= schrift sagt, zur Hälfte beiliegt, sondern völlig fehlt. Haben Ew. Durchlaucht dasselbe besonders einpacken und zur fahren= den Post geben lassen, so ist alles gut, dann wird es zu seiner Zeit wohl richtig eintreffen. Wäre aber ein Versehen oder eine Versäumniß vorgegangen, so würde eine eilige An= zeige wenigstens zur Beschleunigung der Abhülfe dienen können. Oder hätten sich die Wunder der Fabelzeit erneuert, und die köstliche Geistesfrucht durch den Einfluß irgend eines

Gottes sich in die Gartenfrucht verwandelt, die von jener den Duft und die Würze nun in anderer Art ausströmt? Ich habe die Ananas schon ein paarmal verdächtig darauf angesehen! — Vielleicht werden die Zweifel gelöst, noch ehe dies Blatt in Ihrer Hand ist! — Wir freuen uns außerordentlich auf das Manuskript, und wollen es genau durchgehen und prüfen, auch unsere Aufrichtigkeit soll nicht fehlen; sie wird in diesem Falle keine harte Probe zu bestehen haben. — Wegen der Bruchstücke, die in's „Morgenblatt" zu geben sein mögen, werden wir Bedacht haben, eben so wegen der Stellen, die von Goethe handeln, und die ihm doch wohl am besten als gedruckte zu Gesicht kommen. —

Ich wüßte seit langen Jahren keine litterarische Sache, die bei uns Deutschen gleich von Anfang in so vortrefflichem Zuge gewesen wäre, unter so guten Sternen ihre Bahn fortgesetzt hätte. Wollte Gott, es möchten recht viele der Sachen, die ich sonst vor Augen habe, so glücklichen Lauf haben, so frohe Aussicht gewähren! —

Wegen Heine's bin ich Ew. Durchlaucht Wünschen längst zuvorgekommen. Ich habe ihn frühzeitig auf das Buch aufmerksam gemacht, und jeden Augenblick kann ein Brief von ihm eintreffen. Ich lasse ihn nun aber auch noch besonders wissen, wie günstig der Autor sich über ihn äußert. —

Wir haben das schönste Wetter, doch sieht die Welt, ungeachtet des äußeren Sonnenscheins, nicht freudig aus, wenigstens für mich nicht, der ich zumeist den politischen Horizont im Auge habe. Es werden im Gährungsprozesse der Völker und Staaten noch gewaltige Wahlverwandtschaften in Wirksamkeit kommen; selbst die Ruhe, die gerade noch da ist, hat schon nichts Beruhigendes mehr. —

Meine Frau grüßt bestens, ihr Befinden ist leidlicher als gewöhnlich; doch gehört viel dazu, daß die Quelle der Zeit einen ungetheilt frohen Tag hervorfließen lasse! Ein

angenehmer Abend ist dazu unentbehrlich; wären Ew. Durch=
laucht hier, so würde dafür häufigere Aussicht sein. —
Mit hochachtungsvollsten und treusten Gesinnungen

Ihr

aufrichtigst ergebenster

K. A. Varnhagen von Ense.

12.
Rahel an Pückler.

Ein Stücker zwanzig Ursachen habe ich, Ew. Durchlaucht
dringend zu bitten, Ihre Reise hieher nicht mehr lange zu
verschieben! Zehn rechne ich auf meinen Wunsch, Sie hier
zu wissen, die anderen zehn vertheilen sich alle für Ihren
Vortheil, Sänger, Mimen, Tänzer, Hof und Stadt bedarf
Ihres Urtheils. Ohne Spaß. Ergebenst

Friederike.

Mitten in einem Brief und in einem Besuch, der mich
störte.

13.
Pückler an Varnhagen.

(Muskau, den 11. November 1830.)
Donnerstag Abend.

Mein verehrtester, gütiger Freund!

Die alte, zudringliche Migraine verhindert mich heute
selbst zu kommen, und ich schicke daher den bewußten Aufsatz,
der aber wohl zu stark sein möchte, und dabei, fürchte ich,
mehr bitter als belustigend ist.

Da ich Sie selbst hatte, habe ich Ihren letzten Brief,
im Begriff ausgehen zu müssen, bis zur heutigen Muße un=
entsiegelt liegen gelassen, nebst mehreren anderen, und eben

2*

erſt mit Lachen die Verwandlung meines Manuſkripts in die duftende Ananas geleſen, ſo wie mit vielem Vergnügen die Nachricht über Heine. Wenn es Ihre Freundſchaft und Güte nicht überdrüſſig wird, ſo ſchicke ich Ihnen in ein paar Tagen noch den Anfang des letzten Theiles.

Die Verbeſſerungen im Manuſkript ſind alle gemacht, und die eine ganze Lage, welche durch Verſehen unkorrigirt geblieben war, und mitunter völligen Unſinn enthielt, iſt auch rektifizirt.

Die Stellen für das „Morgenblatt“ laſſe ich ausſchreiben. Wollen Sie die Güte haben, ſie hinzubeſorgen? Ich habe gar keine Bekanntſchaft mit der Redaktion.

Morgen hole ich mir Antwort. Viel Schönes an Frau von Varnhagen.

Ganz der Ihrige H. Pückler.

14.

Pückler an Varnhagen.

Berlin, den 12. November 1830. Früh

Mit dem beſten Guten Morgen überſende anbei das Manuſkript zur gütigen Durchſicht.

Viel Freundliches an Frau von Varnhagen, die hoffentlich heute ſich beſſer befindet. Die Fürſtin Pückler und Frau von Blücher empfehlen ſich derſelben beſtens.

H. Pückler.

15.

Pückler an Varnhagen.

Berlin, den 17. November 1830

Verehrteſter,

Es iſt nichts aus der Potsdamer Reiſe geworden, und ich habe meinen Bruder ſtatt meiner geſchickt.

Ich werde aber heute Major Willisen besuchen, und wenn Sie zu Haus sind, mir auch die Erlaubniß ausbitten, Ihnen Abends ein halbes Stündchen aufzuwarten.

Einstweilen schicke ich Ihnen die heut früh aufgeschriebene Relation eines gestrigen Diners beim Prinzen Karl, die „in unser Trauerspiel" paßt, das heißt im Leben, nicht in's Buch.

Könnte es zufällig sein, so möchte ich wohl, Euer Hoch= wohlgeboren theilten es Major Willisen, und wenn Sie es für gut hielten, mit, aber doch mit großer Diskretion, und ohne es aus den Händen zu geben.

Uebrigens hatte ich zuletzt, das heißt nach Tisch, noch eine besondere Unterredung mit dem K. P. (Kronprinz), wo ich alles sagte, und ich glaube nicht ganz ohne Erfolg, was geeignet war ihm zu schmeicheln und ihn zu gewinnen — denn eigentlich wünsche ich ihm, als unserem angestammten Fürsten und einstigen Herren von Herzen alles Wohl und Heil, und glaube, daß viele seiner Mißgriffe nur von der zum größten Theil jämmerlichen Umgebung herkommen.

Ich wünschte wohl, ich könnte ihm näher kommen, viel= leicht änderte sich seine kleine Animosität gegen mich ganz und gar, und erlaubte mir, mit Hülfe Anderer und im gemeinschaftlichen, wohl verstandenen und überlegten Sinne nützlich zu sein.

Mille belles choses an die große Portraitmalerin. Es wäre eine rechte Großmuth von ihr, meines zu versuchen, und ich bin diesmal nicht aus Eitelkeit, sondern wirklich aus dem brünstigen Verlangen, ächte Wahrheit über mich zu hören, so begierig darauf.

Meine Eitelkeit ist aber so enorm groß, daß sie auch den Tadel lieb hat, wenn er mich betrifft. Man kann also keck mit mir aufrichtig sein, ja ich habe so viel von einer ganz artigen Narrheit in mir entdeckt, daß ich gar nicht böse darüber bin, selbst als ein Solcher zu figuriren. Von einer Seite ist ja ohnedem die ganze Welt ein Narrenhaus témoins die verrückten Belgier und die konfus gewordene Legitimität.

Mit wahrer Freundschaft

Euer Hochwohlgeboren

herzlichst ergebener H. Pückler.

Um Rückerstattung der Beilagen bitte ich gelegentlich, so wie des früher übersandten Aufsatzes, und sende meiner=seits mit vielem Dank „Zinzendorf" zurück.

16.

Varnhagen an Pückler.

Berlin, den 27. November 1830.

Ew. Durchlaucht

überreiche ich beifolgendes Heftchen, das so eben erscheint, zu günstiger Aufnahme; dasselbe kann und will nicht mehr sein, als es eben ist, eine Kleinigkeit, aber auch eine solche benutzt man gern als Gelegenheit zum Gruße, zur Erinnerung. Die Novelle ist diesen Sommer beim Kronprinzen mit vielem Beifall vorgelesen worden, dies hat ihren Wiederabdruck zu=nächst veranlaßt. Die geschichtlichen Anführungen darin sind übrigens genau wahr. —

Mit Ew. Durchlaucht Befinden, weiß ich durch Herrn Grafen von Seydewitz, geht es wieder gut, ich hoffe auf's Beste.

In Mennhausen will man sich nicht zufrieden geben; ich habe jedoch keine Zeit übrig, dorthin einen weitläufigen, erörternden, verhandelnden Briefwechsel fortzusetzen.

Verehrungsvoll verharrend

Ew. Durchlaucht

gehorsamster

K. A. Varnhagen von Ense.

Hiebei eine Note, die ich aus der Druckerei erhalten; man weiß natürlich nicht, für wen die Exemplare waren.

17.
Pückler an Varnhagen.

(Berlin, den 29. November 1830.)

Ich sage tausend Dank für das überschickte Buch, und werde noch heute meinen Dank mündlich abstatten.

Ich bin diese Tage mit meiner Arbeit und unausweichlichen Einladungen so beschäftigt gewesen, daß ich wie gejagt war.

Mit vielem Vergnügen habe ich mich gestern überzeugt, daß den König mein Buch durchaus nicht gegen mich indisponirt, und überhaupt sowohl in der Gesellschaft des Hofes, wie der Stadt, nur die Fouqué's und Golz nebst nächstem Anhang mir gram geworden sind. Selbst der Kronprinz, der etwas aufgehetzt schien, ist verbindlicher, und unterscheidet wohl, daß man die Diener angreifen kann ohne dem Herrn zu nahe treten zu wollen.

Mit freundschaftlichster Verehrung

Euer Hochwohlgeboren

ergebenster H. Pückler.

18.
Rahel an die Fürstin von Pückler-Muskau.

Freitag, den 9. Dezember 1830.

Soll ich Klagen führen, theure Frau Fürstin, als Dank für alle huldvolle Güte, die Sie mir zukommen lassen, um nur einigermaßen mein Betragen zu rechtfertigen! Zweimal schon war ich vor Ihrer Thüre; gestern und heute, ohne Ihre Durchlaucht nur wissen lassen zu wollen, daß ich unten sei, so völlig unmöglich war es mir, hinaufzusteigen. In einem an Tollheit gleichenden Nervenreiz setzte ich mich in den Wagen, ohne nur abzusehen, wie ich meine Treppe wieder hinaufkommen soll; so verbitterte dieser Gedanke meine Krankenfahrt. In der Art wie jetzt glaube ich noch nicht gelitten zu haben. Alle Stunden nehme ich ein Glas Champagner wie Medizin, um nicht ohnmächtig zu sein, beim stillsten Still= liegen; zum zweitenmal steht mein Platz zum vielgeliebten Ballet leer. Keiner Freundin kann ich dienen, helfen, ja ge= bührend begegnen; die Kinder lasse ich bei Mlle. Wilhelmine, und sehe sie nur Viertelstunden lang. Lassen Ihre Durch= laucht nur Gnade für Recht ergehen; es ist so schon so arg, daß ich Sie auch nicht ein Bischen pflegen, unterhalten, und Ihnen etwas Erquickliches erzeigen kann, wie Sie mir; die Fremde der Hiesigen! Ich müßte Ihnen Fasanen und Ananas schicken; vorschneiden, reichen, bereiten lassen! Eine Gnade bitte ich mir aus!! Bestellen sich Ihre Durch= laucht etwas in meiner Bürgerküche! Suppe. Sie soll gut sein. Nennen Sie sie nur. Fische, die Dore sehr gut be= reitet. Schüsselfische — zum Beispiel — mit Sardellen; vortrefflich. Nennen Sie mir etwas! oder ich erkundige mich nach Ihrer Speisestunde, und schicke ganz allein etwas. Bitte, bitte!

Gewiß will, werde ich mich erholen; und klimme dann langsam Ihre Treppe hinauf. In einem großen, korridor= reichen, schloßähnlichen, sinnigen Gebäude müßten Kolonieen feiner Leute zusammen wohnen: alles geheizt und erleuchtet; jedes Appartement mit einem Portier, das Ganze voller Be= scheidenheit und Wohlwollen, präparirter Luft, und herrlichster Pflanzen, Bücher, Instrumente, kluge Freiheit; und höchstens unpaß, nie krank. Dann wäre die Erde eine Station, wo sich's auf Befriedigung warten ließe. Aber so — bekommt man für schönste Sendungen, bestes Behandeln, feinstes Wohl= wollen — rosa Antworten[1]), auf's Höchste! Auch ich sehe das Elend ein; und damit will ich noch prahlen: wenigstens zeigen, daß ich's besser möchte, wie hätte!

---

[1]) Anmerkung: Auf rosa Papier geschrieben.

Befehlen Jhro Durchlaucht über Mlle. Wilhelmine, über
Dore, über mich, wenn Sie irgend et was von uns brauchen
können! Alle Menschen sind leidend. Der arme Fürst!
Varnhagen auch wieder zu Hause. Jhre Leute; meine Be=
kannten: alles, alles. Jch muß bald genesen! Gesund oder
krank; immer Jhre ergebene. Jch schmeichle mir; Sie wissen
es! Varnhagen küßt Jhro Durchlaucht die Hand, und schreibt
und schreibt. Der Fürst meinte gestern noch, uns heute zu
beehren?!

F. V.

19.
Pückler an Varnhagen.

(Berlin, den 12. Dezember 1830.)

Mein verehrtester Freund,

Sie werden sich gestern nicht wenig bei uns ennuyirt
haben, da so viele Oelgötzen mit dasaßen, bei nächster Ge=
legenheit hoffe ich einen angenehmeren Abend mit Jhnen
allein bei uns zubringen zu können.

Einstweilen fahre ich aber mit Zudringlichkeit als ein
Verwöhnter fort, und schicke Jhnen zu rücksichtslos strenger
Beurtheilung beiliegenden Aufsatz.

Jch habe mich hier auf ein mir bisher sehr fremdes
Feld gewagt, aber nach Ueberzeugung gesprochen, und mit
Jhrem Fiat versehen (was übrigens unter uns, bleibt, wie
sich von selbst versteht) will ich den Aufsatz lithographiren
und vertheilen lassen, auch den Prinzen vorlegen.

Wenn Jhre Geschäfte es erlauben, so würde ich mich
freuen, heute Abend selbst die Antwort abholen zu dürfen.
Jch komme gewiß, wenn Sie zu Hause sind.

20.

Pückler an Rahel.

(Berlin, den 19. Dezember 1830.)

Sonntag früh.

„Holland in Noth" habe ich gestrichen — wer aber mich in der Noth, wo nicht verlassen, doch vergessen hat, das sind Sie, meine theure Freundin, und Ihr Gemahl. Fünf Tage hüte ich schon mit Schnupfenfieber die Stube, et de vous, pas un signe de vie!

Aber demungeachtet habe ich mich mit Ihnen unterhal= ten, und fortwährend an der „Wage" [1] mich selbst abgewogen, um zu sehen, wie viel ich werth sei, das heißt wie nahe ich Ihnen komme, oder wie weit ich von Ihnen abstehe. Wie gern hätte ich oft mündlich den Faden weiter gesponnen, ich fürchtete aber fast, daß ich gar keiner von denen bin, mit denen Sie wirklich sprechen, und daß die Gräfin M . . . zu sehr vermeidet, Individualitäten zu beleidigen, um mir die Wahrheit zu sagen.

Dem sei nun wie ihm wolle, für mich bleibt es in jedem Falle eine Wahrheit (gleich der französischen Charte jetzt), daß ich Ihnen sehr gut bin, passionirt Erwiederung wünsche, und indem ich Sie jetzt verlasse, die „Wage" wieder vornehme, leider aber auch um Abschied von ihr zu nehmen, weil ich zu oft an die Rückgabe gemahnt worden bin, um sie noch länger zu behalten zu wagen.

Ihr sehr ergebener

Freund und Diener

H. Pückler.

[1] Zeitschrift von Börne, worin Aufsätze von Rahel.

21.
Pückler an Rahel.

Ich bin schmählicherweise noch im Bette, antworte also
auf Ihr liebes Billet nur mit zwei Worten. Ich werde
gleich nach meiner Stunde kommen, obgleich ich mich vor Frau
von Arnim fürchte, die ich noch nicht besucht, was ich mir
selbst nicht verzeihe.

Meinen Damen werde ich die Bestellung ausrichten, und
meinem verehrten Freund Varnhagen bitte ich einen herzlichen
guten Morgen zu sagen.

Tout à vous H. Pückler.

Ich gehe aus zwei Gründen so wenig in Gesellschaft.
Einmal weil ich eine sonderbare Liebe zur Einsamkeit habe.
Zweitens, und das ist kein albernes propos, sondern die
Wahrheit, wie ich sie Ihnen immer sage, weil ich mich für
Andere in der Konversation sehr langweilig finde. Ich besitze
dieses Talent nicht, und Gemeinpläße durchpeitschen —
à quoi bon?

22.
Rahel an die Fürstin von Pückler-Muskau.

Ströme vom neuen Jahreshimmel heitere, stärkende,
frische Gesundheit auf Sie herab, verehrte Frau Fürstin!
Mit der genießt man alles; mit der ertragen wir alles, wie
wir sollen: leicht und gelenk, uns immer nach Frischem,
Neuem wendend. Dieser gründliche Wunsch, den ich auf
große, und neuste Kosten gelernt, enthält alle andere guten,
und ist für Sie und was Sie, lieben! Ich habe keinen einzigen Menschen auf der Erde, dem ich gewöhnt wäre, zum
1. Januar zu gratuliren; da ich aber Ihro Durchlaucht die
Zeitungen zu schicken habe, so dachte ich, vielleicht ist die

Fürstin auf Gütern lebend gewöhnt, daß alles ihr laute
Wünsche darbringt, und könnte sie vermissen; und da ließ ich
meine laut werden; nehmen Sie alles, liebe Frau Fürstin,
wie es hier steht, dann ist es sehr gut. Den gestrigen Abend
brachte ich mit einem Theil meiner Familie sehr heiter zu —
die Anderen waren es; und dies war mein Theil davon,
— lustiges Marionettenspiel, gute Zimmer, gute Leute, die
Kinder, bester Wille; ich aber war hébétée von Angegriffen=
heit, und die Nacht mußte ich heftig leiden; nun komme ich
aus einem selbstverordneten Malzbad, und bin wieder in dem
Salon, wo ich gewöhnlich die Leiden erwarte. Meine Ge=
danken sind ernst, aber hoch; meine Stimmung gut, meine
Einsicht über's Leben nicht bestochen; so fang' ich noch gut
genug das Jahr 31 an. Verstehen Ihro Durchlaucht nun
meine kurzen Wünsche? Gestern Abend wünschte ich Ihnen
auch immer eine heitere, zerstreuende Unterhaltung. Der gute
Wille ist auch erfreulich von Freunden; darum unterstehe ich
mich hier diese Geschwätzigkeit, Ihnen meine Ergebenheit hoch=
achtungsvoll versichernd!

Fr. B.

23.
Pückler an Varnhagen.

Berlin, den 1. Januar 1831.

Mein geehrtester Freund,

Ich bin noch immer sehr unwohl an fortwährendem reu=
mathischen Kopfschmerz, und gehe gar nicht in Gesellschaft,
weshalb ich auch noch nicht zu Ihnen gekommen bin. Er=
lauben Sie mir daher Ihnen und Ihrer Frau Gemahlin
meinen herzlichen Wunsch zum neuen Jahr vor der Hand
schriftlich abzustatten. Sie müssen mir zugleich erlauben,
Ihnen ein kleines, sehr geringfügiges Andenken zu diesem
Jahre — nicht zu geben, sondern nur anzukündigen, nämlich

eine solche Kopirmaschine, wie Sie bei mir gesehen, die ich von England verschrieben, in vier Wochen erwarte, und die wie ich hoffe, Ihnen bei geheimen Sachen, und auch bei kleinen Billets nützlich werden kann, da es um jedes Ihrer Billets Schade ist, das nicht aufgehoben wird, und das Abschreiben doch langweilig ist.

Genehmigen Sie mit der Versicherung meiner größten Hochachtung zugleich die meiner herzlichsten Anhänglichkeit.

Euer Hochwohlgeboren

ergebenster H. Pückler.

24.
Rahel an Pückler.

Dienstag, den 11. Januar 1831.

Ich will es nur gesagt haben, lieber Fürst, daß diesen Abend wahrscheinlich Willisen's bei mir sind; und gewiß Henriette Solmar und Frau von Arnim. Halten Sie sich nicht für engagirt, noch eingeladen, und machen Sie uns Allen die Freude, wie von ungefähr zu kommen!

So eben habe ich mich schon sehr ergötzt: ich las wieder in Ihrem Buch, und reiste in den herrlichsten Gegenden mit Ihnen, wie Sie aus Schottland kamen. Wahrlich reckte sich meine winterverschrumpfte Seele davon zurechte! — Gestern erhielten wir auch Reisebilder = Nachträge von Heine. Die müssen Sie gleich haben.

Ich hoffe!

F. V.

Ihre Damen wage ich gar nicht zu bitten; nämlich es gelingt mir doch nicht, sie längere Zeit zu sehen.

25.

Pückler an Varnhagen.

Berlin, Dienstag, ben 25. Januar 1831.

Verehrtester Freund,

Das ist wirklich eine empfindliche Entbehrung, die Sie mir so unerwartet auflegen — ich hatte die Gesellschaft, wie ich glaube, interessant zusammengesetzt, und jetzt entgeht uns eine der mächtigsten Potenzen. C'est dur, en vérité. Es bleibt mir nichts übrig als ein anderesmal auf Entschädigung zu hoffen, und betrübt mich in das gewiß Unvermeidliche zu fügen, da Sie es mir sonst gewiß nicht angethan hätten.

Euer Hochwohlgeboren

aufrichtig ergebener

H. Pückler.

26.

Pückler an Rahel.

(Den 3. März 1831.)

Meine verehrteste, tugendhafte und ehrliche Freundin,

Ich will gern Ihrer gütigen Einladung Folge leisten, muß aber bevorworten, daß ich schon vor vier Tagen überall Abschied genommen habe, und unter anderen auch heute ein Diner bei Beneke ausgeschlagen, weil ich an diesem Tage nicht mehr hier sei.

Es würde also doch gar zu unverbindlich erscheinen, wenn man erführe, daß ich an demselben Tage eine andere Einladung hier angenommen. Ich müßte also wenigstens in= ständig bitten, außer den Genannten sonst niemanden zuzu= lassen, und mich diesmal nicht bloß als Verstorbenen, sondern auch als Abwesenden zu betrachten.

Die Fürstin Pückler ist leider ernstlich krank, und kommt nicht aus ihrer Schlafstube. Frau von Blücher aber werde ich mitbringen, und zwischen 7 und 8 erscheinen, wenn es so recht ist.

Alles dies ehrlich, aber nicht tugendhaft, wozu ich gar nicht passe, denn meine Elemente sind alle zu weltlich dazu. Abieu, liebenswürdige Geistreiche.

Ihr herzlich ergebener

H. Pückler.

27.

Pückler an Rahel.

Berlin, den 15. März 1831.

Meine theuerste Gönnerin!

Jemand, der nicht viel gehen konnte, führte mich einmal vor seinen Lehnstuhl am Fenster, vor dem sich eine schöne Aussicht ausbreitete, und sagte: hier sitze ich spaziren.

Da Sie nun, gnädigste Frau, auch leider durch Kränklichkeit gefesselt, auf gutes Sitzen nicht weniger Werth legen, so bittet beifolgender Stuhl in eigener Person um gnädige Aufnahme, wofür er Sie selbst wieder aufzunehmen und in seine Arme zu schließen bereit ist, bescheiden schon zufrieden wenn Sie ihm nur recht häufig den Rücken zukehren. Größere Prätensionen aber macht Schreiber dieses, der Ihre freundliche und geistreiche Miene nicht genug sich gegenüber sehen kann, und sehnlich hofft, daß er Sie diesen Sommer unter seinen Blüthenbüschen erblicken wird, unterstützt von der mehr imponirenden, aber ebenso gern gesehenen des Gemahls.

Mit Verehrung und Freundschaft

gnädigste Frau
Ihr sehr ergebener H. Pückler.

28.
Pückler an Rahel.

Schloß Muskau, den 1. April 1831.

Gnädigste Frau,

Die Biertrinker wissen den Monat März zu schätzen, und ich wünsche sehnlichst, daß das beifolgende Märzbier, welches ich am heutigen 1. April abschicke, zu keinem poisson d'avril werden mag.

Aus demselben Grunde sage ich an dem verhängnißvollen Tage weiter nichts, und wiederhole nur, was für alle Tage meines Lebens gilt, nämlich die Versicherung der aufrichtigsten Ehrerbietung und Anhänglichkeit, mit der ich die Ehre habe zu sein

gnädigste Frau,

Ihr gehorsamster Protégé

H. Pückler.

29.
Pückler an Rahel.

Schloß Muskau, den 12. Mai 1831.

Gnädige Frau und verehrte Freundin!

Meine Abwesenheit während mehreren Wochen von Muskau ist daran Schuld, daß ich Ihren zwar gütigen aber doch etwas losen Brief, denn Sie machen sich darin nicht wenig über mich und meine großmüthigen Biergeschenke lustig, so spät beantworte.

Sie haben nicht nöthig zu erwähnen, daß Freund Varnhagen an Ihrer guten Laune Theil genommen, denn ich sehe von hier, wie hundert kleine Satyre in seinen Mundwinkeln gesessen haben, so klein und so schelmisch, wie sie seine kunstgewandte Scheere kaum ausschneiden kann.

Ich lasse mich aber doch nicht abschrecken, in Ermangelung von etwas Besserem, Ihr Bierlieferant zu bleiben,

um so mehr, da ich selbst ein so großer Liebhaber desselben bin.

Werden Sie denn herkommen? Darüber sagen Sie gar
nichts. Bringen Sie mir doch das schöne indische Buch mit,
und ich gebe Ihnen dann wieder Bier für Wein, nämlich die
beiden letzten Theile meiner Briefe zum Austausch. Erhalte
ich sie noch früher, so sende ich sie sogleich meinem Gönner
und Wohlthäter nach Berlin, damit er ihnen wiederum Gnade
vor Recht ergehen lassen möge, wenn er langmüthig genug
ist, dieser neuen Langeweile sich aus Freundschaft unterziehen
zu wollen.

Auch könnten Sie Beide, so weit die diplomatische Pflicht
es zuläßt, mir Einsamen einmal etwas von Neuigkeiten aus
der Hauptstadt mittheilen, den Weltfrieden mir bestätigen, und
sagen, was aus den Polen wird, die sich, schon ehe die
Cholera bei ihnen einheimisch ward, so sehr cholerisch gegen
die Russen benommen, daß sie sie beinahe aus dem Lande
gejagt hätten.

Ist die „Staatszeitung" mit dem großen Format selbst=
ständiger geworden? Ich halte sie nicht, sondern begnüge
mich wie ein wahrer Landjunker, mit der einzigen „Vossischen",
in der ich mich freue, schon zum sechstenmal den russischen
Sieg über Sierarsky zu lesen, wie man Theatertruppen eben
so oft über die Bühne marschiren läßt, und wahre Musik=
liebhaber Variationen auf dasselbe Thema am höchsten schätzen.
Doch graut mir vor dem Finale.

Darf ich bitten, mich den beiden Brüdern Willisen und
Frau von Arnim zu empfehlen, wenn Sie sie sehen, und
immer ein freundliches Plätzchen in Ihrem Andenken Ihrem
treuen Diener und Verehrer aufzubewahren.

H. Pückler.

30.
Pückler an Rahel.
Schloß Muskau, 13. Juni 1831.

Gnädige Frau und sehr verehrte Freundin!

Ihrer Protektion und großen Gefälligkeit vertrauend, wage ich zu bitten, beiliegende Erklärung Ihrem Herrn Gemahl mit meinen besten Grüßen zu übergeben, und ihn zu ersuchen, dieselbe so schleunig als möglich in's „Morgenblatt" gütigst einrücken zu lassen.

Unter dem „der Krone werthen" Dichter ist natürlich Rex Bavariae gemeint, der die angezogene Frage meiner Schwester vorgelegt hat, und billig von dem Betheiligten selbst die Antwort erhält.

Es dient mir zur großen Satisfaktion, Ihnen meine verehrteste Freundin melden zu können, daß ich binnen acht Tagen im Stande zu sein hoffe, der geliebten Gönnerin Hand in natura zu küssen, bis zu welchem frohen Augenblicke ich alles Weitere, der Mittheilung Würdige, aufschiebe, übrigens aber immer und ewig verbleibe

gnädigste Frau

Ihr gehorsamster Freund und Diener

Hermann Pückler.

31.
Pückler an Varnhagen.
Berlin, 29. Juni 1831.

Es thut mir sehr leid, mein verehrter Freund, Sie verfehlt zu haben. Ich hatte gerade ein Schreiben vor, bei einer Sache, die mir wahrhaft an den Kragen geht, und es konnte keinen Augenblick aufgeschoben werden. Drum, hoffe ich, werden Sie mir nicht zürnen, daß ich Sie warten ließ, um den auf die Antwort Harrenden erst abzufertigen.

Ich muß in den verdammten Geschäften übermorgen nach Breslau, und komme dann nicht wieder hieher zurück, darf ich also heute Abend oder morgen Abend darauf rechnen, Euer Hochwohlgeboren und meine gütige Gönnerin zu Hause zu finden, so bitte ich, mich mit einem Worte nur mündlich durch den Ueberbringer davon benachrichtigen zu lassen.

Es ist bei uns eine traurige Zeit! und macht sich m i r jetzt besonders, und auf die chikanirendste Weise fühlbar, so daß ich Gott hunderttausendmal danken werde, wenn es mir glückt, aus dieser Galeere ganz herauszukommen.

Euer Hochwohlgeboren
stets dankbarst und herzlichst ergebener Freund und Diener

H. Pückler.

32.
Varnhagen an Pückler.

Berlin, den 30. Juni 1831.

Ew. Durchlaucht

hatten uns kaum verlassen, als mir meine Versäumniß erin= nerlich wurde, Ihnen die besprochenen Blätter nicht mitge= geben zu haben. Hier sind sie nun als Nachzügler, was ihnen vielleicht zum Vortheil gereicht, indem es immer, edlen Seelen gegenüber, einer ist, um Verzeihung bittend aufzutreten, wie diese Blätter jetzt thun!

Des Wirklichen Geheimen Rath Ancillon Exzellenz dürften übrigens hiebei ihre, denn doch noch immer sehr günstige Meinung zurücknehmen; es ist nicht viel dahinter, und sieht auch leider nicht nach viel aus!

Zum Glück ist es kein diplomatischer, sondern nur ein litterarischer Bericht!

Mit treuester Verehrung

Ew. Durchlaucht

gehorsamster
K. A. Varnhagen von Ense.

4*

33.

Pückler an Varnhagen.

Berlin, den 30. Juni 1831.

Verehrtester Freund!

Sie wissen, welchen angenehmen Eindruck jedesmal das Kunstwerk Ihrer Schriftzüge auf mich macht. Aber auch der Druck der „Jahrbücher" erweckt eine ähnliche angenehme Empfindung in mir, da er meiner sündigen Autorseele zuerst die Seligsprechung der Gnade verkündete!

Welche Früchte diese, von mir unverdiente, trägt, muß ich durch die beiden Beilagen etaliren. Die letzte scheint übrigens anzuzeigen, daß die beiden Gebrüder Franckh nicht mehr — oder wenigstens nicht mehr Buchhändler sind, denn den früher annoncirten Brief habe ich nicht bekommen, sonst aber noch Aufforderungen von mehreren Buchhändlern. Wie schade, daß ich mir nicht einbilden kann, was rechts zu sein!

Was mir indeß auf der einen Seite schmeichelt, auf der anderen aber mich in mehrerer Hinsicht besorgt macht, ist, daß Murray die Briefe übersetzen läßt, und auch da wie hier will die magere Satyre (auf Lady Morgan) das was zieht! C'est pitoyable!

Ich bedaure Sie übrigens, mein verehrter Gönner, wegen der anderen Theile, denn Ihre Freundschaft, die ich mit großer Dankbarkeit und Erwiederung für eine vérité halte, wird Sie zu einer wohlthätigen Rezension antreiben, das Buch selbst aber zu einer mit Lauge geschwängerten. Nun, ich bin fromm, und Gott befehl' ich meine Wege.

Euer Hochwohlgeboren

von Herzen ergebener

H. Pückler.

Die beiden Buchhändlerbriefe hole ich mir Abends wieder ab, und überbringe zugleich die „Jahrbücher." Frau von Varnhagen's Rose schlief mit mir in meinem schlechten Bett.

Postscriptum.

Der Exzellenz thun Sie doch ein schreiendes Unrecht an, wenn Sie nur e i n e n Theil ihres Urtheils citiren, welches eben durch den zweiten aus der Diſſonanz in eine ſehr ſchöne Harmonie übergeht. [1]

Uebrigens wurde bei dieſer Gelegenheit noch etwas an= deres laut, deſſen ich mich ſehr erfreue, nämlich daß Sie im Begriff ſind, des Staatskanzlers Biographie zu ſchreiben.

H. Pückler.

34.
Pückler an Varnhagen.

Muskau, den 24. Juli 1831.

Mein verehrteſter Freund!

Nicht meine Vergeßlichkeit, ſondern mein confuſer Lon= doner Kommiſſionair iſt daran Schuld, daß ich die mir gütig ertheilte Erlaubniß einem Diplomaten par excellence das engliſche Kopierbuch für die Geheimſchreiberei überreichen zu dürfen, erſt heute benutze.

Ich bin, ſeitdem wir uns nicht ſahen, ganz zum Mili= tair geworden, ſtehe als Kommandant in Görlitz, die dortigen Züchtlinge zu bewachen, und Erſatzmannſchaften für die Cholera nach Poſen zu ſchaffen. Nur zwei Tage die Woche kann ich mir für Muskau abmüßigen, wo nun leider der Majeſtät Geburtstag, wie es ſcheint, ohne Euer Hochwohl= geboren und Ihrer liebenswürdigen Gemahlin Gegenwart gefeiert werden wird!

Da Sie ſich in Allem ſo freundſchaftlich für mich in= tereſſiren, darf ich wohl noch hinzuſetzen, daß ich in Breslau

---

[1] Ancillon hatte von Varnhagen geſagt, er wiſſe ſo zu ſchreiben, daß es nach etwas ausſähe, und doch im Grunde wenig damit geſagt wäre, und auch wieder ſo, daß es nach nichts ausſähe, und viel da= hinterſteckte. Varnhagen hatte über dieſes Urtheil geſcherzt.

(wenigstens dem Anschein nach, denn niemand hat öfter wie ich erfahren, welch weiter Weg zwischen dem Becher und Munde ist) gute Geschäfte gemacht habe.

Der gute Lottum hat mich auch diesmal wieder nach allen Kräften unterstützt.

Schreiben Sie mir doch, so weit es Ihre Diplomatie erlaubt, etwas Neues, direkt nach Görlitz, und bleiben Sie mir Alle wohlgewogen.

H. Pückler.

P. S. Ist Herr Robert der Korrespondent des Morgen= blattes? Es ist alles so wahr, was er über Berlin sagt.

Franckh hat Banquerott gemacht, und L. Hallberger sein Geschäft übernommen, welches die Erscheinung meiner letzten Sünden verzögern wird. Sie werden dadurch in jeder Be= ziehung zur moutarde après diner!

35.
Varnhagen an Pückler.

Berlin, den 31. Juli 1831.

Ew. Durchlaucht

so gütiges als erwünschtes Geschenk, obwohl ein schon ange= kündigtes, hat mich in dem Augenblicke, da ich es empfing, dennoch als ein unerwartetes freudigst überrascht! Unser Einer, der immerfort mit Schreiben zu thun hat, fühlt im Besitz eines so trefflichen Werkzeuges gleichsam seine Macht verstärkt; das Schreiben bekömmt durch solche Hülfsmittel etwas von der Wirkung der Druckerei, das kleine Gewehr wird zur Artillerie erhöht. Auch die Schönheit und Tüch= tigkeit der Anfertigung muß ich bewundern. Empfangen Sie meinen wiederholten, innigsten Dank! Schon aber wird mir dieser Besitz auch beneidet, und fast streitig gemacht, und zwar von Rahel, welche behauptet, mit mir gleichen Theil daran

haben zu wollen, und sich ganz außerordentlich in dem Ge=
danken gefällt, mit Einem Druck doppelt oder dreifach abzu=
feuern! —

Ew. Durchlaucht können sich nicht vorstellen, welche
schmerzliche Wunden ich fühle, wenn Sie mich nach Muskau
einladen, oder gar mir Vorwürfe über mein Ausbleiben
machen! An welchem Orte wäre mir wohler zu Muthe?
welche Heilquellen wären erfprießlicher gewesen? welchen Per=
sonen sähe ich mich lieber vereint? wann wäre jemals Er=
holung und Landaufenthalt mir nöthiger gewesen? Aber
auf alle diese Fragen kommt es leider nicht an, sondern die
strenge Nothwendigkeit hält mich gefesselt, und gerade in diesen
schwülen Tagen habe ich die wenigsten Ferien, sondern bin oft
von früh bis spät buchstäblich am Schreibtische niedergebeugt.
Doch nehm' ich mir fest vor, den Augenblick des Freiseins,
wenn er sich bietet, eilig zu benutzen, und so weit es gehen
will, auszufliegen. —

Daß Ihre militairischen Dienstpflichten Sie dem reizen=
den Muskau so oft entziehen, ist beklagenswerth; aber blos
in dieser Hinsicht, denn in aller anderen ist Ihnen diese Ob=
liegenheit gewiß fruchtbar, und ich denke mir, die militairische
Befehlshaberschaft muß Ihnen sehr gut stehen. Auch die
Damen stimmen darin ein, und Fräulein Solmar gönnt Ihnen
aus Schadenfreude recht gern das Bischen Zwang, welches
die neue Macht Ihnen auferlegt.

Mir ist leid, daß der Postbote der Unterwelt, der uns
die Fortsetzung der schönsten Briefe bringen sollte, die rechte
Straße verloren hat. Indeß wird sein Packet auch durch
andere gefördert werden, und ich hoffe, der Zeitverlust wird
nicht groß sein. In keinem Fall wird der Senf nach der
Mahlzeit kommen, denn die Mahlzeit wird erst gehalten, wenn
der Senf da ist, und mir ist nicht bange, daß er die rechten
Zungen schon beißen wird.

Neulich streckte eine Hand sich im „Morgenblatte" hervor, und hielt einen Todtenschädel artig hin; haben Ew. Durchlaucht dieses bedeutende Zeichen gesehen?

Robert verneint, daß er der Berichterstatter im „Morgenblatte" sei; doch möcht' ich sein Nein diesmal nicht beschwören. Zu unserem Leidwesen hat er in diesen Tagen mit raschem Entschlusse sich aufgemacht, und ist mit seiner Frau spornstreichs nach Baden abgereist, um fürerst dort zu bleiben. Wir Alle sind betrübt über die unerwartete Lücke, zumeist aber meine Frau, die bei allen solchen Anlässen am empfindlichsten leidet, und doch am uneigennützigsten einwilligt; sie wollte selbst nach Baden reisen, hatte schon Wohnung dort, und glaubte nur hier bleiben zu müssen, um nicht mich allein der Cholera Ankunft entgegensehen zu lassen.

Noch aber ist die Hoffnung nicht aufgegeben, daß diese Seuche uns verschone. Ich für meinen Theil habe wenig persönliche Besorgniß; was aber stünde uns hier für ein trauriges, verwirrtes, widerwärtiges Leben bevor! Eine gewöhnliche Brechruhr ist hier sehr häufig in diesem Augenblick, und dient vielleicht, wenigstens den betroffenen Personen, als eine Schutzkrankheit gegen jene! Der arme Graf Lottum, der zum Geburtstage des Königs eine große Mittagstafel geben wollte, ist auch in solcher Art erkrankt und recht leidend. Der Himmel erhalte ihn uns, er ist gewiß in dieser Zeit höchst wichtig. Daß Ew. Durchlaucht durch seine Einwirkung guten Erfolg in Breslau gehabt haben, freut mich herzlich. Bei uns muß man nur recht Ungeduld und dabei Geduld haben.

Herr Geheimer Rath Ancillon ist Staatssekretair für die auswärtigen Angelegenheiten geworden; ich weiß nicht weshalb so viele Personen aus dem höheren Kreise darüber schreien; daß sein Name noch bürgerlich ist, sollte doch kein Anstoß sein, wie lange schon könnte er Freiherr heißen! Uebrigens bleibt in den Geschäften alles, wie es bisher war.

Man sagt, der Baron Anselm von Rothschild, der mit seiner hübschen Gattin dieser Tage wieder abreist, habe mit unserer Regierung eine Anleihe von 6 Millionen Thalern abgeschlossen.

Es bleibt vor der Hand Friede. Die Polen unterliegen noch nicht. Die Erblichkeit der Pairie wird in Frankreich abgeschaft, die Burgflecken in England finden keine Vertreter mehr im Parlament. Das sind keine Neuigkeiten, ich weiß es wohl, aber andere giebt es nicht!

Meine Frau empfiehlt sich Ew. Durchlaucht angelegent= lichst. Das herrliche Muskauer Bier ist in diesen wolken= schweren, heißbrückenden Tagen ihr stärkender Labetrunk, der nicht ohne jedesmaligen dankbaren Rückblick auf seinen Geber genossen wird. Wir beide bitten, unsere verehrungsvollste Huldigung der edlen Fürstin zu Füßen legen zu dürfen, und entbehren es schmerzlich, sie diesen Sommer nicht zu sehen. Möge Sie bester Gesundheit sich erfreuen!

Verehrungsvoll und innigstergeben

Ew. Durchlaucht

gehorsamster

K. A. Varnhagen von Ense.

Daß ich nur einer der Ersten sei, denen das erwartete Buch zukommt!

36.

Pückler an Rahel.

Görlitz, den 2. August 1831.

Gnädigste Frau,

Indem ich mich Ihrem Gedächtnisse zurückrufe, bin ich so frei, Sie zu ersuchen, beiliegende, ziemlich ergötzliche Aus= kunft über Amalienberg und Mad. de Lom, Ihrer Frau Schwägerin, die sich so sehr für Amalienberg interessirt, mit=

theilen zu wollen. Ich bitte aber um gütige spätere Rück=
sendung des Briefes, der in meine Sammlung aufgenom=
men wird.

Mit herzlicher Verehrung und Anhänglichkeit
gnädigste Frau
Ihr ergebenster H. Pückler.

37.
Pückler an Varnhagen.

Görlitz, den 5. Oktober 1831.

Wie geht es Ihnen denn, mein verehrtester Freund, in=
mitten der abscheulichen Cholera? Von weitem sehen zwar
dergleichen Dinge immer schlimmer noch aus, als wie von
nahem, indessen ängstige ich mich doch zuweilen um meine
lieben Berliner Gönner, und denke sie mir ein wenig hypo=
chondrisch in ihrem einsamen Hause — denn das gesellschaft=
liche Leben ist doch wohl sehr beschränkt worden.

Vor einiger Zeit schrieb ich Ihrer Frau Gemahlin, und
übersandte einen Brief über Amalienhof, um dessen Remitti=
rung ich bat. Es ist mir aber keine Antwort darauf ge=
worden, so daß ich nicht einmal weiß, ob Sie nicht vielleicht
gar Ihrem Schwager Herrn Robert, nach Baden gefolgt sind,
welche Untreue von Muskau ich sehr schmerzlich empfinden
würde. Sind Sie aber in Berlin, so lassen Sie doch etwas
von sich hören und beschreiben Sie mir, wie es dort hergeht.
Es ist sehr möglich, daß meine Geschäfte mich im November
selbst dorthin führen, bis dahin empfehle ich Sie des Him=
mels Schutz, und mich, wie immer, Ihrem freundlichen An=
denken.

Euer Hochwohlgeboren
aufrichtigst ergebener
H. Pückler.

Ancillon hat jetzt eine schöne Gelegenheit der Neucha=
teller Deputation eine eindringliche Strafpredigt zu halten,
religiös = diplomatisch und philosophisch = politisch. Weniges
über Einiges à la Miltitz.

<hr />

38.
Varnhagen an Pückler.

Berlin, den 9. Oktober 1831.

Ich war eigentlich von Tag zu Tag in der stillen Er=
wartung, Ew. Durchlaucht würden hier eintreffen, und Ihr
eben von der Post gekommener Brief giebt mir insofern
Recht, als er wirklich die Hoffnung gewährt, Sie im No=
vember hier zu sehen. Wir verdienen es auch wohl, in diesen
ungewöhnlichen Zuständen besucht zu werden, denn wir halten
uns brav, sind dankbar für jede Bezeigung, die unseren Muth
und unsere Heiterkeit vermehrt, und bieten jedenfalls das
Interesse einer neuen Erscheinung dar.

Das Merkwürdigste ist, wie alle Kräfte der Hauptstadt
wetteifernd und erfolgreich dahin arbeiten, das Ungewöhnliche
und Gewaltige schnell zum Gewöhnlichen und Schlaffen herab=
zustimmen, und wirklich fügt selbst die Cholera sich diesem
Loose! Wir leben schon friedlich mit ihr zusammen, und
die entsetzlichen Zurüstungen gegen sie haben wir eingestellt;
man unterhandelt, wie in Polen und Belgien, und mit noch
größerem Erfolg.

Dagegen ist ein Meinungsstreit an der Tagesordnung,
und spaltet Hof, Stadt, Militair und Litteratur, am meisten
die Aerzte, die aber diesmal ihre medizinischen Waffen in
obrigkeitliche zu verwandeln suchen. Unser Präsident Rust
wüthet für die Kontagion, und stimmt seine hohen und höchsten
Patienten für diese Meinung, die Zensur muß Bollwerke
dafür aufwerfen, die Polizei ihre Wachsamkeit aufbieten.
Aber vergebens, die entgegenstehende Meinung gewinnt täglich

Boden, und ist neulich sogar in der „Staatszeitung" durchge=
brochen, welche einen Aufsatz von Lorinser aus unseren „Jahr=
büchern" aufgenommen hat, worin meines Erachtens die richtige
Ansicht bündig und klar dargelegt ist, eine Ansicht, die, nach
meiner Ueberzeugung, immer mehr den Sieg davon tragen
und in ganz Europa behaupten wird. Ungeachtet nun die
Krankheit im Allgemeinen hier sehr mäßig auftritt, und wir
sie mit Fassung und Stärke ansehen, so bringt doch ihre
Gegenwart, wie Ew. Durchlaucht ganz richtig voraussetzen,
einige Befangenheit in alle Lebensarten, und die Geselligkeit
empfindet merkliche Stockungen. In unserem Hause jedoch
eben so sehr aus anderen Ursachen, als wegen der Cholera
unmittelbar; der Herbst wirkt mit seinem, wenn auch schönen,
doch nicht gefahrlosen Wetter auf unsere Kränklichkeit ein,
viele Personen sind verreist, die Stimmungen sind ungünstig
u. s. w. Die Einsamkeit ist auch, für mich wenigstens, mehr
als je Bedürfniß, denn in den meisten Fällen wünsch' ich die
Anderen stumm, und muß es selber sein! Ich kann und darf
täglich weniger reden, besonders über das, was gerade am
meisten reizt und bewegt, und mich am meisten beschäftigen
muß, über die politischen Angelegenheiten.

Die Berliner Gesellschaft leidet an früheren und tieferen
Uebeln, als die Cholera, und diese wird längst wieder ge=
schwunden sein, wenn man noch über jene forschen und an
ihrer Heilung herumversuchen wird! Unabhängige Geister
und Verhältnisse fehlen uns, aller selbstständige Lebensmuth
ist in der Beamten=Dienstbarkeit erstickt. —

Was in der großen Welt jetzt an Frauen hier zu finden
ist, entspricht ganz dem Männerthum, Mägde und Lakaien
im Putz, weiter nichts! Wer die Zeiten vor 1806 mit den
jetzigen vergleichend darstellte, welche Klüfte fände der zu
überspringen! —

Das Ableben der Frau von Fouqué hat uns tief ge=
schmerzt, wiewohl sie in den letzten Zeiten eine beinahe feind=

liche Stellung gegen uns haben wollte, und mir es beharrlich
nachtrug, daß ich die Briefe des Verstorbenen gelobt. Sie
hatte zuletzt eine grobe, harte Haut, aber die aus einer fei=
neren nach und nach geworden war. Fouqué lebt bei seinem
Stiefschwiegersohn Oberst von Pfuel in Spandau, und macht
schwache Gedichte, wird aber später nach Nennhausen zurück=
kehren. Ich bedaure ihn sehr; sein Leben ist doch ganz
zerrüttet.

Der General von Pfuel, den die trostlosen Geschichten
von Neuchatel wieder in die Schweiz gerufen, hat während
seiner hiesigen Anwesenheit die „Briefe eines Verstorbenen“ mit
größtem Wohlgefallen und Behagen gelesen; den dritten und
vierten Theil konnt' ich ihm nicht geben, sondern nur sagen,
daß man sie von Woche zu Woche erwarte. Vielleicht be=
gegnet er ihnen unterwegs.

Wir lesen mit größtem Antheil die öffentlichen Nach=
richten von dem Besuche des Kronprinzen und der Kron=
prinzessin in Muskau; daß die herrliche Schöpfung endlich
von diesen Augen gesehen worden, war mir schon eine Genug=
thuung. Wie schön muß es in diesen Tagen dort noch sein,
und wie gesund der ganze Aufenthalt! Mich freut, daß Sie
und die Fürstin es genießen! —

Lesen Ew. Durchlaucht ohne Säumen den Roman Notre-
Dame, par Victor Hugo, ein merkwürdiges Buch, das einen
wenigstens nicht leer noch gleichgültig entläßt. Auch Schefer
sollt' es billig nicht ungelesen lassen. Eine steinerne Vege=
tation, wie die des Bauwerkes, von dem der Name ge=
wählt ist. —

Alles Schönste und Beste, jede Bewahrung und För=
derung Ihnen und der verehrten Fürstin!

In treuer Verehrung und Ergebenheit

Ew. Durchlaucht

gehorsamster

K. A. Varnhagen von Ense.

39.

Rahel an Pückler.

Sonntag, den 9. Oktober 1831, halb 12 Uhr.
Morgenwolkiges Wetter; bald mit Sonne
beschienene Wolken, bald nicht. Frischer
Südwest?!

Auf der Stelle will ich schreiben, nachsichtiger, vielerfah=
rener, in Freundschaft standhaftester Fürst; so trifft Ihr so
eben angekommener Brief „die schandhafte Hälfte meines
Herzens" — wie Hamlet zur Mutter spricht — ich werf'
sie weg, wie er anrathet, da sie mich gegen Sie in Sünde
versetzte. Was verdarb aber dieses Herz! Elend, Influenza,
harte, mit Nachwehen: Influenza, auch von mancher anderen
als Krankheitsseite. Stockiges Berlinerleben, und dann die
gräuelmachende, dumpfe, unbekannte, verschrieene Annäherung
des großen Uebels — ich nenn' sie nicht, die infamirende
Krankheit, sich angesteckt zu fühlen, zu meinen, nicht mehr
fliehen wollen, könnte man es auch noch; dies ist mir, was
mir ein neues, lähmendes, nie bedachtes, ganz verworfen
fremdes Bewußtsein. Und was hab' ich alles entdeckt! daß
ich der größte Aristokrat bin, der lebt. Ich verlange ein be=
sonderes, persönliches Schicksal. Ich kann an keiner Seuche
sterben; wie ein Halm unter anderen Aehren auf weitem
Felde, von Sumpfluft versengt. Ich will allein an mei=
nen Uebeln sterben; das bin ich; mein Karakter, meine
Person, mein Physisches, mein Schicksal. So find' ich zum
Beispiel Madame Heinrich Beer ihr großes Unglück;
jetzt, der der schönste, tugendhafteste, begabteste elfjährige
Knabe in Töplitz an einer Hirnentzündung gestorben ist, doch
nicht abjekt; denn die faule Krankheit hat ihn doch nicht
gemäht! Nie bleibe ich mehr in solcher Pest, wenn ich
fliehen kann. — Jetzt ist alles gut; bloß noch ennuyanter.
Viele Wohlthaten richtig, sogar klug — also viele Oekonomie;
sogar eingestanden. Stille Stagnation. Straßenleere. Theater

geht; diese große Maschine treibt der König allein durch sein bloßes Erscheinen. — Kommen Sie ja bald, lieber Fürst! Der Brief sollte noch groß werden, aber ich kann einen Krampf auf dem linken Auge nicht bezwingen; er wird stärker, und zwingt mich. Den Badener Brief händige ich Ihnen ein.

Ihre ergebenste

Fr. Varnhagen.

Wir leben fast eingemauert in unserer Mauerstraße; außer Fahrten nach Schöneberg. Abdio. Pardon der vielen Rebentinten, mein Auge erhitzte mich bis zur Unfähigkeit. Schade für den Brief, den ich schreiben wollte!

(Diktirt.)

Montag, den 10. Oktober.

Eben solches Wetter wie gestern, nur noch leichter Nebel zu überwältigen, erfrischte Luft und baldige Sonne. Nach 10 Uhr Morgens. In meinem Leben bin ich noch nicht so verliebt in einen Brief gewesen, als in den, welchen ich Ihnen hätte schreiben können, wenn meine Augen nicht noch tückischer geworden wären, sie versagen mir alles, Billete und Zeitungen, und haben wirklich etwas Verrücktes an sich, denn im Winde bessern sie sich, und den sollen sie auch heute wie gestern genießen. Goethe ist nicht allein des Schreibens wegen zu beneiden, sondern auch um seine Diktirkunst, welche ich jetzt als solche kennen lerne; mein Geist wird stätisch vor einer fremden Feder, und bekommt nicht von der Seite, sondern gerade vor den Augen Scheuklappen.

Jedoch müssen Sie noch eines von mir wissen; ich bin unheilbar überzeugt, daß nur die Unart Stettins uns vor einem gräuelhaften Aufruhr schützte; dem eingefleischten Abscheu vor dieser allein verdanken wir die weisen Maßregeln, in denen wir athmen. Muth gegen Unvernünftiges hielt ich von jeher für Tollheit, und endlich geben mir hohe Regierungen Recht, und ich sehe, bald kommt die reife Zeit, wo man in großen Ehren ein Poltron sein darf. Ernster gemeint, als ein alterthümlicher Held nur irgend glauben kann. Apropos vom Fortschreiten! Sie dürfen Viktor Hugo's Notre-Dame nicht ungelesen lassen; ein Meisterwerk der Natur im Menschen, wenn auch nicht des Menschen, der es schrieb, und auch dies Gesagte möchte ich gleich wieder zurücknehmen, weil man viel darüber sprechen kann und doch nicht ausdrücken, wie vortrefflich es ist; Ihnen muß es besonders gefallen mit Ihrem ausgebildeten Sinn für Gebäude. Mir Laien gefiel es im ersten Augenblick, wie sonst schon bedeutende gothische Gebäude, nur nach und nach wurde ich entzückt von dem kleinen und großen Zusammenhang des Kunstwerkes. Jedenfalls ist es mir ein lauter Beweis, wie sehr die französische Nation umgemischt worden ist. (Wieder eigenhändig:) Abieu, abieu, lieber Fürst! Nicht e i n e Phrase wurde natürlich beim Diktiren. Auch soll hier der Brief aus sein. Aber Sie kommen gewiß bald. Alle Freunde warten darauf.

40.
Pückler an Varnhagen.

Görlitz, den 12. Oktober 1831.

Ich kann Ihnen nicht ausdrücken, mein verehrter Freund, welches angenehme, stolze Gefühl mich jedesmal durchdringt, wenn ich meine eignen Ansichten mit den Ihrigen so ganz zusammentreffen sehe. Dies ist nun überall in Ihren letzten freundlichen Briefen der Fall. Ueber Berlin sprechen Sie meine Gedanken aus, über die Cholera hatte ich mich schon ungemein über den Aufsatz aus den „Jahrbüchern" gefreut, und es als besonders merkwürdig notirt, daß er unter den obwaltenden Umständen seinen Weg in jenes zahme Blatt, die „Staatszeitung", gefunden — endlich aber hatte ich auch schon mit Enthusiasmus Notre-Dame de Paris gelesen, ge wiß ein höchst eminentes Dichterwerk, besonders als von den Franzosen ausgehend, obgleich es mir, wenn ich mich so ausdrücken darf, nur den musikalischen Effekt eines wilden, genialen Phantasirens gemacht hat, wie wenn ein großer Komponist sich regellos auf einem sturmbewegten Tonmeere umherschaukelt. Die Schilderung Guasimodos als Geist oder Dämon von Notre-Dame, zuletzt auf der sausenden Glocke wie auf einem geflügelten Ungeheuer reitend, ist so voll poetischer Schönheiten, und von so brennender Phantasie, wie glühender Stahl erhitzt, daß ich ihr wenig an die Seite zu setzen wüßte. Daß übrigens die Karaktere oft entsetzlich aus der Rolle fallen, und das mit den Uebrigen gleiche tragische Ende des Offiziers dem Kontraste und einer tiefen Ironie des Ganzen schadet, ist wohl nicht zu läugnen.

Jedenfalls scheinen die Franzosen durchaus neu geboren, und Victor Hugo, was ihm in Harmonie noch mißlungen und zur Karikatur geworden — das Romantische — in Notre-Dame de Paris erreicht zu haben.

Verzeihen Sie, großer Rezensent, mein kritisches Geschwätz, und fahren Sie fort wenigstens mit mir Aermsten keine patte de velours zu machen.

Daß die arme Fouqué gestorben, thut mir auch recht leid, besonders um seinetwillen, wie denn immer die Uebrigbleibenden bei allen Todesfällen die wahrhaft Bedauernswerthen sind; übrigens danke ich egoistischerweise Gott dafür, daß nicht auch die Golz, welche so nahe daran war, gestorben ist, weil meine mechanten hors d'oeuvres von Satyren sonst wirklich das Ansehen bekommen könnten, wo sie die große Welt treffen, tödtlich zu sein!

Leben Sie wohl, behalten Sie mich lieb, und schreiben Sie mir manchmal, denn gegen mich wenigstens dürfen Sie nicht „mehr schweigen als sonst".

Unserer lieben Freundin, Ihrer Frau, und wie ich hoffe meiner steten Gönnerin, küsse ich die Hände.

P. S. Finden Sie nicht die Uebersicht der neuesten phi=
losophischen Litteratur von Fichte im „Morgenblatt" sehr in=
teressant und wahr, und die Satyre gegen Hegel sehr er=
götzlich? Von wem ist denn die letzte?

Apropos, den dritten und vierten Theil der Briefe er=
halten Sie bald. Die Nachsicht des General Pfuel ist mir
gewiß äußerst schmeichelhaft.

––––––––

Muskau, den 13. Oktober 1831.

P. S. No. 2.

Soeben kommt mir erst, wirklich unbegreiflicherweise, ein
kleines, wildes, geniales Tagebuch vor die Augen, ohne Unter=
schrift, aber leicht erkennbar an seinem originellen Typus.

Tausend Dank dafür, und besonders dafür, daß ich
darin ein ächter Freund genannt werde. Wahrlich, das bin
ich von denen, die mit festem Vertrauen darauf rechnen, auf
Tod und Leben. Denn obgleich ich in vielen Dingen meinem
Katechismus eine weit größere Marge gebe, als die Meisten
billigen möchten, so sind zwei Dinge meiner Natur heilig:
Dankbarkeit und Treue. Wofür aber, freundschaftliche Dienste
noch ungerechnet, ist man dankbarer, als für die Wohlthat
von ausgezeichneten Geistern, in dem, was man Gutes hat,
erkannt und verstanden zu werden! Dies danke ich Ihnen
Beiden, und bewahre dafür treue Anhänglichkeit.

Manchmal hat übrigens meine Eitelkeit schon Aehnlich=
keiten zwischen Frau von Varnhagen und mir aufzufinden
gesucht, und dahin gehört wieder, daß ich eben so wenig dik=
tiren kann, weshalb ich auch so vielerlei selbst schreibe, daß
der längste meiner Finger davon krumm geworden ist, und
ich mir nächstens von Dieffenbach einen anderen machen
lassen werde.

Der Himmel behüte Sie, und laſſe Sie einſt an einer ganz neuen, möglichſt lieblichen Krankheit ſterben.

Die Fürſtin Pückler empfiehlt ſich angelegentlichſt, und vereinigt ſich mit uns in Enthuſiasmus für Notre-Dame de Paris.

41.
Pückler an Varnhagen.

Dresden. den 30. November 1831.

Verehrteſter Freund,

Ich habe hier ein Exemplar der letzten Theile meiner Briefe kaufen müſſen, um es Ihnen korrigirt überbringen zu können, denn leider ſind der Konfuſionen und Druckfehler noch mehr als in den erſten Theilen. Meine ſechs Frei= exemplare ſind noch nicht angekommen, aber als Schmerzens= geld für die Druckfehler hat Herr Hallberger die (auf Euer Hochwohlgeboren gütigen Rath) noch nachgeforderten 100 Fried= richsb'or mir zugeſchickt. Gehen indeß die letzten Theile ſo gut als die erſten, ſo profitirt er enorm.

Mir ſind von der abſcheulichen Kälte die Finger ver= klommen, und es iſt überhaupt nur meine Abſicht dieſen Brief als Notiz vorauszuſchicken, da ich übermorgen früh nach Berlin abreiſe, wo ich mich Ihnen nebſt meinem gedruckten Nonsense auf Diskretion überliefere.

Tauſend Schönes unſeren Damen, denn die Fürſtin Pückler muß ſchon mit dieſem Briefe zugleich in Berlin ein= treffen. Empfehlen Sie mich alſo beiden, und gedenken Sie gnädiglich

des devoten Autors und Euer Hochwohlgeboren
gehorſamſten und treuergebenſten Freund und Diener

H. Pückler.

5*

42.

Pückler an Varnhagen.

Dresden, den 2. Dezember 1831.

Da ich leider hier krank geworden bin, und seit gestern im Bett liege, wo ich 24 Stunden zum Verzweifeln an Kopfgicht gelitten habe, so kann ich, mit Senfpflastern und spanischen Fliegen bedeckt, vor einigen Tagen schwerlich an die Weiterreise denken. Ich sende Ihnen, mein verehrtester Freund, daher die zwei letzten Theile meiner Briefe per Post, und zugleich einen Brief an Goethe, den ich, wenn Sie ihn billigen, aber nur dann, an ihn selbst zu spediren bitte, mit einer kleinen, gütigst beizulegenden Notiz, daß das Buch selbst nachfolgen würde. Ich muß es nämlich erst selbst haben und binden lassen, ehe ich es ihm senden kann, was noch lange dauern kann, und soll einmal Goethe den Brief bekommen, so ist es wohl wesentlich, daß es gleich geschieht.

Sagen Sie der Fürstin nichts von meinem Kranksein, damit sie sich nicht ängstet; hoffentlich sollen mich die Briefe nicht beim Wort nehmen, und ich lebend und wohlauf bald wieder bei Ihnen sein.

Herzlich der Ihrige

H. Pückler.

Den Korrektor des Buchhändlers wünsche ich zu allen Teufeln. Er hat ganze Phrasen weggelassen, durchstrichene abdrucken, und die unsinnigsten Fehler alle stehen lassen. Ich bitte doch auch ein strafendes Wort darüber zu sagen. Das Exemplar, welches ich hier schicke, ist so ziemlich durchkorrigirt. Ich werde es später mit einem besseren zu vertauschen mir ausbitten.

Die englische Nachricht hat mich sehr gefreut, und ich danke wohl Ihnen auch den Auszug aus der „Times" in die „Staatszeitung?"

Ein gewisses, mir von Ihnen geschenktes bon mot, habe ich, wie Sie sehen werden, in der Vorrede auch angebracht.

Wenn Frau von Varnhagen, der ich die Hand küsse, die beiden Theile liest, und sich wirklich bis zum Ende durcharbeitet, so hoffe ich, daß sie auch eine ihrer Kraftkritiken auf einem halben Blatte darüber macht, und mich damit beglückt, denn sie sieht gar scharf. Sie, mein Verehrtester, sollen aber nicht zu scharf sehen, sondern fünf gerade sein lassen.

43.
Pückler an Varnhagen.

Berlin, den 4. Dezember 1831.
10 Uhr Abends.

Verehrtester Freund,

Ohngeachtet alles Uebelbefindens habe ich mich aus dem Bett aufgerafft, und bin, elend krank zwar, aber mit muthiger Seele, Tag und Nacht in meiner Droschke hiehergefahren.

Morgen besuche ich Sie selbst, wenn ich ausgehen kann, und schicke einstweilen mit meinem schönsten Gruß heut Abend noch den bei den Büchern vergessenen Brief an Goethe zu Ihrer gnädigsten Begutachtung.

Daß Frau von Varnhagen krank ist, bekümmert mich sehr, mit einem solchen genialen Willen muß man aber einmal geradezu erklären, daß man nicht mehr krank sein will, und bei so gutem Vorsatz dann bleiben.

En attendant werde ich morgen den Puls der hübschen Hand fühlen, die Ihrige aber herzlich drücken zu freudigem Wiedersehen.

Wie todt erscheint Berlin! Dresden ist unendlich belebter, und ganz Breslau dahin emigrirt. Henkel der Donnerer, Renard der Fuchs, mein Vetter Pückler der Billardspieler, und Andere mehr machen Haus daselbst, Diplomatie und Hof theilen denselben Zirkel, kurz, die ganze Gesellschaft bildet nur eine Kotterie, jeder Tag der Woche ist genommen, und man amüsirt sich vortrefflich.

Mehr glaub' ich, als man von Berlin sagen kann, dem wie ich höre, pour comble de malheur, die Cholera auch die Soupers geraubt hat.

Aber es ist Zeit, daß ich meine müde Maschine in's Bette lege. Felice notte.

Tout à vous

H. Pückler.

Wegen des Briefes an Goethe bitte ich ja um Ihr auf= richtiges Urtheil. Halten Sie ihn für überflüssig, oder gar für schädlich, so werfen Sie ihn weg, wo nicht, thun Sie gütigst wie ich in meinem Dresdener Briefe gebeten.

44.

Varnhagen an Pückler.

Berlin, den 5. Dezember 1831. Mittags.

Willkommen, ruf' ich Ew. Durchlaucht um so freudiger zu, als die letzten schriftlich und mündlich sich durchkreuzen= den Nachrichten leider nur darin übereinstimmten, daß un= günstige Hindernisse Ihr Kommen verzögerten. Da dieses jedoch glücklich erfolgt ist, werden die übrigen Umstände hof= fentlich ebenfalls dem guten Sterne sich fügen, der schon so weit geleuchtet hat!

Wie sehr beklagen wir es, die Frau Fürstin noch nicht begrüßt und unserer treuen Ergebenheit versichert zu haben! Es ist peinlich, so verehrte Personen in der Stadt zu wissen, und nicht dem augenblicklichen Eifer folgen zu können. Aber leider sind wir krank, beide, wie so oft der Fall ist, zugleich, und auf unseren Austausch von Klagen zurückgewiesen. Der Kampf mit dem Winter ist ein alljährlich wiederkehrendes Unheil, das auch noch einen großen Theil des Sommers zu verbittern pflegt. Und so gehen die Lebenstage hin! Wir

wollen ihnen aber doch soviel Muth und Heiterkeit abge=
winnen, daß die Feinde sich dran ärgern! —

Das Schreiben an Goethe find' ich ganz angemessen,
und habe ich dasselbe, der Vollmacht gemäß, bereits abge=
fertigt, von einem eignen Briefe begleitet.

Sehr schön, wenn Ew. Durchlaucht das Vorhaben, uns
diesen Abend zu besuchen, ausführen! Wir freuen uns dar=
auf! Ich darf aber nicht verhehlen, daß wir uns zeigen
werden als das, was wir sind, als Kranke, als Leidende,
und, wo nicht schlimmer, doch im Kostüm der Häuslichkeit.
Aber zum Genesen sind wir willig und froh, und folgen zu
diesem Zwecke auch gern der sympathetischen Kur, die ein er-
wünschter Besuch wenigstens anfängt.

Unsere verehrungsvollste Empfehlung der edeln Fürstin,
und alles Schönste und Beste dem edeln Fürsten!

Treulichst

K. A. Varnhagen von Ense.

<hr />

45.
Pückler an Varnhagen.

Berlin, den 11. Dezember 1831.

Ich bin, mein sehr verehrter Freund, seit drei Tagen
nicht aus meiner Stube gekommen, also auch nicht zu Ihnen,
theils wegen Unwohlsein, theils wegen dringender und viel=
facher Geschäfte. Die leidige Eitelkeit hat auch ihr Theil
daran, denn ich bin so im Gesichte ausgefahren, daß ich mich
gar nicht sehen lassen kann.

Ich schicke Ihnen anbei ein englisches Journal, das
mich lobt, und da ich Ihnen und Goethe hauptsächlich meine
kleine vogue verdanke, so darf ich auch voraussetzen, daß
ähnliche Stimmen Sie interessiren. Mein englischer Korre=
spondent schreibt, Wilson habe mit dem Buche sein Glück ge=
macht, und fast alle Journale preisen es an.

Nun aber sagen Sie mir mit zwei Worten, wie Sie mit den letzten Theilen zufrieden sind, und welches Prognostikon Sie ihnen in England stellen.

Es ist immer möglich (denn der Zeitpunkt ist günstig), daß die liberale Parthei mich soutenirt, aber die Aristokratie wird mich steinigen, wenn der Uebersetzer nicht, wie ich hoffe, sehr milbert.

Den schönsten guten Abend für Frau von Varnhagen, der sich Fürst Carolath, der neben mir steht, ebenfalls, so wie Ihnen, empfiehlt. Mein jocoser Neffe ist auch wieder da, und übersetzt Richard den Dritten für Ihre Frau Gemahlin, um Schlegel zu zeigen wie schlecht er es gemacht habe.

Gute Nacht. Morgen oder übermorgen präsentire ich mich wieder bei Ihnen. Können Sie mir den Börne nicht verschaffen? Ancillon hat gesagt: Börne habe beim Schreiben dieser Briefe auf einem Edelstein gesessen, und seine Feder in Straßenkoth getaucht.

Um desto weniger hätte man die Briefe verbieten sollen. Beyme schont aber selbst das Kind im Mutterleibe nicht, denn wie mir ... sagt, hat er jetzt sogar ein n o c h g a r n i c h t e r s c h i e n e n e s Werk prohibirt. Quelle folie!

Euer Hochwohlgeboren

gehorsamster H. Pückler.

46.
Varnhagen an Pückler.
Berlin, den 12. Dezember 1831.

Ich mußte den Boten gestern ohne schriftliches Wort entlassen, weil ein Damenbesuch mich festgebannt hielt, der dagegen an dem „Examiner" sogleich den besten Antheil nehmen konnte. Der Artikel ist dem Sinne nach gut, und

der Abfassung nach geschickt, das ist mehr als man im ge=
gebenen Falle jedesmal hoffen darf. Mich freut herzlich der
außerordentliche Erfolg, der zwar nur verdient, aber deßhalb
nicht weniger ein Glück ist, besonders in England, wo so
viel unberechenbar bleibt. Ich glaube, die neuen Bände
werden im Ganzen denselben Eindruck machen, im Einzelnen
freilich empfindliche Stimmungen aufregen. Daß der Ueber=
setzer mildert, ist nicht zu erwarten. —

Mein eignes Urtheil über die neuen Bände könnte ich
Ew. Durchlaucht schon in schriftlicher Abfassung vorlegen,
allein ich muß die Blätter unverzüglich in den Weg einleiten,
der sie zur Druckerei führen soll. Es hat damit seine
Schwierigkeiten. Uebrigens kam es mir darauf an, den dies=
mal nur spärlich gegebenen Raum zu benutzen, nicht sowohl
um das innerlichst Wahre, als vielmehr um das äußerlich
Tauglichste zu sagen, das heißt aus jenem dieses möglichst
auszuwählen, denn bei diesem Gegenstande ist die Kritik nicht
ein Richterspruch, sondern ein Kampf vor Gericht, zu welchem
das ganze ungeschworne Publikum sitzt! Daß Goethe noch=
mals das Wort nähme, wäre sehr glücklich, darauf zu rechnen
ist jedoch schwerlich; indeß wäre zu wünschen, daß Ew. Durch=
laucht das nachzusendende Exemplar für den möglichen Fall
baldigst abgehen ließen. —

Börne's Briefe habe ich noch nicht zurück. Ancillon's
Eckstein wird wohl eine französische borne gewesen sein, und
da spielt das Wort nach allen Seiten. Uebrigens seh' ich
Chamfort grüßend nicken, der auch schon auf einer borne
schreiben, und die Feder in den ruisseau tauchen ließ. —

Wir beklagen bitterlich diese Anhäufung von Leiden und
Unwohlsein, wodurch vier Personen, die einander möglichst
viel sehen möchten und sollten, in derselben Stadt so oft
auseinandergehalten sind. Meine Frau verbrachte gestern
einen leidensvollen Abend, ich hatte auch mein Theil! Möge

es Ew. Durchlaucht und der verehrten Fürstin ganz nach
Wunsch wohlergehen!

In der Hoffnung baldiger mündlicher Unterhaltung

gehorsamst

Varnhagen.

47.

Pückler an Varnhagen.

Berlin, den 12. Dezember 1831.
Montag Abend.

Ihr allerliebster Brief, Verehrtester, ist zwar wie immer,
gütig, aber für einen Naturmenschen wie ich, fast zu diplo=
matisch — das heißt, ich muß mündlich mit Ihnen sprechen,
um mir alles ganz klar zu machen.

Den armen Ancillon bedaure ich, um sein bon mot ge=
kommen zu sein. Schlimm für die Belesenen, wenn sie noch,
Belesenere finden, und Sie überhaupt, mein theurer Freund,
sind so gelehrt, daß man sich fürchtet. Ich jedoch nich', denn
ich berge mich unter Ihre Fittiche.

Sie sind heute nach dem Theater visible, und können
Sie mich allein empfangen, so bitte ich um Erlaubniß, einen
Augenblick kommen zu dürfen, aber vor niemand Anderem
lasse ich mich mit meinem ausgefahrenen Gesichte sehen, kann
es auch nicht, da es mich schon zweimal beim Kronprinzen
und bei allen übrigen Prinzen, die diesmal außerordentlich
gnädig für mich sind, hat entschuldigen müssen. Ich glaube
wirklich, das Versterben hat hier auch etwas zu meiner Kon=
sideration hinzugefügt, und da wir dies Kapitel, das nicht
für jederman so interessant ist als für mich, couler à fond
müssen, so sende ich Ihnen hier einen Brief meiner Ueber=
setzerin, nebst einem anderen Pack Zeitungen.

Daraus (aus dem Briefe) werden Sie entnehmen können, daß ich allerdings auf die **Milderung** der Uebersetzung Einfluß ausüben kann.

Mit herzlicher Anhänglichkeit, Verehrung und Respekt
Ihr sehr ergebener

H. Pückler.

48.

Pückler an Varnhagen.

Berlin, den 13. Dezember 1831.
Dienstag früh.

Wenn ich mich auf der einen Seite durch die hiebei wieder zurückerfolgende, gütige Rezension sehr geschmeichelt fühle, so muß ich auf der anderen auch offen sagen, daß mir dieser Aufsatz selbst ein wahres Meisterstück scheint, und von so großem innerem Interesse, daß man das Buch dar= über vergißt, welches er schildert.

Ich las ihn noch gestern Abend der Fürstin vor, die mein Entzücken theilte. Am Ende desselben befindet sich jedoch ein Wort, das ich, wenn es angeht, verändert wünschte, nämlich „Anzüglichkeiten", wofür ich um „Beziehungen", oder etwas dergleichen bitten möchte. Es mildert meine kleinen Sünden etwas, obgleich Ihr Ausdruck allerdings der Sache eigentlich ganz angemessen ist.

Mit großem Dank und Ergebenheit

Euer Hochwohlgeboren
aufrichtigster Freund und Diener

H. Pückler.

49.

Varnhagen an Pückler.

Berlin, den 13. Dezember 1831.

Ew. Durchlaucht

freundliche Botschaft traf mich noch im Bette, zwischen diesem und der Badewanne schreib' ich flüchtigst diese Zeilen, um Ihnen für die angegebene Verbesserung zu danken, und zu sagen, daß solche bereits eingeführt, und darauf das Manuskript zu seiner Bestimmung abgesandt worden ist. Ich mußte um so mehr eilen, da sich ohnehin Verzögerungen aufbringen, die nicht zu vermeiden sind.

Mit innigstem Antheil hab' ich mich der Fülle schöner englischer Blätter gefreut, die hiebei dankbegleitet zurückerfolgen. Solch ein glänzender Erfolg ist für einen Deutschen in und außer Deutschland unerhört, und dürfte den aufgeregtesten Ehrgeiz auf diesem Felde befriedigen. Ich wünsche von ganzem Herzen Glück dazu!

Für die Uebersetzerin, welche deutsche Bücher empfohlen wünscht, möchte ich wohl einiges vorschlagen, und bin unbescheiden genug, sogar an meine kleine Novelle „Die Sterner und die Psitticher" zu denken!

Ich bin sehr geschmeichelt, daß Ew. Durchlaucht meine Anzeige gut finden. Es ist eine Sekundanten-Arbeit, man muß dabei die Waffen zur Hand haben, wenn man auch nicht der Hauptkämpfer ist.

Rahel fand sich durch Ew. Durchlaucht Besuch und Gespräch gestern Abend wahrhaft erquickt. Ich hoffe, es wird sich in den nächsten Tagen mit ihr zur Besserung wenden. Es ist auch Zeit; die Ungeduld, die verehrte Fürstin zu sehen, vermehrt ihren Leidenszustand.

Wir empfehlen uns ehrfurchtsvoll der edeln Dame, und wünschen ihr selbst die schleunigste Genesung und das dauerndste Heil!

Mit eifrigster Verehrung und Ergebenheit

Ew. Durchlaucht

ganz gehorsamster

K. A. Varnhagen von Ense.

50.

Pückler an Varnhagen.

Berlin, den 13. Dezember 1831.
Abends.

Verehrtester Freund,

Ich hatte mir schon vorgenommen, eine besondere Kon=ferenz mit Ihnen wegen des Begehrens meiner Uebersetzerin zu halten, und freue mich, daß Sie selbst darauf gestoßen sind. Frau von Varnhagen muß auch etwas dazu liefern, und von dem Ihrigen lese ich selbst aus. Andere betreffend, erbitte ich mir dann Rath von Ihrer großen Belesenheit.

Ich kann es nicht erwarten, Ihre herrliche Rezension gedruckt wiederzulesen. In der That vereinigt sie eine solche Präzision, Klarheit, glänzenden Styl, Tiefe und Gedanken=reichthum, umwebt vom feinsten Takt — daß ich mich sehr glücklich schätze, dazu die Gelegenheit gegeben zu haben.

Wenn Sie, hochgeschätzter Freund, morgen zu Hause sind, suche ich Sie ein wenig heim, um Ihnen ein paar Worte mitzutheilen, die ich für die englische Uebersetzung als Dämpfer hinzusetzen möchte — wenn Sie es für gut halten, denn sonst erspare ich mir die Sendung, die ohnedem viel=leicht schon zu spät kommt.

Es freut mich, zu hören, daß mein Geschwätz Frau von Varnhagen nicht kränker gemacht hat, und wünsche ihr von Herzen endliche Besserung.

Morgen geht das sehr hübsch und elegant gebundene
Exemplar an Goethe ab.

Meinen besten und herzlichsten Gruß.

H. Pückler.

51.

Pückler an Varnhagen.

Berlin, den 15. Dezember 1831.
Donnerstag Abend.

Flicken ist immer eine unangenehme und mißliche Arbeit
Entscheiden Sie daher, ob die beiliegende Flickung ab=
gehen soll.

Ich bin immer noch recht unwohl, und wünsche Ihnen,
meine verehrten Freunde, beiderseits besseres Befinden.

Felice notte.

H. Pückler.

52.

Varnhagen an Pückler.

Berlin, den 16. Dezember 1831.
Elf Uhr Abends.

Ew. Durchlaucht

verzeihen mir gütigst die verzögerte Rücksendung des bei=
folgenden Blattes, ich konnte erst spät zum ruhigen Lesen
und Berathen kommen!

Wir sind beide der bestimmten Meinung, daß der Theil
des Textes, der mit Bleistift angestrichen worden, sich mit
Erfolg einschalten lasse, alles Uebrige aber wegbleiben müsse,
weil es dem Buche nur schaden würde. Denn, nach der
Verletzung selbst, die man empfindet, ist nichts schlimmer,
als die Entschuldigung darüber annehmen, und den Urheber
noch gleichsam freisprechen zu sollen. Es liegt im Karakter

dieſer Briefe, daß ſie manchen wunden Fleck berühren, und
manchen Sinn verdrießen, nichts darf ihnen unangemeſſener
dünken, als irgend ein Verſuch zur Palinodie.

Dixi! Doch ſind wir keine entſcheidende, ſondern nur
berathende, unmaßgeblich vorſchlagende Stände; wenn man
auch nicht nach unſerem Willen thut, werden wir darum doch
keine Steuern verweigern!

Meine Frau hat einen ſehr ſchlechten, leidenvollen Abend
gehabt, und über ihr und mein Befinden konnte nur eilige,
bringende Arbeit, die mir aufliegt, mich einigermaßen zer-
ſtreuen.

Ich hoffe, daß Ew. Durchlaucht Ihres Unwohlſeins
ſchon wieder ledig ſind. Meine eifrigſten Wünſche ſind Ihnen
und der verehrten Fürſtin gewidmet!

Mit unwandelbarer Geſinnung

Ew. Durchlaucht

gehorſamſter

K. A. Varnhagen von Enſe.

53.

Varnhagen an Pückler.

Berlin, den 19. Dezember 1831.
Abends.

Ew. Durchlaucht

wird nach den vielen engliſchen Süßigkeiten etwas deutſcher
Wermuth vielleicht ganz erquicklich ſein, wenigſtens ſtärkt dergleichen die Nerven, und ſchärft den Geſchmack für neue Lecker-
biſſen. Als ſolchen Wermuth ſende ich die Börne'ſchen Briefe,
die ich endlich zurückerhalten habe. Man kann ſich über die
Bitterkeit leicht tröſten, und der Angriff iſt von einer Seite
geführt, wo eine ganze Welt zur Vertheidigung ſich erhebt.
Tröſten nicht, aber hinwegſetzen kann man ſich leicht über
den anderen Bericht, den ich ebenfalls — ſo weit er ſchon er-

schienen — beilege, und der mir, da ich schon einmal in solchen Vergleichungen bin, nur wie der Fusel vorkommt, an dem sich der Philister labt; der Schreiber im „Gesellschafter" zeigt sich wirklich sehr gering.

Ich erbitte den Börne nach Durchlesung zurück.

Ich war gestern Abend recht krank; heute bin ich schon wieder wenigstens auf Einem Bein. Das Leben ist ein beständiger Feldzug und, ehe die Wunden von gestern heil sind, geht man heute auf's neue in's Gefecht! Wirklich ist das Spital das Schlimmste, was dem Soldaten begegnen kann!

Mit den besten Wünschen in treuer Verehrung und Ergebenheit

Ew. Durchlaucht

gehorsamster

Varnhagen.

54.

Pückler an Varnhagen.

Berlin, den 21. Dezember 1831.

Werthester Freund!

Gejagt, oder vielmehr gehetzt wie ich bin, von Geschäften und Gesellschaftspflichten zugleich, müssen Sie mir verzeihen, wenn ich auf Ihr liebes Billet und die begleitenden Zwölfpfünder noch nicht geantwortet. Börne's Rezension ist allerdings von grobem Kaliber, hätte aber von seiner sonst so witzigen Feder schlimmer ausfallen können. Es ist zu offenbar, warum sie so leidenschaftlich ausgefallen, und stumpft sich daher von selbst ab.

Ganz Ihrer Meinung bin ich, daß der „Gesellschafter" mehr Verdruß erregt, indessen kann ich das erste recht gut verdauen, und spucke das andere aus.

Mündlich mehr davon, denn ich suche Sie heute noch heim, und erkundige mich nach der Gesundheit meiner Freunde und litterarischen Beschützer, die Sie zwar keinem Gelehrten, aber doch einem Gewitzigten angedeihen lassen.

Mille belles choses à Madame de Varnhagen.

Mit herzlicher Ergebenheit

Euer Hochwohlgeboren

H. Pückler.

———————

55.

Rahel an die Fürstin Pückler.

Den zweiten Weihnachtsfeiertag 1831

Viersträhnige Leiden möchte ich nennen, was mich jetzt bannt und plagt: fast bin ich in dem Fall, mich noch ent= schuldigen zu müssen! In dem Sinne möchte ich auch hier zu Ihrer Durchlaucht sprechen. Keine Stunde bin ich sicher, daß sie ohne Anfall vorübergehe; keine Treppe kann ich ohne größte Nachwehen steigen! keinen Freund — à mes risques et dépens keine Freundin zu mir bitten: was sollen Sie daran sehen! Dabei empfinde ich doch Gewissen, daß ich alle gesellige Pflichten beleidige. Sie aber sind mir gewiß gnädig, und überraschen mich auch einmal! Alsdann bin ich nicht verantwortlich, und doch glücklich. Vielleicht überrascht der Himmel mich, und ich kann Sie, verehrte Fürstin, überraschen. Noch halte ich alles für möglich; überhaupt kann ich bis jetzt für gute Gedanken und Einfälle danken; ich thue es tief erkennend, weil ich auch schon das verzweif= lungsvolle Gegentheil in mir erlebt habe, und mich nie stolz dafür sicher glaube.

Ich freue mich wahrhaftig Ihres Wohlseins, mögen auch harmonische Gedanken es begleiten! Die wahre Unterstützung. Einen Moment sah ich Fürst Pückler; er berichtete mir Gutes, sah auch gut aus, nur etwas schlafbedürftig; ich sagte es ihm, zu seiner Warnung.

Hochachtungsvoll ergeben

Fr. V.

56.
Varnhagen an Pückler.

Berlin, den 28. Dezember 1831.

Ew. Durchlaucht

mögen nun auch gedruckt mit Güte ansehen, was hand=
schriftlich Ihren Beifall hatte! Die Blätter sind ganz frisch
und noch nicht ausgegeben, werden letzteres aber vor Ablauf
der Woche sein.

Das doppelte Verfehlen von vorgestern that mir sehr
leid; und wiewohl doppelt, war es doch kein ganzes, denn
ich hatte die Ehre, der Frau Fürstin aufzuwarten, und meine
Frau konnte den Besuch Ew. Durchlaucht genießen.

Auf baldiges Wiedersehen! Wenn Ew. Durchlaucht des
guten, alten, knurrigen und beißigen Börne genug haben,
bitte ich mir ihn zurück; es ist wundershalber noch immer
Nachfrage nach ihm.

Verehrungsvoll und gehorsamst
Varnhagen.

57.
Pückler an Varnhagen.

Berlin, den 2. Januar 1832.

Seit zwei Tagen krank und im Bette, habe ich Zeit
zum Lesen gehabt, und sende hiebei mit vielem Dank die ge=
liehenen Bücher zurück. Mein letzter Ausgang war am
Sylvesterabend zu Ihnen, um zum neuen Jahre zu gratu=
liren. Das Thor wollte sich mir aber nicht öffnen.

Ich lege den Büchern auch die englische Uebersetzung
ihres protégé bei, die doch ein wenig zu stark das Original
beschnitten, und zuweilen auch nicht verstanden hat. Auch
ist der Titel abscheulich gemein.

Herzlich der Ihrige
H. Pückler.

58.

Varnhagen an Pückler.

Berlin, den 5. Januar 1832.

Ew. Durchlaucht

gestern meine beeiferten Neujahrswünsche persönlich zu über=
bringen, gelang mir nicht, und die verschlossenen Thüren
ließen mich sogar in dem Zweifel scheiden, ob fortdauernde
Unpäßlichkeit sie von innen, oder rasche Wiedergenesung sie
von außen gesperrt habe. Ich hoffe das letztere, und somit
wäre einer der vielen Wünsche, für den Augenblick wenigstens,
schon einigermaßen erfüllt! Aber ganze Schaaren sind noch
zurück, von Eifer und Herz beseelt, und der schönsten und
umfassendsten Erfolge begierig!

Wir haben das neue Jahr sehr angenehm und fröhlich
begonnen. Die Gesundheit meiner Frau war den Abend
hindurch leiblich, die Stimmungen, eigne und fremde, vor=
trefflich, für Vergnügen war reichlich gesorgt, und keines
theuer erkauft. Wie selten darf man sich so rühmen!

Ich schreibe diese Zeilen nur zur Begleitung der hiebei
mit innigstem Danke zurückerfolgenden Bücher; ich fürchte
sie länger zurückzuhalten. Die Physiognomie des Englischen
gefällt mir doch sehr; daß man etwas frei mit dem Buche
hanthieren würde, war vorauszusetzen; was und wie es jedoch
da ist, nimmt sich gut aus, und Ew. Durchlaucht dürfen dem
Uebersetzer nicht gerade zürnen. Ueberhaupt dieses Schiff
wogt nun frank und frei auf allen Meeren, und Stürme
werden ihm so wenig wie Seeräuber etwas anhaben, dessen
bin ich gewiß! —

Den Ausdruck meiner tiefsten Verehrung wünsche ich
der Frau Fürstin gehorsamst zu Füßen zu legen, und Ew.
Durchlaucht wiederholt der treuergebensten Gesinnung zu ver=
sichern, in der ich verharre

gehorsamst

Varnhagen.

6*

59.

Pückler an Varnhagen.

Berlin, den 5. Januar 1832.

Verehrtester Freund,

Wir waren wirklich beide gestern zum erstenmal wieder ausgeflogen, ich mit frisch gefärbten Haaren zu einem Diner, Lucie mit befreiter Brust in die frische Luft. Uebrigens halten Sie meine Unpäßlichkeit nicht etwa für eine Schulkrankheit, ich bin wirklich drei Tage nicht aus der Stube gekommen.

Haben Sie doch die Güte, mir Ihre früheren Erzählungen gütigst zu übersenden. Ich selbst schicke noch ein Ihnen zugehöriges Blatt zurück, und bitte, wenn es der Mühe werth ist, um die Fortsetzung.

Die so sehr gütig verlangte Auskunft über mein leider so erbärmlich unbedeutendes Leben kann ich wohl nur von Muskau aus liefern, weil mir aus dem Kopf gar keine Daten gegenwärtig sind. Hat es denn Eile?

Es wird ganz des Zaubers Ihrer Feder bedürfen, um einen so wirklich gar zu nichtssagenden Stoff genießbar zu machen.

Jovis in Weimar antwortet nicht, hoffentlich ist es nur, weil er es nicht der Mühe Werth hält, und nicht, weil er ungehalten ist über die Mücke, die sich unterstanden um sein Licht herumzusummen.

Schefer dringt in mich, noch einen fünften Theil als Nachtrag der Briefe zu liefern.

Mir ist aber diese Speise jetzt so zum Ekel geworden, daß es mir unmöglich in jeder Hinsicht wäre, diesem Verlangen zu genügen.

Etwas Neues will ich aber gern versuchen, obgleich ich vielleicht besser thäte, mich mit einem ganz unverdienten Glücksfall zu begnügen, als, in Hoffnung auf einen neuen Sieg, vielleicht nur eine schmachvolle défaite zu erleben. Es geht aber hiermit wie mit anderem. L'appétit vient en mangeant, und das noch zu verdienende Baare lockt auch in unserem industriellen Zeitalter [1])

Den von Ihnen größtentheils condemnirten Zusatz habe ich ganz unterdrückt, denn Sie haben vollkommen recht, es wäre ein hors d'oeuvre.

Herzlich und dankbar der Ihrige

H. Pückler.

60.

Varnhagen an Pückler.

Berlin, den 5. Januar 1832.

Ew. Durchlaucht

sende ich eiligst, um den Boten nicht zu lange warten zu lassen, das beifolgende Schlußblatt der schlechten Anzeige, so wie den schon zur Rückgabe zurechtgelegten und mir gerade in die Augen fallenden Brief aus Baden. Wegen alles anderen ist mündliches Gespräch nöthig. Die Lebenspunkte werden sich hier sogleich ergeben, und bedarf es so genauer Angabe nicht, sondern nur solcher, die Sie bestimmt wissen.

Meine Erzählungen habe ich nur mit meinen Gedichten zusammengebunden zur Hand, indeß steht das Gesammte hier zu Dienst!

Ich lege die „Sterner und Psitticher" und die Blätter von Rahel dazu. Glück auf zu allem.

Wir freuen uns sehr, daß Sie beide wieder genesen sind, und meine Frau insbesondere, die der Fürstin gern die

---

[1]) Anmerkung von Pückler: Die Fürstin, die mir eben über die Schulter sieht, ruft aus: Fi, wie revoltant! und behauptet, daß ich sie immer in der Welt für gesund ausposaunte, wenn sie auch noch so leidend wäre.

Krankheit, und nur zu selbstkundig, glaubt, daß wieder frische
Luft geathmet wurde. Sie hofft auch für sich bald das=
selbe! — Genug, genug!

Verehrungsvoll

der Ihrige

V.

61.

Pückler an Varnhagen.

Berlin, den 6. Januar 1832. Freitag.

Sie werden, verehrtester Freund, über mein letztes Billet
gespottet haben, und gewiß geglaubt, ich bilde mir ein, Sie
wollten eine lange Lebensbeschreibung von mir liefern. Nein,
ich weiß sehr wohl, daß es nur eine Notiz sein soll, aber
auch diese muß doch eben deshalb ein gewisses Interesse dar=
bieten, weil der Gegenstand so sehr armselig ist. Ich weiß
jedoch, selbst von den Hauptepochen meines Lebens, nichts
Bestimmtes aus dem Kopfe, und muß daher damit bis Muskau
warten.

Die Kritik des „Gesellschafters" schicke ich zurück. Eines
hat mich darin herzlich lachen machen, nämlich, daß der Re=
zensent meine zarten und vornehmen Nervenübel (als ein
ächter Wisotzkyaner) immer nur dem Ueberfressen bei einer
irgendwo erwähnten Fête zuschreibt. Für wen mich kennt,
muß dies ächt komisch sein.

Haben Sie im „Morgenblatt" einen abermaligen Pseudo=
brief des Verstorbenen gelesen, der meine Vertheidigung gegen
Börne nicht ganz ungeschickt übernimmt, ja, wenn ich nicht
Parthei wäre, möchte ich sagen, recht gut? Bitte, wenn Sie
eine Vermuthung haben, wer der Autor dieser Briefe ist, so
lassen Sie mich es wissen. Uebrigens hat er in diesem letzten
Briefe meinen Ton ziemlich fallen lassen, und ist natürlicher
in den seinen übergegangen.

Was ist denn an Förster's „Wallenstein"? und an Raumer's Aufsatz über diesen einen meiner Lieblingshelden? Ich will es erst auf Ihre Rekommandation lesen.

Die Antwort hole ich mir heute Abend selbst ab, denn man muß Ihre Kaligraphie nicht zu sehr anstrengen, mein salva venia — Geschmiere kann eher strapezirt werden.

Tausend Schönes, Verehrliches und Liebes der Frau von Varnhagen.

H. Pückler.

P. S. Meine englische Uebersetzerin preist mir unge= heuer Napier's Geschichte an. Sie, der alles wissen, werden mir sagen können, wovon dies Werk handelt.

62.
Varnhagen an Pückler.

Berlin, den 9. Januar 1832.

Ew. Durchlaucht

übersende in der Einlage ein so eben mir zugekommenes my= thologisches Blatt [1]), denn unzweifelhaft ist darin einiger Nach= hall der uralten Donner zu erlauschen, mit denen König Ju= piter zu spielen pflegte, und seine Freudigkeit halb zürnend, sein Zürnen aber stets in frische Heiterkeit entladend kund gab. Gewiß, ein seltenes und köstliches Blatt, das, je länger man es betrachtet, um so werthvoller wird, und zu dessen Besitz ich treuen Sinnes Glück wünsche!

Lieb ist es mir nun, daß ich mit einer Anzeige meiner= seits nicht gewartet, denn Goethe schreibt mir noch insbe= sondere, daß er daran für jetzt verhindert sei.

Wir haben gestern noch ein wahres Götterfest erlebt, denn Therese Elsler war eine Muse, und Fanny Elsler

[1]) Ein Brief Goethe's an Pückler.

wenigstens eine Nymphe, beide von Anmuth strahlend, und das elende Ding, menschlicher Körper genannt, auf Augenblicke in das höhere Element zurückversetzend, für das er denn doch geschaffen scheint.

Meine Frau befand sich im Theater, und nachher zu Hause sehr gut, mußte aber durch eine schlechte Nacht sogleich wieder den Genuß abbüßen, und soll dennoch heute wieder einer ähnlichen Anstrengung, ohne nur irgend denkbaren Genuß, als den einer erfüllten Gesellschaftspflicht, sich aussetzen!

Mögen Ew. Durchlaucht und die verehrte Frau Fürstin, der ich mich zu Füßen lege, des schönsten Wohlseins sich erfreuen!

Hochachtungsvoll und ergebenst
Varnhagen.

63.

Pückler an Varnhagen.

Berlin, den 9. Januar 1832.

Verehrtester Freund,

Eine größere Freude hätten Euer Hochwohlgeboren mir nicht machen können, als durch die Uebersendung der zwei liebenswürdigen Schreiben, die mir heute morgen zu Theil ward, noch erhöht durch die Grazie der Ueberbringerin.

Was Sie über Goethe's Brief sagen, ist so hübsch und so wahr, daß ich nur bedaure, es ihm nicht selbst antworten zu können. Gewiß ist es schwer, lieblicher zu zürnen, als der freundlich Gewaltige hier thut, und zugleich in so wenig Worten mehr zu sagen.

Ich weiß aber auch den Schatz vollständig zu würdigen, und thue nicht wenig groß damit. Mündlich mehr.

Ihr herzlich ergebener
H. Pückler.

64.

Varnhagen an Pückler.

Ew. Durchlaucht

werden bei Entfaltung der beifolgenden Rolle nicht wissen,
weshalb ich gerade beauftragt werden sollte, Ihnen dieses
edle Geschenk von Frau von Arnim zu überantworten, da
der Künstlerin und Geberin selber hiezu die Gelegenheit, eben
so wie mir, offen steht; ich weiß es auch nicht, finde jedoch
alle Ungewißheit hierüber nicht hinreichend, um die Aus=
führung des Auftrages irgend zu stören. Vielleicht ist es
eine Prüfung, dem Neidischen auferlegt, die Schätze nur zur
Förderung an Andere zu empfangen, während er selbst sich
gern damit bereichert hätte. An solche Ironie des Geschickes
schon gewöhnt, nehme ich mein bescheiden Theil, möge es nun
diese oder eine andere Bewandtniß damit haben, in Demuth hin!

Eine kleine Schadenfreude hängt meinem Auftrage zur
Vergeltung seiner Bitterkeit schon unmittelbar an! Und
gern halt' ich an diesem Schwänzchen fest! Ein gewisser
Prinz pflegt wohl bisweilen ein Dutzend Flaschen Wein zu
verschenken, läßt sich aber hinterher die leeren Flaschen, und
wo möglich die Pfropfen, wieder ausliefern. Gern stell' ich
in diesem artigen Falle meine Gebieterin mit jenem Prinzen
zusammen, und bekenne den ferneren Auftrag, die blaue Um=
schlagshülse und den weißen Kern der Rolle, die beiden
großen Packbogen nämlich, nach Herausnahme des geistigen
Inhalts, für die Absenderin ausdrücklich zurückzuverlangen!

Unerwartet meldet sich nun auch meine Frau als eine
Bestellerin fremden Auftrags, und zwar für die nämliche
Behörde, an denselben Empfänger. Sie hat nämlich dem
Boten ein Schreibzeug mitgegeben, das hier auf seiner Reise
eine Weile Station gemacht hat, aber als heimathlos zu dem
Orte, woher es gekommen, zurückgeführt werden soll, was
insgesammt mich gar nichts angeht. —

Von noch anderen Aufträgen gedrängt, die in einer strengeren Ordnung vielleicht an Seltsamkeit und Fügung die obigen sogar überbieten, finde ich heute keine Zeit mehr diejenigen zu besorgen, die ich mir selber zu geben hätte, und schließe daher nur eiligst in Verehrung und Ergeben= heit als

Ew. Durchlaucht

gehorsamster

K. A. Varnhagen von Ense.

65.

Pückler an Varnhagen.

Berlin, den 16. Januar 1832.

In der allergrößten Eil, die mir Fräulein Senftleben bescheinigen kann, erwiedere ich auf Ihr schalkhaftes und gütiges Schreiben nur diese wenigen Worte.

Frau von Arnim bitte ich, in meinem Namen mein Ehrenwort zu verpfänden, daß ich nicht der Geber des ver= hängnißvollen Schreibzeugs bin, welches sie von mir erhalten zu haben glaubt, und mir deshalb zurückschickt.

Das Tintenfaß, welches sie von mir verlangte, und ich daher ein Recht habe ihr zu geben, ist noch unterwegs, wird aber nächstens seine — Geistererscheinung machen.

Dagegen nehme ich die Rolle mit vielem Dank an, und werde sie gewiß nicht zurückgeben.

Tout à vous

H. Pückler.

66.

Pückler an Varnhagen.

Berlin, den 23. Januar 1832.

Verehrtester Freund,

Da mir aus Ihrer Hand, der ich so viel Gutes ver= danke, auch Bettinas herrliches Geschenk zu Theil wurde, für das Schinkel eben würdige Rahmen zu besorgen so gütig ist, so bitte ich auch der Vermittler bei meinem Gegengeschenk zu sein, das Tintenfaß aber, um es ganz zu weihen, auch mit Ihrer Dinte füllen zu lassen, und dann Frau von Arnim die Bescheerung bei dem nächsten Besuch derselben in Ihrem Hause auszurichten.

Zur Erklärung des Billets an Frau von Arnim, das Sie auch lesen müssen, um au fait zu sein, füge ich noch hinzu, daß Frau von Arnim mich mit nichts besser als einem Strauße zu vergleichen findet, da meine Eitelkeit gleich dem Magen jenes Thieres mit Leichtigkeit Kiesel und Eisen zu verdauen im Stande sei.

Herzlich der Ihrige

H. Pückler.

Je vous prie de me mettre aux pieds de Madame.

Der blaue Umschlag folgt ebenfalls anbei, und enthält meinen innigsten Dank.

Anmerkung von Varnhagen. (Mit dem versprochenen Dintenfaß, dem Todtenkopf von Gyps, mit aufgesteckten Schreibfedern.)

67.

Pückler an Varnhagen.

Berlin, den 5. Februar 1832.

Nachdem ich einige Zeit mich etwas repandirt hatte, brachte ich gestern und heute zu Hause zu, um aufzuräumen, und die Saint-Simon'schen Bücher zu lesen, die mich entzückt haben. Dies ist wahrlich eine neue Lehre, und die klare Erkenntniß einer beginnenden neuen Zeit, wenn auch diese nur ganz langsam sich entfalten sollte in Jahrhunderten.

Uebrigens steht sie uns noch weiter, und bleibt blos als ein fernes Meteor zu beschauen, wenn man nicht nach Spandau wandern will.

Den Börne schicke ich endlich, mit vielen Bitten um
Entschuldigung zurück, und bitte einmal gelegentlich Herrn
Brisbane zu fragen, ob ich die Bücher behalten kann, und
wie lange?

Guten Abend.

H. Pückler.

68.

Rahel an Pückler.

Montag, den 6. Februar 1832.

Sie sind jetzt, lieber Fürst, mein wahrer Trost (ein
Freund, Gleichgesinnter, wie dies Goethe in der Elegie „Her=
mann und Dorothea" bezeichnet) in der gebildet=unverständigen
Welt, der das gesunde, unschuldige Verständniß ganz abhanden
gekommen ist! Erscheint ein großes neues, auf neue Bezie=
hungen sich richtendes Kunstwerk, von welchem ich den Gram
haben muß zu sehen, zu hören, daß es auf das Publikum
wie Regen auf Marmor herabfällt, der den nährenden Tropfen
widersteht, anstatt sich neues Leben aus ihnen zu saugen;
und welches Publikum zu beurtheilen vorgiebt, was es erst
zu begreifen erlernen müßte; wenn ich diese Menschen fein
und dummdreist schnattern höre, und verzweifelt in Schweigen
verfallen muß: so kommt ein Brief aus Görlitz, der mich tröstet,
erheitert: der Victor Hugo'n und mich rechtfertigt; mich aus
der Einsiedelei errettet. So kam heute Ihr Billet an V.,
und Trost sprach es in meine Seele. Für welchen ich
Ihnen hier danke. Danken möcht' ich Ihnen für das, wofür
Sie zu danken haben: für Unschuld. Es ist Verderbtheit,
und nicht Mangel an Verstand, wenn der Mensch keine neue,
ihm unbequeme Gedanken in sich aufnehmen will: Stupi=
dität, wenn sie vor ihn treten, und er nicht merkt, daß es
neue sind; höchste Infamie, erkennt er sie, und läugnet sie
doch. Erfreulich, der ganzen Seele wohlthuend sind Sie;
der, mit wahrer Kinderart, Neues merkt, aufnimmt, aner=

kennt: — wo ich noch das herrliche Schauspiel habe, zu sehen, wie es sich all der vorbereiteten, großen Gedankenmasse willig und schnell nur anzuschließen hat! Wir vergessen immer: mich meine ich, daß diese schwere, mühsame, ehrliche Vorbereitung durchaus nöthig ist; und daß deswegen das, wofür ich Ihnen danken möchte, so sehr selten gefunden werden kann.

Kommen Sie nächstens, heute, wenn Sie können, daß wir über „Spandau" ein wenig sprechen: mir ist es ein großes Bedürfniß; und mich dünkt immer, ich hätte viel darüber zu sagen: Sie wissen gewiß viel. Kommen Sie also wo möglich [1]).

69.
Varnhagen an Pückler.

Berlin, den 7. Februar 1832.

Ew. Durchlaucht

bringe auch ich meine Freudenbezeigung — nachträglich, da Rahel neben dem Eifer schon gestern auch Zeit hatte, mir zuvorzukommen — über Ihr tüchtiges und richtiges Wort in dem gestrigen Blatt. Allerdings muß hier von Jahr= hunderten die Rede sein, nicht von dem Augenblick, von anerkennender Würdigung, nicht von sich gefangen gebender unbedingter Zustimmung. Man kann einem Ereignisse Theil= nahme widmen, ohne ihm je angehören zu wollen, ja sogar zu können, weil verspätete Vokationen in den meisten Fällen schon verfehlte sind. Aber das Zusehen, wie Andere rüstig kämpfen, wird man dem Invaliden schon gönnen müssen. Doch hat man auch schon Beispiele erlebt, daß in dem Inva=

---

[1]) Anmerkung. Karl der Zehnte war auf seiner Reise von Schottland nach Böhmen durch Spandau gekommen, und dort von dem Kronprinzen empfangen worden.

liben der Veteran ersteht, und am Ende dieser als junger
Freiwilliger kämpft. Ich schwöre für nichts, in Zeiten wie
die unserigen! Zuletzt findet auch jede im Anfang verfolgte
Lehre ihren Konstantinus, grade das hat wiederum sein Be=
denkliches! —

Wissen Ew. Durchlaucht denn schon den neusten Vorfall
in der hiesigen Religionsgeschichte? Er verdient seinen
Historiographen, und ich will dieser sein. Herr General=
lieutenant Helvig hat seine Gattin verloren, und fährt zum
Begräbniß hinaus. Neben dem schweigend in sich versun=
kenen Wittwer sitzt der Hofprediger Theremin; dieser, einge=
denk seines Berufs, fängt seinerseits zu reden an, um den
Gebeugten aufzurichten, wohlkundig seiner Aufgabe will er
jenen aber vorher in die ganze Tiefe seines Elendes unter=
tauchen, er schildert ihm die Größe seines Verlustes, die
beste Freundin, die einzige, unersetzliche Gattin hat ihn ver=
lassen — es ist schon genug, der General wird ganz finster,
es ist Zeit, ihm jetzt den Gegensatz des Trostes zu reichen:
„Aber — hebt mein Freund Theremin mit seiner schönen
Rednerstimme an — Sie sind ein Christ, und Sie wissen,
was das Wort sagen will!“ Rasch fährt der gebeugte Wittwer
empor, und mit lebhafter Gebärde: „Das ist ja eben das
Unglück, — ruft er aus — daß ich ein Christ bin, denn
wäre ich ein Türke, so hätte ich ja mehr Frauen, und könnte
die eine schon eher missen!“ Darauf drückt er sich die
Hand vor die Stirne, und sagt betrachtungsvoll zu sich selbst:
„Ja, ja! in der Türkei, da hätte ich bleiben sollen, da gehörte
ich hin!“ Der Wagen fährt weiter, doch mein Bericht
schneidet ab, da mich die urkundlichen Zeugnisse hier im
Stich lassen. Hätte aber mein Freund Theremin nun nicht
eben so gut von der neuen Seite die Sache auffassen, und
dem Trostbedürftigen sagen können: „Aber Sie sind ja im
Grunde ein Türke?“ und fortfahren wie der Chevalier de
Grammont, der eine Wittwe seine gefühlvollen Beileids=

bezeigungen ganz gleichgültig aufnehmen sah, und dann plötz=
lich ganz munter sagte: „Ma foi, madame, si vous le
prenez sur ce ton, je ne m'en soucie pas plus que
vous!" Allein Vermuthungen und Möglichkeiten an die
Stelle unermittelter Thatsachen zu setzen, ist ein Geschicht=
schreiberverbrechen, dessen ich mich nicht schuldig machen
möchte! —

Verzeihung für meine Schwätzerei, und seien Sie ver=
schwiegener, wenigstens mit den Namen!

Mit besten Wünschen und Hoffnungen verharr' ich ver=
ehrungsvoll und ergebenst

Ew. Durchlaucht

gehorsamster

K. A. Varnhagen von Ense.

Die Bücher und Blätter von Herrn Brisbane mögen
Ew. Durchlaucht nach Bequemlichkeit benutzen, und späterhin
gegen andere umtauschen, meint er.

70.

Varnhagen an Pückler.

Berlin, den 15. Februar 1832.

Ew. Durchlaucht

freundlicher Nachfrage wegen meines Krankenzustandes
wünsche ich an dem Tage, da ich zuerst aus dem Bette mich
wieder hervorwagen darf, mit einigen schriftlichen Worten
persönlich zu antworten! Ich habe große Schmerzen aus=
gestanden; diese sind indeß vorüber, und ich leide nur noch
an ihren Nachwehen, so wie an denen der Mittel, die ich
dagegen brauchen mußte. In einigen Tagen muß alles
wieder so ziemlich im alten Geleise sein, was freilich auch
nicht viel gesagt ist!

Heute früh im Bette las ich die „Allgemeine Zeitung"
und da ich in den unverkennbaren Heine'schen Artikel hinein=
kam, mußte ich immer lebhafter an Ew. Durchlaucht denken.
Sie sollten ihn auch lesen, dacht' ich. Hier ist er.

Aber dann fielen mir frühere Artikel ein, die eigentlich
dazu gehören. Ich suchte sie hervor, und hier sind auch sie!
Ich bitte mir alles wohlerhalten nach stattgehabtem Genusse
wieder zurück; doch ohne übertriebene Eile. — Ist es möglich
mehr Talent zu entwickeln, mehr Schärfe und Gewalt des
Ausdrucks zu haben, sowohl im Lobe als im Tadel? Heine's
Witz ist elektrisch, er bringt bis in's tiefste Mark hinein!
Gott bewahre uns vor Preßfreiheit, wo sollten wir Alle
Löcher genug finden, um uns zu verstecken, wenn dergleichen
täglich auf uns zielen dürfte! — Aber wir zielten vielleicht
auch, und erlegten manches Wild! —

Der verehrten Frau Fürstin, die sich wohl auch einen
Augenblick an diesem Feuerwerk ergötzt, meine tiefste
Huldigung zu bezeigen, so wie dem Fürsten von Carolath.
Durchlaucht mich als Dankergeben für die gütige Theil=
nahme zu empfehlen, darf ich wohl zuversichtlich die Ver=
mittlung Ew. Durchlaucht erbitten!

Gehorsamst und treulichst
Varnhagen von Ense.

71.
Rahel an Pückler.
Sonnabend, den 18. Februar 1832.

Küßt man doch eine gelungene Pflanze — zartere in
Gedanken — lobt, grüßt man sie. Wie selten ist mir in
der Welt ein Kern des Menschen, sein Herz, so gelungen und
rein erhalten vorgekommen, daß er, willig und freudig, ihm
persönliche und momentane Vortheile fahren ließe, wenn seine

Ueberzeugung eine andere werden muß. Ihnen, geehrter Herr, danke ich das tröstliche Schauspiel, und will mich des Danks der Erkenntlichkeit nicht schämen: ich muß und will sie Ihnen laut zurufen. Welche Stärkung — ja, ein groß= tropfiger Mairegen auf dorr=dürftigen Boden — waren mir gestern Ihre edlen, reinen, unschuldigen, milden, stillen und festen Vorsätze! Welcher Trost, welche Bürgschaft! Auf der verwirrten Erde solch edle Freunde zu hinterlassen! Bürg= schaft, daß mehrere so sich finden werden; Ihnen wieder zum Trost und zur Nacheiferung.

Auch ich bin hier unpersönlich: meiner Person kann nicht viel mehr durch die neu gewonnene Einsicht anheim fallen. Das weiß ich so gut, und besser, als ein Zwanzig= jähriger, der mich ansieht. Aber Glück auf! Die alte Erde muß sich erhellen; und die kommenden Menschen besser und glücklicher sein. Dies Billet wird, wenn Sie's aufheben, mit der Zeit Werth für Sie bekommen, in der ich nicht mehr werde schreiben können. Adieu lieber Fürst! Für Varnhagen ist's ein Geheimniß!!!

84.

Pückler an Rahel.

Ich habe sehr schreibselige Zeiten, und andere, wo ich unbesiegbar faul bin. Da ich mich in der letzten befinde, sage ich nur mit zwei Worten, daß ich Ihre Briefe alle aufhebe, den letzten aber als besonders wohlthuend betrachte. Mit Ihnen zu harmoniren ist mein großer Stolz, und Sie wirklich zufrieden mit mir zu sehen, eine Belohnung. Manch= mal schmeicheln Sie ein wenig, und haben Unrecht nie zu tadeln, aber hier fühle ich, daß es Ihnen Ernst ist, und ohne

Ueberhebung, sondern mit Demuth, fühle ich auch, daß ich
diesmal Ihr Lob verdiene.

Den schönsten Morgen wünschend

Ihr aufrichtiger Verehrer

H. Pückler.

Bitte, fragen Sie doch Varnhagen, ob er meint, daß
ich noch einmal an Goethe schreiben soll, um mich für seinen
Brief zu bedanken, oder nicht?

85.

Varnhagen an Pückler.

Berlin, den 18. März 1832.

Ew. Durchlaucht

darf ich keinen Augenblick das beifolgende Blatt vor-
enthalten, woran ich mich soeben erbaut habe. Heine ver-
hehlt darin seine Hand nicht mehr, er zeigt sie nackt, indem
er den Handschuh hinwirft. Wir sehen, sie hat etwas von
einer Löwentatze, sie faßt scharf, zerreißt, und kann hinwieder
ganz leise auftreten und sanft streicheln. Zartere Empfindlichkeit hat es nie gegeben, wie der leiseste Fühlhebel zeigt
er in großen Bewegungen jedes geringste Berührtwerden an.
Ich hatte ihm zuletzt geschrieben: „Fürst Pückler wollte Ihnen
schreiben und sein Buch schicken, ob er es gethan, weiß ich
nicht", und Ew. Durchlaucht sehen hier vor Augen, wie für
die Knospe kein flüchtiger Sonnenstrahl verloren geht, sie
antwortet ihm durch Düfte. —

Rahel liegt noch ausruhend zu Bette, wird aber auf-
stehen, und ich hoffe ihr einen leidlichen Tag. Sie grüßt
bestens, und wir wünschen vereint auch der verehrtesten Frau
Fürstin unsere huldigende Begrüßung durch diese Zeilen über-
bracht!

Eine kurze Bitte schließt sich hier an: darf ich mir die bescheidne Frage erlauben, durch wessen Mund die Frau Fürstin zuerst von meiner Abschrift des Briefes der Frau von Arnim an Goethe etwas vernommen? Ich hoffe, Ihro Durchlaucht giebt mir das Zeugniß, daß es nicht durch mich geschehen. Zwar würde ich es jedenfalls verantworten können, aber soll ich tragen, wenn auch noch so leicht, und sogar angenehm, was mir nur unrichtig zugetheilt sein kann?

Verehrungsvoll und gehorsamst
Varnhagen.

86.

Pückler an Varnhagen.

Berlin, den 18. März 1832.
Sonntag.

Tausend Dank für den mitgetheilten Aufsatz, auf dessen Fortsetzung ich sehr begierig bin. Heine ist wirklich das geniereiche Organ, in dem sich der Zeitgeist auf die klarste und anmuthigste Art ausspricht. Ein ähnliches Wort meiner Bewunderung werde ich ihm schreiben, was ich wirklich aus Bescheidenheit bisher unterließ.

So viel ich weiß, ist es Frau von Arnim selbst, die das Geheimniß ihres Goethebriefes verrathen hat. Ich bin der Mitwissenschaft bis zu jenem Abend fremd geblieben, wo Sie mir das Corpus delicti selbst in die Hand drückten, Pythie présente.

Guten Morgen, und tausend Liebes an meine verehrte Gönnerin, die zwar manchmal ihrer satyrischen Laune über mich Raum zu geben Ursach hat, mais je suis bon Royaliste, quand même.

Tout à vous
H. Pückler.

87.

Rahel an Pückler.

Berlin, April 1832.

Kluger Fürst! der Notre-Dame würdigt; und im Gegen=
theil derer, die auch für klug gehalten werden, alles Neue
als solches anerkennt, und in sich zurecht stellt. — Versäumen
Sie ja nicht! die Revue encyclopédique! Grünblicheres,
Rechtschaffeneres, Klareres, Einfacheres, Unwidersprechlicheres
ist wohl nicht .gedruckt. Sie geht, die Welt; wie die Erde.
Wir Menschen merken's nicht; nur die Denker, die Gelehrten
erspähen es; wir lassen's uns beweisen, und glauben's
Ginge sie doch sichtbarer, schneller! Unser Leben ist mir nicht
lang genug: ich zu alt schon: und möchte noch gerne mit=
schmausen.

Soeben bekomme ich Nachricht von Frau Fürstin Pückler;
ich will sie heute besuchen. Sie erwartet die Fürstin Carolath,
läßt sie mich wissen. Den 27. erwarten die Berliner den
Fürsten Pückler. — Ich bin krank; wie der Frühling, Remi=
niszenzen von Blüthen, Blätter, sonstigen Frühlingen, rauher
Wind, Flughitze, Schauer, Sonnenschein, Unbehagen. — Sie
sind ein Schöpfer, ein Hirte im Thal, ein Autor da dort;
und so ist auch Ihr Frühling sogar besser. Gesegne es Ihnen
der Höchste! Ich thue es auch! Varnhagen hat Recht; ich
denke es immer: Segen hilft.

Fr. Varnhagen.

88.

Varnhagen an Pückler.

Berlin, den 4. Mai 1832.

Ew. Durchlaucht

auf einige Tage in Ihrem herrlichen grünen Paradiese
zu überraschen, hegt' ich schon geheime Hoffnungen, und traf
ich in Gedanken schon Anstalten, die Unruhe dieser Anfangs=

zeit sommerlicher Bewegungen trifft aber mit der Unruhe
so vieler anderen Verhältnisse und Betrachtungen zusammen,
daß daraus ein stockendes Hinhalten entsteht, aus dem ich
vielleicht später den befreienden Sprung wage, der sich jetzt
noch nicht will thun lassen. Welche Erquickung, welche Ge=
nüsse und Kräftigungen mir entgehen oder doch verzögert
werden, auf die Gefahr gänzlicher Vereitelung, weiß ich am
besten, und brauch' es nicht erst auszusprechen! — Auch für
den weiteren Sommer kann ich keinen sichern Plan haben,
ich lebe vom Tag auf den Tag, und nehme frühmorgens
jeden neusten so hin, wie er hier in Berlin über Nacht grade
fertig geworden ist; glücklicherweise arbeiten auch anderwärts
noch Leute an unseren Tagen mit, denn sollte es allein auf
unsere Arbeiter ankommen, so könnte sehr gut einmal der
Morgen ausbleiben, und das Frühstück mit dem Abendbrod
zusammenfallen, die Predigt mit der Oper! Ew. Durchlaucht
nehmen aus diesem mißlaunigen Unwitz schon genugsam ab,
daß es hier nichts Neues und kaum genug Altes giebt, um
einen Abwesenden damit zu unterhalten! —

Dennoch schreibe ich Ihnen heute wegen Neuigkeiten,
die aber keine hiesigen sind. Ich habe so eben flüchtig ein
neues Buch durchlaufen, das ich nun aber mit Sorgfalt
lesen will, und finde, daß auch Ew. Durchlaucht dasselbe
lesen müssen. „Politische Freiheit, von Franz Baltisch, Leipzig
bei Brockhaus, 1832." ist der Titel, der Verfasser aber ist
Herr Professor Hegewisch in Kiel. Sehr sinnig und kundig,
in angenehmer Sprache und mit fester Geschichtskenntniß
sind die Lebensfragen der heutigen Staatswelt darin be=
sprochen, alle Waffen der Erörterung blank geputzt und aus=
gelegt. Wenn Ew. Durchlaucht über diese Gegenstände je
zu schreiben gedenken, dürfen Sie das Buch nicht ignoriren.
Auch des „Verstorbenen" wird darin rühmlich an einer
Stelle Erwähnung gethan. Der Verfasser steht auf einer
bedeutenden geistigen Höhe, das konstitutionelle Wesen kann

nicht feiner aufgefaßt und behandelt werden. Was ihm fehlt,
das ist noch nicht von ihm zu verlangen, und doch zwingt
er seinem Boden auch sogar das Gegentheil dessen, was er
eigentlich will, schon einigermaßen ab, um dies damit zu
verbessern! Das Buch ist nämlich ganz konstitutionell, und
insofern in stetem Widerspruche mit dem Saint=Simonismus,
den es nur unvollkommen zu kennen scheint, und dabei hat
dasselbe auffallend und unläugbar schon wirklich ein Saint=
Simonistisches Element in sich aufgenommen! — Die ganze
Größe des Saint= Simonismus erscheint grade darin, wie
klein alles andere neben ihm wird, wie unbedeutend und gering
fast alles, was uns bisher Hauptsache war und sein mußte.
Auch breitet er sich mit Macht aus, nicht sowohl in erklärten
Anhängern, obgleich es auch an diesen nicht fehlt, als viel=
mehr in Ideen und Wirkungen, selbst in den Rücksichten und
Thätigkeiten der Gegner. Der „Globe" hat aufgehört, mit
glänzenden Schlußreden und Verheißungen; Enfantin geht
mit vierzig Jüngern auf ein paar Monate in die Einsamkeit,
die weltliche Thätigkeit wird inzwischen von den übrigen
Jüngern eifrig fortgesetzt, und neue Schriften, Flugblätter
u. s. w. erfolgen ohne Unterbrechung. An Geldmitteln scheint
es nicht im geringsten zu fehlen. Wie allgemein die Bedeu=
tung der Sache ist, geht schon daraus hervor, daß gleichzeitig
in Florenz und in Upsala Stimmen von edler Art dafür
laut geworden. Wir wollen sehen, was weiter damit wird.
Ich habe keine Vorstellung von dem Gange, den die Sache
nehmen kann, und genieße daher die Spannung wie vor
einem Schauspiel, worin jeder Auftritt mir neu ist. —
Nun muß ich Ew. Durchlaucht aber noch ganz besonders
auf die Zeitschrift „Revue encyclopédique" aufmerksam
machen. Sie wird von Carnot und Leroux monatlich heraus=
gegeben, zweien Saint = Simonisten, die aber von Enfantin
getrennt sind. Seit langer, langer Zeit habe ich keine so
gediegenen Aufsätze gelesen, wie in dieser Zeitschrift, Aufsätze

litterarischen, politischen und wissenschaftlichen Inhalts, wobei der Saint-Simonismus nur als Licht im Hintergrunde steht. Auch meine Frau ist ganz entzückt von diesen Aufsätzen. Ew. Durchlaucht können nichts Besseres thun, als sich auf die Revue zu abonniren. —

Meine arme Frau leidet noch immer sehr, rafft sich aber doch bei jedem leiblichen Wetteranschein gutes Muthes wieder auf, und wir hoffen beide noch viel Gutes vom Sommer wenn es nur ein rechter wird. Von der Frau Fürstin hat leider Unwohlsein und Wetter uns grausam getrennt. — Wir grüßen Ew. Durchlaucht herzlich, und bitten, in dem blühenden und grünenden Luftgehege zuweilen günstig an uns Bewohner der staubigen Straßen zu denken, dergleichen hilft immer etwas, nichts in der Welt ist wirkungslos, Gedanken am wenigsten!

Mit innigster Verehrung
gehorsamst

Varnhagen von Ense.

89.

Pückler an Varnhagen.

Muskau, den 13. Mai 1832.

Euer Hochwohlgeboren

sehr liebenswürdiges Schreiben war eine angenehme Diversion in meiner hiesigen Einsamkeit, und noch mehr die mir darin gegebene Hoffnung, Sie vielleicht recht bald dieselbe theilen zu sehen. Realisiren Sie ja diesen Plan, und besinnen Sie sich nicht zu lange, sonst wird doch wieder nichts daraus. Vom 6. Juni an bleibe ich wahrscheinlich bis Ende Juli hier, und der Himmel wird doch endlich ein vernünftiges Wetter senden, um die Natur genießen zu können. Bis jetzt haben wir fast noch Winter.

Für die empfohlenen Bücher danke ich ergebenst, und werde gleich Sorge tragen, sie mir anzuschaffen, obgleich ich besorge, daß ich zu eigenen Produktionen keine mehr brauchen kann. Die gänzlich mangelnde Lust dazu scheint am sichersten den Mangel an Geschick anzudeuten, und wer einmal unverdient so gut weggekommen ist, thut wohl weiser, sich ohne großen Drang in keine neue Gefahr zu begeben.

Was giebt es denn Neues in der Welt, außer daß der arme Perier närrisch geworden ist? Die Natur will jetzt überall dem Genie den Krieg erklären. So wie ein kräftiger Mann auftaucht, stirbt er oder wird verrückt; nur ein Schuckmann und seinesgleichen scheinen à la lettre unsterblich geworden zu sein.

Das Lob der Mittelmäßigkeit mit illustrirten Beispielen wäre jetzt ein Stoff der Bearbeitung werth, und zwar nicht als Satyre, sondern im vollen Ernste. Es thut mir leid, mein verehrter Freund, daß Ihnen damit ein schlechtes Prognostikon gestellt wird!

Tausend Schönes an Frau von Varnhagen, und alles was ich ihr zu sagen hätte, würde für unsere Spaziergänge im Muskauer Park aufgespart.

Lassen Sie mich bald wieder etwas von Ihnen hören, und rechnen Sie stets auf die ungeheucheltste Verehrung und Anhänglichkeit, mit der ich zu sein die Ehre habe

Euer Hochwohlgeboren

herzlich ergebenster

H. Pückler.

90.

Varnhagen an Pückler.

Berlin, den 7. Juni 1832.

Ew. Durchlaucht

erlaube ich mir die beifolgenden neuen Schriften, welche vor wenigen Tagen hier angekommen sind, und deren Gegenstand oftmals ernst und heiter zwischen uns besprochen worden, zu fernerem Nutz und Frommen ergebenst zu überreichen! In dem Paradiese von Muskau, bei dem Fürsten und Schöpfer desselben, findet der Glauben an eine allgemeine Erdver= schönerung gewiß leicht Eingang, und die Eisenbahnen Michel Chevalier's können auf Beifall rechnen, wo schon eine gewöhn= liche Kunststraße so sehr willkommen wäre. Was die Politik und Moral betrifft, da will ich über den Werth der neuen noch kein Urtheil wagen, vorläufig aber gern bekennen, daß mir an der alten wahrhaftig nicht viel verloren scheint! — Wir leben hier sehr einförmig, und ungeachtet der größten und manigfachsten Vorgänge, die sich überall ereignen, in einem steten Mangel an Neuigkeiten. Perier's Tod, Grey's Fortbestehen, Bernstorff's Zurücktritt, alles das ist schon ver= altet, als wären es Dinge aus Ludwigs des Vierzehnten Zeit. Eine Neuigkeit giebt es doch, das ist wahr, das Ham= bacher Fest, die wird längere Zeit vorhalten, und möcht' ich nicht derjenige sein, der alle Depeschen, Protokolle, Zirkulare und Akten darüber lesen müßte! —

Ich kann in jetzigen Zeitläuften Berlin nicht verlassen, sonst wäre ich als Badegast in Muskau. Meine Frau, die noch sehr leidend, aber im Ganzen doch besser mit Luft und Wetter daran ist, erwartet Besuch vom Rheine her. Wir gedenken oft und innigst der freundlichen Einladungen, denen wir so gern folgten! Unsere huldigende Verehrung wünschen wir der edlen Fürstin insonderheit auszudrücken!

Die Bücher, muß ich noch bemerken, sind aus der Hinterlassenschaft des Herrn Brisbane, der in kurzem nach Genua abreist, und mich zum Erben dieser Sachen, so wie seiner Freigebigkeit mit ihnen, eingesetzt hat.

Mit treuster Verehrung verharrend

Ew. Durchlaucht

gehorsamster

K. A. Varnhagen von Ense.

91.

Varnhagen an Pückler.

Berlin, den 7. Juni 1832.
Nachmittags.

Meine Büchersendung war schon zur Post befördert,
kam aber, als nicht vorschriftsmäßig verpackt, von dorten
zurück, und mit ihr gleichzeitig traf das Schreiben Ew.
Durchlaucht vom 3. d. ein, welches ich nun sofort noch mit
beantworten kann. Die Einlage, an der ich nichts zu ändern
fand, ist unverzüglich an Cotta abgegangen, der den Abdruck
im „Morgenblatte" gewiß ohne Aufschub veranlassen wird. Die
Erklärung ist sehr gut gegeben, und muß von bester Wir=
kung sein.

Die englische Rezension habe ich mit größtem Antheil
gelesen. Auf solche Urtheile war bei einem großen Theile
dieser Nation, die ja mit sich selbst in steter Opposition lebt,
und ihre Gebrechen kennt und haßt, wohl zu rechnen, weniger
darauf, daß sie an guten Orten laut würden. Doch für
Ew. Durchlaucht hat auch darin, wie diese neusten Blätter
zeigen, ein guter Stern gewaltet, und eine Menge Mißwol=
lender sind abermals auf den Mund geschlagen. Wo bleibt
aber das diplomatische Einwirken in Betreff des Fremden=
klubs? Oder hat sich noch kein befriedigendes Ergebniß auf=
gethan?

Wir bedauern sehr, daß Ew. Durchlaucht an so bösem
Uebel gelitten haben; hoffentlich ist es nun ganz vorüber,
und die Kur wird eine bloße Vergnügenssache! —

Lesen Sie doch besonders das „Système méditerra-
néen" und die „politique européenne" unter den blauen
Schriften; das Heft „à tous" ist ein Wiederabdruck der letzten
Nummer des „Globe". Heine will über den Saint=Simonis=
mus schreiben, der keineswegs in Abnahme ist, sondern jetzt

nur mehr Wurzeln und weniger Blüthen treibt. Alles
Schönste und Beste von   Ihrem

verehrungsvoll gehorsamsten

K. A. Varnhagen von Ense.

92.

Rahel an die Fürstin von Pückler=Muskau.

Freitag, den 8. Juni 1832.

Voller Beschämung erhalte ich die huldvollen Zeilen,
das aromatische Geschenk! In tiefster, sehe ich Ihre gedul=
dige gnädige Einladung an, verehrte Frau Fürstin! Längst
wäre ich in Muskau, wäre ich nur irgend apt und brauch=
bar! — abwarten muß ich mich, und meine verrückten Uebel,
die nicht Stunde nicht Regel halten! Auch Sie sind leidend,
auch der Fürst. Unzählige Bekannte. Die Atmosphäre ist
krank: dies bezeugen die Zeitungen über Wien, Madrid,
Neapel, Rom, London, Paris. Allenthalben Schnee, Wind,
Kälte, Abwechslung! Um die Erlaubniß werde ich bitten,
Ihro Durchlaucht besuchen zu dürfen, und nicht Einladungen
abwarten: es ist ja ein brillanter Wunsch von mir, im idea=
lischen Muskau unter Ihrer Protektion zu athmen. Ich
athme eben nicht: au pied de la lettre. Gestern war ich
zum Spott bei Rust im Thiergarten: ich ganz allein in
meinem Salon, während Alle draußen waren; und als die
Anderen kamen, war ich dem Ersticken nah; weil ich mit
Spontini's war, und nicht gleich allein weg konnte; weil er
noch eine Arie hören mußte unvermuthet. Zu keiner Ge=
sellschaft, zu keiner Fahrt bin ich brauchbar: meinen Freunden
zur Last. Bin ich nur wieder menschlich: so melde ich mich
gleich wieder bei meiner besten Gönnerin! Gestern hatte
Varnhagen eben dem Fürsten geschrieben, als Ihre Sendun=

gen ankamen. Freilich habe ich in der Beer'schen Loge
Mlle. Taglioni gesehen, eine Sylphide. Sanft, weich, intelli=
gent, liebend, liebend, liebend! die Mienen, dies Anschmei=
cheln aus Zärtlichkeit! vortrefflich! mais elle fait main;
même doigts; wozu hat solche Künstlerin das nöthig!
Französische Schule; Salons = Nähe: Entfernung der Antike,
heißt: gereinigter Natur. Italiänische Schule verstößt dagegen
nicht. Aber eine Kleinigkeit. Wüßte sie es nur. Denken
Sie sich, Frau Fürstin, ich sehe heute wieder die Sylphide: bloß
um die Billets, wegen ein anderesmal, nicht zurückweisen zu
wollen. Aber gleicher Erde, zweite Loge vom Theater. Sonst
unmöglich.

C'est jouer de malheur, daß Fürstin Adelheid her=
kommen soll wenn Sie weg sind!!! Ich selbst mit allen
meinen Wünschen kann nicht zur Wiederherreise rathen. Aber
wären Sie da! Göttlich. Mit einemmale da! Bei allem
Mißlingen hofft meine ewig närrische Seele doch immer das
Unglaublichste. Wir lassen nicht vom Glück! Es ist unser
Element, und auch der Wechsel auf das selige Leben aus=
gestellt: ein Stück Religion: Zusammenhang mit dem
Höchsten. Kröne uns Erfüllung für's erste, mit schönen
Tagen, noch diesen Sommer in Muskau! Ihre wahrhaft
ergebene und verehrende

Fr. Varnhagen.

93.

Pückler an Varnhagen.

Muskau, den 11. Juni 1832.

Werthester Freund!

Ihre lieben Briefe und Bücher waren wie immer sehr
willkommen. Nur eins wäre mir noch willkommener ge=
wesen — Sie selbst. Speriamo.

Unterdessen werde ich Ihnen Ende dieses Monats wahr=
scheinlich selbst in Berlin aufwarten, eine Reise, deren Motiv
leider wieder Geschäfte (und was können die bei uns Ge=
plagten anders heißen als odiosa), keineswegs Zerstreuung
ist. Vorher erwarte ich hier noch allerlei Gäste, unter anderen
versprach mir auch Paul Ebers herzukommen. Wenn Sie
ihn sehen, bitte ich, ihm gütigst sagen zu wollen, daß ich ihn
vom 18. bis 26. erwarte, den 27. früh reise ich nach Berlin.

Es ist mir unbegreiflich, daß ich wegen Ihrer Schriften
noch keine Antwort von Mad. Austin habe. Ich schrieb
nun zum zweitenmal deshalb, das Packet ging durch die
Gesandtschaft, und muß liegen geblieben sein.

Die diplomatische Operation gegen den Travellerklub hat
ihr vollkommenes Resultat gehabt, und Herr von Bülow auf
seine offizielle Forderung eine genügende Erklärung vom
Travellerklub extrahirt, die mir Herr von Ancillon zugeschickt.
Mad. Austin ist aber dagegen, etwas deshalb zu publiziren,
und einige ausgezeichnete Männer unter ihren Freunden, die
sich für mich interessiren, ebenfalls. Der Angriff, sagen sie,
komme von einem Journal, das ein Gentleman nicht einge=
stehen könne gelesen zu haben, und man würde sich daher
durch eine Antwort in den Augen des Publikums geringer
stellen, als durch ein würdiges und ernstes Stillschweigen.
Ueberdem nehmen so viele Unbekannte meine Parthei, daß
ich mir es komode machen kann. Die Hauptsache war immer
die offizielle Erklärung des Klubs, und Bülow's Demarche
selbst, die ihn sauer genug angekommen ist. —

Mein langweiliges Gartenwerkchen ist nun auch fertig
polirt, und ich habe Hoffnung, es in England herausgeben
zu können, was für die Kupfer (die Hauptsache darin) sehr
vortheilhaft sein wird. Ehe es zum Druck befördert wird,
bitte ich um die Erlaubniß, es Ihrem Urtheil unterwerfen
zu dürfen. Da, wie gesagt, die Bilder die Hauptsache, und
der Text nur Zugabe ist, so habe ich jedenfalls nicht vie

dabei zu befürchten, und da es mehr die Gähn= als Lach=
muskeln in Bewegung setzt, so darf ich mir schmeicheln, daß
die Leute nach seiner Erscheinung sagen werden: Jetzt sieht
man doch, daß die „Briefe eines Verstorbenen" von einem
Anderen geschrieben sein müssen — so daß mein schon halb
tobtes Incognito wieder neu aufleben kann.

Daß Heine über den St.=Simonismus schreiben will,
freut mich ungemein. Börne, dessen gesammelte Schriften ich
jetzt mit ungemeinem Vergnügen und großer Sympathie lese,
sollte auch mit in die Schranken treten. Es fehlt nur an
gewichtigen Autoritäten, ohne welche wir guten philister=
mäßigen Deutschen an nichts glauben.

Ein Theil dieser Lehre, nämlich der, welcher die Ver=
gangenheit analysirt, und ein neues strahlendes Licht auf sie
wirft, ist eben so erhaben als unwiderleglich, der andere,
der sich mit der Zukunft beschäftigt, nämlich wie es werden
soll, ist noch schwach und im Chaos. Groß in der Welt=
geschichte wird der Herrscher einst dastehen, welcher der
Konstantin dieses neuen Glaubens und Seins wird, aber —
wir werden's nicht erleben, wenigstens nicht in unserer jetzigen
Form, von der ich mit Ihnen sage, wie von unserer ganzen
Zeit, daß wahrlich nicht viel daran verloren sein wird, wenn
sie dahin ist.

Dem guten Brisbane meinen Gruß und Dank. Ich habe,
ich muß es gestehen, seiner Freigebigkeit einige Gewalt an=
gethan, und nach Koreff's Prinzip ihm kein einziges der
gelesenen Bücher zurückgegeben.

Aber ich schwatze unverantwortlich! Adieu und alles
Schönste an Frau von Varnhagen.

Ganz der Ihrige

H. Pückler.

94.

Varnhagen an Pückler.

Berlin, den 13. August 1832.

Ew. Durchlaucht muß ich endlich wieder einmal anreden, das Verstummene befestigt sich ohnehin so leicht, und Gottlob ich habe jetzt wieder neuen Athem! Vor kurzem noch fehlte er mir, ich dachte zu ersticken zwischen all den Bedrängnissen, die mich bestürmten. Meine theure Rahel wurde zu Anfange des vorigen Monats kränker, als gewöhnlich, dann eine Nacht so krank, daß die schleunigste Hülfe durch einen Aber=laß nöthig wurde. Diese Gefahr war kaum beseitigt, so stellten sich andere besorgliche Zufälle ein, und ganz uner=wartet bildete sich am Rückgrat ein Karbunkel, der eine lang=wierige und immer sehr bedenkliche Kur erforderte. Acht Tage fast gingen unter so düstern Aussichten hin, daß ich keine Hoffnung mehr sah, eine viel längere Zeit ließ einige Hoffnung mit vieler Angst und Zweifel gemischt. Endlich, gleich dem Uebel, erschien unerwartet auch die Heilung! Zum Erstaunen erhielten sich die Kräfte, und mehrten sich sogar, die unter so vieler Kränklichkeit in der Tiefe liegende gute und starke Natur zeigte ihre Macht, die beste Heilung ging ungestört und beschleunigt vor sich, und wird in diesen Tagen vollendet sein. Wir fahren schon täglich wieder aus, und auch der allgemeine Zustand läßt sich um vieles besser an. Ein so freudiger, ja wundervoller Ausgang aus der dringend=sten Gefahr sollte jedoch nicht ohne neue Verdüsterung bleiben. Ludwig Robert war inzwischen zu Baden durch ein Nervenfieber hingerafft worden; und der armen Rahel mußte, nach langem Verschweigen, doch endlich der Verlust des geliebten Bruders verkündet werden. Das war ein harter Sturm, und ehe noch die aufgeregten Wogen sich wieder gestillt haben, droht abermals eine Wolke, die Nachricht, daß auch die junge Wittwe Friederike Robert in Baden gefährlich erkrankt sei, worüber das Weitere nun schon seit vierzehn Tagen von uns ängstlich erharrt wird. —

Ist das nicht eine starke Schicksalssendung binnen so geringem Zeitverlauf? Und doch könnte ich aus den bloß inneren Thatsachen, die sich an und mit diesen äußerlich namhaften entwickeln, eine nicht mindere Reihe herzählen! Ich habe Erfahrungen in mir selber gemacht, von denen ich früher nichts gewußt habe; doch diese, gleich den überstandenen Leiden selbst, entziehen sich jeder Schilderung. —

Ew. Durchlaucht sehen, wie sehr ich Ihren Herzensantheil voraussetze, und auf Ihr Freundschaftsgefühl rechne, daß ich Ihnen alles das so vollständig mittheile! Was könnte ich Ihnen aber Besseres schreiben, als was mein eignes tiefstes Leben ist? Sie wissen es, theuerster Fürst, und würdigen es vollkommen, wie mein ganzes Dasein mit dem der geliebten Freundin eins geworden!

Möge Ihnen und der verehrten Fürstin diese Folge von Wochen und Tagen dafür in dem herrlichen Paradiese von Muskau unter Freuden und im schönsten Wohlsein im Genusse der befriedigendsten Thätigkeit, glücklich dahingegangen sein! Mit welcher Sehnsucht gedacht' ich oft der anziehenden Einladung, welche uns dorthin geworden, so freundlich uns mehrmals wiederholt war! Wir mußten sogar den Gedanken haben, es würde dann vielleicht alles ganz anders kommen, manches abgewendet und uns erlassen worden sein. Aber ein Vorwurf trifft uns deßhalb doch nicht; es war schon vorher kein Tag von der Art, daß er hätte zur Reise taugen können, immer hätte ein besserer müssen abgewartet werden, und der kam leider nicht! Für mich persönlich aber wäre es unmöglich gewesen, Berlin während dieses Sommers zu verlassen, die manigfachen Veränderungen, die gespannte Lage so vieler Verhältnisse, hielten mich gewaltsam auf diesem Schauplatze zurück. —

Die politische Welt bekommt auf dem einen Punkte
endlich etwas Licht; die Sache zwischen Belgien und Holland
scheint sich wirklich auszugleichen. Dagegen hat auf anderen
Punkten die Dunkelheit der Verwirrung sich gemehrt, und
ich glaube, daß im Ganzen der Widerstreit sich steigert. In
den deutschen Angelegenheiten machen die neuen Bundestags=
beschlüsse großen Lärm; mich dünkt, ohne genügenden Grund,
ich sehe in diesen Beschlüssen keine Gefahr, nur halte ich sie
für ungeschickt, indem sie ganz und gar nicht nöthig waren.
Man bedurfte ihrer nicht, man konnte ohne sie alles thun,
was man zu thun für nöthig hielt; wenn man beim Handeln
viel redet, so schwächt man nur das Handeln. In jedem
Fall würde ich mir auch, hätte ich in diesen Dingen etwas
zu sagen und zu rathen, die schwächliche, kleingehackte Ver=
theidigung verbeten haben, die durch Professor Ranke in der
„Staatszeitung" für jene Beschlüsse versucht worden ist. An
diesem jungen Freunde erleb' ich jetzt nur Unehren, er hat
sich auf den gebohnten glatten Fußboden der heutigen Welt
verlocken lassen, wo seine Bewegungen unsicher und lächerlich
sind, und ihm jeder aufpaßt, auch wohl Fallen legt. Man
schimpft gewaltig auf ihn, und ich kann nur die Achseln
zucken. —

Ich hoffe zu erfahren, was Ew. Durchlaucht jetzt abson=
derlich treiben und vorhaben, denn gewiß ruht die Feder
nicht, es wäre auch nicht zu verzeihen! Sind ferner gute
Nachrichten aus England eingegangen? Französische Blätter
gedenken öfters der Briefe im Guten, und geben Auszüge nach eig=
nem Bedarf. — Mit dem Tode enthüllt sich nun auch ein bis=
heriges Räthselgeheimniß. Der Pseudo=Verstorbene im „Mor=
genblatt" ist nunmehr der wahrhafte; es hat sich entdeckt, daß
Ludwig Robert jenen Scherz getrieben, der übrigens wohl
in keiner Weise übel zu deuten gewesen! —

Von Herrn Brisbane habe ich Briefe aus München; er ist
jetzt auf dem Wege nach Genua. Seine Freunde in Paris

treiben ihre Sache munter und entschlossen fort, können aber nach außen so lange nichts vornehmen, als ihre Prozesse noch nicht abgethan sind; diese werden jetzt in Gang kommen. Nachher wollen wir sehen. In Deutschland wächst ihnen manche Neigung zu; der ehemalige würtembergische Minister von Wangenheim wird als ein großer Eiferer genannt. Doch ist das alles erst im Keime, und mir scheint fast, daß unge= heure politische Stürme das Interesse ruhiger Entwickelung in der nächsten Zeit noch gewaltig unterdrücken werden! —

Ich empfehle Ew. Durchlaucht als unterhaltende und gewichtige Lektüre den 1. Band von Zschokke's „Prometheus" (Aarau, 1832) wegen vieler Mittheilungen aus Schlabren= dorf's und Oelsner's Papieren.

Das beifolgende Blatt hat mir Herr Dr. Häring für Ew. Durchlaucht gegeben. Er kommt von Wien, wo er Gentz hat begraben sehen. Ihn und den Herzog von Reich= stadt, den Greis und den Jüngling, sollen die Reize der Schülerin Terpsichore's, der lieblichen Fanny Elsler, — be= zaubert haben. — Ich muß diesen Brief endigen. Er bekömmt doch keine ganz gute Farbe, der ursprüngliche Stoff nimmt sie nicht an. —

Meine Frau weiß nur obenhin, daß ich schreibe, nicht das Einzelne; grüßt aber herzlichst, und wir beide bringen der verehrten Fürstin unsere beeiferten Huldigungen! Leben Sie wohl, lassen Sie von sich hören, und bleiben Sie der treuen Gesinnungen versichert, worin ich verharre

Ew. Durchlaucht

gehorsamster

K. A. Varnhagen von Ense.

95.

Pückler an Varnhagen.

Verehrtester Freund!

Ew. Wohlgeboren gütiger Brief hat mir, ohngeachtet er so viel Trauriges enthält, dennoch einen Stein vom Herzen genommen, da ich von der lebensgefährlichen Krankheit Ihrer lieben Rahel, meiner so gütigen Gönnerin und Freundin, unterrichtet war, und Ihnen nur deshalb nicht schrieb, weil ich es in einem solchen Augenblicke nicht für passend hielt. Gott sei Dank, daß sie Ihnen und uns wieder geschenkt ist, und ich verstehe ganz Ihre Aeußerung, daß Sie in dieser schweren Zeit Erfahrungen an sich selbst gemacht haben, die Sie früher kaum geahndet. Der vor Augen tretende, nahe Verlust einer innig vertrauten und innig geliebten Person ist gewiß von allen irdischen Zuständen der, welcher die Seele am Furchtbarsten ergreift, und alle ihre Tiefen dem inneren Auge enthüllt. Ich habe ähnliches erlebt. Es ist eine Feuertaufe, aus der man besser hervortritt.

Empfangen Sie jetzt meinen herzlichsten Glückwunsch, daß Noth und Gefahr vorüber, und versichern Sie auch Ihrer Frau Gemahlin meine innigste Theilnahme. Welches harte Schicksal, daß sie, kaum selbst dem Tode entronnen. den ihres so hochbegabten Bruders vernehmen mußte! Mich hat diese Nachricht tief betrübt, und etwas noch mehr Lügübres nimmt sie durch jenen Scherz des armen Todten mit meinen Briefen an! Im Grunde war schon mein Einfall ein vermessener, denn nie sollte man den Tod, eben so wenig wie den Teufel, an die Wand malen. Es sind Gespenster, die gar leicht die Phantasie bewältigen!

Doch lassen wir sie jetzt ruhen, und gehen zum rosigen Leben über.

Mein Park grünte und blühte noch nie schöner als dieses Jahr, und unser Bad, der schüchterne junge Anfänger, erfreute sich nie einer größeren Beachtung. Wir haben Generallieutenante, Generalmajore, Marchesane, Principesse d'ogni grado, d'ogni età, und viel davon ohne Zweifel der Cholera zu verdanken, die also doch zu etwas gut sein kann. Hoffentlich vermehren Sie und Frau von Varnhagen künftiges Jahr ihre Zahl (nicht aus cholerischen Gründen, versteht sich), und wie freue ich mich im voraus darauf, Ihnen alles Neue meiner Anlagen zu zeigen, das noch ganz terra incognita für Sie ist. Vor acht Tagen fanden wir in einem einsamen Dickicht beim Rigolen zwei Fuß unter der Erde ein wohlerhaltenes Gerippe auf. Ein junger Mann, dem nicht ein einziger Zahn fehlte, wahrscheinlich ermordet und dort verscharrt, denn der Schädel hatte mehrere Frak= turen. Ich habe sogleich die sehr romantische Stelle benutzt die Gebeine des räthselhaften Unbekannten förmlich daselbst beisetzen lassen, ein Rasengrab mit einem einfachen hohen Steinkreuz darauf setzen, und in einer kurzen Inschrift das Vorhergehende bemerken lassen. Eine Bank steht vor dem Grabhügel, dessen Kreuz jener Lehne bildet. Die Aussicht geht unter düstern Tannen auf zwei tiefe und weite Berg= schluchten. Dort will ich oft nach Mitternacht bei Monden= schein sitzen, und bei Tage Victor Hugo's „Notre - Dame" wieder lesen. Das Papier hört auf, und mit ihm billig mein Geschwätz. Adieu.

Ihr herzlich ergebener

H. Pückler.

Noch eine Bitte. Ist Herr G. R . . . (Redakteur der „Staatszeitung"), dermalen anwesend in Berlin?

Mit der nächsten Fahrpost bitte ich um Erlaubniß, der lieben Genesenen eine recht schöne Ananas schicken zu dürfen.

96.

Varnhagen an Pückler.

Ew. Durchlaucht

herzliche Theilnahme an unseren Leiden und Verlusten
spricht sich durch Ihren Brief so wahr und wohlthuend für
uns aus, daß ich Ihnen dafür innigst danken muß. Leider
habe ich Ihrer Theilnahme noch ferneren Stoff darzureichen,
denn schon wieder neue Trauerbotschaft ist uns zugekommen!
Eine Schwester von Friederike Robert, welche gemeinsam
mit ihr den kranken Ludwig Robert gepflegt, und ihm die
Augen zugedrückt, starb fünf Wochen nach ihm, und wenige
Tage später, den 13. b., von diesem Unglück nichts erfah=
rend, auch Friederike selbst, die schöne, angenehme, heitre
Frau, die aber, seitdem sie im vorigen Herbste Berlin ver=
lassen, schon immer gekränkelt hatte, und durch die Angst
und den Schmerz der letzten Zeit gänzlich niedergeschlagen
war! Ein neues Leben konnte für sie noch beginnen, in
Freiheit, Wohlstand, Behagen und Thätigkeit, alles war dazu
vorräthig, man kann sagen bereitet, — aber sie sollte dessen
nicht theilhaft werden! Der Himmel muß wissen, was er
verfügt, es wird alles schon richtig sein, wir müssen's
glauben. —

Wie meine arme Frau dadurch abermals erschüttert ist,
können Ew. Durchlaucht sich vorstellen! Doch nimmt der
Schmerz bei ihr keinen weichlichen Karakter an. —

Ich würde wohl heute noch nicht schreiben, aber am
Schlusse des Briefes von Ew. Durchlaucht stehen folgende
Worte: „Noch eine Bitte. Ist Herr G. R... (Redakteur
der „Staatszeitung") dermalen anwesend in Berlin?" Ich
weiß, wie peinlich es ist, wenn man auf solche Fragen, —
und grade zumeist auf solche —, ohne Antwort bleibt, indem
vielleicht eine besondre Handlung darnach sich bestimmen soll.

Nun kann ich zwar diese Frage nicht beantworten, weil ich
sie in dieser Stellung nicht recht zu deuten weiß, aber ich
kann die Data mittheilen, die ungefähr den Stoff der Ant=
wort enthalten mögen, und diese sind: Herr Geh.=Rath Phi=
lipsborn, ehemals Kurator und eigentlich auch wahrer
Redakteur der „Staatszeitung", hat dieses Amt gänzlich abge=
geben. Der jetzige Redakteur, Herr Hofrath Cottel, verwaltet
das Geschäft in der alten Weise, mit Beihülfe des Herrn
Lehmann, und unter Zensur des Herrn Legationsrath Lecoq,
welchen der Herr Minister Ancillon zum Zensor bestellt hat.
Alle diese Herren sind dermalen in Berlin. —
Mit innigster Verehrung verharrend

Ew. Durchlaucht
gehorsamster
K. A. Varnhagen von Ense.

97.
Varnhagen an Pückler.

Berlin, den 13. September 1832.
Ew. Durchlaucht

dürfte die beifolgende, aus dem Blatte des „National" vom
5. d. ausgeschnittene Ankündigung eines in Paris erscheinen=
den Werkes vielleicht noch unbekannt sein; bei dem besonderen
Interesse, welches sich ihr verknüpft, beeile ich mich, das
Blättchen Ihnen einzusenden. Nun wird der ganze Tanz
nochmals durchgetanzt, und zwar lustiger in Frankreich als
vorher in England, denn selbst die ernsten Gesichter und Ge=
bärden, die es hier gab, mehren dort Scherz und Lachen,
wie schon die Ankündigung fröhlich rühmt.
Meine Frau befindet sich in langsamer Erholung, die
doch nicht immer vorwärts geht, sondern bisweilen sogar mit

Rückschritten droht. Die schönsten Grüße soll ich von ihr
bestellen, so wie die aufrichtigsten Danksagungen für die
würzige Erquickung aus dem Muskauer Süden.

Das Spiel des Krieges toset um uns her, und nimmt
Aug' und Ohr in starken Anspruch. Nun kommt die schöne
Kunst an die Reihe, man zieht aus dem Felde in die Säle
der Ausstellung, und so fehlt es der Hauptstadt nie.

In treuester Verehrung wie immer

Ew. Durchlaucht

gehorsamster

K. A. Varnhagen von Ense.

98.

Pückler an Rahel.

Ich bitte Sie, Verehrteste, das beiliegende Buch zu
lesen, das mir höchst wichtig scheint, so abentheuerlich es sich
zuerst anläßt. Sie sollen es aber lesen, ohne unserem schul=
gerechten und gelehrten Gebieter ein Wort davon zu sagen,
der es als ein philosophisches Werk viel zu verständlich finden
würde, um es seiner Aufmerksamkeit zu würdigen. Sie sollen
es allein lesen, damit Sie sich auch allein ein unbefangenes
Urtheil darüber bilden können.

So wenig ich entscheiden will, ob wirklich alle Schlüsse
des Verfassers ihre vollkommene Richtigkeit haben, so kann
mich doch nichts in der Ueberzeugung irre machen, daß ächte
Philosophie nur auf dem allgemein faßlichen Wege der Er=
fahrungswissenschaften fortschreiten muß, denn zu was soll
sie dienen, wenn es nicht ist, uns die Natur der Dinge, die
Wahrheit, auffinden zu lassen! Dies kann aber nur, für
Menschen wenigstens, gelingen, indem man vom Kleinen nach
und nach auf das Größere schließt, indem man die Leiter
einfach von der untersten Sprosse zu besteigen anfängt, statt

fich fortwährend in der Meinung aufzublafen, ihren Gipfel mit einemmal erfteigen zu können.

Einfach ift die Natur, einfach muß auch unfer Beftreben bleiben, fie zu entziffern. Ihr Buch liegt fchon vor uns, wir müffen aber, um Herrn von Varnhagen's Argument gegen ihn felbft zu wenden, buchftabiren lernen, ehe wir zu lefen anfangen, das heißt richtig und vielfach das Alltägliche beobachten, ehe wir daraus auf das Allgemeine fchließen.

Aber eben deshalb dürfen philofophifche Syfteme nicht blos einer Schule verftändlich fein können, fie müffen vollkommen faßlich für Jeden fein, der lefen und fchreiben kann, und feine Sprache verfteht, fonft entbehren fie gewiß des wahren Lichtes, gehen von Hypothefen aus, und bleiben zwar ein künftliches und mühfames, aber kein die Menfchheit wahrhaft ftärkendes Machwerk. Es ift am Ende nichts als ein großes Kinderfpiel im Dunkeln, das fo lange der Eitelkeit fchmeichelt, bis eine neue, noch komplizirtere Phantasmagorie es wieder verdrängt. Nur der liebe Gott kann die Welt à priori konftruiren, nicht Kant, noch Fichte, noch Hegel. Wir, ich bleibe dabei, müffen den Weg der Erfahrung, und nur diefen, erklimmen.

Zeigen Sie aber um's Himmelswillen diefe Zeilen meinem Freunde Varnhagen nicht, er würde fo fatyrifch lächeln, daß ich es bis hierher fühlte, und mich nachher gar zu fehr über die Achfel anfehen. Wir Laien können fchon eher unter uns das franc parler uns erlauben.

Wie geht es mit der Gefundheit? Ich hoffe leiblich — mehr erreicht man fo in nichts ici bat.

Der Ihrige for ever

H. Pückler.

———————

99.

Pückler an Varnhagen.

Muskau, den 28. September 1832.

Euer Hochwohlgeboren

würde ich schon längst in Berlin meine Aufwartung gemacht
haben, wenn nicht eine gefährliche Beschädigung am Kopfe
beim Umwerfen des Wagens mich lange Zeit in einen wahren
Invalidenzustand versetzt hätte. Herr Ebers wird Ihnen
vielleicht davon erzählt haben, da er leider die Parthie mit=
machte, jedoch glücklicherweise besser davon kam als ich. In
14 Tagen bis 3 Wochen denke ich nun in Berlin einzutreffen,
wo, dem Himmel sei's geklagt, die odiosen Geschäfte immer
noch nicht ausgekostet sind! Ich hoffe Sie und Ihre Frau
Gemahlin wohl und munter zu finden, wobei ich mich dann,
wie immer, auf manches trauliche Gespräch, auf vieles Er=
götzliche und Lehrreiche freue, das den Freunden und Be=
suchern Ihres Hauses dort so vielfach und freundlich aus=
getheilt wird.

Daß mein Buch noch immer als alter Miethklepper
durch fremde Länder weiter geritten wird, ist bei seinem ge=
ringen Werth wirklich fast beschämend, und fast möchte ich
Ihnen und dem seligen Goethe nun grollen, mich auf höhere
Stelzen gestellt zu haben, als ich zu regieren vermag. Das
Gartenschriftchen bringe ich zu gütiger Durchsicht mit. Auf
Schefer's Rath habe ich alles Heterogene, dessen es ziemlich
viel enthielt, gestrichen, denn es war zu Scherz und Witz nicht
genug, und als hors d'oeuvre zu viel. Es ist nun freilich
ganz trocken geworden, aber doch besser gerundet, und vielleicht,
wegen der immermehr überhandnehmenden Liebhaberei an
Naturverschönerungen, zeitgemäß.

Nun daß Weitere mündlich. Sicherer aber bin ich
freilich in der Praxis, und es thut mir gar leid, daß ich
Ihnen und Ihrer lieben Frau Gemahlin nicht zeigen kann,

was seit Ihrer Anwesenheit hier alles geschehen ist, denn bei Ihrer Theilnahme und Kennerblick würden Sie, glaube ich, Freude daran haben, und mich ein wenig loben.

Künftiges Jahr werden aber keine Entschuldigungen mehr angenommen.

Mit herzlicher Verehrung

Euer Hochwohlgeboren

ergebenster H. Pückler.

P. S. Eben erst lese ich die Nr. 101 des „Magazins" und den für mich so schmeichelhaften Artikel über deutsche Briefe 2c., der gewiß von Ihnen ist. Ich kann den vielen Dank, den ich Ihnen in dieser Hinsicht schuldig bin, nur angelegentlichst wiederholen, und die Geschicklichkeit bewundern, mit der Sie Ihre Worte so künstlich und erfolgreich abzumessen wissen.

100.

Pückler an Varnhagen.

Muskau, den 5. November 1832.

Verehrtester Freund,

Ich bin so in Anlagen von allen Seiten vertieft, daß ich mich nicht losreißen kann, um Sie in Berlin zu besuchen, und ehe die Pflanzzeit nicht vorbei ist, werde ich mich schwerlich in Bewegung setzen. Es ist dies einmal meine Bestimmung, und nur in diesen Bestrebungen fühle ich mich ganz vollständig, in allem übrigen bin ich nur ein Embrio, das wo anders einmal auswachsen muß.

Wie geht's bei Ihnen? hoffentlich alles gesund, denn das ist doch die Hauptsache. Madame Austin hat mir geschrieben, und Ihre Sachen mit großem Interesse gelesen. Sie ist jetzt über und über mit einem Leben Goethe's, ihres Abgottes, beschäftigt. Sobald dies beendigt, will sie an Ihre

Erzählungen gehen. Deutsche Litteratur, meldet sie, is the rage presently. Sie wünscht eine Biographie des Groß=herzogs von Weimar. Könnten Sie vielleicht damit aushelfen? Ferner ein Werk über Kunst, vorzüglich Malerei, in England, von Passavant. Auch einen ähnlichen Kupferstich Goethe's. Es wäre mir sehr lieb, wenn ich durch Ihre Güte diese Gegenstände erhalten könnte, es müßte aber bald sein.

Ich lebe hier in einer himmlischen Waldeinsamkeit, und schreibe allerlei, bald dieses, bald jenes, aber nichts Zusammen=hängendes, denn das erste Erforderniß ist, daß es mich selbst amüsirt. Ob sich je wieder ein Ganzes daraus gestaltet, weiß der liebe Gott. Außerdem habe ich große Reiseprojekte, komme aber, wie Sie sehen, nicht von der Stelle. Ich wünschte, der König schickte mich als Gesandten zum Pascha von Aegypten, über den wohl nächstens eine neue Konferenz zusammentreten wird, wenn er anders nicht den Sultan ver=jagt, ehe noch Herr von Martens ihm zu Hülfe gekommen ist. La Grèce à la Bavaroise ne me tente plus, und nach Konstantinopel mag ich auch nicht mehr, seit die Türken Fracks und Mützen tragen. Indessen glaube ich, komme ich doch noch eher dahin, und sogar an's Ende der Welt, als Sie nach Muskau. Versprechen Sie mir ein positives démenti für künftiges Jahr, so bleibe ich gewiß zu Hause.

Die herzlichsten Grüße an Frau von Varnhagen, und die Versicherung meiner unwandelbarsten Ergebenheit.

H. Pückler.

101.

Varnhagen an Pückler.

Berlin, den 12. November 1832.

Ew. Durchlaucht

Beschäftigungen mit der Natur sind so herrlich und fruchtbar, daß es freilich eine Versündigung wäre, Sie davon

abzurufen; allein Ihren Freunden wird es dennoch erlaubt
sein müssen, es von Herzen zu bedauern, daß sie Ihrer ver=
heißenen und in aller Hinsicht so sehr erwünschten Gegenwart
beraubt bleiben sollen. Und wirklich ist es Schade, daß
Ew. Durchlaucht grade∙ in dem Zeitpunkt Berlin meiden, wo
der guten Stadt unverhofft einiger Reiz erwacht ist, nämlich
der eines neuen Gemäldes, wie die letzten Jahrzehnte wohl
kein anderes aufzuweisen haben, und dann der Reiz einer
kleinen politischen Spannung. Der Urheber von jenem ist
der junge Bendemann, ein Berliner, aber Schadow's Schule
in Düsseldorf angehörig. Wer an der politischen Spannung
eigentlich schuld ist, wird mit dem Schleier der Anonimität
bedeckt, und im Grunde haben wohl Mehrere daran gearbeitet.
Mein Friedensglaube ist hart auf die Probe gestellt, aber er
besteht sie bis jetzt recht gut. Ich glaube zwar auch an Krieg,
an allgemeinen und entschiedenen, aber noch in guter Ferne,
und erst als Folge von Veränderungen, die in Frankreich
vorgehen müssen.

Ew. Durchlaucht können sich nicht vorstellen, was der
kurze Artikel in der „Staatszeitung" hier für Lärm gemacht hat.
Eine Textstelle aus der Bibel kann von den Theologen nicht
vielfältiger besprochen, ausgelegt, ∙umschrieben und gedeutet
worden sei. Wie wenn ein Stummer zu reden anfängt, so
wunderte man sich über die Worte, schon daß es Worte
waren, des Sachinhaltes fürerst noch zu geschweigen. Nun
glauben Viele, das Reden werde so fortgehen, und hoffen
ihre Freude daran zu haben. Aber da verrechnen sie sich
ohne Zweifel. Der Stumme hat geredet, das ist wahr, aber
ich möchte zehn gegen eins wetten, daß er wieder verstummt.
Und warum auch nicht? Man muß nicht aus seinem Karakter
herausgehen, und will man etwa versuchen, diesen ganz und
gar zu ändern, so muß man die Sache gleich in's Große
treiben, die kleinen Velleitäten helfen nichts. —

Für die wackere Engländerin habe ich sogleich alle Nach=
frage gethan. Ein Leben des verstorbenen Großherzogs giebt
es nicht, doch hat, wie mich dünkt, der Kanzler von Müller
in Weimar eine gedrängte Notiz drucken lassen, die nicht in
den Buchhandel gekommen ist, die ich aber zu verschaffen
suchen werde.

Goethe's Bildniß ist in den letzten Jahren oft erneut,
noch eben jetzt ist ein sehr ähnliches von Schwertgeburt fertig
geworden, aber es stellt Goethe's Züge im höchsten Alter
dar, wie er es selbst nicht liebte und billigte, vielmehr rieth
er, auch bei langlebenden Menschen das Bild der Jugend
oder doch des mittleren Alters festzuhalten. Da wäre denn
das Beste, die werthe Engländerin griffe nach dem, was ihr
am nächsten liegt, und diesmal zugleich als das Vorzüglichste
gelten darf, nach dem vor elf Jahren in London erschienenen
Kupferstich von Wright nach Dawe, wovon es in „Kunst und
Alterthum", Bd. III, Heft 1, also heißt:

„Goethe's Brustbild in punktirter Manier, überaus zierlich
und zart behandelt, dabei kräftig und von schöner malerischer
Wirkung. Dieses Blatt kann, bloß als Kunstwerk betrachtet,
für gut und verdienstlich gelten; überdem ist es aber auch
unter den vielen in Kupfer gestochenen Bildnissen des Ge=
nannten dasjenige, welches ihn am ähnlichsten darstellt."
Wegen des Werkes über Kunst in England von Passavant
soll ich erst Nachricht erhalten. —

Das letzte Heft von „Kunst und Alterthum", durch Goethe's
Freunde nach seinem Hinscheiden vervollständigt und heraus=
gegeben, hat eben die Presse verlassen. Auch von mir ist ein
Aufsatz darin, durch welchen ich mit zarten Fingerspitzen ein
Gleichlaufen Goethe'scher und St. Simon'scher Ideen aufzu=
zeigen wage. Apropos von St. Simon: Die Sachen gehen
noch immer ihren Gang, und selbst die Macht des Lächer=
lichen, die doch in Paris noch souverainer ist als das Volk,
richtet nichts aus dagegen! In Deutschland aber frißt so

etwas im Stillen weit um sich, ehe davon auf der Oberfläche etwas zu sehen ist. —

Von ernsten Büchern kann ich, wie ich es auch schon öffentlich gethan, die Lebensgeschichte Friedrichs des Großen von Preußen lebhaft anempfehlen. Dann aber müssen Ew. Durchlaucht nothwendig Spazier's „Geschichte des polnischen Aufstandes" in drei Bänden vollständig durchlesen, und zwar mit der Landkarte auf dem Tisch. Abgesehen von der unge= rechten Leidenschaft gegen Rußland und Preußen ist das Buch ein Schatz historischer Ueberlieferung, und ganz dazu geeignet, Krieg und Revolution studiren zu lassen. Noch ist das Werk nicht verboten.

„La Grèce à la Bavaroise" gefällt auch mir nicht, aber der Ausspruch desto mehr. Es ist offenbar ein Werk, die Welt zu verlangweiligen, und ihr alles Hervorstechende zu nehmen; aber es gelingt nicht; der Bart, der in Konstanti= nopel dem Scheermesser unterliegt, ersteht in Paris wieder bei den St. Simonisten, und ich sehe noch die Zeit, wo in Berlin jeder Rath erster Klasse von seinem Harem sprechen kann!

Ich habe jetzt gut scherzen, theuerster Fürst! Vor vierzehn Tagen, vor drei Wochen scherzte ich nicht! Da brachte ich schlimme Nächte und Tage wieder am Kranken= bette der armen Rahel zu, die von neuen Krankheitsanfällen heftig und bedenklich ergriffen war! Es bessert sich Gottlob mit jedem Tage wieder etwas, allein ich bin zu stark und oft erschreckt worden, seit dem vorigen Winter, um nicht immer einige Sorge und Unruhe zu behalten!

Ich soll die schönsten Grüße ausrichten, und insbesondere auch der verehrten Frau Fürstin die eifrigste Huldigung darbringen, welches ich auch in eigenem Namen ehrerbietig vollziehen darf.

Wegen Muskau brauchen Ew. Durchlaucht mir Schmerz und Sehnsucht wahrlich nicht noch zu schärfen. Aber ein

Rückblick auf den letzten Sommer, und was wir darin gelitten und ertragen, spricht uns von aller Schuld lässiger Versäumniß völlig frei. Nicht nach Tegel und Steglitz bin ich gekommen, kaum nach Charlottenburg. Leider werden wir noch lange nicht im Stande sein, unser Wünschen und Wollen zur festen Absicht und Zusage zu gestalten, wir armen Schwebenden, von jedem Hauche der Atmosphäre und der Umstände abhängig! —

Alles Schönste und Beste! — Wenn ich etwas Zweckdienliches erfahre und auftreibe, so melde und schicke ich es gleich. — Die Briefe, welche unter Ew. Durchlaucht Namen jetzt auch französisch zu lesen sind, werden in allen Blättern besprochen, und im Ganzen günstig genug. Aber die Politik ist jetzt ein arger Würgengel für alles andere litterarische Leben. Und wir können doch einmal nur litterarisch sein. Noch; denn, wie lange, und man legt uns auch das! — Wie es aber auch sei und werde, ich bleibe unverändert

Ew. Durchlaucht

treuergebenster

V. v. E.

Der Brief Ew. Durchlaucht ist vom 5., kam aber erst am 10. Abends hier an.

Herr Professor Jarcke ist nach Wien gereist, ein Stückchen Ersatz, für den verlorenen Gentz; es gehört viele Münze der Art dazu, um solch ein Goldstück auszumachen. „Sonderbar," sagte jemand, „daß der Fürst Metternich seine Publizisten immer von Berlin verschreibt, Gentz, Adam Müller, Jarcke!" Das ist so mit manchen Orten; die Gouvernanten läßt man aus Neuschatel kommen!

102.

Pückler an Varnhagen.

Muskau, den 30. November 1832.

Verehrtester Freund!

Den allerbesten Dank für Ihre große Güte, die mir vom
Kanzler Müller alles Gewünschte über Goethe und den Groß=
herzog schnell verschafft hat. Es ist gleich nach London ab=
gegangen, mit dem Ihnen gebührenden Preis. Demohnge=
achtet habe ich noch zwei zudringliche Bitten, 1) mir durch
Ihren Buchhändler Passavant's Werk zuschicken zu lassen, und
mir den Kupferstich Goethe's, der Ihnen am Aehnlichsten
scheint, und in Berlin zu haben ist, aussuchen zu wollen, die
Fürstin Pückler wird die gütige Auslage erstatten, oder
könnten Euer Hochwohlgeboren auch gleich gefälligst den
Kupferstich vom Händler an sie abliefern lassen.

Die empfohlenen Bücher, Preuß und Spazier, habe ich
schon verschrieben, aber haben Sie denn Weizel's „Geschichte
der Staatswissenschaft" gelesen? Mir ist nicht leicht etwas
Gediegeneres in dieser Hinsicht vorgekommen, und was mich
in Erstaunen gesetzt hat — ganz und vollkommen Saint=
Simonistisch! selbst in Bezug auf die Hauptsache, das Ver=
erbungsrecht. Schreiben Sie mir doch darüber ein Wort, und
belehren Sie mich, wenn ich irre.

Daß die Gesundheit Ihrer Frau Gemahlin immer noch
solche Rückfälle erleiden muß, ist doch recht traurig! Solche
Geister sollten auch immer einen gesunden Körper haben. Sie
wären dann freilich gar zu sehr bevorrechtet, aber doch nur
vom lieben Gott und eigenen Verdienst, so weit dies existirt
— und diese Vorrechte läßt man sich am Leichtesten ge=
fallen.

Schnee und Winter haben unterdessen meinen Anlagen
ein Ende gemacht, und ich benutze nur die Zeit, die mir hier
noch übrig bleibt, die letzte Hand an mein Gartenbüchlein zu

legen, eine Arbeit, die mich so entsetzlich langweilt, daß ich nur sehr langsam damit zu Stande komme.

Apropos, bemerken Sie wohl, daß ich jetzt alle meine Briefe mit der Kopirmaschine schreibe? Sie werden etwas blasser dadurch, die erhaltenen Kopieen dienen mir aber künftig zum besten Tagebuch, da ich so viel Briefe schreibe, und immer aufrichtig, was eben nicht allzuklug, aber meine Natur ist; und da ich längst aufgegeben, Fortüne zu machen, schadet es auch nicht viel, und amüsirt bisweilen. Dabei erspare ich Tinte und Federn, und mache niemals Kleckse, noch streue ich den Leuten Sand in die Augen.

Ich küsse Frau von Varnhagen die Hände, und scheide von Ihnen, mein Gönner, mit einem biederen deutschen Händedruck.

Euer Hochwohlgeboren

aufrichtigst ergebener und verbundener

H. Pückler.

103.

Rahel an die Fürstin von Pückler-Muskau.

Sonnabend, den 8. Dezember 1832.

Als ich gestern vor dem Hause Ihrer Durchlaucht war, um meinen stäten ergebenen Willen zu zeigen, mußte ich einen schönen Schreck einnehmen! — Ich bin sehr über Fürst Carolath's ernsteres Unwohlsein betreten! und bitte, mich wissen zu lassen, wie es ihm heute geht. — Ich — habe ohne einen Fehler begangen zu haben, eine Höllennacht durch= lebt. — Als ich gestern Mittag zu Hause kam, fand ich die gütigen Zeilen von Ihnen, liebe Fürstin; warum geht's uns denn so! Varnhagen liegt auch krank zu Bette. Aber wir sind verdammt — wir besonders, die wir nicht darin ge= boren waren — in einer Nebelwolke zu leben, und dazu find wirklich unsere Organe nicht eingerichtet. Ich will doch ausfahren, meine Nerven bedürfen es, ich könnte überhaupt komplette Fabeln von meinen Zuständen erzählen. Fahren Sie auch aus, liebe Fürstin! und so bald es geht, zu mir. Abends sind doch jedesmal bei mir einige anzuhörende Menschen zu finden. Vorgestern sogar Madame Milder sehr schön! Fein organisirte Menschen müssen Zerstreuung haben, andere Occupation als sich selbst, für ihre Nerven. — Ich bin nicht allein. — Gott schütze Sie! —

104.
Pückler an Varnhagen.

Muskau, den 18. Dezember 1832.

Euer Hochwohlgeboren

waren das Frühjahr so gütig, in sehr großmüthiger Absicht von mir einige Notizen über mein Leben zu verlangen. Ich schäme mich freilich ein wenig über dessen Unbedeutendheit, indessen sans autre préambule, hier ist der kurze Abriß. Geboren 1785, 30. Oktober als Sonntagskind um Mitternacht. Abstammend von einer uralten Familie, die sich von Rüdiger von Pechelaren, dem Nibelungenhelden herschreibt. (S. Almanach de Gotha 1826.) Eine Linie derselben war Reichsunmittelbar, die andere seit 1655 Reichsfreiherrlich, seit 1690 in dem Reichsgrafenstand. 1802 in Leipzig studirt, dann bei der sächsischen Garde de Corps gedient. 1804 als Rittmeister quittirt, und vier Jahre in Europa umhergereist. 1812 Besitzer der Standesherrschaft Muskau geworden*). 1813 und 14 den Krieg als Volontair und Adjutant des Herzogs von Weimar mitgemacht. Gefechten in Holland bei=

---

*) Anmerkung. Es ist hier zu bemerken, daß die von Pückler angegebenen Jahreszahlen vielfach ungenau sind.

gewohnt, einen Partisanzug mit Oberst Geismar gemacht, wo ich einige Kanonen erbeutete, und unter der Rubrik „für persönliche Tapferkeit" zum Oberst-Lieutenant avancirt wurde, später für einzelne Affairen Wladimir= und St. Louis erhielt. Von Geismar durch den Herzog abberufen, einige Monate als provisorischer Civil= und Militairgouverneur in Bruges fungirt. Die Stadt machte mir ein Geschenk von 1000 Na= poleond'or, die ich dem General von Borstel mit 1000 Austern überschickte. Nach dem Frieden langer Aufenthalt in England. Von da auf meine Güter gegangen, und eine Reihe Jahre ihrer Verschönerung gewidmet. Park in Muskau. Aufent= halt in Berlin. Des Staatskanzlers Tochter geheirathet, und bis an seinen Tod eine Art Günstling von ihm gewesen, ohne jedoch irgend eine, mir oft von ihm bringend angebotene, fixirte Dienstanstellung annehmen zu wollen. Als Entschä= digung für verlorene Ehrenrechte in den Fürstenstand erhoben, keineswegs aus Gunst. Später aus Familienursachen, aber im besten Vernehmen und Einverständniß mit meiner Frau, von dieser geschieden. Wo möglich ein paar vortheil= hafte Worte über sie anzubringen. Abermalige Reise nach England. Präsumtiver Verfasser der „Briefe eines Verstor= benen."

Dies ist der ganze magere Stoff! Sehen Sie, ver= ehrter Freund, wie Ihre geschickte und wohlwollende Feder in der Kürze ihn ein wenig ausputzen kann.

Mit Bedauern habe ich von der Fürstin gehört, daß Sie husten, und nicht ganz wohl sind. Nehmen Sie sich ja bei dieser horriblen Witterung in Acht, die bei uns im Nu von 7 Grad Kälte zu 7 Grad Wärme umspringt. Heute hatten wir eins der heftigsten Gewitter, das zweimal einschlug. Der Teufel scheint am Himmel, wie auf Erden los.

Ist nicht die Antwerpner Komödie recht läppisch und traurig zugleich! Sie werden aber doch vielleicht Recht behalten, daß noch kein Krieg daraus wird. Tausend

9*

Dank für Goethe's Bild, das ich schon nach England expedirt habe.

Wenn Sie mir bald antworten, findet mich Ihr Brief noch, nach Weihnachten mache ich aber mit der Reise nach Berlin endlich Ernst.

Mit herzlichster Ergebenheit

Euer Hochwohlgeboren

verbundener H. Pückler.

105.
Rahel an die Fürstin von Pückler=Muskau.

Freitag, den 18. Januar 1833.

Mit einer wahren Passion schicke ich Ihrer Durchlaucht beikommende vortreffliche, von mir gekostete Birnen — zweierlei Sorten — so überzeugt bin ich durch langjähriges Erproben von ihrer efficacen Wirkung gegen den Husten. Das einzige Mittel, welches ich bei den verschiedensten Aerzten und Mitteln efficace gefunden habe. In jedem Fall schmecken sie vortrefflich, und sind durchaus unschädlich. Jetzt nur am Kölnischen Wasser zu haben. Man muß sie aber sehr ausprobiren, und eine Probe mitschicken; sind sie nicht gleich ganz weich, so werden sie's in zwei drei Tagen; nur die Sorte muß es sein. Ich bin ganz stolz, daß ich Ihnen Einmal etwas schicken kann! Das heißt, ich freue mich wahrhaft damit! Könnte ich Ihnen auch Abende so versüßen, wie Sie gestern den meinigen: mich dünkt, und gewiß war es schon öfter, nie hätte ich Sie so liebenswürdig, thätig und belebend gesehen. Erhellen Sie bald wieder mein jetzt sonnenloses Haus! Das haben Sie davon, wie die Sonne, die alle Menschen inkommodiren und haben wollen.

Darf ich hier meine Fürstin Carolath grüßen! und sie bitten, mir morgen die herrlichen Kinder wieder zum Abend

zu gönnen? Meine Augen bewachen sie; und nur Gesundes
kommt ihnen, in jedem Sinne, zu. Die Fürstin selbst sieht
mich gewiß wenn sie kann, ich bin in beides einverstanden,
es halten sie Pflichten oder Unterhaltungen ab; oft wird das
zweite zur Pflicht, wenn das erste geflissend geübt wird. An
allem nehm' und hab' ich meinen Antheil, was sie betrifft
und thut. —

106.
Pückler an Varnhagen.

Muskau, den 20. Januar 1833.

Verehrtester Freund und Gönner,

Da Euer Hochwohlgeboren einer der liebenswürdigsten
und schnellsten Korrespondenten sind, die ich kenne, war ich
besorgt darüber, auf meinen letzten Brief keine Antwort er=
halten zu haben, und schrieb deshalb an die Fürstin Pückler,
mit Ihnen zu sprechen. Ueber ihre Antwort falle ich aus
den Wolken! Sie seien kalt, ja gereizt gegen mich gewesen,
haben mir vorgeworfen, Ihre Briefe unerbrochen Monate lang
auf meinem Schreibtisch liegen zu lassen u. s. w., so daß die
Fürstin ganz betrübt von Ihnen gegangen. Liebster, bester
Freund, was ist das für eine Sonnenfinsterniß! Ich prüfe
mich vergebens, ob ich Ihnen Gelegenheit zu Mißvergnügen
gegeben. Ich kann nichts finden. Meine Gesinnung ist die
des größten Wohlgefallens an allen Ihren glänzenden Eigen=
schaften, die herzlichste Dankbarkeit für das freundschaftlichste,
uneigennützigste Entgegenkommen von Ihrer Seite, sowie für
ausgezeichnete, mir geleistete litterarische Dienste. Ja, meinen
eigenen geringen Werth in dieser Hinsicht nur zu wohl ken=
nend, sehe ich alles, was ich in dieser Hinsicht erlangt, rein
als ein von Ihnen erhaltenes Geschenk an, und rufe sogar
mit Demuth: Herr! Du hast's gegeben, Du kannst es nehmen.
Ja selbst in diesem letzteren Falle würde meine Dankbarkeit

keineswegs aufhören, denn es liegt in meiner Natur, einen
aus reinem Wohlwollen und ohne Nebenabsicht mir geleisteten
Dienst, wenn ich keine Gelegenheit finde, ihn zu erwiedern,
wenigstens nie zu vergessen. Therefore what ails You, Sir?

Hat man mich bei Ihnen verklatscht? Dergleichen Ver=
suche sind bei mir gemacht worden, ohne mehr zu wirken, als
ein Tropfen kalt Wasser auf einen Stein. Ist so etwas im
Spiel, so sagen Sie es offen. Ich habe nichts dergleichen
zu scheuen, wo man mir dabei in's Gesicht sehen muß, aber
freilich hinter dem Rücken wissen Sie am Besten was Richelieu
sagte: Gieb mir zwei Zeilen von der Handschrift eines Mannes,
und ich bringe ihn damit auf's Schaffott.

Oder sollten Sie über meinen Scherz gegen die „Staats=
zeitung" böse sein? Hätte ich das ahnen können, gewiß ich
würde mir ihn nicht erlaubt haben, aber wie oft haben wir
zusammen darüber gelacht, daß die „Staatszeitung" so offiziell
den Karakter einer politischen weißen Salbe annimmt. Im
Gegentheil habe ich geglaubt, man habe die Aeußerung von
einer anderen Seite übel genommen, und supponirt, daß aus
diesem corner die kleine Salbe herkäme, welche man im
Litteraturblatt der „Staatszeitung" gegen mich abgeschossen hat.
Sie sind ja aber die Seele dieses Blattes, das meine in=
teressanteste Lektüre ausmacht, und wo noch neulich die Re=
zension von Preuß's Werk mich so gefreut hat, daß, wenn
ich selbst so etwas schreiben könnte, ich nicht mehr Freude
davon haben könnte. Wie lassen Sie nun zu, daß man in
diesem Blatt mich angreift, und noch obendrein ungerecht,
denn Fournier schreibt, die Uebersetzung ginge sehr gut.
Diese kleine Unterlassungs=Sünde, wenn Sie davon gewußt,
müssen Sie später wieder durch eine Ihrer positiven Wohl=
thaten im alten Genre wieder gut machen, denn ich
komme nun bald mit meinem Gartenbuche anmarschirt, ob=
gleich ich mich, so wahr ich lebe, vor dem ennui fürchte, den
es Ihnen beim Lesen machen wird, denn es ist trocken!

Wenn Sie es aber mit dem Sinne lesen, künftigen Sommer, wenn auch kein Badegast en règle für Monate, doch wenigstens unser Gast mit Ihrer lieben Frau Gemahlin oder zürnt mir diese auch?) für Wochen sein zu wollen, so werden Sie, bei dem Interesse, was der Park Ihnen einflößt, und wie ich wirklich glaube einzuflößen werth ist, meine Theorieen, aus denen er hervorgegangen, weniger langweilig finden.

Nun antworten Sie mir. Freundlich oder feindlich, ich will mit Ihnen zu thun haben. Nur ignorirt zu werden wäre zu bitter! Es möchte aber Ihnen doch schwer werden, den Feind gegen mich zu spielen, da ich Ihnen zu gut bin, Sie aufrichtig hoch achte, Ihre Ueberlegenheit respektire, und Ihnen vielen Dank schuldig bin, also auch stets bleiben werde

Euer Hochwohlgeboren

dankbar ergebener Freund und Diener

H. Pückler.

107.

Varnhagen an Pückler.

Berlin, den 23. Januar 1833.

Ew. Durchlaucht

reundliches Zürnen, geneigtes Klagen, und wohlwollendes Herausfordern nehme ich als ein unerwartetes, freies Geschenk, das ich zwar nicht verdiene, dessen Gunst und Anmuth ich aber ganz erkenne, mit allem Eifer an! Also nicht schlimmer, sondern so mild und gütig würden Sie gegen mich sein, wenn ich jemals in den Fall käme, der hier vorausgesetzt war, daß ich abtrünnig würde, daß ich mich in trübe Launen verlöre, daß ich vergessen könnte, was mir vorzugsweise lieb und theuer und gemäß ist? Ihre in dieser Vor-

ausſetzung geäußerten Geſinnungen müßten das verſtockteſte
Gemüth beſchämen, in Furcht ſetzen würden ſie das verzagteſte
nicht! Ich muß dem Mißverſtändniſſe danken, das mich die
noch ungekannte Richtung Ihrer Seele plötzlich in hellem
Lichte erblicken läßt. Und ich verehre dieſe Milde und Güte
um ſo mehr, als ich ſolcher Tugend nicht in gleichem Maße
mich rühmen dürfte, woraus ich ſehe, welche Fortſchritte mir
noch zu machen übrig ſind, und welch ein Beiſpiel ich mir
an einem edlen Freunde zu nehmen habe! In Wahrheit,
Ew. Durchlaucht geben ein Muſter von Glimpf und Nach=
ſicht und Wohlmeinung für die ſcheinbare Ungebühr eines
ſcheinbar grillenfängeriſchen Ungetreuen. Daß dies letztere
alles nur ſcheinbar iſt, ohne eine Spur von Grund, nimmt
der Wirklichkeit Ihrer Bezeigungen glücklicherweiſe nichts. —
Ein kleiner Scherz, dem ich kaum ſo viel Lebensathem
zugetraut hätte, als nöthig geweſen wäre, die Stubenſchwelle
zu erreichen, der Scherz wegen einer einmal uneröffnet liegen
gebliebenen Druckſendung, hat den weiten, noch nicht zur
Eiſenbahn gewordenen Weg nach Muskau durchlaufen, und
iſt auch dort noch bei Athem geblieben — das konnte ich
nicht denken, und am wenigſten, daß der Kleine ſo allein
dort ankommen würde, ohne die Begleitung und Aufſicht
des großen Ernſtes, der ihn freilich mehr vernichtet als ent=
ſchuldigt haben würde, des traurigen Berichtes nämlich von
meinem wahrhaft unſeligen Krankheitszuſtande! Sechs volle
Wochen — jetzt in der ſiebenten tritt langſame Beſſerung
ein — habe ich in einem katarrhaliſchen Bruſtleiden ver=
bracht, das mich von aller Geſellſchaft, von allem Arbeiten
ausſchloß, und mir eine Reihe düſterer und qualvoller Tage
bereitete, die ich ſchon lieber vergeſſe als erzähle; General
Chaſſé hat in ſeiner dumpfen Kaſematte keine ſchlimmeren
verlebt! Und ich habe es, gleich ihm, auch nicht weiter ge=
bracht als zur Kapitulation, der Feind war zu übermächtig;
ganz frei zu werden darf ich erſt vermittelſt vieler fortge=

setzten diplomatischen Unterhandlungen hoffen. Nicht wahr, an dieser schwarzen Wolke läuft jenes Scherzchen nur als ein kaum bemerkbarer hellerer Saumstreifen hin, der auch in der Natur gleich wieder verschwindet, und nur durch Schil= derung festgehalten zu werden vermag? — Einen Brief hätte ich allerdings wohl noch schreiben können, aber jeden besseren Augenblick, der dazu tauglich gewesen wäre, erfüllte ich lieber mit der Hoffnung, Ew. Durchlaucht nun baldigst zu sehen, wie es Ihr letzter Brief verheißen hatte, nach Weihnachten würden Sie mit der Reise nach Berlin Ernst machen. Möge dieser neue Verzug nur nicht länger fortdauern!

Mein Vormittag wird sehr unruhig, und ich werde jeden Augenblick gestört. Bevor ich dieses Blatt abschließe, muß ich aber noch nothwendig ein paar Gegenstände, wenn auch in flüchtiger Eile, erläuternd berühren.

Der biographische Artikel, dessen Ew. Durchlaucht er= wähnen, ist schon seit länger als zehn Monaten, nach früher mitgetheilten Angaben, verfaßt und abgesandt, und jetzt wahr= scheinlich bereits in der Druckerei. Die neuerdings erst von Ihnen ausgesprochenen Rücksichten sind darin, wie ich glaube, im voraus beachtet, da sie in der Kenntniß der Sachen und Verhältnisse sich von selbst darboten; sollte einiges weniger ausdrücklich gesagt sein, so wird dies dadurch gewiß aufge= wogen, daß um so weniger Absichtliches durchschimmert, was durchaus vermieden bleiben muß. In jedem Fall war es zu spät, noch irgend Aenderungen vorzunehmen.

In welchen ungeheuren Irrthum aber hat mein böser Dämon Ew. Durchlaucht führen dürfen, daß Sie annehmen, ich sei bei der „Staatszeitung" irgendwie betheiligt, oder gar, wie Sie es allzu schmeichelhaft ausdrücken, ich sei die Seele dieses Blattes! Seit acht Jahren wehre ich mich aus allen Kräften gegen amtliche und vertrauliche Zumuthungen aller Art, jenem Institute vorzustehen, oder Theil daran zu nehmen, und seit zwei Jahren durfte ich glauben, dieserhalb endlich

in Ruhe zu sein. Nun muß ich sehen, daß Ew. Durchlaucht
der Meinung sind, ich hätte dort Autorität oder Einfluß!
Daß Sie sogar annehmen, ich hätte dort Pfeile verschießen
laſſen, die ich hätte zurückhalten können. Mitnichten! ich
habe dort weder Anſehen, noch Einwirkung, noch Verbindung,
wünſche ſolche nicht, und könnte ſie jetzt nicht einmal er=
langen. So lange Herr Geheimer Rath Philipsborn an der
Spitze ſtand, forderte dieſer bisweilen, zum Vortheil des
Blattes, nicht zu meinen Gunſten, einen Rath oder eine Zuweiſung
von mir, zum Beiſpiel die etwa wiederabzudruckenden neueſten
Blätter der kritiſchen Jahrbücher, allein ſeitdem er die Ober=
leitung abgegeben, hat auch dies aufgehört. Faſt könnte ich
darüber böſe werden, daß Ew. Durchlaucht für möglich ge=
halten, ich hätte jene Pfeile gleichſam erlaubt; die Stärke
der Vorausſetzung nur muß dieſer ſtarken Folgerung zur Er=
klärung dienen. —

Auf das Gartenwerk bin ich ſehr begierig, und ver=
ſpreche mir den reichſten Genuß davon. Wenn es nur recht
bald erſcheint! Kennen Ew. Durchlaucht den geiſt= und ſinn=
vollen Dr. Carus in Dresden? Ich möchte gern, daß dieſer
bewogen würde, die Anzeige des Buches in unſeren „Blättern
für wiſſenſchaftliche Kritik" zu übernehmen. (Nur an dieſer
Zeitſchrift nehme ich thätig Antheil, ohne doch deshalb für
alles, was dort geſagt wird, verantwortlich ſein zu wollen.)
Meine Frau bringt mir auch ein Blatt für Sie, das ich hier
beilege. Ich ſehe ſchon, es erfolgt wechſelſeitige, vollkommene
Freiſprechung!

Jn treueſter, unwandelbarer Geſinnung der Verehrung
und Ergebenheit verharre ich

Ew. Durchlaucht

gehorſamſter

K. A. Varnhagen von Enſe.

108.

Rahel an Pückler.

Welchen vortrefflichen, freundschaftlichen, schmeichelnden, natürlichen Brief haben Sie -- nicht umsonst, aber ohne sich auf Wirkliches begründende Veranlassung, schreiben müssen! Ein Glück, daß wir ihn zu lesen bekamen; so ist er doch in den Hafen der tiefsten und freudigsten Würdigung einge= laufen! Kann ich wenigstens verbürgen! Wie konnte die Frau Fürstin einen nicht zu verkennenden Scherz, da er oben= ein in Gesellschaft ausgesprochen wurde, nur so verkennen, eine Klage, vor der schon viele Briefe an Sie abgegangen, so aufnehmen, als sollte ein schmollendes Schweigen ihr folgen! Und wie konnten Sie, bester Fürst, vergessen, daß wir Sie von einem Tage zum anderen zu erwarten hatten? Wie die Fürstin eine herbe, sechswöchentliche Krankheit Varn= hagen's, die ihm Reden und Schreiben gleich schwer, ja fast unmöglich machte! Und doch danke ich fast dem Irrthum, wenn auch nicht der Fürstin. Denn einen liebenswürdigeren Brief haben Sie wohl kaum je schreiben können, als dieses Kind des Irrthums ist. Ich könnte ihn küssen, so viel can= deur und laisser-aller finde ich darin; und was ist küssens= würdiger als diese Kindereigenschaften, unter Glas und Rahm von Geist? Dies wollte ich Ihnen, mußte ich Ihnen sagen mein Herz ist so eitel, daß es denkt, es ist dazu geschaffen, und versteht es allein, auf so ein Herzensprodukt zu ant= worten. Kommen Sie nur bald! Seien Sie liebenswürdig, kindisch, und aller Liebe, ja elterlicher, gewiß, und ohne Arg= wohn, wie ein Kind.

Fr. Varnhagen.

109.
Pückler an Varnhagen.

Muskau, den 28. Januar 1833.

Verehrtester Freund,

Auch ich liege seit sechs Tagen an einem schmerzhaften Brusthusten und Katarrhalfieber im Bett, und bedaure, so selbstleidend, Ihr langes Krankfein desto mehr.

Wahre Freude hat mir Ihr Brief, und die hübschen, herzlichen Zeilen Ihrer Frau Gemahlin gemacht, sowie die Anerkenntniß meiner aufrichtigen Zuneigung zu Ihnen Beiden. Bin ich nun gleich gegen eine Windmühle losgezogen, so bereue ich es doch nicht; denn so außerordentlich wenig ich die Meinung und Gesinnung Indifferenter oder mir Unangenehmer achte, eine so große Furcht und Scheu habe ich vor Mißverständnissen und Kälte zwischen Freunden. Es ist daher auch schon seit lange mein Grundsatz, in solchen Verhältnissen bei der geringsten Wolke oder Zweifel das Meinige sogleich zu thun, um sie zu zerstreuen, und von Hause aus aufzulösen. Da ich nun auch gar nicht argwöhnisch gegen die bin, mit denen ich es selbst gut meine, so gelingt es mir gewöhnlich, das Vertrauen derer, auf das ich großen Werth lege, auch zu bewahren, obgleich ich auf der anderen Seite wohl einsehe, daß manche Fehler, die ich habe, und meine im Grunde unsociable Disposition mich gar nicht so liebenswerth machen, als Andere es mit Leichtigkeit sind.

Nun nur noch eine Berichtigung: Nicht von der „Staatszeitung," sondern von dem „Magazin der Litteratur" glaubte ich Sie die Seele, insofern, als Sie die besten Aufsätze dazu liefern. Die Rezension von Preuß's Werk war freilich in der „Staatszeitung," aber litterarische Sachen sind ja dort nur Ausnahmen, und zwar fast immer sehr angenehme von der gewöhnlichen politischen Wassersuppe. So haben mir des

General Rühle Aufsätze über die Völkerwanderung sehr ge=
fallen.

Für die gütige Arbeit für Brockhaus sage ich meinen
herzlichsten Dank. Es ist übrigens nicht mehr als billig, daß
Sie „Ihr Kind" auch in der Welt ein Bischen ausstatten.
Wenn es nur fähig wäre, Ihnen mehr Ehre zu machen,
aber es ist eine sonderbare Sache: der Succeß jenes Buches,
und alles was dran und drum hängt, und wie ich dadurch
zu eignem ernsten Nachdenken und Prüfen aufgefordert wurde,
hat mich von meiner eignen großen Mittelmäßigkeit so tief
überzeugt, daß ich mich wohl etwas gedemüthigt dadurch
fühle. Verstehen Sie mich wohl: nicht darüber fühle ich
mich gedemüthigt, nur wenig zu bedeuten, denn wer kann
seiner Größe auch nur einen Zoll zusetzen! aber darüber,
daß ich eine so brennende Begier in mir nach einem Aus=
gezeichneten fühle, das ich nicht erreichen kann — das ver=
drießt mich, denn es ist reine Narrheit, hervorgebracht durch
eine mit den Seelenkräften nicht im Verhältniß stehende Eitel=
keit. Daß ich dies nun einsehe, nimmt mir zwar die halbe
Narrheit wieder ab, darin aber liegt das Schlimmste! denn
es ist immer ein ganz verteufeltes Unglück, nur ein halber
Narr zu sein. Gar keiner zu sein, bedingt den Weisen —
ein ganzer ist ein Glückskind — ein halber aber des Teufels
Braten.

Sobald ich wieder gesund bin, komme ich nach Berlin,
wo ich mich sehr freue, wieder mit Ihnen zu schwatzen, und
vom klügsten und gebildetsten Ehepaar Berlins so viel zu
lernen, als ich zu verarbeiten im Stande bin, was freilich
immer nur wenig auf einmal ist.

Mit aufrichtigster Verehrung

Euer Hochwohlgeboren

treuergebner H. Pückler.

110.

Pückler an Rahel.

Muskau, den 11. Februar 1833.

Ich bin Ihnen, meine verehrteste, gnädige Frau, noch
die Antwort auf einen sehr liebenswürdigen Brief schuldig,
die ich selbst überbringen wollte, aber durch rheumatisches
Unwohlsein bis jetzt noch immer daran verhindert werde.
Mit wahrem Schmerze erfahre ich nun von der Fürstin
Pückler, daß auch Sie wieder recht leidend sind! Es ist doch
wirklich ein trauriges Leben in diesem Jammerthal, und ich
bekehre mich ganz zu des Doktor Nürnberger's festem Glauben,
daß wir auf anderen Sternen dafür entschädigt werden sollen,
und uns ihr Anblick nicht umsonst zu Trost und freudiger
Ahndung gewährt ward.

Der Himmel gebe nur, daß ich Sie wieder wohl finde,
wenn ich endlich nach Berlin komme, und daß Sie sich im
Sommer hier bei uns ein Bischen pflegen können, wo die
Luft so gesund ist, daß niemand vor dem achtzigsten Jahre
an's Sterben denkt. Der ewige Aufenthalt in Berlin ist
Ihnen wirklich nichts nütze, und unser lieber Varnhagen
arbeitet sich dort auch immer krank.

Ich kann Ihnen gar nicht sagen, wie sehr ich mich darauf freue, Sie in meinen Anlagen recht in bona pace her-
umzuführen, und mich an Ihrer Verwunderung zu weiden,
was ich armer Teufel mit meinen wenigen Mitteln doch ausgeführt habe, seit Sie das letztemal hier waren — denn ich
bilde mir ein, Sie erinnern sich alles dessen, was da war,
noch genau.

Kostete mich nicht alle Jahre die Separation 10,000,
und Prozeß und Gerichtskosten 2—3000 Thaler, so könnte
ich freilich mehr thun! Das sind die agréments der preußischen Oberherrschaft, die man als ein großes Glück billig
auch theuer bezahlt.

Auf Ihres Herren Gemahls Empfehlung lese ich jetzt Spazier's „Geschichte der polnischen Revolution." Es wird Einem wohl und weh dabei! Wie gefällt Ihnen denn Victor Hugo's „Le roi s'amuse?" Mir die ersten vier Akte sehr gut. Nun mündlich mehr, ich will Sie nicht mit meiner blassen Schrift ermüden, ein Kranker an eine Kranke, das wird nicht lustig. Ich küsse Ihnen herzlich die Hand, und bin mit größter Ergebenheit

> meine gnädige Gönnerin
> Ihr gehorsamster H. Pückler.

111.
Pückler an Varnhagen.

Hamburg, den 10. März 1833.

Verehrtester Freund,

Ich muß Euer Hochwohlgeboren doch auch ein Lebens=zeichen von hier geben, wo es mir sehr wohl gefällt.

Sie müssen doppeltinteressante kriegerische Erinnerungen noch von hier bewahren, ich erfreue mich nur an der äußerst gastlichen und freundlichen Aufnahme, die ich fast nirgends noch so erfahren. Fortwährend mit Einladungen überhäuft, kann ich nicht dazu kommen, irgend etwas zu sehen, und werde mehr von den hiesigen Diners als Merkwürdigkeiten zu erzählen wissen. Ganz Recht hatten Sie, mir zu sagen, daß ich länger bleiben würde, als ich wollte. Es ist wirklich ein rechter Lebeort, und eine einfache Biederkeit im Benehmen der Leute, die ich über alles liebe. Auch an hübschen Weibern fehlt es nicht. Madame Jenisch, Frau von Binder, Frau von Bacheracht, und Andere sind allerliebst, auch viele hübsche Mädchen, worunter aber die berühmte Erbin nicht gehört.

Den 11. März.

Mein Gott! Soweit hatte ich gestern geschrieben, als mich heute wie ein Donnerschlag die Nachricht des unersetz= lichen Verlustes trifft, den Sie, und wir Alle erlitten!

Sie trösten zu wollen, mein beklagenswerther Freund, wage ich nicht. Eine so ganz vertraute Gefährtin zu ver= lieren, ist vielleicht das bitterste, das am schwersten zu er= tragende aller Leiden! In ähnlichen Verhältnissen, fühle ich das ganz, und alle sogenannten Vernunftgründe müssen an einem solchen Schmerze scheitern, wenn auch die kräftige Seele ihn zu zähmen weiß.

Gott, wie unerwartet kommt dieser Schlag! Mit der innigsten Wehmuth erinnere ich mich noch an die letzten Worte der liebevollen Freundin, die so prophetisch geworden sind — denn sie sagte: „O, wenn Sie einmal wegreisen, sehen wir Sie gewiß nicht wieder." Wie tief betrübend sind mir jetzt diese Worte. Welcher hohe Geist, und welches edle Herz sind da wieder einmal von der Erde verschwunden!

Wir müssen denken: daß sie auf einem schöneren Stern jetzt wieder geboren ist.

Leben Sie wohl, verehrtester Freund, und fassen Sie sich männlich, wie Sie es vermögen, mehr mag ich jetzt nicht hinzufügen.

H. Pückler.

––––––––

112.

Pückler an Varnhagen.

Muskau, den 15. April 1833.

Verehrter Freund!

Hier übersende ich Euer Hochwohlgeboren alles, was mir die Verewigte, nie zu vergessende herrliche Frau ge= schrieben, bis auf ihren letzten Brief, den ich so schön fand, daß ich ihn der Fürstin Pückler nach Berlin schickte, die ihn noch haben muß.

Wenn Sie sich losreißen können, so kommen Sie doch ja im Mai oder Juni hierher. Die freie Natur wird, wenn auch das schmerzliche Andenken zuerst verdoppelt fühlbar werden sollte, Sie doch zuletzt am Besten trösten und zer= streuen, so wie ich mir schmeichle, daß die lebhafteste Theil= nahme eines gleichgesinnten Freundes Ihnen nur wohl= thun kann.

Vergessen Sie ja nicht, mir die wenigen und um desto theureren Briefe einer Frau, die ich, abgesehen von unseren freundschaftlichen Verhältnissen, stets für einen der ausge= zeichnetsten Geister dieser Erde angesehen habe, treulich zurück= zusenden, und lassen Sie mich bald auch Ihre Schriftzüge wieder sehen.

Hier habe ich allerlei Fatalitäten auf dem Halse, bin aber das Joch zu gewohnt, um mich über Uebles zu ver= wundern. Nur das Gute überrascht mich. Wohl denen die frei sind — innerlich und äußerlich, denn beides ist am Ende doch zum Glücke nöthig.

Schonen Sie Ihre Gesundheit, leben Sie wohl, und gedenken Sie fleißig

Ihres

dankbar ergebenen

H. Pückler.

113.

Varnhagen an Pückler.

Berlin, den 19. April 1833.

Ew. Durchlaucht

übersende beifolgendes Manuskript, das durch einen Irrthum, ich weiß nicht woher? bei mir abgegeben worden ist. Ich habe dasselbe etwas näher angesehen, wiewohl mein jetziger

Zustand mir keine freie Stimmung für diese Gegenstände ge= währen konnte. Wäre ich aber Censor, so würde ich gewiß einige Stellen nicht durchlassen, zum Beispiel ganz gewiß die nicht, wo von den rothen Adlerorden der Prediger, die nicht, wo von kleiner Dotation für große Dienste, und die nicht, wo von einem Grafen Schnatter die Rede ist.

Mir geht es fortwährend nicht gut; ich leide körperlich, und mein Gemüth ist in unverändert traurigster Verfassung; nur Ein Gedanke, Ein Bild und Ein Sehnen lebt in dieser großen Veröbung! Glück erscheint, verschwindet, aber kehrt nie wieder! —

Wenn Ew. Durchlaucht sie noch haben, so lassen Sie mir doch gütigst die zwei Briefe von mir an Sie abschreiben, den einen aus Muskau nach Dublin, den anderen — ein paar Worte nur — mit denen ich Ihnen Goethe's Brief zu= sandte. Rahel pflegte von beiden lobend zu reden, und des= halb möcht' ich sie haben, wenn es leicht angeht. —

Verehrungsvoll und ergebenst
Varnhagen.

<hr>

114.
Pückler an Varnhagen.

Muskau, den 23. April 1833.

Verehrtester Freund und Gönner,

Es ist ein sonderbares Mißverständniß, was Ihnen das mir übersendete Manuskript in die Hände gebracht hat, und werde ich Ihnen das Nähere mündlich erklären. Ich habe es sogleich dem Autor, unserem Freund S., remittirt, der aber nun verlangt, da Sie sich einmal die Mühe gegeben, es zu lesen, daß Sie auch ein kurzes Urtheil darüber fällen, und zwar nur: fanden Sie es unterhaltend oder langweilig, car tous les genres sont bons etc. Darüber sollen Sie sich auslassen, und aufrichtig. S. behauptet, jede Wahrheit ver= tragen zu können.

Die verlangten Abschriften folgen hierbei, nebst noch einem Briefe von der betrauerten Lieben, und einem gar herzlichen nnd jetzt doppelt rührenden, der aus Versehen nicht mit der letzten Sendung abging.

Ich erwarte Ihre Antwort auf jenen Brief, ehe ich mehr schreibe, und bin wie immer

Euer Hochwohlgeboren

dankbarer und aufrichtigst ergebner

H. Pückler.

115.

Varnhagen an Pückler.

Berlin, den 3. Mai 1833.

Ew. Durchlaucht

sage ich den innigsten Dank für die mir gütigst übersandten Briefe; wie schön, von Seele und Anmuth erfüllt, ist auch dieser letzte nachträgliche! Diese Blätter der theuren Hand sind mir die einzige Labung der Augen und des Herzens. Doch erneuen sie auch meinen Schmerz durch die täglich wachsende Einsicht, daß ich die geliebte Freundin, wie sehr ich ihr auch ergeben war, und nur für sie zu leben strebte, noch lange nicht nach Verdienst erkannt und geschätzt habe. Ich büße das nun! Die Zeit vermag dabei nichts, sie schärft, anstatt abzustumpfen, und ich bin es wohlzufrieden!

Die Abschriften der beiden Briefe von mir habe ich ebenfalls mit Dank empfangen; die theure Rahel fand diese Zeilen gut, das ist das einzige, was ich jetzt daran betrachten kann; ach! wie viel eigne Güte war immer in ihrem Urtheil, ihrem Geltenlassen; das fühl' ich tief! —

Wegen des an Ew. Durchlaucht gelangten Manuskripts kann ich nur wiederholen, daß ich solches mit allem Antheil, den ich jetzt in mir aufzubieten vermag, gelesen habe; ich bin überzeugt, daß die Lesewelt ein solches Buch mit Begier aufnehmen, und sehr unterhaltend finden wird, und daß die höheren Würdiger die Darstellung im Ganzen und im Einzelnen nur loben werden. Der Ernst und der Scherz sind sehr glücklich gemischt, und ein heitrer, doch immer mit Tieferem in Beziehung gehaltener, von Verstand beherrschter Geist muß jeden ächten Sinn lebhaft ansprechen. Meine traurige Stimmung läßt mich das alles freilich nur durch verdüsternde Thränen erkennen, indeß erkenn' ich es doch. —

Sagen mir Ew. Durchlaucht nichts von Muskau! Ich breche in lauten Jammer aus bei jeder Knospe, die ich sehe. Soll ich in jenem entzückenden Grün, in jenen Büschen und Gängen überall die Erinnerungen der glücklichen Tage aufsuchen, die dort ausschließlich mir zu Theil wurden? in die leeren Räume nur immer verzweiflungsvoll den Einen Ruf ausschicken? Hier geht es mir nicht besser, das ist wahr! Aber hier bin ich einmal, hier mischt sich gute und schlechte Erinnerung, hier sind die wenigen Dinge, an denen ich noch etwas zu thun zu haben glaube.

Ich leide noch an der Brust, doch wird mir die seit gestern eingetretene Wärme wohlthätig. Ich fange an, auszugehen, bin aber so angegriffen, daß mich wenige Schritte anstrengen und ermatten. Ich frage nichts darnach, wie es mir körperlich geht, nur wünsch' ich mir nicht gerade Schmerzen und Schwäche; übrigens weiß ich sehr gut, wer mein bester Freund ist, und finde den Spruch von Saint-Martin göttlich: „Le seul mérite qui se trouve dans les prospérités et les joies de ce monde, c'est qu'elles ne peuvent pas nous empêcher de mourir.“

Leben Sie wohl, theuerster Fürst, und haben Sie Nachsicht mit mir, und erhalten Sie mir Ihre Gewogenheit. Ich verbleibe in treuster Gesinnung

Ew. Durchlaucht

gehorsamst ergebenster

Varnhagen von Ense.

116.
Pückler an Varnhagen.

Jagdhaus, den 17. Juni 1833.

Verehrtester Freund!

Wie geht es Ihnen? Da ich eine so herrliche Kritik
der Stein'schen Briefe von Ihnen gelesen, hoffe ich, daß Sie
sich der Welt nicht mehr ganz entziehen. Ach, könnten Sie
doch Ihre Abneigung, Muskau zu besuchen, das heißt mich hier,
besiegen. Hier auf meinem Jagdschlößlein finden Sie die
tiefste Einsamkeit, einen herrlichen, dichten Wald, dessen Ende
Sie in einer Stunde nicht erreichen können, und nur einen
theilnehmenden Freund und Verehrer, der Sie nicht belästigen
würde. Sie könnten arbeiten wie, und besser, frischer noch,
als in dem staubigen, heißen Berlin. Fassen Sie sich ein
Herz, hier waren Sie ja mit Ihrer verewigten Rahel nie,
und Muskau wollen wir uns nur flüchtig von Weitem an=
sehen. — Kommen Sie wenn Sie können, es wird Ihnen gewiß
wohl thun, und wie herzlich würde es mich freuen! Alles
ist hier höchst einfach, ländlich. Früh ein Spaziergang in
der balsamischen Waldluft, bei dem man die Hirsche und
Rehe in ihren Spielen belauscht. Dann Arbeit bis zum
Essen, welches um 3 Uhr stattfindet. Nach Tische eine
Spazierfahrt. Bei der Zuhausekunft trauliche Unterhaltung
beim Thee, wo Sie Cigarren rauchen lernen müssen; vor
dem Zubettegehen Lektüre auf der Stube, und dann ein ge=
sunder Schlaf. So lebe ich hier seit Monaten höchst zu=
frieden, und so werden Sie mit mir leben. Tentirt es Sie
nicht? Antworten Sie mir gleich durch Ihre Erscheinung.
Das ware das Klügste und Beste was Sie thun könnten.

Meine „Tutti Frutti" habe ich noch sehr erweitert, und
aus dem von Ihnen gelesenen Manuskript zwei Theile ge=
macht, denen nun zum Frühjahr noch zwei andere folgen
sollen. Ihre gütigen Bemerkungen habe ich benutzt, und be=
daure nur, daß es nicht mehr waren. Aber die Stelle wegen

der Prediger, die den Orden bekommen haben, kann ich doch ohnmöglich so scabreus finden. Das ist doch nur ein sehr sanfter Spaß, und wird wohl ohne große Beachtung durch= gehen.

Ich hoffe, daß Sie mich rezensiren, und, wo es Noth thut, mit ihren göttlichen, diplomatischen Wendungen in das unschuldigste Licht zu stellen wissen werden. Im Grunde ist ja alles auch so harmlos wie möglich, und ein bischen Raisoniren muß einem guten Preußen erlaubt sein; er hat ja sonst nichts.

Schreiben Sie mir etwas Neues, und bekräftigen Sie das Alte, nämlich, daß Sie mir stets gewogen sind. Mit herzlichster Verehrung

Euer Hochwohlgeboren

dankbar ergebener

H. Pückler.

P. S. Vergessen Sie nicht, daß ein Brief von Ihnen immer ein kleines Fest für mich ist, und eine große Freude.

117.

Varnhagen an Pückler.

Berlin, den 3. Juli 1833.

Verehrtester Fürst!

So kundig und eingeübt ist mein Lebenssinn noch, um es vollkommen einzusehen, zu schätzen und zu empfinden, welch herrlicher Reiz, welche liebenswürdige Anmuth in den Vorschlägen und Bildern liegt, durch die Sie mich so gütig und wohlwollend einladen! Ich muß dies unbedingt zu dem Besten und Schönsten rechnen, was mir je dargeboten werden kann, und mein Dank und Eifer sind davon angeregt, als wenn ich schon der Sache theilhaft wäre. Aber ein Blick auf mich selbst — verändert zwar den Reiz der Gegenstände

nicht, nur hebt er allen Zusammenhang auf, den ich mit
ihnen haben könnte. Ich ·finde keinen Reiz in mir, irgend
etwas zu ergreifen, außer dem, was mir überreichlich in die
Hände gedrückt ist, und in das Herz! Ich müßte den Punkt
nicht, wo ich in mir zu irgend einem Entschlusse den Hebel
ansetzen könnte; der Boden hält nicht, und ich sinke aus jeder
Vorstellung unausweichlich wieder in das Element der Lebens=
age zurück, wie ich sie jetzt führe, nach nicht gewollten, nicht
abgewehrten, unselig=gleichgültigen Beziehungen! Ich lasse
die Sonne aufgehen und niedergehen, ich schreibe, mache die
paar Gänge durch die weiten, trostlosen Straßen, sitze den
Abend allein — und so werden es Tage und Wochen, so
gemein und leer, wie es nur sein mag, genug, die Fabrik
geht fort, und liefert ihre Waare, etwas besser oder schlechter.
Schelten Sie mich! Ew. Durchlaucht können diesen Zustand
nicht widriger und unwürdiger finden als ich selbst. Aber
was soll ich thun? Soll dem Schwachen das Kraft geben,
daß er einsieht, wie schwach er ist? Ich habe die stärksten
Worte der Mißbilligung von der theuren Rahel selbst vor
mir; sie verwirft solchen Zustand, sie denkt gering von denen,
die in ihn verfallen; sie will Leben und Theilnahme über
jeder Trauer wissen, sie gab auch selber das Beispiel, und
jeder Schmerz belebte nur ihren Geist, ihre Güte, ihre
Thätigkeit; aber mit mir ist es anders! Auch hat sie nie=
mals solchen Verlust erleiden können wie ich; das war un=
möglich. — Trotz allem diesen, und eben weil ich den Um=
ständen keine Gegenwehr mache, würde ich doch vielleicht den
freundlichen Anziehungen folgen, wenn ich nicht nebenher noch
immerfort dringend hier beschäftigt wäre mit den Geschäften,
die mir angelegener sind als alle, um derentwillen man mit
allgemeinem Beifall wohl gar das Leben auf das Spiel zu
setzen für Pflicht hält!

Der fortschreitende Abdruck der Denkblätter von Rahel
erfordert meine tägliche Aufsicht. Mehr noch und lang=

wieriger beschäftigt mich die Einsammlung, das Ordnen, und selbst das Abschreiben von Briefen, die oft schwer zu erlangen sind, und mir zum Theil nur auf kürzere Zeit gelassen werden. Ich schreibe jetzt, weil hiefür ein zuverlässiger und schneller Gehülfe mir fehlt, eine ganze Sammlung ab, die mir Herr von Brinkmann aus Stockholm geschickt hat; meist aus frühen Jahren, von 1793 an, und ich lebe nun, außer meinen eignen Erinnerungen, auch noch diese fremden durch, deren Schauplatz auch größtentheils Berlin ist, und meinen stillen Wanderungen wird dadurch von jedem Stein und Baum ein Eindruck, als lebte ich nicht in einer heutigen, wirklichen Stadt, sondern in einer Zauberstadt der Vergangenheit. —

Ich soll wegen Gallensteinen, die zuweilen furchtbare Schmerzen machen, nach Karlsbad; habe aber, wie gesagt, weder Trieb noch Entschluß, etwas vorzunehmen, und zweifle sehr, daß ich hinkomme. Vielleicht kann ich alles mit dem hiesigen Brunnengarten abmachen.

Eben fährt aus dem Hause, wo ich wohne, ein glänzender Wagenzug ab. Es ist der Geheimrath Villaume, der zu Grabe gebracht wird. Ich weiß nicht, ob Ew. Durchlaucht ihn gekannt haben? Er ist an dem Uebel gestorben, das die arme Rahel im vorigen Sommer noch glücklich überstand! — Das Gedränge ist ganz lebhaft, ein wahres Fest für die ganze Nachbarschaft! —

Ich bringe meine Glückwünsche dar zum General! Es klingt doch immer voller und besser, und in manchen möglichen Fällen stellt gleich die Benennung auf eine Stufe, wohin sonst erst eine Anstrengung führen würde. Wegen des Reifens anderer Früchte bin ich auch sehr zufrieden. Möchten sie nur bald sichtbar werden! Wegen des besten Anbringens derselben wird es nicht an Rath und That fehlen. Was wird denn aber mit dem Gartenwerk? Das darf in keinem Fall ausbleiben, oder auch nur stocken! —

Litteratur ist das Einzige, was mich noch anzieht und be=
schäftigt; freilich ist da alles im geistigen Zusammenhange
mit dem Gegenstande, dem all mein Sinnen und Thun ge=
widmet ist; es ist der Boden, dem ich die edelsten Saat=
körner vertrauen muß, der mir die schönsten Blüthen zeigen
soll! Einen Augenblick vermocht' ich sogar in einem Rausche
zu entschlummern, in den mich der vierte Theil von Goethe's
„Wahrheit und Dichtung" versetzt hatte: doch wollte der Rausch
kaum dauern zur Abfassung einer Anzeige, die ich übereilt
versprochen hatte, und nun halb nüchtern schreiben mußte,
mit Anstrengung und Verstimmung, wie alles, wozu der
innerste Antrieb nicht ausreichen will.

Neues wüßt' ich von hier nicht zu berichten. Es geht
nichts vor. Desto besser, denn was könnte vorgehen, außer
Rückgängiges? — Vor einiger Zeit sah ich hier die Fürstin
von Carolath, nur flüchtig, auf der Straße; ich hatte Schar=
lachfieber=Kranke besucht, und mußte Annäherung meiden.
Auch die verehrte Fürstin von Pückler hatte ich kurz vorher
gesehen, so gütig, so antheilvoll, so schmerzlich eingedenk, wie
es ihrem edlen Gemüth natürlich ist! — Frau von Arnim
seh' ich selten; es behagt ihr bei mir nicht, und nichts ist
begreiflicher. Auch mir behagt es nicht bei mir, und leider
auch nicht bei Anderen, die ich hier erreichen kann. Die Ge=
selligkeit früherer Jahre muß mir diese geselligkeitslose Oede
beleben helfen! —

Mich freut Ew. Durchlaucht angenehmes, nach eigner
Wahl geführtes und zur Befriedigung gereichendes Leben,
reich an Erfolgen und Ergebnissen. So abgestorben bin ich
nicht, daß ich davon nicht erregt würde!

Leben Sie wohl! Und bleiben Sie unwandelbar ver=
sichert der treuen Verehrung und Zuneigung, die für Ew.
Durchlaucht mich beseelen!

Varnhagen.

Werden denn die „Tutti Frutti" schon gedruckt? Nur
nicht gezögert! Der Augenblick ist nicht ungünstig, die
Michaelismesse muß alles bringen! —

118.
Pückler an Varnhagen.

Jagdhaus, den 12. Juli 1833.

Verehrtester Freund!

Euer Hochwohlgeboren lieber und freundlicher Brief
erfreute mich, noch ehe ich ihn las, schon durch seine Länge,
die bei Ihrer jetzigen Stimmung und überhäuften Geschäften
gewiß ein doppelter Beweis Ihrer Güte und Freundschaft
ist. Er enthält zwar leider eine abschlägige Antwort, doch
gebe ich die Hoffnung noch nicht ganz auf, und sage nur so
viel: so lange ich Ihnen meine Abreise nicht melde, bin ich
hier, und könnte kaum durch etwas angenehmer überrascht
werden als durch Ihre Ankunft. Jedoch bitte ich, davon
gegen niemand etwas zu äußern, weil mir (denn auch meine
Stimmung ist eigenthümlich) anderer fremder Besuch so wider=
wärtig ist, daß ich schon vielen, zum Theil sehr hohen, ent=
weder ausgewichen, oder gar, ich gestehe es Ihnen, ziemlich
unhöflich von mir gewiesen habe.

Es ist wirklich mit der entsetzlichen Leere und den ganz
hohlen Trieben der gewöhnlichen Welt kein Irrthum, und
wer es einmal erkannt, dem wird ohne sehr selbstthätiges,
eigenes Eingreifen in dieselbe nicht mehr wohl darin. Ich
sage dies übrigens mit aller Demuth, denn kehre ich bei mir
ein, so finde ich ja auch leider des Mangels und der Schwäche
mehr als zuviel.

Ihre Schwäche, sich dem Kummer zu sehr hinzugeben,
scheint mir daher sehr zu entschuldigen, ja auf der anderen Seite
eigentlich eine Stärke — nämlich des Gefühls — und über=

dem sind wir wie wir sind, und das sich selbst besiegen wohl nur sehr relativ, und eine der vielen Täuschungen unserer hiesigen Existenz. Es giebt einen Kreislauf des Geistes wie des Blutes, bald steht er oben, bald unten, und wir betrachten ihn nur wir im Traum.

Apropos von Traum. Nach Empfang Ihres Briefes träumte ich die Nacht darauf auf das Lebhafteste von Ihrer lieben Rahel. Sie war äußerst heiter und lustig, ganz wie in ihren besten Augenblicken, kühn und originell in ihren Worten, und doch so gut und verbindlich in ihrem ganzen Wesen, wodurch sie besser als irgend jemand wohlthuend aufzuheitern verstand. Sie waren auch dabei, hie und da ein feines Wort mit halb satyrischem Lächeln einschaltend, und mit gewandtem Geist der Unterhaltung unmerklich nach= helfend, wo sie es beburfte. Hierauf entstand ein anmuthiger Streit zwischen Ihnen Beiden, und obgleich Sie regelrechter stritten, tanzte Rahels Phantasie doch so witzig um Sie her, daß Sie sich für geschlagen erklären mußten. Wir fühlten uns alle in fröhlichster Behaglichkeit — als ich erwachte, und die böse Wirklichkeit langsam zu meinen Sinnen zurückkehrend, mich gleichsam den schmerzlichen Verlust wie ganz neu em= pfinden ließ. — Wo mag sie weilen! Hat sie noch Kunde von uns? Es ist ein süßer Glaube, den aufzugeben gar schwer wird.

Doch lassen Sie uns zum Weltlichen übergehen, wir können ihm doch nicht entrinnen.

Ihr Werk erwarte ich mit Ungeduld. Ein solcher Stoff, durch solche Liebe und so viel Geist bearbeitet und zusammen= gestellt, muß verwandte Seelen gewiß auf's Tiefste ansprechen, und bei der Vielseitigkeit des Wesens, das sie durch sich selbst ungenügend schildern können, wird Jedem etwas Willkommenes daraus entgegentreten. Ich hoffe, daß ich einer der Ersten sein werde, denen Sie das Vollendete zusenden.

Was nun meine Allotrien betrifft, so geht das Garten=
werk seinen schwierigen Gang mühsam fort (ich meine die
Kupfer), und Gott weiß, ob es, wie die Absicht ist, zur
Michaelismesse fertig wird, doch hoffe ich es. Das andere
Machwerk ist auch im Druck begriffen, und bei diesem kein
Zweifel, daß es zu rechter Zeit erscheint. Ihrem Wink
gemäß habe ich nachträglich doch die Prediger ihrer Orden
wieder entkleidet.

Daß ich übrigens jetzt nicht ein wenig eitel auf meine
Schriftstellereien werde, beweist mir, daß ich noch einen ge=
sunden Kopf habe; denn eben schreibt mir Mrs. Austin
Folgendes:

Our book has made unspeakable furore in America.
Romilly tells me there have been already 8 editions.
Theres news for you. Of course the Jankees are
enchanted at your picture of the English.

Das Letzte erklärt das sonst Unerklärliche; da aber ein=
mal Klappern zum Handwerk gehört, so wäre mir es schon
lieb, wenn dieser fast spaßhafte Erfolg im anderen Welttheil
auch in unseren Zeitschriften gelegentlich erwähnt würde, doch
nicht eher als bei Gelegenheit der Ankündigung, oder besser
Rezension des Neuen. Avis au lecteur, mon cher ami.

Das ist aber genug geschwatzt. Leben Sie wohl —
wozu also vor allem gehört, daß Sie Ihre Gesundheit
schonen, und den Brunnen recht ordentlich trinken, zur Nach=
kur aber im heilbringenden Moore baden. Dieser avis
au lecteur wäre noch mehr als der erste zu berücksichtigen.
Adieu.

Euer Hochwohlgeboren
von Herzen ganz ergebener

H. Pückler.

119.

Varnhagen an Pückler.

Berlin, den 18. Juli 1833.

Empfangen Sie hier ein Buch, Verehrtester, deſſen Gegenſtand, Sinn und Inhalt Sie zu würdigen wiſſen! Bedauern Sie mich, der ſtatt glücklicher Lebenstage nur noch deren Erinnerung hat, und dieſe nur den Freunden noch dar= bieten kann! Wie nah liegt die Zeit, da wir im ſchönen Grün vor Muskau glücklich zuſammen waren, und wie fern iſt ſie ſchon, wie groß die Trennung, welche dazwiſchentrat! Laſſen Sie den Namen meiner geliebten, unvergeßlichen Freundin auch in Ihrem Andenken beſtens fortleben, und ſeien Sie verſichert, daß die günſtigſte Vorſtellung, welche dieſe Blätter Ihnen geben können, immer ein ſchwaches Bild der Gemüths= und Geiſtesvorzüge bleiben muß, die das wirkliche Leben hier vereinigte! — Ich wünſche Ihnen von ganzem Herzen alles Wohlergehen und Gedeihen, und nehme nach wie vor den lebhafteſten Antheil an den ſchönen Arbeiten des Geiſtes, mit welchen Sie die Welt erfreuen! —

Hochachtungsvoll und innigſt ergeben
Ihr
K. A. Varnhagen von Enſe.

120.

Varnhagen an Pückler.

Berlin, den 18. Juli 1833.

Ew. Durchlaucht

ſehr liebenswürdiger Brief vom 12. iſt mir geſtern zuge= kommen. Inzwiſchen haben Sie auch das Buch empfangen, wegen deſſen ich die gütige Vermittlung der verehrten Frau Fürſtin angeſprochen, weil ich den erſten Augenblick nicht verſäumen wollte, und gerade in dieſem zu ſehr bedrängt

war. Ich bin es noch, und habe gleichsam eine Expeditions=
Kanzlei, mit der ich den ganzen Tag beschäftigt bin, denn
auch ausgehen kann ich gar nicht, weil ich, von Zahn=
schmerzen her, ein aufgeschwollenes Gesicht habe. Das wird
sich denn wohl bald wieder einziehen, und auch die Geschäfte
werden ihre Ebbe finden! Ich will es dann gern versuchen,
ob ich frei athmen kann, und gewiß am Liebsten mach' ich
diesen Versuch in der frischen Waldluft und der geselligen
Einsamkeit, die Sie mir so freundlich zum Mitgenuß an=
bieten! Nur im voraus vermag ich nichts zu bestimmen, da
ich mit so vielem Schwankenden, das mich umgiebt, mit=
schwanken muß!

Ew. Durchlaucht werden in dem Buche mehr finden als
Sie erwarteten. Ist es mir doch selbst so gegangen, und
noch täglich wächst und erhöht sich das Bild der geliebten
Freundin durch immer neue Blicke in ihren inneren Reich=
thum, und in den großen Zusammenhang ihres Wesens. Für
jetzt war auch den Freunden nicht füglich mehr mitzutheilen
als geschehen ist, aber in Zukunft, so hoff' ich, sollen noch
andere Seiten zur Anschauung kommen. Das Buch macht unter
den wenigen Personen, die schon Kenntniß davon haben, durchaus
den besten Eindruck, als etwas ganz Ungemeines, in dieser Art
noch nicht Dagewesenes. Selbst der Fürst von Wittgenstein
hat mir einen fast enthusiastischen Brief darüber geschrieben.
Niemals konnte bei einem Buche weniger Absicht gewesen
sein, Beifall zu gewinnen; ich dachte die nahen und fernen,
die bekannten und unbekannten Gleichsinnigen und Zustim=
menden damit zu grüßen; wer dies nicht wäre, den hätt' ich
nicht gemeint, und an dem sei mir auch nicht das Geringste
gelegen. In diesem Sinne beharr' ich auch noch jetzt; —
aber dennoch freut es mich, die guten Eindrücke wahrzu=
nehmen! Ich sende Ew. Durchlaucht vorläufig noch ein
Exemplar, da Sie eins an Ihre vortreffliche Mde. Austin
fördern wollten, die freilich auf allen Seiten ihren Goethe,

und gegen den Schluß hin auch ihren Fürsten Pückler darin
wiederfinden wird. —

Sie leben ja dort auf Ihrem Jagdhause ein ganz be=
sonderes Leben, in eigenthümlichen Stimmungen und Thätig=
keiten, wie es scheint! Was Sie davon blicken lassen, regt
die Einbildungskraft eigen an. Wissen Sie, was ich glaube?
Ich glaube, Sie sind mit einem neuen Geisteswerke in einer
ganz neuen Gattung beschäftigt; ich glaube, Sie schreiben
einen Roman! Wenn ich es errathen habe, ist es darum
noch nicht verrathen, ich rede nichts ohne Noth! Auch Ihre
Billigkeit und Nachsicht mit meiner Schwäche, die Sie ent=
schuldigen, und sogar rechtfertigen und in Stärke umsetzen,
deutet auf eine ungewöhnliche Beschäftigung mit Gemüths=
zuständen. Nun, ich wünsche im voraus Glück dazu, und
weissage mit der größten Zuversicht allen Erfolg!

Die Nachricht über den Eindruck der englischen Reise=
briefe in Nordamerika und von der glänzenden Ausbreitung,
die das Buch daselbst gewinnt, hat mich wahrhaft zu aller
Freude aufgeregt, deren ich fähig bin. Ich nehme daran
den innigsten Theil, wie an einem großen und schönen Siege,
den die Unseren erfochten; die Unseren in jedem Sinne, die
Sprache, die Ansicht, der Autor, die uns lieb sind, mit denen
wir zusammengehören. Dieser Erfolg geht wirklich in's Un=
geheure; gerade daß er ein politisches Element dort ange=
troffen und entzündet hat, ist ein Verdienst, welches sein ge=
rechtes Glück gemacht; denn warum hat kein anderes Buch —
und es giebt ja viele in dieser Richtung geschriebene — solche
Wirkung hervorgebracht? Ich wünsche von Herzen Glück zu
diesem wirklich für ein deutsches Buch ganz unerhörten Ge=
deihen. Freilich können Ew. Durchlaucht von dieser Höhe
stolz herabsehen — schwindeln werden Sie aber dennoch
nicht! Wir wollen diesen neuen Schatz bestens ausprägen
und in Umlauf setzen. —

Ihr Traum von unserer theuren Freundin ist lieblich und wohlthuend in seinem einfachen, natürlichen, zu nichts Abentheuerlichem abschweifenden Verlauf. Ich habe nur verwirrte Träume, und einigemal, auf Augenblicke, mischte sich das Bild Rahels, oder ihre liebe Stimme, in das chaotische Getreibe. Aber wachend ist sie mir stets vor Augen, alles erinnert mich an sie; diese Gewohnheit war zu groß, zu tief, zu beglückend, um ihrer je vergessen zu können. Oft, wenn ich mir es recht zusammenfasse, daß sie nicht mehr da ist, fühl' ich mich wie an der Schwelle des Lebens, ein Schritt — und es ist vorbei! Das Herz möchte sich zersprengen! Wie Jacobi sagt, daß er Gedanken hatte, von denen er deutlich fühlte, er brauche sie nur weiterzudenken, um von ihnen getödtet zu werden. —

Mit innigster Verehrung und treuster Anhänglichkeit

Ew. Durchlaucht

gehorsamster

K. A. Varnhagen von Ense.

121.
Pückler an Varnhagen.

Jagdhaus, den 20. Juli 1833.

Tausend, tausend Dank für das hohe Geschenk, für die freundlichen Briefe; gleich der erste Blick in das Buch gewährte mir große, wenngleich wehmüthige Freude. Sie errathen, daß ich das Bild der Freundin meine, welches mir als ganz vortrefflich getroffen erscheint, besonders die Hauptsache, die Augen, der Seele Spiegel, das Tiefe, Feine, Milde, Liebevolle, Ernstheitere und auch Kühne, es spricht alles aus diesem Auge wie in der Wirklichkeit, nur am unteren Theile des Gesichts mangelt ein seelenvornehmer, besonders origineller Zug, der mich oft (denn ich bin von Natur ein Phy-

sionom) an unserer verewigten Freundin rührend anzog.
Hab' ich Recht? Jeder sieht freilich ein Gesicht, wie alles,
in verschiedener Nüance, aber ich dächte doch, Sie müßten
mir beistimmen.

Mit Gewalt habe ich mich dann vom Buche losgerissen,
um, vor dem Genuß, der Pflicht der Dankbarkeit zu genügen,
und Ihnen zu antworten. Diese dehnt sich auch auf die eine
noch nicht ganz abgeschnittene Hoffnung aus, Sie noch hier
zu sehen. Daß Sie meiner guten Mistreß, nicht Miß Austin,
einer wirklich merkwürdigen Frau, und besonders Engländerin,
gedachten, ist sehr liebenswürdig von Ihnen, und wird, wie
ich sie kenne, auf keinen unfruchtbaren Boden fallen. Dürfte
sie wohl theilweise oder ganz an eine Uebersetzung denken?

Sie haben meine Gemüthsstimmung wirklich errathen,
und obwohl ich mir noch nicht recht zutraue einen Roman
schreiben zu können, so ist es doch wahr, daß ich etwas
Aehnliches durchdenke. Und was hat mich dazu aufgeregt?
Ihrer Rahel Tod und Ihr tiefer Schmerz darüber, jedoch
hier nur mittelbar, denn was mir so nahe lag — der Ge=
danke: wenn ich Lucie verlöre, und die vielen seltsamen
Seelenzustände, durch die wir gegangen, haben sich in einem
Gemisch von Wahrheit und Dichtung, meinem Inneren mit
großen Gemüthsbewegungen aufgethan, und tiefere Blicke in
dieses Innere vergönnt, als einem gewöhnlich zu Theil
werden. Mir und Anderen dieses noch klarer zu machen,
wäre freilich eine darauf gegründete Komposition das beste
Mittel, es würde aber ein Roman ohne viel äußere Be=
wegung, und noch weniger abwechselnde Begebenheiten werden,
es würde nur das menschliche Herz in seinen wunderbaren,
oft unbegreiflichen Kontrasten, seinen Schmerzen und seinen
Freuden schildern. Bin ich einer solchen Schilderung ge=
wachsen? Vielleicht versuche ich es, und, wie ich es schon
erprobt, kömmt dann, oder wächst die Fähigkeit mit dem Ver=
such, wie der Verstand beim Amte.

Der Himmel behüte Sie, und führe Sie bald zu uns. Die Arbeit Ihres Buches, wenngleich nur Rahel den Inhalt dazu geliefert, muß Ihnen doch wohlgethan habe; ich verlasse Sie jetzt, um zu diesem überzugehen, und wiederhole, wie immer, mit Freuden die Versicherung ächter Verehrung und freundschaftlichster Anhänglichkeit, mit der ich nie zu sein auf= hören werde

Euer Hochwohlgeboren

aufrichtigst ergebener Freund und Diener

H. Pückler.

Sonderbarerweise ist mir bei jener ernsten Stimmung meines Geistes auch eine verzweifelt bittere satyrische Ader aufgegangen, und ich glaube wirklich, zwänge man mich irgendwo als decidirter Feind aufzutreten, ich könnte jetzt ge= fährlich werden, Zeit und Umstände helfend.

─────────

122.

Pückler an Varnhagen.

Jagdhaus, den 24. Juli 1833.

Ja wohl, verehrtester Freund, habe ich mehr in Ihrem Buche gefunden als ich erwartete, und ich versichere Sie, daß dies nicht wenig war.

Wahrhaft erquickt und entzückt hat mich zuvörderst Ihre kurze Biographie. Sie, der Meister im Portraitiren, haben sich darin selbst übertroffen. In Form und Gehalt kann schlechterdings dieser Art nichts Besseres geschrieben werden, und wie es Ihre Frau in einem der vortrefflichsten ihrer Briefe selbst so treffend ausdrückt, wenn sie sagt: „Warum verstehst Du die unverständlichsten Zustände in Dir (und Anderen), die wetterartigsten Regungen mir in farbenreichen, hellen, hervorspringenden, immer schönen und kunstreichen Worten darzustellen."

Dieses Eindringen in die geheimsten Labyrinthe der
Sprache wie des Herzens, möchte ich sagen, mit einer Klar=
heit und Eleganz, die bezaubere, ist ein Ihnen ganz eigen=
thümliches Talent von höchster Art. Es ist seltsam, daß
Ihr Styl und Ihre Handschrift eine solche Verwandtschaft
haben. Jeder Brief, den ich von Ihnen empfange, erfreut
mich deshalb erst physisch und dann geistig.

Um nun auf das Buch zurückzukommen, so habe ich es
zwar eigentlich noch gar nicht gelesen, sondern nur ver=
schlungen, dennoch weiß ich, daß ich es zu denen zählen
werde, die ich als Katechismus gebrauche, und schon ist es
verzeihen Sie, durch hundert Ohren verunstaltet, aber es ist
die bequemste Art wiederzufinden, was am meisten ansprach.
Manches verstehe ich noch nicht, in Wenigem kann ich nicht
ganz beistimmen, beim Allerwenigsten glaube ich bestimmt
anderer Meinung sein zu dürfen, aber wie stolz ich bin, bei
so vielem meine eignen, innersten, wenn auch zuweilen un=
klaren Ansichten, bekräftigt zu finden, das kann ich gar nicht
freudig genug ausdrücken, es ist ein seltner, merkwürdiger,
männlicher und weiblicher Geist zugleich, der in diesem Wesen
Gestalt gewann! und doch sind, was wir hier lesen, nur
kleine Bruchstücke desselben.

Welche ächte Frömmigkeit. Das sollen doch die ver=
dammten Frömmler lesen, um einen Begriff davon zu be=
kommen, was eigentlich ein Gott ergebenes, Gott in sich auf=
genommen habendes Gemüth sei. Es giebt nichts Lieblicheres
als den Traum von Gottes Mantel, und das „Er erlaubte es.“
Am schönsten sind die Briefe an Sie, wie sich von selbst
versteht, auch die an Marwitz, und es ist sehr schade, daß
derer nicht mehr sind, denn hier spricht sie sich doch am
Lautersten, Wahrsten und Herzlichsten aus. Kurz, ich will nicht
rabaschiren — aber ein solches Buch ist ein Genuß und ein
Schatz, und muß auch bei Allen Enthusiasmus erregen, die
nicht, wie Rahel von einer Frau W. sagt: eine Blüthe der

Dürftigkeit find. Diese Anfangsbuchstaben müssen Sie mir
doch einmal, wo es mir Bekannte betrifft, ausfüllen — nicht
aus Neugierde, im Geringsten nicht, aber die Persönlichkeiten
helfen seltsam zum Verständniß nach, aus einem ähnlichen
Grunde, wie Frau von Varnhagen so genial behauptet, daß
man ein Gedicht nur dann erst verstehe, wenn man es er=
lebt habe.

Ich muß nur aufhören, sonst schreibe ich Ihnen das
ganze Buch noch einmal ab. Daß mein Name auch darin
vorkommt, rechne ich mir zu großer Ehre, bitte aber nun auch
wieder um die Originale, als ein theures Angedenken.

Der Brief, Seite 196, ist göttlich — auch einer von
denen, die man erlebt haben muß, um sie ganz zu verstehen;
und gleich darauf: Unschuld ist schön, Tugend ist ein Pflaster,
eine Narbe, eine Operation, wie wahr, wie tief! Dennoch
möchte ich hinzusetzen: wir müssen durch diese Operation
gehen, um wieder unschuldig zu werden, das einzige Mittel
dazu in unserem gefallenen, oder Gott weiß was für einen
Zustand als Menschen. Die 215 und 219 sind auch
Lieblinge.

Eins aber muß ich Ihnen noch sagen. Wenn ich Frau
von Varnhagen's Briefe, wie sie hier vor mir liegen, früher
gelesen, als sie noch lebte, so würde ich in ein viel näheres
Verhältniß zu ihr getreten sein. Es ist recht beklagenswerth,
daß Menschen, die so viel Anklang mit einander haben, sich
manchmal so schwer ordentlich kennen lernen. Gewiß kommt
doch einmal eine Welt, wo man sich augenblicklich versteht
und ˙in vollem Maße würdigt. Hier ist es ein wirres
Wesen.

Aber ich schreibe wahrlich zu egoistisch, und langweile
Sie vielleicht, denn ich bin Ihnen gegenüber ein wahrer
Neuling, ein Schüler. Das zieht mich aber gerade zu Ihnen,
und frisches Blut habe ich wenigstens noch — auch Verstand,
denn das Schöne und Wahre erlangt immer meine innigste

Huldigung, das Hübsche und blos Blendende erkenne ich, und für das Gute bin ich herzlich dankbar.

So für Ihr Buch, das ich nun zum zweitenmal ange= fangen; es ist ein ächter Genuß, eine Seite zu lesen, und dann das Buch hinlegen und eine Stunde darüber selbst nachdenken zu können. So gut wird es Einem gar nicht oft. Nun aber Basta.

Empfangen Sie mit gewohnter Güte die Versicherung meiner achtungsvollsten und freundschaftlichsten Anhänglichkeit.

Euer Hochwohlgeboren

ergebenster

H. Pückler.

123.

Pückler an Varnhagen.

Jagdhaus, den 30. Juli 1833.

Ich schicke Ew. Hochwohlgeboren ein ergebenstes Geschenk der Mrs. Austin.

Irgend eine kleine Erwähnung des allerdings verdienst= lichen Unternehmens, Goethe den Engländern mehr bekannt zu machen, würde Mrs. Austin, die auf deutsche Approbation so viel giebt, besonders wenn es von so hoher Autorität herrührte, gewiß sehr glücklich machen, doch wage ich kaum die Unbescheidenheit zu begehen, darum zu bitten.

Mit größter Ergebenheit

H. Pückler.

124.

Varnhagen an Pückler.

Berlin, den 12. September 1833.

Ew. Durchlaucht

übersende hier die bereits gedruckte Anzeige des Werkes über Goethe, welche ihrer Freundin Sarah gewiß zur vollen

Zufriedenheit gereichen wird. Ich habe durch Betreibung und Förderung dieser Anzeige auch meine Dankbarkeit für die gütige Ueberschickung des Buches ausüben wollen; ich darf wohl nicht vergebens bitten, daß Sie den vollen Aus= druck meiner eifrigsten Verehrung gütigst bei der Dame übernehmen. Diese litterarischen Bande zwischen England und Deutschland sind meines Erachtens für beide Theile höchst ersprießlich, und können nicht sorgfältig genug gehegt und gepflegt werden. Niemand hat für diese Verhältnisse einen stärkeren Ruck gethan, als Ew. Durchlaucht!

Ich bin meistens krank; der Gang der Witterung ist mir feindlich. Wie wird das erst im Winter werden! Wenn ich auf bin, habe ich unausgesetzt mit Rahels Papieren zu thun, und schreibe ich den ganzen Tag. Das Buch Rahel — so biblisch nennt man es — fährt in seiner Wirkung fort, die tief, gewaltig und eigenthümlich ist. Die köstlichen Blätter, wie elend sehen sie mich oft an, der ich im Schatten des Baumes gelebt habe, und nun verdorre!

Frau von Arnim sagt, Ew. Durchlaucht seien verreist. Ich lasse diese Zeilen doch auf gut Glück abgehen.

Mit treuster Verehrung

gehorsamst

Varnhagen.

125.

Pückler an Varnhagen.

Muskau, den 24. September 1833.

Verehrtester Freund und Gönner,

Verzeihen Ew. Hochwohlgeboren die etwas verspätete Antwort. Ich war sehr krank, und bleibe noch so abge= spannt, daß nur einige Zeilen zu schreiben, eine schwere Arbeit für mich wird. Glücklicherweise kann ich meinem Brief einen interessanteren Stoff beigesellen, nämlich gar reizende Reliquien Ihrer Verewigten — wobei ich jedoch in Erinnerung zu bringen wage, daß ich meine Original= briefe noch nicht zurück erhalten.

Das Buch Rahel befindet sich bereits durch die Caro= lath's in den Händen der Königin von England, so wie die von Ihnen so gütig veranlaßte Anzeige des Austin'schen Werks im Besitze dieser Dame. Doch habe ich noch keine Antwort von ihr.

Fürstin Pückler empfiehlt sich Ihnen auf das angelegent= lichste, und bedauerte eben so lebhaft als ich, daß keine Bitten Sie aus dem traurigen Berlin herausbeschwören können. Indessen muß ich gestehen, daß viermonatlicher Regen und Wind das Leben auf dem Lande dies Jahr auch nicht angenehm machten.

In meiner Einsamkeit und Unfähigkeit habe ich den Roman „Cabanis" gelesen. Ist das nicht ein sehr miserables Machwerk? Mir kommt alles darin verzeichnet und ver= pfuscht vor, ohne Frische und ohne Grazie. Was giebt es denn Gutes in dieser Art?

Wenn meine Gesundheit es erlaubt, suche ich Sie bald in Berlin heim, und freue mich Ihrer Genesung.

Erhalten Sie mir alte Güte und Freundschaft.

Euer Hochwohlgeboren

treuergebener H. Pückler.

126
Pückler an Varnhagen.

Muskau, den 5. Oktober 1833.

Verehrtester Freund,

Endlich habe ich den Brief der theuren Todten gefun= den, der mir der liebste ist, weil das Herz am meisten sich darin ausspricht. Ob er zur Bekanntmachung sich eignet, überlasse ich Ihrer Einsicht. Mir thäte es wohl in jeder Hinsicht. Nun noch ein Wort im Vertrauen.

Frau v. A., deren gute und glänzende Seiten ich nicht verkenne, und der ich gewiß für ihre unverdiente zu gütige Gesinnung dankbar bin, hat mich dennoch durch den sonder= baren Einfall, sich in mich auf das passionirteste verliebt zu glauben, seit lange in wahre Verlegenheit gesetzt. Halb aus Scherz, halb aus Gutmüthigkeit habe ich mir schriftlich alles gefallen lassen, nun kam sie aber hierher, und affichirte vor allen Menschen ein völliges Liebesverhältniß mit mir, auf eine so tolle Weise, daß sie mich zur Zielscheibe des Spottes der ganzen Gesellschaft machte. Wie weit sie es hierin trieb, ist kaum glaublich, und da lächerlich gemacht zu werden, uns schwachen eitlen Menschen fast immer am Schwersten zu ertragen fällt, so verlor ich endlich die Geduld, und sprach mich etwas hart gegen sie aus, ja sah mich genöthigt, es nicht zu ver= schweigen, daß unter solchen Umständen mir ihre Abreise sehr angenehm sein würde. Sie ist nun etwas gedemü= thigt und nicht wenig erzürnt geschieden.

Demohngeachtet meine ich es gewiß nicht böse mit ihr, wünsche sogar sehr ein freundschaftliches nur kein Liebes= verhältniß mit ihr zu kultiviren, da ich aber aus Erfahrung weiß, daß sie gern diejenigen, welche ihre Zärtlichkeit nicht zu würdigen im Stande waren, nachher nicht auf die deli= kateste Weise angreift, so habe ich es für zweckmäßig gehalten, Sie, mein verehrtester Freund, von der wirklichen Lage der Dinge in Kenntniß zu setzen, wobei ich natürlich auf strengste Diskretion von Ihrer Seite rechne.

Uebrigens hat mir Frau von A. dennoch schon wieder einen neu anknüpfenden Brief geschrieben, den ich so beant= wortet habe, wie ich wünsche, daß sich unser Verhältniß auf eine vernünftige Weise gestaltet, denn unter uns gesagt, die Frau leidet an einer sonderbaren Geisteskrankheit. Mit acht= zehn Jahren und Schönheit wäre diese Erscheinung sehr

verführerisch, aber mit ihren Sechszigern ist es nicht aus=
zuhalten.

Antworten Sie mir, und bleiben Sie fest überzeugt, daß
niemand Ihnen herzlicher zugethan ist, und Sie mehr hoch=
achten kann als Ihr ganz ergebener

H. Pückler.

P. S. Apropos, was halten Sie von dem Werke der
Frau von A., das Goethe's Monument bezahlen soll?

Es sind viel außerordentlich schöne Stellen darin, aber
das Ganze kömmt mir zu eintönig, und vieles zu unwahr=
scheinlich vor. Sie klettert gar zu viel darin, und ist zu
oft verzückt über Kirschen, Aepfel, Vögelchen, Schnee, Wasser,
und vor allem sich selbst. Schefer hat es sehr streng mit
dem Motto versehen: Von nichts zu nichts.

Das finde ich zu hart, er ist aber pikirt, weil sie ihn
mit Absicht sehr geringschätzend behandelt hat, ich weiß nicht
warum. Wäre sie länger hier geblieben, hätte sie sich doch
in ihn verliebt. Adieu, ich freue mich auf Ihre Antwort.

127.
Varnhagen an Pückler.

Berlin, den 11. Oktober 1833.

Lassen Ew. Durchlaucht mich mit dem anfangen, was
sich mir am stärksten aufdrängt, indem ich Ihnen schreiben
will, und mit diesem Willen den Wunsch verbunden fühle,
Ihnen Angenehmes und Liebes zu schreiben, Ihnen so vor=
theilhaft als möglich zu erscheinen; nicht um für mich und
zu meinem Besten einen guten Eindruck zu bewirken, sondern
um Ihretwillen, weil Sie es so sehr verdienen, und alles
Gute bei Ihnen so überaus gut angebracht ist; wie ich sehr
gut einsehe, und mit Dank für so viele wiederholte Freund=
lichkeit und Kräftigung, die ich von Ihnen erfahre, treulichst

erwiedern möchte! Lassen Sie mich, da ich diesen Wunsch als
einen unerfüllbaren sogleich erkenne, das trostlose Bekenntniß
voranstellen, das ich ohnehin vergebens suchen würde zu ver-
bergen: ich bin krank und traurig! Zwar gehe ich aus, be-
spreche manches, schreibe vieles, aber alles in größter Abhängigkeit von Wetter und Stimmung, und es ist alles wie
von ungefähr, ohne Voraussicht und Folge; ich gehorche mir
nur halb und schlecht und oft gar nicht. Sonst hätte ich
auch längst Ew. Durchlaucht wieder geschrieben, und nicht
ein zweites Blatt von Ihnen abgewartet, da ich den inneren
Drang oft genug empfand, und mir keine andere Beschäftigung lieber sein kann. Allein ich muß mir jetzt nachgeben
in anderem Sinne, als sonst, und größtentheils unterlassen,
was ich gern thäte! Dabei geb' ich mich doch keineswegs
auf, und hoffe bessere Wendung. Seien Sie indeß auch ein
wenig nachsichtig mit mir! —

Ich danke innigst für den übersandten Brief! er ist
sehr schön und lieblich, und ich benutz' ihn gern bei künftig
zu erneuerndem Druck der Sammlung. Lassen Ew. Durchlaucht die Originale immerhin noch in meinen Händen, wo
sie gut, auch Ihnen, aufbewahrt sind! Ich habe noch nicht
abgeschrieben, was abzuschreiben ist, und kann damit nicht
so eilen, da es mir schwer wird, Gehülfen zu erlangen, und
ich selber bisher noch kaum dem Unaufschieblichsten des Tages
habe gewachsen sein können. Welch andere Sammlung ver-
möchte ich schon jetzt zu geben, als diese in der Eile bereitete!
Und dabei wächst der Vorrath noch immer, und entdecken sich
immer neue Schätze in dem alten. Dasselbe Erstaunen,
welches die erste Mittheilung erweckt hat, kann eben so groß
und frisch einer zweiten erstehen. Der Erfolg und Eindruck
ist wunderbar überall der nämliche; in ganz Deutschland eine
wahre Sensation, und bei den verschiedensten Personen. Der
Fürst von Metternich hat das Buch Abends mit seiner Gemahlin gelesen, und das dem Fürsten Wittgenstein entliehene

Exemplar nicht zurückgeben wollen. Alexander Humboldt
hat das seinige der Herzogin von Dessau lassen müssen,
Marheineke seines der Herzogin von Augustenburg. Selbst
die Frommen lassen dem Buche Gnade angedeihen; was von
gewissen Seiten her einem Wunder gleich zu achten ist. Der
Kronprinz war heftig davon bewegt, und erklärte, es habe
noch niemals ein Buch ihn so stark ergriffen. Von Gelehrten
und Frauen aller Art strömen mir zahllose Briefe zu, erfüllt
mit Danksagungen und Begehren. — Und was hab' ich am
Ende von allem diesen, wenn ich es betrachtet und genossen
habe? Das ewig stechende Gefühl meines Verlustes, meines
Alleinseins, der grausamen Unmöglichkeit, das athmende Leben
durch all dies geistige Leben zurückzurufen, ach nur zu berühren! Es ist ein Staub, der dem dahingegangenen nach-
stäubt! — —

Hier ist ein Band gesammelter Sachen, der inzwischen, fast
ohne mein Zuthun, in Leipzig gedruckt worden ist. Nur die
paar Worte an W. Humboldt sind neu geschrieben. Vieles
ist Ew. Durchlaucht schon bekannt, manches wohl noch nicht,
und Sie werfen darauf in guten Augenblicken doch hin und
wieder einen Blick oder ein Auge. Es ist, glaub' ich, auch
Ergötzliches darunter, zum Beispiel die Abfertigung des Herrn
Schlosser, die dreimalige Beschäftigung mit Herrn von Gagern,
und die Artikel über Brienne's Memoiren und Schlözer's
Leben.

Die Abentheuer der Frau von Arnim haben leider von
jeher ein für sie selbst höchst beklagenswerthes Ansehen. Das
Geniale nimmt in ihr gar zu leicht den Abweg nicht nur
in's Dämonische, sondern in's Hexenartige, und es ist wahrhaft jammervoll, wie sie einen bisweilen zwingen kann, ein
scharfes Eisen hinzuhalten, gegen das sie alsdann mit der
Brust anspringt, um blutige Wunden zu empfangen. Man
ist ihr gegenüber fast immer genöthigt, aus seinem Karakter
herauszugehen; früher zwang sie mich, wider meinen Sinn

und meine Gewohnheit, förmlich grob zu werden; jetzt —
was auch ganz wider meine Gemüthsart ist — immer auf
meiner Hut zu sein, und weder ihre Theilnahme zu lebhaft
anzusprechen, noch die meinige zu stark auszudrücken. Dabei
muß man sie doch bewundern und hochachten, auch sogar
lieben, wenn sie dies nicht gewaltsam verhindert, wozu ihr
in verkehrtem Gebrauch alsdann ungeheure Gaben zu Gebote
stehen. Sie ist ein Thema, das man so leicht nicht auf's
Reine bringt, und über das man fast mit jedem Tage sein
Urtheil neu stellen muß, wenn dasselbe auch oft nur ein
früheres wiederholt und bestätigt. Dabei thut ihr jede
Freundlichkeit, Beachtung und besonders Höflichkeit, die man
ihr erweist, so unendlich wohl, vielleicht grade deswegen,
weil sie oft alles anwendet, um sie nicht hervorzurufen. Das
Buch über Goethe kenne ich nur wenig, und habe durch alle
Erzählungen und einiges Vorgelesene noch durchaus kein
Bild, wie und was das Ganze sein wird. Sicher sind große
Schönheiten darin; wenn diese jedoch nur abgesonderte Oasen
sein sollten, so käme es vorzüglich darauf an, wie zahlreich
und einander nahe liegend sie wären. In jedem Fall table
ich Frau von Arnim, daß sie die Sachen überall so ver=
schwenderisch vorliest; sie verzehrt und erdrückt damit allen
Reiz der Frische und des Wohlbehagens. Ich sag' es ihr
oft, sie selbst erzählt mir ihr häufiges Mißlingen, aber sie
fährt in dieser falschen Befriedigung immer fort, und will
nicht begreifen, daß, wenn sie einem eine Faust voll Rosen
stets an die Nase drückt, man nur das Ersticken fürchtet
und nicht weiter beachtet, daß es durch Rosen geschieht! Wie
ich verstanden habe, so wünscht sie sehr aus früheren an
Ew. Durchlaucht gerichteten Briefen manches für das Goethe=
sche Buch zu benutzen; Ew. Durchlaucht sollten ihr diese
auf eine Zeit anvertrauen; geschähe dies mit Sorgfalt, und
mit dem Ansehen, daß Sie großen Werth auf den geistigen
Gehalt legten, so würden Sie, wenn auch nicht bei Ihnen

selbst, doch bei dem Wiberpart die schmerzvolle Erinnerung der Mißgeschicke in Muskau sehr lindern. Die arme Bettina geht eigentlich immer selbstmörderisch mit sich um, und es ist Nächstenpflicht, ihr beizustehen, und ihr Beginnen zu hemmen. —

Eben schickt mir der sächsische Gesandte im Namen und Auftrag des Prinzen Johann die im Druck fertig gewordene Uebersetzung der Hölle des Dante, womit der Prinz jahre=lang eifrig beschäftigt gewesen. Wie auch das Werk sein möge — aber man gesteht ihm viel Verdienst zu, auch an sich —, so ist in jedem Fall die Beschäftigung vortrefflich.

Man erzählt mir von manchen Seiten, es werde ein pikantes Buch unter dem Titel „Tutti Frutti" erscheinen. Ich bin aber ganz unwissend, wundre mich, zweifle sogar; kurz, ich spiele meine Rolle; nur ist die Bühne gar klein. Mich widert alle Gesellschaft an. Was kann ich da finden und hoffen! Das Einzigwünschbare für mich lebt hier nur noch als Geist! Unwerth und Werth des Lebens sind mir jetzt kolossale Größen, und beide zehren an mir!

Ich bezeige Ihrer Durchlaucht der verehrten Frau Fürstin meine tiefste Huldigung, und meinen innigsten Dank für die übersandten Briefe! Einiges habe ich gleich abge=schrieben, aber noch nicht alles.

Gestern sah ich hier auf der Straße Frau von *, die mit Russen nach Dresden reist, und vielleicht nach St. Peters=burg. Die Wangen waren schön geschminkt, die Seele aber nicht schön, man sah die dicken Klumpen unverarbeiteter Farben, und drunter eine schlechte Haut. Die Selbstsucht und Herz=losigkeit ist korrosiv für Verstand und Gaben, frißt alle Lie=benswürdigkeit auf! —

In treuster Gesinnung auf immer

Ew. Durchlaucht

gehorsamster

Varnhagen von Ense.

128.

Pückler an Varnhagen.

Muskau, den 6. November 1833.

Verehrtester Freund,

Mit Geschäften aller Art, die meine nahe Abreise auf lange Zeit herbeiführen, schrecklich überhäuft, habe ich um Verzeihung zu bitten, so spät auf Ihren liebenswürdigen Brief zu antworten, und mich für das interessante ihm bei= liegende Geschenk zu bedanken. Es soll meine Reiselektüre werden, und ich spare es bis dahin auf, wo es mit dem Buche Rahel meine ganze Bibliothek ausmachen soll.

Nach Berlin werde ich nun schwerlich mehr kommen, doch es ist noch nicht ganz aufgegeben. Sehr gern hätte ich Ew. Hochwohlgeboren noch einmal meine treue Anhänglichkeit persönlich und von Angesicht zu Angesicht ausgesprochen, sonst regrettire ich nichts in dem guten Berlin. Lassen Sie mich nun auch abwesend deshalb nicht minder gut bei Ihnen empfohlen bleiben, und stützen Sie mich ein wenig, wo es Noth thun sollte.

Mad. Gai hat in ihren „Causeries du monde" einen Brief von mir aufgenommen und zu meinem großen Verdruß, meinen Namen dabei genannt, was ich jetzt durch einen offi= ziellen Brief an sie dementiren muß. Auch ist die Ueber= setzung miserabel und oft widersinnig. Mit dem Gartenwerk habe ich nicht weniger Verdruß, da die Ausführung der Kupfer und Karten gar viel zu wünschen übrig läßt, und sich auf eine trostlose Weise in die Länge zieht.

Alles wird um so schlimmer, da ich nicht selbst gegen= wärtig sein kann, und oft wünsche ich, ich wäre ganz davon geblieben.

Haben Sie etwas in der Fremde zu befehlen, so dis= poniren Sie über mich, und wollen Sie mich irgendwo an irgend einen Freund empfehlen, so nehme ich es mit Dank an, denn ich werde weidlich umherirren.

Jedenfalls hoffe ich aber, daß Sie mir zugestehen werden, unsere Korrespondenz nicht ganz einschlafen zu lassen.

Mit aufrichtigster Ergebenheit überall

Ew. Hochwohlgeboren

dankbarer H. Pückler.

129.

Pückler an Varnhagen.

Muskau, den 1. Januar 1834.

Sie haben mir, mein lieber und liebenswürdiger Freund, auf meinen letzten Brief nicht geantwortet, et je me plais à croire, daß der Grund nur darin liegt, daß Sie mich längst über alle Berge glaubten. Es läßt mich aber das unglückselige Gartenbuch nicht fort, und da so entsetzliches Wetter und Weg dazu kömmt, so werde ich wohl meinen Winter noch einmal hier zubringen müssen.

Von Herzen gratulire ich zum neuen Jahr, und wünsche alles was Ihren schönen Geist erfreuen kann, an dem ich mich eben jetzt recht weide, so wie ich auch nicht aufhören kann im Buche Rahel zu studiren.

Frau von A. ist jetzt sehr liebenswürdig und vernünftig, und ihre Korrespondenz, die mich früher in Verlegenheit setzte, wird mir nun immer interessanter. Es ist ein ausgezeichnetes Menschenwesen, dem nur eins: die Grazie fehlt.

Nehmen Sie sich übrigens ja recht in Acht, daß Sie meine Konfidencen gegen Sie nicht merkt, denn wenn sie es wirklich recht gut mit mir meint, wie ich nun fast zu glauben anfange, so möchte ich ihr doch um alles in der Welt keine kränkende Empfindung geben. Sonderbar aber habe ich sie behandeln müssen, um sie in ein rechtes und vernünftiges Verhältniß zu mir zu setzen.

Schreiben Sie mir nur ein paar Worte freundlichen Andenkens. Die Fürstin grüßt freundschaftlichst, und ich bleibe

Ihr treuer Einsiedler.

P. S. Um des Himmelswillen, welche Schmach ist es, das Friedrichs des Großen herrliche, naive Briefe an Fre= bersdorff bei uns in Preußen verboten sind! Hölle und Teufel, das ist zu dumm!

130.

Varnhagen an Pückler.

Berlin, den 7. Januar 1834.

Ew. Durchlaucht frisches Blatt vom 1. hat mich aller= dings angenehm überrascht, indem ich kein solches aus Muskau mehr erwartete, und meine Gedanken irrschweifend in unbe= stimmter Ferne Sie wieder zu finden wähnten! Obgleich nun auch die Nähe hier leider noch ferne genug ist, so denkt man sich doch den bekannten heimathlichen Ort mit Beruhigung und Behagen, und ich freue mich, Sie noch so schön thätig daheim, und noch nicht „über alle Berge" zu wissen! Glück auf denn zum neuen Jahr! Ihnen und der verehrten Fürstin, der ich meine treueste Huldigung zu Füßen lege! Mögen Ihnen beiden die reichsten Segnungen zuströmen, und die liebsten Wünsche sich stets erfüllen, ohne selber aufzuhören! Dieser letztere Zusatz läßt mich die Empfindung meines eigenen Mangels machen, denn ich erfahre, daß Wünsche an sich schon ein Besitz, eine Lebensnahrung sind, die mir jetzt ganz fehlt, indem ich, durch alle Lebensbilder des Tages, der Woche, des Monats und des Jahres hin, nichts, auch gar nichts finde, was ich mir wünschen könnte! —

Hiemit hätte ich von mir selbst nun schon übergenug berichtet, ich muß aber für den gütigen Antheil, den Ew.

Durchlaucht so freundschaftlich an mir nehmen, so wie auch wegen des Bedürfnisses der Nachsicht, die ich immerfort anzusprechen habe, hinzufügen, daß ich fortwährend kränkele und mit Nerven- und Gemüthsschwäche stets zu kämpfen habe, und selbst diese Zeilen in einem nicht fieberlosen Zustande schreibe. Da läge nun der Wunsch, vollkommen gesund zu sein, ganz nah vor den Füßen, und ich brauchte mich nur zu bücken, um eines Wunsches recht habhaft zu sein, aber — auch schon die Mühe wird mir zu groß! — Meine Thätigkeit und Theilnahme hat jedoch der Anregungen noch stets die Fülle, und ich will darin frisch bleiben, so lang' ich athme; dies ist ein Geistesdienst (wie Gottesdienst), dem ich nicht entsagen kann, und in welchem ich mit allem, was mir werth und was mir heilig ist, mich am innigsten vereinigt finde. So hab' ich denn auch immerfort Rahel's Andenken nicht mit bloß müßigen Erinnerungen und schwelgerischen Träumen, sondern mit eingreifender Thätigkeit und wirklichen Geschäften zu pflegen, mit Fürsorge für Menschen und für Schriften. Bei dem erweckten Antheil, der sich in immer neuen Zeugnissen lebhaft kund giebt, und bei den von allen Seiten wiederholten Aufforderungen, kann ich eine öffentliche, vermehrte Herausgabe des Buches „Rahel", das übrigens in Wien bereits nachgedruckt sein soll, nicht versagen. —

Ich freue mich sehr, daß das Gartenwerk angekündigt ist, und also die Herausgabe fortrückt. Der hohe Preis wird leider die Verbreitung sehr beschränken. Zu gleicher Zeit wird ein anderes Buch angemeldet, das mit jenem hart zusammensteht, so nah und doch so fern, wie Geschwister aus verschiedenem Bette, aus dem legitimen Himmelbette, und einem himmlischen Winkelbette, der eine Bruder als Erbprinz mit Stern und Band, der andere vielleicht als Dienstmann im unscheinbaren Gewande hinter ihm; auch die Liebe für beide ist verschieden, und der letztere hierin nicht zurückgesetzt; sonst haben sie nichts zu theilen, nur die Nähe giebt der

beiderseitigen Aehnlichkeit nachdenkliche Bedeutung. — Nach
den „mannigfachen Früchten" jenes Parkes, wie vormals nach
der Einen Frucht des Paradieses, ist ein ungeduldiges Ver=
langen unter den Menschen, sie dürsten noch eben so heftig
nach Erkenntniß, wenn sie auch überzeugt sind, daß, wie da=
mals, ihnen manches davon schlecht bekommen dürfte. Die
Neugier auf den Goethe=Zelter'schen Briefwechsel erschöpft
sich schon ein wenig, sie wartet auf Wechsel des Gegen=
standes.

Unser Minister Herr Ancillon ist seit gestern außer Ge=
fahr, wie versichert wird. Ich möchte dieser Versicherung noch
nicht zu viel trauen. Die Umstände behalten immer Bedenk=
liches; wohin auch die großen Gemüthserregungen gehören,
die in diesen Verhältnissen nicht zu vermeiden sind. — Von
den öffentlichen Angelegenheiten weiß ich sonst nichts, als was
die Zeitungen melden. Die Rüstungen in den englischen
Seehäfen sind das einzige Ernste, was mir seit langer Zeit
darin aufgestoßen ist; auch dieses Ernste scheint aber für dies=
mal noch wieder verschwinden zu wollen. Auch der Zorn
Bernadotte's mildert sich in ein dumpfes Murren, seitdem er
in Frankreich so wild überschrieen worden, wie im „Temps"
vom 26. Dezember. —

Das ist ja sehr schön, daß mit Frau von Arnim ein
angenehmer und ergiebiger Verkehr sich eingerichtet hat! Ich
gönne es ihr von ganzem Herzen, denn sie hat sonst gar
nichts, woran ihre verlangende Einbildungskraft sich erfrischen
kann. Auch ihre Söhne machen ihr das Leben nicht eben
süß, so leidenschaftlich sie an ihnen hängt, und für sie zu
leben sucht. Einen Stiefvater giebt sie ihnen gewiß nie, weder
in Ranke, noch in irgend einem Anderen — sie widerspricht
heftig dem Gerücht (das ich doch nur von ihr vernommen)
von beabsichtigter Verheirathung mit Ew. Durchlaucht. Leider
setzt sie ihre Vorlesung der eigenen Denkwürdigkeiten noch
immer und meist mit üblem Erfolg und zu schlechtem Dank

an übelgewählten Orten fort, und wenn sie die Sachen je
zum Druck bringt, ist jederman darüber blasirt. Rathen
und helfen Sie ihr, wenn Sie es nicht können, so kann es
niemand; durch Sie ist sie somnambüle, machen Sie sie nun
auch clairvoyante!

Seien Ew Durchlaucht ohne alle Besorgniß wegen
Ihrer vertraulichen Mittheilungen! Ich bin zwar — und
doch nur wie alle Welt — der intime Vertraute von Bettina,
aber eben daher weiß ich am besten, daß sie meine Vertraute
nie sein kann und darf. —

Hier ein Briefchen von Mistreß Sarah Austin, das mir
auf gesandtschaftlichem Wege erst dieser Tage sehr verspätet
zugekommen! —

Ich muß enden. Nochmals alles Schönste und Beste,
und die treue Versicherung meiner innigsten Ergebenheit!

Gehorsamst
Varnhagen von Ense.

Das Verbot der Briefe an Fredersdorff ist eine reine
Dummheit. Wir werden noch mehr der Art erleben! In
Heine's „Salon" sind unverzeihbare Ausgelassenheiten und
Gemeinheiten, aber auch einzelne gute und vortreffliche Stellen,
zum Beispiel über den Nationalgott der Juden, der seitdem
mehr geworden, und an die dürftige Zeit, da er noch Jehova
hieß, nicht gern erinnert sein will.

Von Moritz Veit ist eine lesenswerthe Schrift über den
Saint=Simonismus erschienen. Diese Lehre scheint begraben,
sie liegt aber unter der Erde nicht todt und still, sondern
arbeitet Gänge und Höhlen. Und die Welt ist 1834 weit
saint=simonistischer als 1831. —

131.

Pückler an Varnhagen.

Muskau, den 11. Januar 1834.

Vielen Dank für den schönen langen Brief, ob es mich gleich recht tief betrübt, Sie immer noch in so theilnahmlosem Zustande zu sehen. Ich bitte Sie recht ernstlich, mein ge= ehrter Freund, die erste mögliche Gelegenheit zu einer Orts= veränderung zu benutzen, sonst werden Sie Ihrer Gesundheit schaden, und ebenso dem vielseitigen Wirken, zu dem Sie von der Natur berufen sind.

Es steht mir wohl komisch an, den Altklugen Ihnen gegenüber zu machen, der so viel fertiger, so viel abgeschlossener und vollendeter dasteht, als ich hüpfendes Irrlicht, aber ich mein' es gut.

Ueber politische Neuigkeiten sind Euer Hochwohlgeboren gar zu boutonnirt. Gott helf uns!

Sie haben sogar Wittgenstein's Sprache angenommen, der immer sagt: ich weiß nix von politischen Sachen, als was ich in den Zeitungen lese.

Was mich betrifft, so kümmert mich das Politische auch nicht viel, was ich aber wissen möchte, ist:

1) Wer, wenn Ancillon nicht kann, an seiner Stelle nach Wien geht? (Man schrieb mir, der Brillen=Alvensleben. Gut, denn Brille wird sehr nöthig sein.)

2) Wer, wenn Ancillon stirbt, zu dem Kandidaten für seine Stelle wohl so im Publiko angenommen wird?

Darauf können Sie mir schon antworten sans com-promettre personne.

Mit meiner Geisteskranken geht es fortwährend gut. Sie darf mich weder mehr poetisch mit Du anreden, noch von ihren unglücklichen Einbildungen zu mir sprechen, da= gegen habe ich ihr vergönnt, mich zum Christenthum zu be= kehren, worin ich bereits gute Fortschritte mache. Zu einer

Heirath aber wird's schwerlich führen. Apropos von diesem, mit Heirathsgerüchten werde ich von allen Seiten schwer geärgert. In Berlin ging ich gern zur Ebers, und mußet wegbleiben, weil man sagte, ich wolle sie heirathen. In Hamburg war ich meines guten Rufes wegen genöthigt, gegen die reiche Erbin eine wahre Grobheit zu begehen, und mich ihr weder vorstellen zu lassen, noch ein Wort mit ihr zu sprechen. Demohngeachtet hieß es in Berlin, sie habe mir einen Korb gegeben. Jetzt hat sich in hiesiger Gegend ein reiches Mädchen jüdischer Abkunft verheirathet, die ich nie mit Augen gesehen. Gleich wird allgemein erzählt, ich habe um sie angehalten, denn mein Portrait aus dem Modejournal (beiläufig gesagt eine horrible Fratze) habe auf ihrem Schreibtische gelegen. Nun kuppelt man mich gar mit der alten Bettina. Ich werde aber das alles sehr schön zu einem Artikel in meinem nächsten Buche benutzen, damit es doch zu etwas gut ist. Ihnen aber, dem ich wahr= haft vertraue, sage ich die Wahrheit, nämlich: ich wünsche wirklich sehr mich zu verheirathen, habe gar kein Vorurtheil hinsichtlich Religion oder Standes, bin aber so entfernt von den Ideen nach Geld zu heirathen, als ein Mensch nur sein kann. Das war sehr gut bis zum 26. Jahre, nun wäre es eine unverzeihliche Thorheit. Ich will im Gegentheil eine Ehefrau, um sie zu genießen, den einzigen Genuß, den ich in dieser Art noch gar nicht kenne, und den ich auch noch gar zu gerne mitnehmen möchte, ehe es zu spät ist. Wenn ich also dazu komme, so wird meine Zukünftige sich ganz gewiß durch Schönheit und Liebenswürdigkeit, aber schwerlich durch Geburt und Geld auszeichnen. Ich bin auch den Freuden des Luxus fast ganz abgestorben. Wären meine Anlagen nicht, so könnte ich in Hinsicht auf Geld wie Sie sagen: Ich habe keine Wünsche mehr, und die Schriftstellerei als anhaltende geistige Beschäftigung, so gering ihre Resul=

tote an sich auch ausfallen mögen, hat dazu doch unglaublich viel beigetragen.

Dies bringt mich auf die „Tutti", die ich Ihnen nächstens zuschicken werde. Ich weiß, daß Sie sie weit geringer als mein Gartenbuch anschlagen, und erkenne darin von neuem Ihr richtiges Urtheil, ich selbst habe eine (ich hoffe zu Gott mit Unrecht) fast pitoyable Meinung davon. Es ist nichts als ein fortwährendes Geschwätz, und ohne wahren Gehalt. Ist auch der Witz darin matt, die Gedanken trivial, und die Form nicht anmuthig, so ist es a complet failure, wie die Engländer sagen. Jedenfalls rechne ich darauf, daß, wenn es versinken will, Sie, mein Gönner, helfen es über dem Wasser zu halten.

Daß das Buch Rahel nun auch dem größeren Publikum übergeben wird, hatte ich schon gelesen, und freue mich um so mehr darüber, da ich es für ein höchst bedeutendes und für Deutschlands inneren Zustand sehr günstiges Zeichen ansehe, daß dieses Buch so allgemeinen und tiefen Eindruck macht. Es liegt darin etwas zur Bekräftigung dessen, was Sie über den St. Simonismus sagen, und dem ich ganz beipflichte. In dieser Form und Umgebung mußte er untergehen, aber er lodert im Stillen unterirdisch fort, bis die neuen und wahren Hauptansichten, die ihm zum Grunde liegen, in einer weithin leuchtenden Klarheit wieder ausströmen werden. Ich sage keck: entweder ist der Fortschritt der Menschheit eine Chimaire, oder wir müssen auf diesem Wege vorwärts gehen. Es ist aber noch nicht Zeit so etwas öffentlich auszusprechen.

Was sagen Sie, Verehrtester, zu der unverschämten Länge dieser Epistel?

Mit gefalteten Händen um Verzeihung bittend, verbleibe ich

Ihr treuer Verehrer und dankbarer Freund

H. Pückler.

P. S. Ich muß doch noch etwas hinzufügen. Eben
lese ich in dem Phänomenon der preußischen „Staatszeitung"
Folgendes: „Am 24. Oktober las Herr Ehrenberg in der
Königlichen Akademie Beobachtungen über die bisher unbe=
kannte auffallende Struktur des speziellen Organs der Seele
bei Menschen und Thieren."

Ist das Spaß oder Ernst? Bis ich belehrt bin, be=
halte ich meinen Spaß darüber in petto.

132.
Pückler an Varnhagen.
Muskau, den 5. Februar 1834.

Sie haben mir, mein verehrtester Freund, zwar auf meinen
letzten Brief nicht geantwortet, ich kann aber doch nicht um=
hin wieder anzuklopfen, da ich über Ihre Kritiken in einen
wahren Enthusiasmus gerathen bin, und dies besonders hin=
sichtlich Napoleons ausdrücken muß, den Sie wirklich wunder=
bar erkannt, und mit wenig Meisterstreichen besser geschildert,
und klarer gemacht haben, als die Legion seiner Biographen
in hundert saft= und kraftlosen Bänden. Der Ausdruck: Er
war eine herrschende Thätigkeit, und was folgt, ist erschöpfend.
Warum versuchen Sie bei so außerordentlichem Talent und
Scharfblick nicht diese Biographie selbst? Daß wir dem mäch=
tigen Manne dazu noch zu nahe stehen, möcht' ich doch nicht
ganz unbedingt zugeben. Wenn nur der rechte Mann sich
darüber machte, sei es auch nur als historische Skizze, und
ich denke eine solche unpartheisch würdigende und im Tiefsten
auffassende fehlt noch ganz. Wenigstens haben mir Ihre
doch eigentlich nur hingeworfene Aeußerungen über diesen
Gegenstand schon die hellsten Lichtblicke auf das eigene Bild,
was ich mir von dieser kolossalen Natur entworfen, aus=
gestrahlt.

Dies, so unbedeutend es aus meinem Munde ist, mußt'
ich doch sagen, nun habe ich aber auch noch einen großen
neuen Dank hinzuzufügen. Mir ist nämlich erst jetzt Ihr gütiger Artikel über mich im Nachtrag des Konversations-Lexi-
kons* zu Gesicht gekommen. In der That, nach dem, was Sie
mit eben so viel Freundschaft als Kunst hier meinem gehalt-
losen Leben noch abzugewinnen möglich gemacht haben, möchte
ich Sie künftig nicht bloß meinen Gönner, sondern gar meinen
Schöpfer nennen, das heißt den Schöpfer des Schattens,
den Sie der Welt statt meiner aufstellen, denn ich, wie winzig
bin ich! Es mag vielleicht etwas Hypochondrie mit unter-
laufen, aber selbst Ihr Lob zeigt mir nur zu inniger Betrübniß (wenn ich vergleichende Maßstäbe anlege), wie unbedeutend und gering ich mich anzuschlagen habe, wenn auch in
anderen Stunden mir die Eitelkeit nicht fehlt, und dadurch
eben mein eigenes gesundes Urtheil über mich bekräftigt.

Doch lassen wir das jetzt. Wie geht es Ihnen? Ich
habe neulich in der Hamburger Zeitung einen gehässigen
Korrespondenzartikel aus Berlin über mich, und nachher auch
eine übel gemeinte Hindeutung auf Sie, mit Miltitz zusammengestellt gefunden! Wer schreibt solche Sachen? Unbegreiflich bleibt es mir überhaupt, wie man einen Mann wie
Sie (und noch obendrein bei unserer fast lächerlichen diplomatischen Disette) nicht zu employiren, das heißt wenigstens
in wichtigerem Wirkungskreise zu placiren sucht. Könnte ich
doch darauf einen Einfluß haben! Nur aus solchen Gründen
möchte ich mir ihn wünschen, und wie für uns, auch für Sie
wäre es gut und heilsam. Denn Ihre Berliner Einsamkeit,
wenn sie gleich eigene Wahl ist, ist zu anhaltend und einförmig, um Ihrer Gesundheit nicht zuletzt ernstlich gefährlich
zu werden.

Verzeihen Sie diese herzlich gemeinten und vielleicht un-
bescheidenen Aeußerungen, aber schriftlich fühle ich mich immer
viel vertraulicher zu Ihnen als mündlich, wo Sie mir unter

uns gesagt, obgleich Sie es wohl gemerkt haben, immer etwas imponiren. Ich möchte wohl von Ihrem haarscharfen Verstande genügend erklärt hören, warum dies der Fall ist, denn darum, daß Sie mir ohne allen Zweifel in Geist und Bildung weit überlegen sind, darin liegt es nicht allein. Ich glaube fest, solche Wirkungen sind magnetisch, und ich habe darüber schon die seltsamsten Erfahrungen gemacht.

Herr Schefer, der sich Ihnen empfiehlt, und einen langen Brief ankündigt, hat ohne mein Wissen in die Hell'sche Abendmakulatur einiges aus einem früheren unkorrigirten Konzepte von mir aus den „Tutti Frutti" einrücken lassen, was ich noch nicht gesehen habe, mir aber sehr fatal ist, weil ich fürchte, daß Unpassendes darin stehen könnte.

Hat jemand darauf Achtung gegeben, so bitte ich diese Notiz gütigst anzuwenden.

Nun meinen besten Gruß, und bitte schreiben Sie mir nur ein paar Zeilen. Ich wäre schon fort, warte aber immer noch vergebens auf das verdammte Buch, das nicht kömmt.

Mit dankbarer Freundschaft

Ew. Hochwohlgeboren

ganz ergebener H. Pückler.

133.

Varnhagen an Pückler.

Berlin, den 13. Februar 1834.

„Nur ein paar Zeilen" soll ich schreiben, und ich sehe wirklich heute keinen Weg, dieses Maß weit zu überschreiten, denn die Beschämung selbst, in der ich Ew. Durchlaucht gegenüber stehe, macht nur verstummen. Dabei tröstet mich einzig, daß solche liebenswürdige, schmeichelhafte Briefe, wie ich von Ihnen, theuerster Fürst, empfange, nie verdient werden können, sondern immer als freie Geschenke nach eigenem Sinn und Wählen herniederkommen; ihr Werth ist nur um so größer, und diesen fühl' ich ganz, und bin dankbar dafür mit vollem Herzen.

Ich will nur so viel als möglich meine Zeilen zur Antwort machen, da ich in der That heute nicht viel schreiben kann; wegen Unwohlsein, erhitztem Kopf und Hals, und Träg= heit in den Gliedern; alles katarrhalisch, und nach einigen Tagen abgewarteter Transpiration hoffentlich vorüber. Doch ist dies mein geringstes Leid; ein größeres ist meine Stim= mung, die Niedergeschlagenheit meines Gemüthes, die Reiz= losigkeit der Welt. Das ist nun einmal so, und nicht zu ändern, auch durch die gütigen und freundlichen Vorschläge nicht, zu denen Ew. Durchlaucht mich anmahnen! Ich kann und will nicht reisen; vor Mitte des Sommers wenigstens in keinem Fall; bis dahin habe ich mit Druckbesorgungen zur neuen Herausgabe des Buches Rahel zu thun, und nichts in der Welt ist mir werther und wichtiger. Aber auch wo= hin soll ich gehen? Ich sehe überall nur dieselbe Wüste, und keine Orte darin! Lassen Sie mich schweigen; mein Gram ist für mich; und soll nicht Anderen lästig werden! Doch muß ich den Freunden andeuten, wie es ist, damit sie nichts von mir erwarten, was ich nicht habe! —

Die Zeit, wo ich Geschäftsthätigkeit wünschen und leisten konnte, ist auch vorüber. Mich reizt keine Aufgabe, keine Stellung mehr; das hätte früher kommen müssen! Jede Gunst und jeder Gewinn, die mich aufsuchen, nachdem ich Rahel verloren, kommt mir wie ein Hohn vor! Die Blumen, die ihren Sinn erlabt hätten, fallen auf ihr Grab. Ich will für mich nichts mehr; die schönste Gabe fiele mir doch nur schnell wieder aus der schlaffen Hand. Aber es hat keine Gefahr, niemand denkt an mich, und es soll auch niemand in diesem Betreff an mich denken. Und wenn ich ein Talent habe, so ist es ein überflüssiges, nutzloses; die Bauern in der

Schenke sind ganz befriedigt durch den Fiedler, der ihnen zum Tanz aufspielt, sie brauchen keinen Virtuosen.

Die Zeitungsnachrichten aus Preußen sind in den letzteren Zeiten ganz fabelhaft und albern geworden. Diese Mittheilungen scheinen den schlechtesten Händen zugefallen zu sein; auch die eigentliche Politik, als deren Bearbeiter für die „Allgemeine Zeitung" man unseren Ranke nennt, ist in dessen Artikeln nach meiner Ansicht nicht gut berathen. Ich bin auch bei diesen Sachen sehr gleichgültig; doch habe ich erfahren, daß die von Ew. Durchlaucht bemerkten Insinuationen von dem hiesigen Hofrath Dorow herrühren sollen. Immerhin! Es schadet nicht einmal!

Ueber Napoleon wäre freilich ein gutes Buch noch zu schreiben. Aber ich! Ihr Urtheil über meine Auffassung freut mich ungemein; ich habe wirklich, als ich die Worte schrieb, eine ganze, feste Reihe von Gedanken und Anschauungen vor mir gehabt, und nicht oberflächliche Meinung hingesetzt. Die Kritiken gewinnen sich ein größeres Publikum, als ich vermuthen konnte; überhaupt werd' ich jetzt durch Lob sehr aufgemuntert. Ich habe dabei stets nur dasselbe Eine Gefühl; warum jetzt, da die Augen, um derentwillen es mich freuen konnte, geschlossen sind? Dennoch lasse ich mich gern anregen, und will auch redlich in der angefangenen Richtung fortfahren, denke sogar jetzt an die Fortsetzung mancher Arbeit, an den Versuch neuer Unternehmung. Aber wie und wann ich mit einer Sache zu Stande kommen mag, das wissen die Götter, die mir wenige Stunden und Tage gönnen, die ich förderliche nennen dürfte.

Der Artikel im Konversations-Lexikon ist gut gemeint; er leidet aber an vorgeschriebener Kürze. Die Stelle, wo er steht, ist wichtig genug, um den Wunsch zu rechtfertigen, daß das Rechte und Gute dort stehe. Sie scherzen sehr angenehm darüber, theuerster Fürst, und haben mit mir gut scherzen, denn ich verstehe es zu nehmen. „Imponiren," das macht mich lächeln. Mündlich könnt' ich darüber einiges sagen, schriftlich ist es zu schwerfällig und weitschweifig. Da geht mir mein Freund Perthes anders auf den Leib; der lobt mich, daß es eine Lust ist, und dann sagt er mir geradezu in's Gesicht, ich hätte keine Religion, und steht als Frommer hoch über dem Gottlosen! Ein anderes Bildniß von mir hat neulich Herr Gustav Schlesier in der eleganten Zeitung (Nr. 1 und 6 von diesem Jahr) gegeben, wo ich ebenfalls wunderbar gestellt bin; etwas bin ich es, und sehr wieder nicht. —

Die „Tutti Frutti" werden mit Ungeduld erwartet. Das Bruchstück in der „Abendzeitung" hat Beifall erweckt; man findet die Probe klug ausgewählt. Daß das Gartenwerk nun auch hervortritt, ist sehr angemessen. Werden Ew. Durchlaucht solches an Herrn Dr. Carus in Dresden gelangen lassen, so daß wir, wenn wir von hieraus deßhalb an ihn schreiben, ihn im Besitz des Werkes voraussetzen können? Er ist der wahre Mann, um darüber zu sprechen; so wie mein Freund Neumann, um die „Tutti Frutti" anzuzeigen; verlassen sich Ew. Durchlaucht darin auf mich; es darf nicht immer dieselbe Stimme gehört werden; ganz im Gegentheil, das wäre schäd= lich! Sollte Neumann auf einer Dienstreise (er ist Inten= dantur-Rath) in den nächsten vierzehn Tagen Muskau be= rühren, so sehen Sie ihn ja, und nehmen Sie ihn als meinen ältesten, vertrautesten Freund auf! Er ist schweigsam und scheint kalt, ist aber ein theilnehmender, feiner Mensch, von reicher Bildung und sinnigem Urtheil. —

Herrn Schefer grüße ich bestens, und bin begierig zu sehen, was er mir zu schreiben gedenkt. Ich glaube nicht sehr an seine Briefe. —

Gestern starb hier Schleiermacher. Es ist dies ein Er= eigniß, das in allen seinen Beziehungen nicht sogleich zu fassen ist, und die Betrachtungen darüber werden sich in der nächsten Zeit noch gar nicht abschließen. Er hat ein vielver=

zweigtes, bedeutendes Leben geführt, deffen Wirkungen und Eindrücke fortdauern; daß dies Leben in vieler Hinsicht doch nur ein verfehltes war, und auch dies Verfehlte noch fort= wuchert, ja von Manchen gerade für das Gelungene gehalten wird, macht die Sache erst recht verwickelt. Schleiermacher war ein freier, eigenthümlicher Geist, aber leider ein Theolog, also ein Geistlicher vom Fach, und im Fache liegt die Zunft mit allem Gemeinen, Rohen und Selbstsüchtigen des Hand= werkes. Er hat dagegen gerungen, aber oft ohne Erfolg, oft auch nicht einmal ringen wollen. Friede sei mit ihm! Er hat mir seit fünfundzwanzig Jahren im Leben nicht wohl= gethan, ich habe ihn nicht lieben können, aber geehrt und geschätzt immer. — Frau von Arnim wird sehr betrübt sein. Ich sehe sie jetzt gar nicht. —

Also doch wieder ein großer Brief! Ich bin nicht zu beffern, der Zug der Neigung und des Augenblicks unterwirft mich! Aber nun ist es die höchste Zeit zu endigen, sonst endigt das Papier! — Nur noch den Ausdruck meiner tiefsten Verehrung und meiner eifrigsten Wünsche für die Frau Fürstin, und die Versicherung der innigsten Ergebenheit, in der ich unwandelbar bin

Ew. Durchlaucht

gehorsamster
Varnhagen von Ense.

134.

Pückler an Varnhagen.

Muskau, den 14. Februar 1834.

Ihr lieber Brief hat mir wirklich außerordentlich viel Freude gemacht, und bei Ihrer Stimmung einerseits, und Ihren vielen Geschäften auf der anderen, rechne ich Ihnen denselben doppelt hoch an. Demohngeachtet mache ich mir

zur ernſtlichen Bedingung, damit unſere Korreſpondenz, bei
der ich der einzige gewinnende Theil bin, Ihnen keine Laſt
werde, daß Sie mir nie aus Höflichkeit, ſondern nur ſchreiben,
wenn es Ihnen ebenſo um's Herz iſt. Nichts ſchrecklicher,
als wenn ich Sie im Geiſte ausrufen hörte: Ach Gott! dem
muß ich auch noch antworten. -- Schleiermacher's Tod iſt
gewiß ein öffentliches Unglück, obgleich ich Ihre Anſicht
davon ſo vollkommen als möglich theile. Das Amt der
Geiſtlichen, wie es bei uns beſchaffen iſt, kann grabezu etwas
Schändliches genannt werden, und zwar deshalb, weil es das
menſchenmögliche Heiligſte ſein ſollte, und tagtäglich im Ge=
meinſten, ja Niederträchtigen herumwaten muß. Ich meine
Eigennuß und Heuchelei.

Ich ſelbſt kannte Schleiermacher wenig, war aber zuleßt
durch die Arnim in eine gar ſeltſame Beziehung mit ihm
gekommen, eine förmliche Bekehrungsgeſchichte, Schleiermacher
und die Arnim meine Taufpathen. Wahrſcheinlich ſollte er
uns nachher auch trauen. Ich würde dann aber lachend
geſagt haben: Trau, ſchau wem. Sie wiſſen, ich gebe mich
aus Neugierde und Laune jeder Art Zuſtand gern einmal
hin, wenn auch ein bischen mephiſtopheliſch, jeßt mache ich
mir aber faſt ein Gewiſſen daraus, da der tiefe Ernſt ſo
in den Spaß gefahren iſt, denn ein ernſtes Ding (für uns
Ueberbleibende nämlich) bleibt dieſer irdiſche Tod doch immer,
wenn er auch in der Natur zu dem Alltäglichſten gehört,
und ſelbſt wenn uns der Gegenſtand nicht näher berührt.
Doch wir wollen dieſes Kapitel fallen laſſen. Es paßt nicht
für Sie, dem der Tod den bitterſten — nein nicht den
bitterſten — aber herzzerreißendſten Schmerz bereitet hat,
ein Kummer, der wenn auch nur in weiter Ferne getheilt, doch
auch mich auf viele Weiſe tief mitempfinden macht. Meine
Natur iſt aber ganz anders als die Ihrige, alles bei mir iſt
zu flüchtig, ja ich fürchte, ſuperfiziell, und das mag einer
von den Gründen ſein, warum Ihre Stetigkeit mir imponirt,

denn, obgleich Sie über diese Aeußerung gelächelt haben, so können Sie sich doch darauf verlassen, daß sie wahr ist. So unnatürlich kann ich die Sache auch nicht finden, denn Sie besitzen durch Natur und Studium gar viel, was meinem Geist, der Sie zu würdigen weiß, imposant erscheinen mag, aber einer Sache bin ich wenigstens bei mir gewiß, und damit prätendire ich Ihnen ein Kompliment zu machen: nie hat mir Einer imponirt, zu dem ich mich nicht zugleich im Gemüth achtungsvoll angezogen fühlte, eine Stimmung, die ich grade nicht für viel Leute empfinde. Aber auch einen Fehler haben Sie (wie ich, sehr um Verzeihung bittend, glaube) der etwas mit imponiren hilft. Nämlich Sie scheinen mir ein wenig argwöhnisch, und da ich oft gar zu kurios offen, enthusiastisch und kaustisch zugleich bin, (wie mich neulich die Mad. Gay definirt hat), so bin ich von der Furcht, mißver= standen und mißgedeutet zu werden nicht immer ganz frei, im Schreiben, wie schon gesagt, nicht, aber im Sprechen, wenn mir Ihre ernste, diplomatische und so durch Mark und Bein lächelnde Miene nicht ganz freundlich entgegentritt. Sehen Sie, das ist wie ein Kind gesprochen, und würde unserer lieben theuren Rahel gefallen haben, der ich es so gerührt danke, daß sie, so wenig genau wir uns doch eigentlich kennen zu lernen Gelegenheit gehabt haben, doch mir gleich zusprach: daß ich natürlich sei, was wirklich immer eine Art konservirter Unschuld voraussetzt. Sie können aber denken, daß jemand, der so viele andere Arten Unschuld ver= loren hat wie ich, sehr stolz auf das ist, was ihm davon noch übrig bleibt.

Ich spreche unverschämt viel von mir, aber haben Sie Nachsicht, es ist noch nicht alle damit. Ich muß noch melden, daß ich an Heine (dessen jetzt erst gelesene deutsche Litteratur mich ungeheuer amüsirt hat, obgleich ich den Osiris etwas zu gehässig finde), einen zierlichen Brief geschrieben habe, der ihm durch Herrn Hallberger mit einem Exemplar der "Tutti

Frutti" — freilich ein klägliches Geschenk — zugesendet werden
wird. Auch Ihnen soll man, wie ich den Befehl hier zurück=
lasse, gleich das erste Exemplar übermachen, das hier ankommt.
Ich brauche nichts mehr darüber zu sagen, da Sie leider
schon nur zu gut wissen, was daran ist. Unter den Zusätzen
ist etwas herber Spaß über Steffens, was Sie mir, wenn
Sie mit ihm Freund sein sollten, nicht übel deuten dürfen,
da mich dieser Mann, der mich doch gar nicht kennt, auf
das empfindlichste und unverschämteste dadurch gekränkt, daß
er an mehr als einem Orte gesagt: der einzige Flecken des
Buches Rahel wären ihre Briefe an mich!

Weher konnte mir nicht leicht etwas thun! Ich weiß
es durch die Arnim, und noch durch eine andere Dame. Dies
bleibt aber unter uns.

Ranke, der als Historiker so glänzend auftrat, fällt aller=
dings von seiner Höhe schmählich herunter, wenn er jene Auf=
sätze in der „Allgemeinen Zeitung" schreibt, von denen ich einige
mit wahrem dégout gelesen. Was soll man aber eigentlich
im preußischen Sinn schreiben, da wo es keinen Sinn giebt.
Sie selbst könnten es kaum, wenn man Ihnen nicht Freiheit
ließe, und wenn Sie schreiben müßten, ohne von einer wirk=
lichen Idee erwärmt zu sein. Ich habe jetzt zwei Dinge an=
gefangen, die mir viel Spaß machen. Das eine ist eine
Gemäldegallerie, blos aus vaterländischen Genrebildern und
Portraits komponirt, das zweite eine Sammlung Epigramme,
unter anderen wie folgt:

L'anse est le soutien des pots,
Et l'Ancillon celui des sots.

Aber machen Sie mich nicht unglücklich, wie mir gestern
unser Landrath mit gefalteten Händen sagte, als er die Be=
merkung gewagt hatte, unser Regierungs=Präsident Graf
Stollberg sei doch etwas gar zu fromm.

Sollte ich mir je einfallen lassen, diese beiden Früchte
meiner Muße drucken zu lassen, so ladet man mich gewiß

auf das chinesische Schiff der Seehandlung, um mich auf einer wüsten Insel auszusetzen, wohin ich übrigens, beiläufig gesagt, besser als irgend jemand passen würde, denn die Einsamkeit bekommt mir himmlisch, wie Rahel sagen würde.

Sollte ich noch hier sein, wenn Herr Neumann kommt, was ich sehr wünsche, so werde ich ihn, als Ihren Freund empfangen, et c'est tout dire. Als gutmeinenden Rezensenten der „Tutti" bedaure ich ihn jedoch aufrichtig.

Grüßen Sie mir die Dore, der ich zuerst Ihretwegen die Cour mache, noch mehr aber um der lieben Todten willen, die sie so gut und liebevoll pflegte. Sie werden auch von ihr gepflegt, und man braucht nicht zu alt zu werden, um einzusehen, daß von allen Schätzen der Welt eine treue Seele der kostbarste ist. Aber nun basta, ich mache mich sonst lächerlich. Abieu und ein herzlicher Händebruck.

H. Pückler.

P. S. Ich muß doch noch einmal ansetzen, da ich zu berichten vergessen, daß Hr. Hallberger instruirt ist, das erste fertige Exemplar des Gartenbuchs an Hrn. Carus zu schicken, der sich gegen Herrn Schefer bereits sehr freundlich geäußert. Soll ich ihm selbst auch schreiben?

No. 1 und 6 der Eleganten lasse ich kommen, und bin sehr begierig darauf. Uebrigens bin ich kühn genug nächstens auch einmal Ihr Portrait zu unternehmen, denn meine Gallerie hat mehrere Säle, und wenn auch viele Karikaturen darunter sind, so werden sie doch auch hohe Muster schmücken.

Vergessen Sie mich nicht, sobald Sie etwas Neues herausgeben.

Ich habe Ihren Brief dreimal in einem Athem gelesen. Ihre Briefe sind Musik. Das ist der wahre Ausdruck.

135.
Varnhagen an Pückler.

Berlin, den 27. Februar 1834.

Ew. Durchlaucht

würden erschrecken, wenn ich Ihnen so oft schriebe, als ich
den Wunsch fühle zu Ihnen zu reden, und mich in Gedanken
an Sie wende! Dies nur zum Gegenwort auf die unbilligste
Voraussetzung des Unmöglichsten, die sich in den liebens=
würdigsten Brief eingeschlichen hat. Aber es geht mir mit
Schreiben wie mit Besuchen: ich erlebe es oft an mir, daß
ich Abends vor der Thür eines Hauses, in das ich gehen
wollte, zweifelnd still stehe, überlege, was ich mitbringe, und
dann umkehre, und zu Hause bleibe. Ein frischer, muthiger
Kerl wüßte freilich von solcher kranken Stimmung nichts;
der würde denken, wie er auch immer sei, müsse er den
Anderen jedesmal genug sein, und er hätte Recht, denn das
ächt Lebendige ist auf jedem Platze sich selbst und der Welt
genügend. Und um ganz die Wahrheit zu bekennen, will
ich nur gestehen, daß ich doch manchesmal auch noch so frisch
und muthig bin, um neben dem, was ich mitbringe, auch das
was ich holen kann, zu erwägen, und dann erst umkehre!
Sie sehen, theuerster Fürst, daß der schlechte Vergleich mich
ganz von unserem Briefwechsel abführt, bei welchem ich ein
ganz entgegengesetztes schlechtes Gewissen habe, und an den
Tausch des Glaukos und Diomedes in der „Ilias" denken muß.
Ich denke mir aber die Sache doch anders, und meine, daß
Glaukos nicht durch einen Gott verblendet, sondern wohl=
wissend ist, und dennoch und grade aus gutem, großmüthigen
Willen giebt.

Mit Ew. Durchlaucht allerangenehmstem Brief erhielt ich
zugleich die Nachricht von dem Hiersein der verehrten Frau
Fürstin, und eilte sie zu sehen. Ich freute mich Ihres guten
Aussehens und Behagens, konnte jedoch in Fragen und Ant=
worten, weil wir nicht allein waren, mir kein Genüge thun.

Hoffentlich kommt baldigst bessere Gelegenheit. Auch ist die Fürstin von Carolath seitdem angekommen, die mich gestern besuchen wollte, und als ich ihr zuvorzukommen dachte, schon nicht mehr zu Hause war. Die große Welt hier, schon ermattend von allen Festen, wird mir ja wohl die beiden Damen hin und wieder für eine stille Viertelstunde frei lassen! Die große Welt hier — erbarme sich der Himmel! — wird jedes Jahr schlechter; so plump und roh, wie jetzt, war sie wohl noch nicht, sie wird sich aber gewiß noch zu übertreffen wissen. Vor dem hallischen Thore ist eine Besserungsanstalt für verwahrloste Kinder sehr dürftig angelegt; die Zugrunderichtungs=Anstalt für wohlerzogene Fräulein nimmt sich viel glänzender aus. An solche Gegensätze muß ich immer denken, und Saint=Simon's Wahrheiten und Fingerzeige sprechen aus jedem Steine und aus jeder Faser.

Treffend ist jedes Wort, das Sie über Geistliche und Pfaffen sagen. Heucheln darf nur der wahre Künstler, der Virtuose des Lebens, der über den Gestalten, die er täglich erzeugt, mit hohem Bewußtsein rein dasteht. Unkünstlerische Naturen müssen die Heuchelei meiden, denn da sie bei ihnen von keinen Kunstgaben leben kann, so frißt sie ihnen das Herz aus. Wer aber ist so durch und durch künstlerisch unter den Geistlichen, daß er seiner täglich erneuten Rolle täglich genugthun? Auch Schleiermacher hatte dazu nicht Gaben genug, soviel er deren auch hatte. Uebrigens hatte er sich schon überlebt; in der Wissenschaft war er längst erschöpft, im Leben wiederholte er nur. Mir ist er am Bedeutendsten in dem, was ganz persönlich war, in den geheimen Beziehungen, die bei jedem Menschen romantisch oder schicksalsartig werden wollen, und es bei ihm so sehr geworden sind, daß der wunderbarste Roman davon geschrieben werden könnte, wenn dieser Stoff ganz gefaßt und dargestellt würde. Bettinens Vorliebe für den kleinen, schwarzen, scharfen Mann gründet sich mehr auf diesen Reiz, als auf wahrhaft geistiges Interesse an seiner Religionsverkündung. Und sie hat dabei Recht, nur nicht darin, daß sie letzteres vorgiebt. Was Bettina von Steffens geklatscht hat, ist mir nur allzu glaublich; sie scheint aber verschwiegen zu haben, daß Schleiermacher die gleiche, unwissende, vorurtheilsvolle, und also unchristliche Abneigung eben so hart und roh bei allen Gelegenheiten geäußert hat. Diese Leute verstehen alle nichts vom Menschen mehr, wenn sie auch ehemals was verstanden; wie wollen die über den Fürsten Pückler urtheilen können! Rahel aber wußt' es, was es mit dem Menschen auf sich hat; sie erkannte ihn unter allen Verkleidungen untrüglich; und was sie von Ew. Durchlaucht Liebes und Gutes gesagt, wird bestehen und sich bewähren immerfort! —

In acht Tagen ist es ein Jahr, daß ich sie misse! Still! still!

Mein Freund Neumann wird schwerlich Muskau erreichen; Sorau ist der nächste Ort, wo er Geschäfte hat, und diese drängen sich zu hart. Hoffentlich treffen bis zu seiner Rückkunft auch die „Tutti Frutti" ein! Alles fragt und verlangt mit Heftigkeit darnach. An Carus werden wir von hier aus schreiben, sobald das Gartenwerk erschienen ist.

In Staatssachen ist wenig Neues: ein Schreiben des Hrn. Ministers von Kamptz in der Hamburger Zeitung über rheinische Rechtspflege macht wegen der Schreibart Aufsehen; Stägemann sagt, seit Köckeritz und Dierike sei so nicht geschrieben worden. Spanien und Portugal, wie man diese Länder jetzt in den Zeitungen findet, lassen mich sehr gleichgültig; auch die Verhandlungen in Wien erwecken mir kein Gelüst, und Frankreich ist in einer Entwickelung, wo man gar nicht hinsehen muß, wie beim Wachsen des Grases, bis nach einiger Zeit das Unmerkliche doch merklich geworden. Anstatt der realen Politik mache ich mir eine ideale, das heißt, ich denke mir allerlei aus, oder vielmehr, ich lasse mir die Gedanken nach eigner Willkür von den Gegenständen anbieten, und sehe zu, was sie aus sich machen können. So bin ich die fruchtbarste Entwicklung noch nicht los, die sich mir ungesucht vor Augen gestellt hat, und deren Grundlage und Gipfel der Satz ist: „Der Mittelstand ist in unserem heutigen Lebenswesen das Schlechteste und Elendeste." Neu= lich war ich in Betrachtung versunken, was denn bei uns eigentlich an die Stelle der vormals so bedeutenden und reichlichen Stockprügel getreten sei? und mir leuchtete un= widersprechlich ein: die Examina! Nämlich als Kalamität ganz gewiß; ob auch an Wirksamkeit, ist noch die Frage. Daß die unteren Klassen dabei im Vortheil sind, ist klar, denn geprügelt werden sie nicht mehr, und examinirt nur die oberen, welche nun gerade so unglücklich sind und unter der Zucht seufzen, wie jene vormals.

Ich habe eine Ahnung, daß dieses heitere Sonnenwetter Ew. Durchlaucht nächstens von Muskau entführen wird. Aber wohl nicht nach Berlin? — Ich sehe, daß diese Tage sehr schön sind, aber ich empfinde und genieße es nicht, weil mir die Luft nach zu scharf ist und mich fieberhaft berührt.

Heute Abend, nach der Kritik=Gesellschaft, bin ich zu Fräulein Solmar beschieden, wo angenehme italienische Fremde, Marquis und Marquisin Arconati=Visconti, sein werden; der Mann ist aus Mailand seit zehn Jahren verbannt. Da wird französisch gesprochen, und das ist mir lieb. Nun wissen Ew. Durchlaucht doch ein wenig von meinem Tage! Rahel liebte solche Notizen und Details.

Mit innigster Verehrung

treu ergeben
Varnhagen.

Dore ist sehr geehrt und erfreut durch Ew. Durchlaucht gütiges Andenken, und legt ihren Dank zu Füßen!

136.
Pückler an Varnhagen.

Muskau, den 28. Februar 1834.

Ich schicke Ihnen, verehrtester Freund, nur zwei Worte, weil ich enorm viel zu thun habe, um für Ihren letzten Brief zu danken, und Ihnen endlich die „Tutti" zu schicken. Der entsetzliche Lärm, den man wegen dieses Buches gemacht, und die ganze erste Ausgabe unter anderen schon ·bestellt, ehe sie ausgegeben war, so daß bereits mit der zweiten begonnen wird, ist ein wahres Unglück für mich, denn es kann gar nicht fehlen, das alles schreien wird: parturiunt montes nascetur ridiculus mus.

Ich hätte sollen die Hälfte weglassen, und durch Besseres ersetzen, das sehe ich wohl jetzt ein, da es zu spät ist.

Wäre ich Rezensent, ich würde mich schön zusammen= hauen! Andere werden es aber auch schon nicht daran fehlen lassen.

Die Fürstin schreibt mir, daß Sie wohl aussehen, was mich herzlich gefreut, und klagte wie Sie über lästige Zeugen.

Daß Herr Neumann nicht zu mir kömmt, thut mir leid. Von Sorau hätte er doch nur einen Katzensprung gehabt. Adieu also diesmal, auf Ihren Brief antworte ich noch besonders!

Mit herzlicher und freundschaftlichster Verehrung

H. Pückler.

P. S. Ich hatte Ihnen ein schön gebundenes Exemplar zugedacht, aber ich habe es nicht bekommen, und um die Sache nicht noch länger aufzuhalten, schicke ich Ihnen eins in gewöhnlichem Umschlage. Die gröbsten Druckfehler sind korrigirt, es sind diesmal nur sehr wenige von Bedeutung, im Vergleich mit den Briefen. Mit meinem dritten und vierten Theil der „Tutti" bin ich auch schon ziemlich fertig, und froh, mir das noch vom Halse zu schaffen, ehe ich reise.

Im Ganzen hoffe ich, daß die letzten Theile etwas mehr Interesse gewähren sollen, als die ersten.

Um eine ganz kleine Privat=Kritik, wenn es nicht zu unbescheiden ist, bitte ich doch beweglich.

137.
Varnhagen an Pückler.

Berlin, den 13. März 1834.

Ew. Durchlaucht

erhalten heute von mir nur ein paar Zeilen, denn der Wagen steht vor der Thüre, und ich soll Fräulein Solmar in die Ausstellung des Kunstvereins führen, — ich kann mir aber nicht versagen, Ihnen vorher noch das beiliegende Druckblatt zuzufertigen, damit Sie die meines Wissens erste litterarische Stimme über ein reizendes Buch, das jetzt von aller Welt gelesen oder begehrt wird, gleich frisch vernehmen!

Der Eindruck des Buches ist im Ganzen, wie er zu er= warten war; pikant! Wer aber pikirt ist, der lobt den Stachel nicht, ja er möchte den Honig läugnen. Dagegen wird der Pikirte selber eine Süßigkeit für Andere, denn die Schaden= freude ist ja —

Hier wurde ich gestört, mußte dann fahren, und nun weiß ich wahrhaftig nicht mehr, was ich von der Schaden= freude sagen wollte, oder nur sagen könnte, was nicht schon in dem Gedankenstrich läge! Genug, die Früchte von Mus= kau werden genossen. Alexander von Humboldt hat sie in Einem Zuge durchgelesen, und rühmt den Witz, die Laune, den Geist. Was man am Hofe sagt, weiß ich noch nicht. Fürst Wittgenstein, dessen Name mich nicht wenig überrascht hat, ist die Klugheit selbst, und fühlt deshalb gewiß in der anmuthigen Schalkheit die denn doch treue Meinung und auf= richtige Huldigung, welche hier zum Grunde liegt; doch sollen

seine Aeußerungen eine mißvergnügte Farbe haben. — Was
werden Ew. Durchlaucht sagen, wenn ich bekenne, daß ich
das Buch noch nicht habe lesen können? Eine schöne Gräfin
hat es mir als Trost in kranken Tagen sogleich abgefordert.
Heute soll ich es zurückbekommen, von Gräfin York nämlich.

Ich erwarte jeden Tag mit Ungeduld meinen Freund
Neumann. Einen jungen Litterator, Hrn. Dr. Mundt, einen
unserer talentvollsten und beseeltesten jungen Männer, habe
ich von dem Vorhaben, an Ew. Durchlaucht zu schreiben,
nicht abgeschreckt, im Gegentheil, ihm dazu gerathen. Es ist
nicht nöthig, daß Sie auf sein Anliegen sogleich eingehen;
die Gelegenheit wird abzuwarten sein; — vorläufig ist es
ganz hinreichend, wenn sich ein freundliches Vernehmen ergiebt.
In diesem Sinne dem wackern jungen Manne zu antworten,
werden Ew. Durchlaucht gewiß geneigt sein.

Ich hatte die Frau Fürstin schon abgereist geglaubt,
gestern hört' ich von ihr selbst, daß die Abreise nahe ist.
Ich bedaure mich, daß mir so viel entgeht; diese huldvolle
Gegenwart ist mir fast ganz entrückt geblieben. Ich bin be=
schäftigt, krank, unmuthig! Da kann man nicht viel Erfreu=
liches hoffen noch bringen. Doch gehe ich aus, soviel ich nur
vermag. Rahel selbst befiehlt in vielen Briefstellen, mit der
Trauer und dem Leid im Herzen doch immer frisch und
thätig dem Lebenstage sich zuzuwenden. Wohin begleitete
mich auch ihr Andenken nicht, wo könnte ich sie jemals im
herbsten Schmerz vermissen! Ich habe am 7. März Veilchen=
sträuße auf ihren Sarg gelegt. Ich halte nicht viel auf
Jahrestage, aber es finden sich manche wie von selbst in
das Herz eingebrannt! —

Von Schleiermacher ist noch viel die Rede, meist ohne
Kunde, ohne Sinn. Ein guter Artikel, über den die blinden
Freunde wüthen, steht in der „Allgemeinen Zeitung“ 23. Febr.
Beilage No. 77. Er soll von einem Hrn. Moser sein.
Frau von Arnin, die sich gern in jedem neuen Stück eine

Rolle giebt, hat diesmal ein wenig die der Wittwe an sich gerissen, und erschien überall in Trauerkleidern. Dies hat die wirkliche Wittwe übel genommen, und ihr sagen lassen, aus Goethe's Gedicht:

> „Höre deiner Priester Lehre:
> Dieser war dein Gatte nicht!
> Bist du doch nur Bajadere."

Man erzählt's, und es ist artig, aber wahr ist es nicht! nur die Trauerkleider, das ist nicht erfunden.

Wieder ein langer Brief! Ich empfehle mich schleunigst, und bin unwandelbar mit treuster Verehrung und Ergebenheit

Ihr gehorsamster
Varnhagen von Ense.

138.
Pückler an Varnhagen.

Muskau, den 16. März 1834.

Sie sind, mein verehrter Freund, wie Frau von Mainte= non, die ihren Freunden auch nur Angenehmes sagte. Sie müssen aber nun auch einmal das Rauhe herauskehren, sonst werde ich verwöhnt.

Bei der, ach! nur hundertmal zu schmeichelhaften Anzeige meines Buchs im „Litteraturblatt" haben Sie gewiß eine freundliche Hand mit im Spiele gehabt, es werden aber die hinkenden Boten schon nachkommen.

Eine possirliche Reklamation des Luftprofessors Reich= hardt wegen Unrichtigkeiten in der Beschreibung meiner Luft= fahrt für die „Abendzeitung" bestimmt, habe ich bereits in einem vielfach korrigirten Manuskript mit der Entschuldigung des Herrn Theodor Hell zugeschickt erhalten, daß er den Druck nicht hindern könne, aber bei mir anfrage, ob ich Noten dazu geben wolle? Ich habe gutmüthig noch einige Sprach=

fehler im Manuskripte korrigirt, es Hrn. Th. Hell wieder
eingepackt, und schnell zugesandt, um den Druck nicht zu
verzögern.

Ich bin wahrhaft dankbar dafür, denn die Beantwortung
dieses Aufsatzes liefert mir einen sehr ergötzlichen Stoff zu
der Vorrede des dritten Theils der „Tutti Frutti."

Sie erhalten hierbei, oder mit nächster Fahrpost, das
Ihnen von Hause aus bestimmte gebundene Exemplar.
Es scheint eine wahre Ironie des Stuttgarter Buchhändlers,
daß er es wie ein Gebetbuch eingebunden hat, was besser
für Schleiermacher's Wittwe gepaßt hätte, die nun auf ihre
alten Tage noch zur Bajadere gestempelt wird! Sie hat
mir übrigens einen sehr erzürnten Sermon von vier Seiten
wegen Steffens zugeschickt, ich werde sie aber schon wieder
besänftigen.

Da Sie, wie ich sehe, mit Fräulein Solmar jetzt mehr
verkehren, so bitte ich ihr auch einmal ein schönes Wort von
mir zu sagen. Es ist ein sehr liebenswürdiges Mädchen,
und ich dächte Rahel hätte sie auch gern gehabt.

Nun aber erschrecken Sie nicht! Sie haben meine beiden
gedruckten Bände „Tutti Frutti" noch nicht gelesen, und ich
bin schon wieder im Begriff Ihnen die zwei letzten Theile
im Manuskript zur gütigen Durchsicht zuzuschicken. Es ist
entsetzlich, nicht wahr? Ich werde noch ein zweiter Vulpius
werden.

Die Hälfte des dritten und vierten Theils macht eine
Art Novelle aus, an der ich mit mehr Vergnügen gearbeitet
habe, als an irgend etwas, und obgleich sie 350 Druckseiten
halten wird, habe ich doch genau drei Wochen dazu gebraucht.
Ueber das Bisherige habe ich mir nie Illusion gemacht,
aber wenn diese Arbeit nichts taugt, so bin ich trostlos, denn
es ist mein Liebling. Nichts destoweniger sagen Sie mir die
Wahrheit. Schmerzte Sie auch, ich verbeiße es als Held.

Ihre Erwähnung des Jahrestages hat mich sehr bewegt. — Welchen Unterschied macht oft ein einziges Jahr im Leben! Aber folgen Sie Ihr nur, und tragen Sie mit Thatkraft und schaffend.

Herr Mundt hat mir noch nicht geschrieben.

Mit herzlicher Verehrung Euer Hochwohlgeboren

ergebener

H. Pückler.

139.

Varnhagen an Pückler.

Berlin, den 24. März 1834.

Gestern empfing ich das neue prächtige Exemplar, mit welchem Ihre Güte, verehrtester Fürst, mich so freundlich hat versehen wollen. Es that Noth, denn mein erstes Exemplar wird mir immerfort entrissen, und größtentheils von solchen Händen, in denen die Furcht neue Früchte bringt. Der Widersacher sind natürlich viele, und der Versuch wird vielfältig gemacht, das Buch für ganz schlecht auszugeben, oder wenigstens tief unter die Briefe aus England zu stellen, die jetzt von manchen Leuten gelobt werden, die früher davon übel sprechen wollten. Aber der Versuch gelingt nicht: die gesellschaftlichen Urtheile, von Selbstsucht, Eitelkeit und Unkunde geleitet, können sich gegen die litterarischen, wo doch einiger Sinn und Verstand immer mitlaufen muß, nicht halten, und das litterarische Urtheil stellt sich im Ganzen durchaus günstig: die freie Weltanschauung, den hellen durchdringenden Verstand, die Anmuth des Scherzes und die Kühnheit und Eleganz der satyrischen Laune wird man zuletzt anerkennen müssen. Der schäumende Champagner kann und soll freilich kein alter Johannisberger sein; diesmal ist jener aufgetischt; wer weiß, was noch im Keller liegt! Einige Abschnitte des Buches sind auch mir etwas locker und aus-

führlich vorgekommen, zum Beispiel die Gespenstergeschichte,
und die freiheitlichen und gutsherrlichen Erörterungen, wie=
wohl ich doch nicht sagen möchte, daß sie hätten wegbleiben
sollen. In den letzteren drückt sich ein bedeutender Hauptzug
unserer Zeit aus, das Schwanken zwischen aristokratischen
und demokratischen Reizungen, und dies Schwanken, an dem
wir Alle Theil nehmen, zeigt in Ew. Durchlaucht einen un=
gewöhnlichen, vornehm=gebildeten Karakter, der allerdings
glänzender herausgetreten sein würde, wenn Sie dem Aufsatz
etwas mehr Dramatisches hätten geben mögen. Am besten
gefallen haben mir bis jetzt die Flucht in's Gebirge und die
Luftfahrt. Auch das Schreiben an mich find' ich äußerst
anmuthig, fein gewendet und herbeigeführt; in der Selbst=
verläugnung, die dabei Statt findet, ist eine, ich möchte sagen,
großartige Liebenswürdigkeit. Unser Gesellschaftspöbel faßt
aber nichts Feines, er sucht und kennt nur das Gepräge, das
ihm alle Tage vorkommt; man muß ihm grob mit der Faust
unter die Nase stoßen, dann läßt er sich bedeuten. Noch
gestern sprach ich Leute, die in der anmuthigen Wendung,
Sie seien dem Fürsten W. keinen Dank schuldig, nur eine
Beleidigung zu sehen vermochten. Die Titel und Sterne,
mit denen der Unverstand bisweilen auftritt, machen dann
mitunter auch solche Personen irr, die sonst wohl eigenes
Urtheil haben könnten, besonders solche alte Damen und
junge Gelehrte, die sich in dem Kreise dummer Vornehmheit,
wo man sie duldet, ihrer gescheidten Bürgerlichkeit schämen,
und geschmeichelt und geblendet sind von dem, was sie ver=
achten könnten. Doch was red' ich viel! Ist nicht die Welt
die Welt? und ein Buch ein Buch? Beide sind einmal da,
sie werden einander nicht ändern; mit der Zeit aber schon
ihr Verhältniß finden.

Nur Eine Nutzanwendung drängt sich mir auf: niemals
Vorausverkündigung, niemals Spannen der Erwartung! Still
bereiten, ämsig wirken, entschlossen ausführen, nachdrücklich

fortsetzen: aber nicht vorher anrufen, verheißen! So wünschte ich auch jetzt, daß ein dritter und vierter Theil ungesäumt nachrückte, und plötzlich hervorträte. Käme dann das Garten= werk zugleich in's Publikum, so wäre die Sache glänzend, eine Art Roßbach und Leuthen zum Schlusse dieses Feld= zuges, dem etwas von Kollin anzuheften versucht wird In diesem Interesse der Beschleunigung möchte ich Ew. Durch= laucht sehr bitten, das Manuskript der folgenden Theile, anstatt mir zum Lesen, lieber gleich zum eiligsten Druck ab= zusenden! —

Eine sehr hübsche Anzeige steht in No. 51 der „eleganten Zeitung." Das Blatt ist mir versprochen, ich habe es aber noch nicht eigen, sonst sendete ich es. Die jungen Schrift= steller, welche das genannte Blatt leiten, haben ausgezeichnetes Talent. Einer von ihnen hat sich brieflich an mich gewandt, und ich habe diese neueste Gelegenheit ergriffen, um seinen guten Willen ferner zu befeuern. Machen Ew. Durch= laucht aber sich ganz gefaßt, neben dem Guten und Günstigen auch Schlechtes und Gehässiges zu lesen. Wo bliebe das aus? Aes triplex muß jeder haben, der — was soll ich sagen „schreiben" will? — der leben will, kann man sagen! —

Hier sende ich den Brief meines Empfohlenen, des Hrn. Dr. Mundt. Ich bitte für ihn um freundliche Ant= wort, eine Zusage im Allgemeinen für etwanige künftig sich ergebende Gelegenheit. Wir sprechen wohl einmal mündlich näher über dieses Verhältniß. —

An Fräulein Solmar hab' ich Ihren Andenkensgruß bestellt, der sehr wohl aufgenommen ist. Sie verdient alles Lob, und hat die besten Eigenschaften. Ich sehe sie doch nicht sogar oft, wie überhaupt niemanden; denn bei aller Anerkennung und Billigkeit, die ich wahrlich habe, fühle ich jederzeit und überall, daß ich fortan auf Vermissen und Ent=

behren angewiesen bin! Goethe schrieb während der Schlacht
von Leipzig in strenger Betrachtungsstille:

> Der Mensch erfährt, er sei auch wer er mag,
> Ein letztes Glück und einen letzten Tag!

Solch ein Spruch liegt wie ein Samenkorn lange trocken
und unbelebt da, mit einemmale findet er seinen Boden, und
die ganze reiche Saat, die es im Keime enthielt, steht aufge=
gangen da! —

Leben Sie wohl, theuerster Fürst! Soll der Brief noch
zur Post, so muß ich eilend schließen. In treuster Verehrung
und Ergebenheit unwandelbar

Ew. Durchlaucht
gehorsamster

K. A. Varnhagen von Ense.

140.
Pückler an Varnhagen.

Muskau, den 20. März 1834.

Da der Brief, der zu diesen Büchern gehört, schon ab=
gegangen ist, nur zwei Worte.

Nämlich die Bitte: mir doch wo möglich sämmtliche der
Mühe werthen Rezensionen, die in den Blättern über „Tutti
Frutti" erscheinen, gütigst entweder zu senden, oder anzeigen
zu wollen, so weit sie Euer Hochwohlgeboren bekannt werden.

Mit unveränderlicher Freundschaft und Verehrung

H. Pückler.

141.
Varnhagen an Pückler

Berlin, den 26. März 1834.

Ew. Durchlaucht

empfangen beifolgend das Leipziger Blatt, das ich mir für
Sie habe schenken lassen. Indem ich dasselbe nochmals
prüfend durchlese, entsteht mir der Zweifel, ob Sie es auch
so finden werden, wie ich es Ihnen angerühmt? Da muß
ich mir denn die Erlaubniß erbitten, daß ich mich auf die
einzelnen Sätze gar nicht einlasse, aber mit Festigkeit behaupte,
daß der Eindruck des Ganzen ein guter ist, und in ihm eine
würzige Süßigkeit vorwaltet, wozu freilich Ingredienzien
nöthig waren, die gesondert aus der Mischung beißend, und
fast ätzend heißen können. Grade solche Kritik ist aber bei
weitem wirksamer und vortheilhafter, als eine lediglich prei-
sende; die Redensarten und Wendungen des Lobes allein
haben etwas Schädliches an sich. Also seien Ew. Durchlaucht
ja zufrieden!

Ich habe heute einen Tag voll Bedenklichkeiten. Mich
peinigt, daß ich in meinem letzten Brief ein Schlachtengleich-
niß gebraucht, von dem ich nicht sicher bin, daß Sie ihm
nicht eine falsche Deutung geben. Es ist von Kollin die
Rede, und Friedrich der Große hat dort nicht gesiegt. Habe
ich damit sagen wollen, Ew. Durchlaucht hätten eine Schlacht
verloren? Keineswegs. Ich lebe jetzt mitten in den Begebenheiten des siebenjährigen Krieges, und da steht das Karakte-
ristische der Vorgänge mir lebhafter vor der Seele, als die
Aeußerlichkeit des Erfolgs. Die Schlacht von Kollin ist in
der Anlage eine der schönsten, im Verlauf eine der ruhm-
vollsten des preußischen Heeres; ihr Mißlingen war so arg
nicht, denn unverfolgt zogen die Truppen im Angesicht des
stärkeren Feindes vom Schlachtfelde ab; und der ganze Fehler
war eigentlich nur, daß der König ein zu großes Unternehmen mit zu wenigen Truppen begonnen hatte! Das

scheint mir auch in unserer neusten Sache der Fall zu sein, und daher mein Gleichniß, und meine Aufforderung, so rasch als möglich ein zweites und drittes Treffen vorrücken zu lassen. Daß ich meinem Witz eine Erklärung nachschicken muß, ist die gerechte aber harte Strafe dafür, daß ich ihn so schlecht gewählt habe.

Alexander von Humboldt bleibt beim Lobe und Vergnügen an dem Buche. Zum Erstaunen der frivolen Welt loben Geschäftsmänner die ernsteren Abschnitte über gutsherrliche und bäuerliche Angelegenheiten, und meinen, darin sei gar viel Wahres und Gutes, und das man berücksichtigen sollte. Das Buch wird in den Lesestunden nach dem Schauspiel bei dem Könige vorgelesen; neulich war ein Ausdruck oder eine Anspielung keinem der Anwesenden verständlich, man hatte den Schlüssel nicht; ich werde wohl noch erfahren, welches die Stelle war.

Hier geht sonst nichts vor, wovon ich sprechen möchte. Leider sind mir die meisten Sachen jetzt gleichgültig, und ich sehe nur den Strom, da mich sonst jede einzelne Welle angenehm beschäftigte. Die Politik ist mir ein Gräuel; in diesem Fache häuft sich aller Unrath des kranken Lebens an, höchstens Dünger für einstige Blüthen, deren Duft aber dann ein anderer sein wird, als der, dem wir jetzt die Nase schließen! Wenn ich so weiter rede, wird es Politik; ich breche daher ab.

Ich bin gar nicht wohl, und kann nur wenig arbeiten, soll mir viel Bewegung machen, und bin gleich anfangs müde! Da ich nicht viel mehr mit mir ausrichten will, so nehm' ich's nicht allzuwichtig. — Der neue Abdruck der Briefe von Rahel schreitet vorwärts; das ist meine ernstliche, theuerste, ämsigste Beschäftigung. Mit unaufhörlichem Staunen erfüllt mich dieser Rückblick auf die vergangenen Jahre: was hab' ich alles gelebt! muß ich ausrufen, und dann: was hab' ich alles versäumt! Das Glück, wie bleibt es doch so arm; das Unglück, wie wird es reich! — Lassen Sie mich, Theuerster

auch solche Seufzer vor Ihnen aushauchen! Ich weiß es,
daß Ihre Theilnahme herzlich ist!

Leben Sie wohl, und seien Sie gesund und fröhlichen
Muthes.

Möge der Frühling Ihnen tausend Schönes bringen!
Mit innigster Verehrung und Ergebenheit unwandelbar

Ew. Durchlaucht

gehorsamster
Varnhagen von Ense.

142.
Pückler an Varnhagen.

Muskau, den 27. März 1834.

Aes triplex! ein vortrefflicher, kräftigender Rath. —
Seien Sie unbesorgt, verehrtester Freund, ich werde es an=
legen, und darauf losgehen, wie Paulus auf die Korinther.

Aber gleich, ohne ein unpartheiisches Urtheil gehört, ohne
fast mir selbst eins gebildet zu haben. Die beiden Theile
wegzuschicken, wage ich nicht. Es möchte sonst am Ende das
Roßbach mich selbst treffen. Sehr, sehr Recht haben Sie, das
Schwatzen vor der Zeit war vom Uebel. Ich werde mir von
nun an die Nutzanwendung gewiß hinter's Ohr schreiben.

Neulich habe ich alle Ihre Briefe gesammelt und mit
unbeschreiblichem Vergnügen durchgelesen. Mein Gott wenn
ich die nur drucken lassen könnte — da wäre gleich eine sicher
gewonnene Schlacht! Es ist sehr heroisch, daß ich nichts daraus
stehle.

Ich schreibe heute weiter nichts, um Sie nicht zu er=
müden, denn ich war in dieser Zeit fast zu zudringlich.

Die Antwort an Hrn. Dr. Mundt darf ich wohl bitten,
gütigst zu übergeben; für alles Gute und Liebe was Sie zu

meiner Hülfe thun, sage ich aber noch schließlich von neuem
meinen herzlichsten Dank.

Daß ich Rahels zweiten Theil, und was Sie sonst etwa
an's Licht bringen, gleich bekomme, bedarf es wohl keiner
Erinnerung. Welche hübsche Lektüre in Griechenland! Da
würde ich sie erst doppelt genießen.

Doch genug, ich lasse mich schon wieder verführen!

Abieu, und stets

Euer Hochwohlgeboren

dankbar ergebener H. Pückler.

143.

Pückler an Varnhagen.

Muskau, den 29. März 1834.

Sie sind sehr gütig, mein verehrter Freund, und sehr,
zu sehr nachsichtig! à bon entendeur salut, sagen die
Franzosen, und ich verstehe sehr gut, was mir schon Ihr
erster Brief, nach Durchlesung des Manuskripts sagte, näm=
lich daß Sie mein Buch nicht eben schlecht finden, aber
es, weil Sie es herzlich gut mit mir meinen, besser
wünschten.

Dasselbe Urtheil fälle ich darüber, und machte es gern
besser, wenn ich nur könnte.

Mit der Leipziger Rezension bin ich sehr gut zu=
frieden, und obgleich ich nicht glaube, daß sie auch sehr
gut gemeint ist, besonders das Ende, so hat der Mann doch
meistens Recht.

Wie wird's denn in den „Jahrbüchern" ausfallen?
Annoncirt sind mir zwei Rezensionen, eine von Schefer, die
andere von Nürnberger.

Sehr leid thut es mir, daß Sie die anderen Theile
nicht lesen wollen. Ich würde sie Ihnen durch meinen Boten

zuschicken, so daß Sie gar nicht dadurch kompromittirt werden können. Der wartete dann darauf, so lange es nöthig.

Verzeihen Sie die Unbescheidenheit, Sie so zu drängen, aber Sie haben mich einmal auf dem Gewissen, und müssen nun schon mein treuer Helfer bleiben. Aber geben Sie mir durchaus nichts im Säftchen, ich kann wahrhaftig jede aus treuer Meinung hervorgehende, Medizin vertragen, bitter oder süß. Niemand hat mich daran besser gewöhnt als meine beste Freundin in der Welt, die Fürstin, die mich durchaus nie schont. Manchmal ärgere ich mich darüber, und werde sogar böse, aber hohe Achtung und Dank verdient sie sich immer zuletzt.

Besser sind am Ende die letzten Theile auch nicht wie die ersten. Im Anfang täuschte ich mich darüber, aber ich bekomme 2000 Thaler dafür: die muß man doch zur Reise mitnehmen, und wenn sie mir nur nicht ganz und gar beim Publikum den Hals brechen, so lasse ich sie vom Stapel laufen. Ihr Urtheil wird entscheiden.

Daß Sie nicht wohl sind, bekümmert mich, der Frühling, hoffe ich, wird Ihnen gut thun. Kommen Sie nur in meinen Park.

Schreiben Sie etwas über Friedrich den Großen, oder den siebenjährigen Krieg? Dies Kapitel ist auch nur noch schlecht ausgebeutet, wie das Napoleons.

Auf alles was von Ihnen kommt, freue ich mich, und stehe ganz zu Ihnen im Verhältniß des Schülers zum Lehrer.

Der Himmel behüte Sie, und schenke Ihnen Gesundheit. Das Uebrige haben Sie schon.

H. Pückler.

Ich lese Ihren Brief noch einmal, und (als ein schlechter Egoist der ich bin) zuerst an mich denkend, stimmt mich jetzt erst das Ende desselben recht weich! Ihre Klage klingt übrigens auch in Bezug auf mich selbst bei mir an, und bei wem nicht, der nachdenkt!

Sie aber haben so viel Entschädigung!

Vergessen Sie ja nicht mir, was von Rahel mehr er=
scheint, gleich zuzuschicken; ihr Urtheil über mich, wird mir
für's Leben ein comfort bleiben.

Neulich bekam ich einen sehr schmeichelhaften und freund=
lichen Gruß von einer Freundin, von ihr, die mich nicht
persönlich kennt.

———

144.
Varnhagen an Pückler.

Berlin, den 2. April 1834.
Nachmittags.

Der Kutscher soll mir nicht umsonst abgehen, und er
könnte denn doch früher kommen, als die Post; so möge er
denn diese Grußzeilen für Ew. Durchlaucht mitnehmen! Ich
mußte mein Blatt von heute Vormittag eilig schließen, weil
mir der Kopf bedrängt und verstört war, daß ich jeden Au=
genblick fürchten mußte, es entsteht ein Unfall daraus. Die
nächsten Stunden brachte ich sehr unangenehm zu; der Zu=
stand ist noch nicht vorüber, doch versuch' ich gern im
Schreiben fortzufahren.

Die Gelegenheit bietet sich so günstig, daß ich Ew.
Durchlaucht das heute früh erwähnte Buch lieber gleich mitschicke.
Ich erbitte mir solches aber wieder zurück, denn ich selber
habe es noch nicht ausgelesen. Wie es Ihnen vorkommt, bin
ich sehr begierig zu hören. Mich macht es unglücklich, es
giebt mir eine Stimmung von Pein und Weh, daß ich ein
ganz weinerliches Gesicht dazu mache; dies rührt aber einzig
von den Kunstgewöhnungen her, in denen mein Gemüth seit
frühesten Zeiten sich auf= und niederschwingt; das Gestaltete
fehlt mir zu sehr, und das Bildende, und der große Hinter=
grund ruhiger Natur und Geschichte, der aus unendlichen
Weiten doch eine feste Schlußwand macht; an Talent, Geist,

Reiz und Kraft fehlt es nicht. Der Autor ist ein ungewöhn=
lich begabter Mensch, der in Ermangelung alles anderen,
was ihm zu sein und zu treiben noch versagt ist, sich im
Dichtungsfache versucht. Wäre ich ein Helfer beim Staats=
wesen, ich wäre aufmerksam auf diese jungen Leute, die in
Deutschland immer häufiger hervortauchen, seitdem Heine diesen
Strom hinabgefahren ist. Sie sind ein Zeichen der Zeit,
und ihr Wirken und Dichten deutet auf manches Neue, das
sie vielleicht nicht liefern, aber vorschmecken und andeuten.

Auf ganz anderem Standpunkte, und mit sehr verschie=
dener Begabung, haben Ew. Durchlaucht doch mit diesen
Jünglingen etwas gemein, und zwar das Wesentlichste, näm=
lich die völlige Geistesfreiheit, mit der Sie in Welt und
Leben dastehen, sich umschauen und einhergehen. An plasti=
schem Sinn, an Geschmack und Sicherheit des Darstellers,
an eigentlicher Kunstrichtung, sind Ew. Durchlaucht weit
voraus.

Es wäre nicht billig, wenn Sie von Ihren natürlichen
Verbündeten sich abwenden wollten; ich dächte, Sie pflögen,
im Gegentheil, ein leidliches Vernehmen nach dieser Seite!
Was meinen Sie? möchten Sie wohl von dem „jungen Eu=
ropa" des jungen Laube in Ihren nächsten Bänden ein gutes
Wort mit einfließen lassen?

Ich selber stehe seltsam zu der jungen Brut. Ich er=
kenne sie als tapfere Streiter, ich nehme mir sogar mein Theil
von ihrer Siegesbeute, und lasse mir wohl auch den Ertrag
ihrer Plünderungen nicht entgehen; aber ich gehöre doch
nimmermehr zu ihrer Fahne. Wo sie mich gelten lassen, bin
ich mißtrauisch, und wo sie mich tadeln, oft sehr fest und
stolz. Sie neigen Alle ein wenig zu dem Frevel hin, Goe=
the'n lästern zu wollen, ihn zu verkleinern, zu mißachten;
und darin verwerf' ich sie unbedingt. Dann freut es mich
wieder, daß ich die Freien und Wilden auch wieder so zahm

und ehrerbietig einlenken sehe, und ihre Huldigung hat dann freilich doppelten Werth.

Diese junge Litteratur kommt mir vor wie reitende Artillerie; da sie einmal da ist, möchte man sie nicht wieder missen, obgleich unser altes schweres Geschütz, zu dem wir geschworen, dabei gar sehr außer Acht kommt.

Gegen Abend.

Mir geht es um vieles besser. Ich fahre fort. —

Ich hatte die Frau Fürstin vor mehreren Tagen besuchen wollen, um ihr meine Huldigung zu bringen, und mancherlei die „Tutti Frutti" Betreffendes hin und her zu besprechen; zu meinem Leidwesen erfuhr ich, sie sei schon vor einiger Zeit abgereist. Was Ew. Durchlaucht von der herrlichen Frau sagen, erkenne und verstehe ich vollkommen, und pflichte ihm aus tiefster Ueberzeugung bei; Gott erhalte Ihnen diesen Schatz von liebevoller Freundschaft und inniger Sorgfalt! Die weiseste Einsicht und schützendste Klugheit können nur aus solchen Eigenschaften so rein hervorgehen. Ueberhörten wir nur deren Stimme nie, wüßten wir nur stets auch im Augenblick zu befolgen, was wir im Ganzen so dankbar anerkennen! Ich rede hier auch leider für mich, und sehe mit tiefem Schmerz auf alles Versäumte zurück! —

Vor dem Juli wird die neue Ausgabe von Rahels Briefen schwerlich fertig. Ew. Durchlaucht empfangen sie gleich zuerst, das versteht sich! —

Hier geht noch immer die Sage, der Herzog von Orleans käme nach Berlin, um die Truppen und — eine Prinzessin anzusehen. Diese fabelhafte Neuigkeit ist fabelhaft, auch wenn sie wahr ist. —

Ein vormaliger guter Freund von mir, Herr von Rehfues, soll Präsident der Zensurbehörde werden, die deshalb umgestaltet und neu dotirt wird. Er selbst hält dies für das Schlechteste und Anrüchigste in der Welt, weiß aber nichts

anderes zu finden, um seinen sechzigjährigen Ehrgeiz zu be=
befriedigen. Er brennt vor Begierde, in dem Hotel der hohen
Staatsämter zu wohnen, findet aber alle Gemächer besetzt.
nur der Abtritt ist noch frei; gut! er logirt sich auf diesem
ein, und bittet nur um einige Tapeten und leibliches Essen.
Der Witz ist von mir, und ich habe meinen Freunden erlaubt,
ihn als von mir nachzuerzählen. Ew. Durchlaucht sehen, ob
ich das „Kompromittirtwerden" fürchte! Ich hätte dies Wort
nicht mehr gebrauchen sollen; Sie denken sonst, wenn ich dies
nicht ausdrücklich bemerke, ich könne mich darüber gar nicht
beruhigen. Ich scherze aber nur.

Heute Abend soll ich noch in großer Gesellschaft bei
Prof. Steffens sein, wo Graf und Gräfin Yorck, Marquis
und Marquisin Arconati — die aus Berlin weg sollen, nach=
dem sie fünf Monate geduldet worden — Herr von Raumer
und viele Andere. Ich werde wenig taugen, und sehe mich
schon, wie ich am späten Abend einsam in meine Stube heim=
kehre. „Es ist des Aus= und Anziehens wahrlich nicht
werth!"

Damit will ich nicht enden. Ich habe heute das Her=
zenskind Elischen gesehen und an mich gedrückt; das ist schon
alles werth, und der Tag hat sein Theil. —

Leben Sie wohl, theuerster Fürst! Ja wohl, aes triplex
und losgefahren auf das Volk, wie Paulus auf die Ko=
rinther! Ihr Wort! nicht meines. Der Spruch ist voll
Energie!

Mit innigster Verehrung

Ew. Durchlaucht

anhänglichst ergebener

Varnhagen.

Wenn Sie aus meinen Briefen das Geringste brauchen
könnten — ich habe nichts dagegen; doch stets ohne Namen,
versteht sich. Aber ich wüßte nicht, daß Brauchbares darin
zu finden wäre!

145.

Pückler an Varnhagen.

Muskau, den 5. April 1834.

Auf Seiblitz freue ich mich außerordentlich, und was dabei vom großen König (für mich immer eine der kolossalsten Erscheinungen der Geschichte in seiner Totalität) vorkommen wird.

Ich hörte einmal von Stägemann eine, wie ich glaube, nie gedruckte Anekdote vom alten Fritz, die Sie vielleicht brauchen können.

Nach der Schlacht von Leuthen stattete ihm der General Polenz seine Gratulation über den errungenen Sieg ab. „Das,“ erwiederte der König, „das hat ein Höherer gethan!“ — „Ja,“ sagte Polenz, „und Ew. Maj. vortreffliche Dispositionen.“

„Ach was will er mit seinen Dispositionen — na — es kömmt wohl eins zum andern.“

Das bon mot des sich überlebenden Verstorbenen ist sehr gut, und ich werde es nicht aus der Acht lassen. Ist es nicht von Miltitz? Dem sieht es ähnlich.

Was mich wirklich wundert, ist, daß der Fürst Wittgenstein so viel Aufhebens von meiner, ich dächte sehr milde neckenden, Dedikation macht. Ich kann bis jetzt den klügsten Mann im Lande daran nicht erkennen, irre mich aber vielleicht. Gern wüßte ich, wie Stägemann über das Buch urtheilt. Günstig gewiß nicht, aber ich hoffe wenigstens, er ist mir nicht böse. Das sollte mir sehr leid thun, denn Stägemann bin ich Dank schuldig, und auf die Meinung und Neigung Solcher lege ich natürlich viel Werth.

In den letzten Theilen werden Sie wohl manches, fürchte ich, zu stark finden, aber es ist nun ein Aufwaschen. Daß ich etwas Herzliches über Sie selbst einfließen lasse, werden Sie mir doch nicht verdenken. Ihnen kann es freilich nichts helfen, aber mir ist es eine Freude es auszusprechen. Im Uebrigen schonen Sie mich nicht.

Hrn. Mundt, denke ich, wenn er es haben will, den Besuch von Vaucluse, oder eine Erinnerung aus Neapel zu schicken, welches er nun vorzieht, aber viel wird wohl nicht daran sein! Soll ich es mit meinem Namen, oder unter dem nom de guerre erscheinen lassen?

146.
Pückler an Varnhagen.

Muskau, den 6. April 1834.

Nicht weil ich besorge, daß Sie sich scheuen kompromittirt zu werden, sondern weil ich besorge, Sie doch vielleicht zu kompromittiren, sende ich Ihnen das Manuskript mit einem Boten. Auch wünsche ich nicht, daß man auf der Post hineinkuckt. Uebrigens erkenne ich mit großem Dank Ihre Güte und treue Freundschaft.

Sie werden sehen, daß ich am Ende des vierten Theiles Ihnen etwas gestohlen habe. Es kommt nun darauf an, ob Sie den Diebstahl legitimiren wollen, sonst muß ich es freilich wieder streichen, aber es thäte mir sehr leid, denn es ist der beste Witz in meinem Buche.

Ich wünschte meine Feinde kämen bald zum Vorschein, damit ich noch Zeit hätte in einer geharnischten Vorrede zum dritten oder vierten Theile kurz auf das, was der Mühe werth scheint, zu antworten.

Benachrichtigen Sie mich ja, wenn etwas dergleichen erscheint, und verzeihen Sie, daß ich Ihnen so viel für mein Interesse zumuthe. Ich würde es gar nicht wagen wenn ich nicht fühlte, daß ich von Herzen stets bereit sein würde, dasselbe für Sie zu thun, wenn es nöthig wäre.

Es scheint, daß die Arnim, obgleich sie fortfährt, mir die uneigennützigste Freundschaft zuzusichern, ein wenig gegen mich intriguirt. Wie Sie aber sagen: als Verstorbener, der seine Anforderung an das, was man durch Gunst u. s. w. in der Welt erlangen kann, überhaupt an alles öffentliche Leben und Carriere in jenem Sinne, völlig aufgegeben hat — kümmere ich mich wenig darum, in Berlin nichts mehr zu gelten.

Und das Publikum betreffend — das entscheidet am Ende für sich selbst! Verliert es das Interesse an mir als Autor, nun so ist die Natur daran Schuld, die mir nicht mehr Talent gab; ich höre dann auf zu schreiben, und gewinne von neuem an Freiheit, was ich an Genuß der Eitelkeit verliere. Ich mache mir eigentlich aus nichts mehr viel, denn wenn man den Fünfzigen so nahe ist, kann man so ziemlich das wahre Leben als beendigt ansehen, und sich wünschen, wo anders wieder mit der Jugend anzufangen.

Ew. Hochwohlgeboren

herzlich ergebener

H. Pückler

Den 7.

Mein Brief wird zum Tagebuch. Eben aber erhalte ich erst vom Kutscher die allerliebste Fortsetzung des Ihrigen vom 2. April. Wie schön und wahr ist alles, was Sie bei Gelegenheit des „jungen Europa" [1]) sagen, was mir sehr gefällt, und in der ich die Verwandtschaft gar wohl fühle, mir aber wahrhaftig nicht anmaße, in irgend etwas diesen Leuten voraus zu sein, höchstens etwa in verfeinertem Geschmack und Weltkenntniß, dagegen weiter zurück an Genialität und Wissen. Noch habe ich erst ein Drittheil des „jungen Europa" gelesen, das, wenn es Goethe'n stachelt, sich nur, wie die ältere Eu-

---

[1]) Anmerkung: Das junge Europa, von Heinrich Laube.

ropa, den Jupiter auf dem Rücken setzt, und unbewußt von ihm entführt wird — denn Goethe bleibt nicht nur der Entführer, sondern selbst der Vater dieser ganzen neuen Jugend. Jene ernstmilden Heroen, zu denen Sie auch gehören, stehen auf dem Olymp, wir krabbeln und wabbeln nur auf der Erde herum, von Goethe befruchtet, und von Heine angeführt.

Etwas dem Aehnliches will ich in „Tutti Frutti" einschalten, wo eine gute Gelegenheit dazu da ist, wenn ich das Buch erst ganz kenne.

Sie erwähnen Steffens, aber nicht meines humoristischen Scherzes mit ihm, der wie die Arnim schreibt, als ein böswilliges Bestreben ausgelegt wird, seine Moralität anzugreifen! Die Familie habe es grobe Lügen genannt. Das ist doch eine etwas philistermäßige Auslegung.

Was meinen Sie dazu? Es scheint, daß mir dieser Spaß in Berlin am meisten verdacht wird, nebst der Dedikation an Fürst Wittgenstein, von der ich es freilich am wenigsten begreife.

Als ich Ihren Brief anfing, hätte ich mich fast erschreckt, wenn mich die vier vollen Seiten, mit immer gleich schöner Hand gemalt, nicht gleich wieder beruhigt hätten; aber nehmen Sie sich doch in Acht, obgleich Sie keinen Schlagflußkörper haben.

Es ist eine Hauptsache Krankheiten zuvorzukommen. Dies ist mit einiger Aufmerksamkeit leicht, das Kuriren nachher, wenn sie einmal da sind, schwer.

Also wegen des Diebstahls bin ich absolvirt! Meinen besten Dank dafür, und bei Gelegenheit schöpfe ich dann mit Bescheidenheit noch weiter aus der schönen Quelle.

Auf Rahels Briefe, zweite Ausgabe, freuen ich und Lucie uns sehr, und sind begierig auf das Neue. Kommt nichts über die Ehe vor?

Darüber spricht sich der junge Laube sehr vernünftig, und mit unserer Ansicht aus. Ueberhaupt eine Ahnbung der Zukunft liegt gewiß in diesem Buche, doch wir werden leider nichts davon erleben, wenigstens nicht in diesen Körpern.

Aber abieu, abieu. Der Bote folgt bald.

H. Pückler.

147.

Pückler an Varnhagen.

Immer noch Muskau, den 25. April 1834.

Sie werden sich wundern, mein verehrter Gönner, daß ich so lange mit der angedrohten Uebersendung des Boten zögere, aber es findet sich noch immer allerlei zu korrigiren und zu überlegen.

Einstweilen schicke ich Ihnen daher einen neuen Versuch, aus dem ich zugleich bitte, etwas für Hrn. Dr. Mundt als Probe für das Publikum auszulesen, und mir dann das Manuskript mit einem kurzen Urtheil gütigst zurückzusenden.

Ich zage ganz mit den „Tutti Frutti," denn es ist wahr= lich recht unbescheiden, Ihnen diese Mühe zuzumuthen! Es sind nun überdies gar drei Theile statt zwei geworden. — Vielleicht streichen Sie aber so viel, daß sie wieder zu zwei zusammenschrumpfen.

Es wird mir recht schwer, Muskau gerade in dem Augenblick zu verlassen, wo es nach so langer, stürmischer Wintertrauer sein glänzendstes Gewand anzuziehen beginnt. — Dies Schicksal traf mich schon allzu oft, und ich habe wenig Frühlinge hier genossen.

Sie sollten sich ein Herz fassen, und im Juni herkommen. Den 15. wird das Bad eröffnet. Avis au lecteur.

Ich habe dieser Tage einen großen Kummer gehabt. Mein bester Förster, ein schöner junger Mann von 35 Jah=

ren, voller Muth und übertriebenem Ehrgefühl, ein Mensch,
der mir so attachirt war, daß ich ihm unbedenklich mein Leben
anvertraut hätte, wie ich Gottlob deren noch einige habe,
hatte einen unbedeutenden Exzeß mit einem Bauer gehabt, in
dessen Folge er in eine Kriminaluntersuchung gerieth. Das
Höchste was ihm geschehen konnte, wäre vielleicht ein vier-
zehntägiges Gefängniß gewesen. Er zog sich diese Perspektive
aber so zu Gemüth, daß er sein hiesiges Dasein zu enden
beschloß, und die That mit einer beispiellosen Energie aus-
führte. In Gegenwart seiner Frau und Kinder, wie eines
Jägerburschen, die ihm zwei Gewehre aus der Hand rissen,
durchschoß er sich den Leib mit dem dritten, und als er davon
nicht todt war, lief er noch in die Kammer, ergriff einen
Hirschfänger, rannte ihn sich durch die Brust, daß er ein
ganzes Stück aus dem Rücken herausstand; nur mit den
letzten Worten: „Das war gut, nun ist's vollbracht!" zog
er ihn selbst wieder heraus, warf ihn auf die Erde, und fiel
todt nieder. Er hatte glücklicherweise die Pulsader über dem
Herzen getroffen.

Ich folgte gestern der Leiche auf den Kirchhof, und da
kein Priester zugegen war, griff ich der Klerisei in's Handwerk, und hielt eine unvorbereitete Rede, die auf die ver-
sammelte Menge einen so großen Eindruck machte, daß ich
selbst sehr davon frappirt war. Alles zerfloß in Thränen
und schluchzte laut, woraus ich zum erstenmal gesehen, wie
leicht es ist, wenn die Gelegenheit glücklich ergriffen wird,
einen Eindruck auf das Volk hervorzubringen. Sehr theo-
logisch mag ich übrigens wohl nicht gesprochen haben, aber
menschlich.

Als ich die erste Schaufel Erde auf den Sarg warf,
kam eine wendische Hochzeit mit Dudelsack und Pfeifen, der
hier immer obligate Bajazzo mit Blumen und Bändern ge-
schmückt, betrunken vorantanzend, auf der Landstraße vor-

übergezogen — während wir mit abgezogenen Hüten still
beteten. Das Leben!

Ich hoffe, es geht gut mit Ihrer Gesundheit, und freue
mich, es bald in Ihren schönen Schriftzügen zu lesen. Dies=
mal will ich wenigstens früher als mein Papier aufhören,
und nur noch hinzusetzen, wie sehr und aufrichtig ich bin

Euer Hochwohlgeboren

dankbarer Freund

H. Pückler.

P. S. Ich bitte das, was Hr. Dr. Mundt aufnimmt,
unter der Firma des Verfassers der „Tutti Frutti," er=
scheinen zu lassen.

148.

Pückler an Varnhagen.

Muskau, den 27. April 1834.

Ich muß lachen, indem ich Ihnen, hochgeehrter Freund,
die beiliegenden drei Theile expedire. An Truppen fehlt es
nun wahrlich nicht, und läßt man mir die Qualität nicht
mehr passiren, so kann doch kein Mensch mir die Quantität
abbisputiren!

Bei dem politischen Aufsatz bemerke ich, daß Sie das
Gerippe desselben schon kennen, welches nun seitdem noch mit
Fleisch bekleidet wurde.

Die Meinung desselben ist, daß so lange wir eine Mo=
narchie haben, wir auch eine Aristokratie brauchen, meine
innerste Ueberzeugung! Mischling ist allerdings ein korruptes
Gewächs, und da es ganz auf dem hiesigen Sand erwachsen
ist, sehr die Frage, ob es außer diesem auch gedeihen kann.
Schonen Sie das Messer nicht. Und nun mein herzlichstes
Lebewohl, und alle besten Wünsche für Ihr Glück als

treuer Freund.

Zum dritten Theil fehlt noch die Vorrede, die wohl an 50 Seiten einnehmen wird, und zu der ich noch einigen Stoff mehr erwarte, ehe ich sie beendigen kann.

Ich habe den Boten instruirt, acht Tage in Berlin auf Antwort zu warten. Geniren Sie sich aber ja nicht im Geringsten, er kann auch 14 Tage warten.

Erlauben Sie, daß ich ein Exemplar des exemplarischen Buches „Geist unsrer Zeit" beilege. Es ist mein Evangelium.

Réflexion faite, und um Sie, mein verehrtester Freund, nicht zu drängen, schicke ich Ihnen die Kiste mit Gelegenheit, und ersuche Sie, wenn Sie mit der freundschaftlichen corvée fertig sind, sie mir nebst Ihrer gütigen Antwort poste restante nach München zu adressiren, wohin ich endlich definitiv abreise. Das „junge Europa" sende ich dankbar zurück. Sie werden im vierten Theil einiges darüber finden — der Rezension der „Tutti Frutti" angemessen, das heißt, sauer und süß.

149.
Varnhagen an Pückler.

Berlin, den 28. April 1834.

Theuerster Fürst!

Die Nachricht, welche ich Ihnen heute mitzutheilen habe, sollen Sie zuerst von mir selbst erfahren, da Sie auch kaum geneigt sein möchten, sie Anderen sogleich zu glauben. Ich werde eine neue Verbindung eingehen, mit Marianne Saaling, einem höchst achtungswerthen und liebenswürdigen Frauenzimmer, deren Namen Ew. Durchlaucht wohl schon öfters mit gutem Lobpreise nennen gehört. Sie ist mit mir fast gleichen Alters, und damit ist genugsam ausgesprochen, welcher Art unsere Verbindung sein wird, sein kann, eine der wohlwollenden Freundschaft, des geselligen Zusammenseins, der

wechselseitigen Tröstung und Fürsorge. Meine Trauer um
Rahel, die Liebe und Ehre des Andenkens an die ewig zu
vermissende Freundin, sind der Boden, auf welchem diese
neue Pflanze wächst; wir stützen uns fest und innig auf die
Vergangenheit, und glauben nicht, sie durch eine Zukunft, die
wir nicht mit Jugendhoffnungen ansehen, zu ersetzen, sondern
nur treuer zu hegen; ich werde nichts zu verläugnen, wohl
aber fortwährend vielem zu entsagen haben. Wir sind auch
beide vielfach krank, und schon dadurch auf eine höhere Stufe
des Umgangs angewiesen, als die gewöhnlichen darbieten.
Was in unserem Schritte uneben und wunderlich erscheinen
möchte, gehört nicht uns an, sondern den thörichten Einrich=
tungen der Welt, denen wir freilich angehören; es ist nicht
unsere Schuld, daß es für das Verschiedenartigste in dieser
Armenanstalt nur die Eine Form giebt. Ew. Durchlaucht
werden das besser als tausend Andere verstehen, und brauch'
ich nichts hinzuzufügen. —

Theilen Sie gütigst diese Nachricht der hochverehrten
Fürstin mit, der ich meine treuesten Huldigungen zu Füßen
lege. Auch ihrem Frei= und Hochsinn gegenüber halte ich
mich der mildesten und reifsten Einsicht bei dem Unerwarteten
und Ueberraschenden stets versichert. Darf ich wohl diese
Vermittelung in Anspruch nehmen, um auch nach Carolath
diese neue Kunde bestens hingelangt zu denken? —

Zum Juli hoff' ich den neuen Lebensweg anzutreten,
der zugleich, falls keine Schwierigkeit begegnet, ein Reiseweg
sein wird. Wir gedenken nach Wien zu reisen, wo mir
die Bäder von Baden helfen sollen, das ewige Kränkeln zu
überwinden, von dem ich auch in diesem Augenblicke nicht
frei bin!

Bis dahin wird auch das Buch Rahel in seinen drei
Bänden fertig sein. Diese Erscheinung wird gleichsam eine
liebevolle Feier der edelsten Empfindungen und der höchsten
Gedanken sein, welche uns bei dem neuen Freundschaftsbunde

beseelen; denn in diesem Andenken und Zeugnisse zumeist be=
steht derselbe!

Zum Winter werden wir in Berlin zurück sein. Alles
das gilt indeß nur, sofern, wie der Schiffer sagt, Wind und
Wetter dient!

Mein Freund Neumann hat ein Meisterstück von Re=
zension der „Tutti Frutti" geliefert; ich hoffe es wird bald gedruckt sein, dann erhalten Ew. Durchlaucht es sogleich; ich
dringe auf Beschleunigung, leider aber ist sie nicht ganz in
meiner Gewalt. Das Wort von Neumann wird in seiner
klaren und gediegenen Bildung wie ein Gardegrenadier=
Bataillon unter Landsturmshaufen aussehen, wenn mir der
Vergleich dieses ehrenwerthen Institutes für so manches
Weltgesindel, das ungeordnet und boshaft die ihm unerreich=
baren Vorzüge anklafft und mäkelt, erlaubt sein darf. Für
die Litteratur wird jenes Wort höchst bedeutend sein, und es
selber wird bleiben. —

Geben Ew. Durchlaucht mir Ihren besten Segen, und
bleiben Sie der treuen Verehrung und unwandelbaren Zu=
neigung versichert

Ihres

innigst ergebenen

Varnhagen von Ense.

150.

Pückler an Varnhagen.

Muskau, den 2. Mai 1834.

Die Fama, mein verehrtester Freund, war doch schneller
als Ihr Brief, und hatte mir bereits gemeldet, was Sie
mir so freundschaftlich mittheilen.

Wenn Sie bei der offiziellen Nachricht die aufrichtige
und herzliche Freude gesehen hätten, welche Lucie und ich

darüber geäußert, so würden Sie (im Fall Sie es etwa noch nicht wissen sollten) sich überzeugt haben, daß wir an Ihrem Schicksal und Wohlergehen den innigsten Theil nehmen.

Sie haben gerade gethan, was Ihnen Rahel, könnte sie als Geist erscheinen, gewiß bringend und bittend angerathen haben würde.

Eine schönere und bessere Wahl konnten Sie aber gewiß nie treffen, und ich (hier meldet sich der Egoist) hoffe mein liebliches Theil von dieser Verbindung auch noch zu gewinnen, wenn anders Ihre zukünftige Gemahlin nur einen kleinen Theil der Güte und Nachsicht mir angedeihen läßt, die Sie mir zugewendet.

Fräulein Saaling erinnert sich vielleicht flüchtig, daß ich ihr in Frankfurt einmal vorgestellt zu werden die Ehre hatte. Dies ist immer ein kleiner Vortheil, den ich nicht verlieren will, obgleich wir uns damals kaum gesprochen. Für die Zukunft rechne ich auf Ihre Protektion, bitte aber schon jetzt, meine herzliche Gratulation Ihrer Dame zu Füßen zu legen, und selbst freundlich aufzunehmen.

Komme ich wieder, so lassen Sie uns das gemeinschaftliche Rendezvous im Muskauer Park bestimmen. —

Nicht eine einzige Rezension der „Tutti" ist mir hier vorgekommen, und ich hätte die schlimmen doch so gern gehabt, um meine Vorrede machen zu können. Ist Ihnen etwas dergleichen bekannt, so bitte ich nur, mir zu schreiben, wo es steht.

Morgen zieh' ich ab. Der Himmel behüte Sie, und alle Götter mögen Ihren neuen Bund mit Blumen bestreuen.

Euer Hochwohlgeboren

dankbar ergebener H. Pückler.

151.

Varnhagen an Pückler.

Berlin, den 9. Mai 1834.

Ew. Durchlaucht

eile ich die beiliegenden Blätter, der hiesigen kritischen Jahr=
bücher zu übersenden. Der Aufsatz von Neumann ist in der
That sehr ausgezeichnet, und besonders in Betracht des
Ortes, wo er steht, ein Muster von Geschicklichkeit und Takt.
Handschriftlich erschien er mir noch gerundeter; im Druck
läßt er mich doch einige Ecken wahrnehmen, die da hätten
abgeschliffen werden können. Indeß war die Beschleunigung
auch eine Hauptsache, und ich hätte, auch wenn mir einige
Blößen früher sichtbar gewesen wären, ihre Deckung diesmal
ungern durch Verzug erlangen mögen. Der Eindruck wird
durchaus gut sein, und ich wünschte, daß der Verleger von
dieser Anzeige den gehörigen Gebrauch zu machen, daß heißt,
sie unter die Leute zu bringen und von ihr reden zu lassen
wüßte!

Die handschriftlichen Bände sind mir zugekommen; ich
habe sie mit großem Vergnügen, mit Spannung und Be=
friedigung gelesen, und werde sie binnen wenigen Tagen,
sobald ich den von Hrn. Dr. Mundt zu benutzenden Band
zurück habe, an die aufgegebene Adresse befördern. Ich finde
die „Jugendwanderungen" allerliebst, ungemein behaglich und
anmuthig zu lesen. Die drei anderen Bände haben mich in
Erstaunen gesetzt, wegen der Fruchtbarkeit und Mannigfaltig=
keit, und größtentheils auch wegen der Trefflichkeit. Wer
könnte darin alles gleich gut heißen? wer dürfte das alles
vertreten wollen? Aber im Ganzen muß ich die Sammlung
sehr bewundern und loben. Die Novelle besonders ist mit
künstlerischer Meisterhand geführt, und der Autor zeigt in
diesen Verwicklungen und Entfaltungen noch ein ganz anderes
Talent, als das des Dichters. Ich habe mich wohl gehütet,

15*

bei diesen Blättern etwas mitzuthun, ihnen etwas zufügen oder abnehmen zu wollen. Sie haben ihr eignes Maß, und müssen es mit diesem auf Glück oder Unglück versuchen, und ich fürchte für sie letzteres keineswegs. Ew. Durchlaucht werden mich nicht mißverstehen, als hätte ich dabei nur keine Verantwortung wagen wollen; im Gegentheil, ich könnte manches Kühnere vertreten; manches Mildere hingegen wäre für meine Weise zu kühn. Auch würde ich unbedingt warnen, wo ich eine zu nahe, zu wenig beachtete Gefahr zu sehen glaubte; dergleichen ist mir aber gerade diesmal nicht vor= gekommen. —

Weinen aber möchte ich über die Zeitverschwendung! Alles das müßte längst in der Presse sein, müßte nächstens hervorgehen, zum Theil schon da sein! Welche unglückliche Zersplitterung der Kräfte, die vereinigt einen Hauptschlag gethan hätten! Nun, ich hoffe, die drei frischen Brüder sollen den verwundeten beiden noch zu guter Zeit Hülfe leisten, ehe jene sich verbluten! Ueberdies steht den Curiatiern dies= mal kein Horatier gegenüber, der den Sieg davontrüge! — Aber nun um's Himmels willen nicht gesäumt! — Welche schönen Truppen, die am ersten Schlachttage noch so weit zurück waren, und die für den zweiten leider ohne die ersten ankommen! Aber der Feldzug wird dennoch gewonnen, ich bin es überzeugt. —

Ew. Durchlaucht letztes Schreiben aus Muskau hat mich tief erfreut und gerührt. Ja, so ist es, wie Sie sagen, die geliebte Freundin, sei sie nun selbstwirkender Geist oder in uns fortlebendes Bild, lächelt dem neuen Lebensfunken, der in mich gefallen ist. Wir sind gerade in dieser Erinnerung, in dieser Andacht, darf ich sagen, beide vereint, Marianne und ich. Erst gestern sagte Marianne mir, sie habe eine ganze unruhige Nacht unaufhörlich mit Rahel gesprochen, sie wie ihre Schutzpatronin angerufen, und sie gebeten, sie wolle sie als ihr Kind annehmen und berathen! —

Wie würde ich mich freuen, Ew. Durchlaucht noch diesen Sommer irgendwie zu sehen! Tritt kein Hinderniß ein, so reise ich mit Marianne im Juli nach Wien; zum Winter hieher zurück. Von Ew. Durchlaucht Planen weiß ich nichts Näheres; man nennt Griechenland, Aegypten: ist es wahr? —

Von hiesigen Dingen wäre jetzt viel zu sagen, aber es schweigt sich besser. Wir wollen sehen, wie das wird. Ich sehe leider mehr schwarz als rosenfarb, und bedaure jeden, der jetzt vor dem Risse stehen oder — liegen soll.

Außer den bereits von Ihnen gekannten ist mir nur noch Eine kurze Anzeige der „Tutti Frutti" zu Gesicht ge= kommen. in Brockhaus „Repertorium der Litteratur", von Gersdorf. Band I. Heft 6.

Den Fürsten von Wittgenstein habe ich gesprochen; er ist bei weitem nicht so ungehalten, als die Leute es machen wollten. Er sprach im Gegentheil sehr liebenswürdig, un= partheiisch und klug.

Fräulein Saaling dankt für Ew. Durchlaucht gütige Er= innerungsworte, und erwiedert sie bestens. Die Anekdote vom Grafen R., der aus dem Rahmen gesprochen, ist wahr, aber nicht ganz genau. Seltsam war ich betroffen, gerade jetzt jenen Namen in diesen Blättern zu finden; ich habe mir aber nichts dabei angemaßt, selbst das Erlaubte nicht, son= dern nur den Namen orthographirt — zwei A statt eines! Die genauere Redaktion der Anekdote soll nachfolgen.

Ich schließe eiligst, weil es die höchste Zeit ist, und ich schon erwartet werde.

Mit innigster Verehrung und treuster Ergebenheit un= wandelbar verharrend

Ew. Durchlaucht

gehorsamster

Varnhagen von Ense

152.

Varnhagen an Pückler.

Durchlauchtigster Fürst!

Diese Zeilen dienen blos zur Begleitung der vier Bände
Handschriften, die ich Ihnen so dankbar als eilig überschicke,
befohlenermaßen nach München poste restante. Ich hoffe,
daß alles wohlbehalten eintrifft, und dann schnell weiter ge=
fördert wird, denn ich habe bei der Vorstellung von Verzug
und Aufschub eine Art von nervengereizter Ungeduld, die
gar nicht erst durch persönliche Theilnahme erregt zu werden
braucht, sondern es schon durch die technische des litterarischen
Metiers wird! Für einen alten Soldaten muß es ein pein=
licher Anblick sein, den Kampf angegangen und dabei die
besten Truppen mit dem Gewehr beim Fuß ruhig säumen zu
sehen. Inzwischen ist, wie ich höre, eine neue treffliche Hülfs=
schaar vorgerückt, auf die ich jetzt gar nicht rechnete. Man
versichert, das Gartenwerk sei in Leipzig bereits angelangt.
Nun Gottlob! Das ist eine höchst erwünschte glückliche Nach=
richt. Wir dürfen das Beste von dieser Erscheinung er=
warten, und ich werde meinerseits Hrn. Carus an seine Zu=
sage dringend mahnen lassen. „Den Thätigen gehört die
Welt", sagt Goethe; wir wollen sehen, ob uns nicht ein
Theil davon zukommt; Ihnen gewiß, theuerster Fürst! schon
jetzt ein schönes, irdisch und geistig; ich darf nach dem meinen
wenigstens trachten, ὀλίγον τε φίλον τε! —

Am 9. d. habe ich Ew. Durchlaucht die Neumann'sche
Rezension der „Tutti Frutti" nach München poste restante
geschickt, und hoffentlich ist das Blatt beim Empfange dieses
Briefes schon in Ihren Händen. Auch nach Muskau habe
ich einen Abdruck gesandt. Dies alles hier nur der Voll=
ständigkeit wegen erwähnt!

Hr. Dr. Mundt hat die ihm von Ew. Durchlaucht
gütigst erlaubten Abschnitte benutzt, und ist hocherfreut und
innigstdankbar für die ihm gewährte ausgezeichnete Gunst.
Ich soll Ew. Durchlaucht den Ausdruck seiner verehrungs=
vollsten Ergebenheit darbringen. Auf diese Weise bin ich
gern Zwischenträger, wo auf beiden Seiten Vortheil und
Befriedigung gewonnen wird; denn auch für Ew. Durch=
laucht halte ich diese Anknüpfung für ersprießlich und an=
genehm.

Ich habe noch nichts von dem Werke des Hofpredigers
Petrick gesagt, das ich gleichfalls Ihrer Güte verdanke. Aber
ich muß auch jetzt noch schweigen. Denn ich habe das Buch
nur erst anfangen können, und es gehört nicht zu denen, die
man leicht wegliest. Einstweilen darf ich mit Vergunst an=
merken, daß diese Gattung von Schriften mich in der Regel
mehr zu quälen als zu befriedigen pflegt. Ich verlange
Philosophen, oder Religiose, oder Freigeister, oder Spötter,
nur jeden von der rechten Art, von der besten und höchsten.
Hier scheint doch im Ganzen nur die beliebte Abfindung zwischen
Verstand und Ueberliefertem stattzufinden, wobei gleichsam
der Einzelne für seine Person sich glücklich durchwinden mag,
aber keine große, gangbare Straße für das Allgemeine ge=
wonnen wird. Doch ich bin sehr voreilig! Ich werde das
Buch mit auf die Reise nehmen, und die Stunden werden
nicht fehlen, wo man solcher Lektüre bedarf und froh wird. —

Als etwas höchst Erfreuliches und Tröstliches in dem
Gewirr unsrer hiesigen Neuigkeiten, ist die endliche Ernennung
des Hrn. Generals von Witzleben zum wirklichen Kriegs=
minister zu melden. Alle Vaterlandsfreunde sind froh dar=
über, und halten sich an diesem Ereignisse schadlos für
manches andere, dem sie nicht ohne Verwunderung zusehen.
Man will behaupten, des Wundersamen schlummere noch viel,
das die nächste Zeit aufwecken werde. Immerzu! Ich kann's

nicht ändern, und wenn ich's in der Zeitung lese, erfahr'
ich's früh genug. —

Das Buch Rahel schreitet gut vor. Ich denke im Anfange des Juli reisen zu können; bis dahin hoff' ich von
Ew. Durchlaucht noch ein Wort zu hören. Uebermorgen
wird Hr. Minister Ancillon erwartet; er wird die Ergebnisse
der Wiener Berathungen noch nicht mitbringen, aber mir
sind diesmal die Ausfertigungen, um die ich ihn dienstmäßig
angehen muß, wichtiger. —

Fräulein Marianne Saaling war in diesen Tagen etwas
leidend; ich ebenfalls. Das Frühjahr, sagen die Aerzte,
bringt diesmal ungewöhnliche Aufregungen mit, das Blut
schlägt in den Adern heftigst, viele Herzkrankheiten zeigen
sich. Ich rechne darauf, daß wir mit der, welche zu unserer
näheren Verbindung führt, und die sich in gehörigen Schranken
hält, leidlich abkommen werden. Ich lerne übrigens mit
jedem Tage die schönen Eigenschaften der lieben Freundin
mehr und mehr schätzen, und mein Loos als ein glückliches
erkennen. —

Leben Sie wohl, theuerster Fürst! Möge der Himmel
Ihnen den reichsten Reisesegen aller Art spenden!

Mit innigster, treuster Gesinnung verehrungsvoll Ihr

gehorsamster

Varnhagen von Ense.

153.
Pückler an Varnhagen.

Alexandersbad, den 10. Juni 1834.

Verehrtester Freund,

Ich irre so langsam in der Welt umher, das Reisen
recht con amore ganz ohne Plan genießend, und immer noch
so weit von München entfernt, wo Stöße von Paketen und

Briefen mich poste restante erwarten müssen — daß ich Ihnen vorläufig von hier ein Lebenszeichen geben muß.

Seit meinem letzten Briefe an Sie, mein theurer Gönner, habe ich nun weder von Ihnen noch von der Heimath etwas erfahren können, hoffe aber überall das Beste zu hören, wenn ich endlich der Baiern Hauptstadt erreiche.

Einstweilen residire ich hier als einziger Badegast, in einer merkwürdigen Wald= und Felsengegend, wie sie meinem Geschmacke ganz zusagt, und gebe mich dem entschiedensten dolce far niente gemächlich hin, nachdem ich eine Weile in Freiberg unter Bergleuten gehaust, und in Karlsbad mit vielen hohen Herrschaften verkehrt. Ich vergnüge mich wieder wie im achtzehnten Jahre mit gutem Essen und Trinken, Romanlesen, und hie und da flüchtigen kleinen Liebschaften, obgleich ich leider von meinem geflügelten Amor bald werde sagen müssen: qu'il ne bat plus que d'une aile.

Ich habe nur einen chagrin, nämlich mein Tagebuch zu machen, wozu ich mich jedoch jeden Abend treulich zwinge, denn man muß doch später wissen, wie man gelebt hat.

Vierzehn Tage werde ich mich wohl noch so herum= treiben, und bitte, alles was mir Ihre Güte etwa zudenkt, fortwährend dem Münchener Schatze einzuverleiben.

Empfehlen Sie mich Ihrer liebenswürdigen Zukünftigen, und bleiben Sie gewogen

Ihrem dankbar ergebenen

H. Pückler.

154.

Varnhagen an Pückler.

Berlin, den 19. Juni 1834.

Theuerster Fürst!

Alle Spur von Ew. Durchlaucht Aufenthalt war mir entschwunden, ich glaubte Sie längst über München hinaus,

und Ihren Namen plötzlich aus den fernsten Landen durch
die Zeitungen zu vernehmen, als eines Wallfahrers in
Griechenland oder gar im Lande der Pharaonen, und siehe
da! das stille, einsame Alexandersbad hält Sie noch ganz in
unserer Nähe! Die Posten zwar bestätigen diese Nähe nicht,
denn Ihr Brief ist acht Tage gegangen, und nicht ganz sicher
bin ich, ob meine Sendung noch zu rechter Zeit nach Mün=
chen gelangt. Ein früheres Paket muß schon mehrere Wochen
dort liegen, und ich kann mir denken, wie der Inhalt unge=
duldig gegen die Siegel drängt, und verzweifeln will, so
lange schmachten zu müssen, ohne das ersehnte Tageslicht zu
sehen!

Ew. Durchlaucht empfangen hier englische Artikel.
Mistreß Austin schreibt mir: „As soon as you have read
the articles on „Tutti Frutti“, if indeed you think them
worth reading, be so good as to send them on imme-
diatly to Muskau. I wish Prince Pückler to have them.
He will see the opinion of an honest friend, who takes
a real interest in him. I hope he will not be offended.“
Ich habe sie schon beruhigt, und ihr gesagt, daß unser Autor
alles Litterarische so leicht und muthig nimmt, als nur zu
wünschen ist.

Von eigentlichen Rezensionen ist mir nichts weiter zu
Gesicht gekommen. Erwähnungen, Zitate und Bemerkungen
aber kommen häufig vor, und eine kleine Probe aus meinem
Bereiche hier kann ich beilegen. Das Meiste wird mündlich
verhandelt, und besonders lecken die Frommen noch fleißig
gegen den Stachel. Sie meinen, das Feld sei ihnen geräumt,
die Munition verschossen, der Feind im Fliehen; sie werden
sich wundern! Aber freilich, Zeit läßt man ihnen. —

Frau von Arnim läßt wirklich das oftgelesene Buch
drucken: „Briefwechsel Goethe's mit einem Kinde“; eine witzige
Dame fügte hinzu: „Dichtung und Lüge.“ Die arme Bettine
wird was erfahren! Sie denkt, in der Litteratur geht es

wie in einer Theegesellschaft zu; die Litteratur ist aber ein
Schlachtfeld, ein Ordensfest, eine Schandbühne, es giebt
Wunden und Stöße in Menge, neben wenigen Ehrenzeichen,
die am Ende auch wenig gelten. Das Vergnügen an der
Sache ist das Beste dabei, wie bei der Jagd. —

Warum aber sprech' ich von fremden Angelegenheiten,
da ich von eignen so viel Neues zu berichten habe! Ew.
Durchlaucht tragen mir auf dem Rosenpapier Grüße an
meine liebenswürdige Zukünftige auf: wie läßt das hübsch,
wie angenehm zeigt sich das! Aber ein schwarzes Meer
von Tinte hätte diese freundlichen Zeilen und ihren heiteren
Boden überschwemmen dürfen. Die Sachen sind rückgängig
geworden, seit drei Wochen schon, abgesagt für immer. Ich
bin wieder allein, um eine bittere Täuschung reicher, um ein
paar Monate ärmer, die wohl Jahre vorstellen können. Die
Gründe, weshalb Fräulein Saaling ihren Sinn geändert,
sind mir nicht ganz klar; es ist Katholisches dabei, jedoch
dies nicht allein, und gewiß hab' ich Irrungen verschuldet,
die sich hätten vermeiden lassen. Mir ist diese Wendung sehr
schmerzlich, besonders auch weil ich überzeugt bin, die Gute
wäre an meiner Seite durchaus glücklich geworden, und weil
diese Katastrophe hauptsächlich auf sie zurückfällt. Ich muß
sie jedoch nach der näheren Bekanntschaft nur noch höher
schätzen als zuvor, und erkläre dies gern und laut. Auch
werden wir in gutem Vernehmen bleiben, und unseren freund=
schaftlichen Umgang fortsetzen. Den Verlauf des ganzen
Verhältnisses zu erörtern und zu ergründen, wäre die reichste
Aufgabe eines Gemüthsforschers und Herzenskundigen. Ich
meinerseits habe Neues erlebt! —

Gegen Mitte des Juli werde ich nun für mich allein
die Reise nach Wien antreten, die ich in heitrer Gesellschaft
und frohster Aussicht zu machen dachte. Alles stellt sich nun
anders. Auch kehre ich früher hieher zurück, da ich nur auf
zwei Monate Urlaub erhalten habe, indem der Minister —

wieder eine unerwartete Neuigkeit — mir schreibt, mich für den allerhöchsten Dienst nicht länger missen zu können! Vor acht Wochen hätte ich mich auf dergleichen nicht eingelassen, und auch jetzt brauchte ich's wieder nicht; denn warum soll ich Arbeiten und Rücksichten übernehmen, wenn ich nur für mich allein zu rechnen habe? Jedoch laff' ich's derweilen so an= gehen, und werde ja noch immer thun können, was mich dünkt.

In wenigen Wochen erscheinen die drei Bände der neuen Ausgabe des Buches Rahel. Lassen Ew. Durchlaucht sich dasselbe geben, wo Sie es gerade finden; das Nachsenden in die Ferne würde allzu schwierig und kostbar, und dagegen ist der Preis so sehr gering! Bei diesem Buche ist doch mein ganzes Herz, mein regster Geist und treuster Sinn; und was an meinem Leben Gutes und Werthes ist, steht in dem Namen der geliebten Freundin brennend zusammengefaßt! —

Nächstens erscheinen auch die „Reisenovellen" von Laube; lassen Ew. Durchlaucht sich die nicht entgehen; im dritten Theile soll von Ihnen mehreres vorkommen.

Eines der tollsten französischen Bücher ist die „Physiologie du mariage" von Balzac, einem Autor, der etwas von der asa foetida hat, es widert einen der Geruch an, und man findet einen Reiz, diese Anwiderung zu erneuern.

Hat denn Carus in Dresden das Gartenwerk erhalten? Es wäre gut, wenn er erinnert würde, auch von anderer Seite her, die Anzeige für die Jahrbücher zu liefern. Schreiben ihm Ew. Durchlaucht wohl selbst, oder ist Hr. Schefer mit ihm in Verbindung? Die Sache ist von Wich= tigkeit, und nicht zu vernachlässigen!

Daß Sie ein Tagebuch schreiben, ist sehr schön; da dürfen wir Anderen ja auch neue Hoffnungen haben. Aber „flüchtige, kleine Liebschaften" gefallen mir nicht; das muß in's Große und Dauernde getrieben werden, und wenn es sich um Welten und Ewigkeiten handelt, nimmt auch der

Amor sich ganz anders aus, und schlägt gewiß mit beiden Flügeln, oder legt beide einstweilen zusammen! —

Alle Götter seien mit Ihnen! Innigst ergeben in treuster Verehrung

Ew. Durchlaucht
gehorsamster
Varnhagen von Ense.

155.
Pückler an Varnhagen.

Bamberg, den 5. Juli 1834.

Durch eine gefährliche Krankheit meines Dieners hier seit vierzehn Tagen zurückgehalten, empfange ich eben von München retour Ihren Brief nebst englischen Journalen, und sein Inhalt hat mich frappirt. Dies ist seltsam, und ich hoffe nicht definitiv. — Ich hatte mir ein so schönes Bild davon gemacht, daß es mich schmerzt, es aufgeben zu müssen. Desto mehr freue ich mich für unsere Diplomatie, Sie wieder im Begriff zu sehen, activ darin aufzutreten, obgleich die litterarische Welt dabei verlieren wird.

Der heutige Tag bringt keine angenehmen Ueber= raschungen, denn eben lese ich auch eine verrückte Anzeige in der „Augsburger Allgemeinen Zeitung“, mir von Schefer mitgetheilt, und von einem Oberst, einem Lieutenant und einer Dame!! unterzeichnet! Wie albern! worin der Ver= fasser der „Tutti Frutti“ schändlicher Verläumdung angeklagt wird. Dies ist um so merkwürdiger, da ich hierin so un= schuldig bin wie das neugeborene Kind. Sie werden meine Antwort lesen, die ich eben abschicke. Ich wünsche der Sache Eclat, um den Schreiern durch ein gründliches événement das Maul zu stopfen, und ich werde um so heiterer ihr ent= gegengehen, da ich auch nicht die entfernteste Schuld daran habe. Es geht aber immer alles ganz anders wie man denkt.

Was mich jetzt am meisten wahrhaft allarmirt, ist, daß ich die Kiste mit Tutti Fruttimanuskripten nirgends auffinden kann, und doch meine letzte Hand daran legen soll, um sie zum Druck zu befördern. Wie neugierig bin ich auf Ihr Urtheil! Es ist jetzt vollends, wo mir die Zeit so auf die Finger brennt, wahrhaft zum Verzweifeln. In München ist sie nicht; wo ist sie nun?

Ich habe die Vorrede sehr bissig gemacht, und gleich den mir überschickten „Gesellschafter" mitverarbeitet. In den „Blättern für litterarische Unterhaltung" steht eine sehr hübsche Rezension, die Ihres Freundes ist gewiß ein Meisterstück, und die Güte für mich abgerechnet, doch auch in Definirung des Karakters meiner Versuche ganz richtig. Ich lasse mich darüber im Buche aus.

Wenn Sie mir nur im Manuskript nicht zu viel ge=strichen haben, denn Hallberger giebt für jeden Theil 1000 Thlr. Kann ich nur zwei liefern, so verliere ich also 1000, und das Geld hat leider jetzt sehr viel Werth für mich, da es mir sonst ziemlich knapp geht.

Amerika wird mich zwar nicht viel kosten. Ich lasse schon hier Wagen, Diener und alles Luxuriöse zurück.

Daß ich über Amerika nach Konstantinopel gehe, hat übrigens seine guten Gründe, die ich Ihnen bei größerer Muße, vom Schiff aus, detailliren werde.

Die englischen Kritiken der Austin sind sonderbar genug, aber tant mieux — das wird noch helfen, mir eine gute Summe für die amerikanische Reise einzubringen, auf die Eng=land gewiß sehr begierig sein wird. Bin ich nicht schauder=haft geldgierig geworden? Aber doch nur zu löblichen Zwecken. Alles Futter für den Park, wenn ich zurückkomme.

Dann sehen wir uns dort vielleicht wieder. Es wäre mein sehnlichster Wunsch. — Der Himmel behüte und be=wahre Sie.

Ihr dankbarer und treu ergebener Freund

H. Pückler.

156.

Varnhagen an Pückler.

Heute hab' ich nur Zeit und Sinn, von dem unge=
heuren Verdruß zu sprechen, den mir die Nachricht verur=
sacht, daß die Manuskripte noch nicht in Ew. Durchlaucht
Händen sind! Gestern Abend bekam ich den Brief aus Bam=
berg vom 5. d. und konnte kaum den heutigen Morgen er=
warten, um dieser Sache nachzugehen. Von meiner Seite
und hier ist die Absendung des Pakets richtig erfolgt; das
Hofpostamt hat mir bescheinigt, daß am 14. Mai sub. No. 2.
nach Hof abgegangen sei ein Paket an den Fürsten von
Pückler=Muskau, gez. F. P., und enthaltend Manuskripte,
addressirt nach München poste restante. Das Paket war
in Wachsleinen, mit meinem Pettschaft besiegelt. Die spätere
Sendung ist doch richtig angekommen, der Umfang der
früheren macht ein Verlieren um so schwieriger; auch hoffe
ich das Beste, und vielleicht haben Ew. Durchlaucht seitdem
schon alles empfangen. Lassen Sie aber gleich nachfragen,
wenn dies nicht der Fall wäre! Ich lasse heute durch die
Postbehörde ebenfalls die nöthigen Schritte thun. Die Spur
muß sich bald auffinden. —

Nun muß ich nur abermals über die Verzögerung
jammern! Es ist ein Unstern, man muß sich in diese Ein=
flüsse schicken. Ist aber die Sache erst wieder zur Hand,
dann gleich und rasch damit in die Druckerei! Ich habe das
Manuskript nicht verkürzt, dazu war nirgends Grund, und
selbst einzelne Stellen fand ich nicht zu ändern. Es liegt
hiebei nicht überall Billigung zum Grund, aber die Schwie=
rigkeit, einen Genius in seiner Freiheit zu stören, ohne ihn
zu lähmen. Unverantwortliches hab' ich nicht gefunden,
wenigstens nichts, was ich dafür erkennen könnte. Dagegen
viel Vortreffliches, Ausgezeichnetes, Erregendes und freilich

auch Beißendes. Aber auch der Dornstrauch hat schöne
Blüthen, und der Rosenstock Dornen. Mögen die Leute sich
in die Natur finden; sie ließ auch den Verstorbenen so und
nicht anders wachsen, und wer ihn so nicht mag, der meide
ihn. Ich glaube aber, er gefällt den Meisten, und selbst wer
sich an den Dornen gestochen, würde lächeln, sähe er es
Anderen geschehen.

Daß ich in der Novelle eine reiche Ader und geschickte
Behandlung gefunden, habe ich schon geschrieben. Nur gutes
Muthes fortgeschritten, und sich nicht irren lassen, das ist das
Beste, ja das Nothwendige.

Höchst verwundert bin ich über das neue Reiseziel. Die
Entfernung schreckt mich — sonst kann ich nur den größten
Beifall äußern, und rufe die eifrigsten Glückwünsche nach!
Wir wollen des Entfernten hier treu eingedenk bleiben, und
seinen künftigen Gaben die Bahn offen erhalten und rein,
daß kein mißwilliges Lumpenvolk sich darauf ansiedle!

Den Angriff in der „Allgemeinen Zeitung" kenne ich noch
nicht; daß mit Schärfe und Bündigkeit auf dergleichen geantwortet werde, ist durchaus angemessen.

Der Aufsatz in den „Blättern für litterarische Unterhaltung" ist wahrscheinlich auch von Neumann; ich kann ihn
nur jetzt nicht abreichen, sonst könnte ich mit Gewißheit Auskunft geben.

Ich sehne mich nach dem Augenblicke, wo ich nach Wien
abreisen kann. Ich war fieberkrank; jetzt hält mich der Minister noch auf; der Juli kann noch so hingehen. Die Hitze
bringt mich vollends herunter; ich kann nicht mehr zu Fuß
gehen, und muß immer fahren!

Meine fehlgeschlagene Verbindung ist Stoff einstiger
mündlichen Mittheilung. Die Sache ist vollständig aus.
Mein Leidwesen darüber war anfangs groß, mindert sich aber
durch nach und nach sich mehrende Einsicht. Das Fräulein
wäre glücklich geworden, das weiß ich gewiß; ich vielleicht

unglücklich. Noch zuletzt habe ich Vorschläge gemacht, die man ausschweifend großmüthig fand; allein sie wurden nicht angehört. — Es sei; ich bin, der ich war. Marianne Saa= ling aber hat eine neue Katastrophe erlebt; sie wollte es; meine Schuld ist es nicht. —

Ich habe heute Vormittag einen Augenblick die Frau Fürstin gesehen; sie theilt meine Betroffenheit wegen der Manuskripte, aber auch meine Hoffnungen. Möge bald eine Zeile Ew. Durchlaucht meine Unruhe heben!

Mit innigster Verehrung und Ergebenheit

gehorsamst und treulichst

Varnhagen von Ense.

Noch Eins! Unmaßgeblich, indeß aus guten Gründen, die aus dem Interesse der Sache und der Kunde mancher Beziehungen hier hervorgehen, würde ich die Aeußerung, „daß Wilhelm von Humboldt und Eduard Gans die besten Köpfe jetzt in Berlin sind“, in dem Manuskripte nicht aus= streichen, sondern vielmehr, im Falle sie fehlt, geradezu hin= einsetzen. Ich möchte diesen trefflichen Männern in dem Stücke gern einen guten Platz wissen, und müßt' ich selbst dabei etwas weichen! Sapienti sat!

157.

Pückler an Varnhagen.

Würzburg, den 14. Juli 1834.

Sie sind, mein Verehrter, mit Ihrem lieben Briefe ein wahrer, guter und sehr geliebter Freund in der Noth — denn in der befinde ich mich wegen des unglücklichen Pakets jetzt wirklich und schmerzlich.

Hätte ich Zeit, so wäre es nichts, denn verloren kann ein solches einen Quadrat=Schuh messendes Paket doch ohn=

möglich werden, aber Sie werden aus meiner Erklärung in
der „Allgemeinen Zeitung" ersehen, daß ich nach Paris muß,
um den abentheuerlichen Oberst dort zu erwarten, und den
8. August mich in Havre einschiffen, wenn ich nicht den ganzen
herrlichen Reiseplan, den mir der amerikanische Konsul in
Baiern gemacht hat, aufgeben soll.

Ich erkläre dies mit wenigen Worten.

Wenn ich im September in Amerika ankomme, so gehe
ich sogleich nach Saratoga (die Bäder), wo ich mit einem
Schlage die ganze Crème der amerikanischen Aristokratie (und
sie haben dergleichen so gut wie wir), versammelt finde und
kennen lernen kann, wozu später keine Gelegenheit mehr.
Dann sehe ich den herrlichen Hudson und Fall des Niagara
gerade in der Prachtzeit, wo sich die Blätter färben, in
Amerika die schönste Zeit, etwas, mit dem sich in Europa
nichts vergleichen lassen soll.

Von hier treffe ich in Washington gerade zum Kon=
greß ein, um den Kampf mit Jackson zu sehen.

Dann wieder zur gesunden und besten Jahreszeit in
New=Orleans und Havana; hierauf im Frühling zurück zu
Lande durch die ganzen vereinigten Staaten, Urwälder u. s. w.
bis New=York, wo ich im Juni wieder eintreffe.

Von hier nach Teneriffa und Madeira. Nach vierzehn=
tägigem Aufenthalt nach Lissabon, und über Madrid nebst
Ausflügen nach Granada u. s. w. nach Paris — so daß ich
über ein Jahr um diese Zeit, oder doch jedenfalls zum Spät=
herbst, wieder in Muskau bin.

Sie sehen, ich habe keinen Augenblick übrig.

Ich habe hier nun alle möglichen Nachforschungen ver=
anlaßt, und Ordre zurückgelassen, mir das Paket an Roth=
schild nach Paris zu schicken. Kommt es zu spät, so muß
es verbrannt werden, länger darauf warten kann ich nicht.
Ein einziger Ausweg bliebe noch, aber wie kann ich Ihnen,
mein schon zu gütiger Freund, das zumuthen, und wie soll

man es überhaupt anfangen? Ich meine, daß das ominöse Paket wieder an Euer Hochwohlgeboren zurückginge, ich Ihnen die fertige Vorrede noch dazu schickte, und Sie dann es zurechtschnitten wie Sie wollten, und sofort an Hallberger zum Druck besorgten.

Schreiben Sie mir eilig guten Rath nach Paris, denn Sie sind einer der Wenigen, die den Rathstitel mit der That führen.

Verzeihen Sie diesen langen Brief, der nur von mir handelt. Aber diesmal ist es zu verzeihen, und vielleicht um so mehr, da ich auch häusliche Contretemps ausstehen muß. Mein Jäger hat nämlich das Heimweh bekommen, lag vier= zehn Tage in Bamberg im Bette, ohne zu essen, zitterte am ganzen Leibe, kurz, ich glaubte er würde sterben. Mit der Erlaubniß zu Haus zu gehen, war er frisch und gesund, und lief mir dann förmlich davon, sich keinen Teufel mehr um mich und mein Schicksal bekümmernd. Es ist billig. Jeder ist sich selbst der Nächste (der Ungebildete am meisten), und es nicht zu sein, ist schon erhaben!

Ich muß mich also größtentheils schon seit längerer Zeit selbst bedienen (denn das Volk in den Gasthöfen macht es mir nicht recht), selbst packen und auspacken, auch gelegentlich die Stiefel selbst lackiren, (weil dies sonst keiner versteht) wenn ich elegant sein will. Ein paarmal ist dies amüsant, aber täglich wiederkehrend wird man's doch leicht überdrüssig, so daß ich auf jeder Station einige Sachen mehr zurück= schicke, um weniger Arbeit zu haben.

Wohl bin ich aber dabei, Gottlob, und (die Sorge um's Paket abgerechnet) auch sehr vergnügt, denn die Natur ist hier reizend, und die Menschen oder Menscher oft auch.

Aber adieu, mit Ihnen komme ich immer in's Schwatzen.

H. Pückler.

Pückler an Varnhagen.

Würzburg, den 14. Juli 1834.

Da keine Hoffnung mehr vorhanden ist, mein verirrtes Manuskript, das schmerzlich verlorene Kind meiner Laune, hier noch zu erwarten, so reise ich ab, und melde nur noch schleunigst, daß das Münchener Postamt behauptet, das Paket nicht empfangen zu haben, sondern überhaupt nur zwei für mich, die es nach Kissingen geschickt, und die ich erhalten: das eine Ihr zweites, und das andere Stiefellack aus Berlin. Von dem früher abgegangenen will es aber nichts wissen. Ich bitte daher einen Laufzettel nachzusenden, wo es doch ermittelt werden muß. Können Sie es, verehrter Freund, wieder habhaft werden, so bitte ich schönstens, es Hrn. Hallberger, arrangirt wie Sie es für gut finden, zuzusenden, um es sogleich zu drucken. Ich habe nur e i n e Abänderung noch zu desideriren, nämlich in dem letzten Artikel über Berlin den Namen Pappendeckel (als zu bezeichnend) in Schachteldeckel zu verwandeln.

Den Wink wegen Humboldt und Gans habe ich in der Vorrede noch benutzt.

Ich hoffe, Sie sind noch nicht fort aus Berlin, und Ihre Gesundheit wieder kräftiger. Ihnen thut Noth, wie es mir that, Zerstreuung und andere Gesichter. Chipotirte mich nicht der Contretemps mit meinen „Tutti", ich wäre jetzt froh wie eine Lerche. Doch auch dies nehme ich leicht, wie alles ohne Ausnahme, was nicht zu ändern ist. Im Grunde besteht doch alles dergleichen in purer Einbildung. Man braucht das Objektivglas nur ein wenig anders zu rücken, und der größte Berg verschwindet.

Höchst begierig bin ich auf mündliche Auseinandersetzung Ihrer wunderbaren Begebenheit mit Fräulein Saaling. Ich theile ganz Ihre Meinung, und begreife das Fräulein nicht. Aber so weit ich diese kennen gelernt, bedaure ich es doch von Herzen, denn ich hätte geglaubt, kein Paar könnte besser zu einander passen, doch habe ich freilich nur das Oberfläch= lichste von ihr gesehen.

Vergessen Sie nicht, mir zu schreiben, von wem die Kritik in den „Blättern für litterarische Unterhaltung" ist? Es interessirt mich sehr; ich glaube nicht von Neumann, oder er ist ein großer Schalk, der es sehr gut mit mir meint.

Der Himmel behüte Sie, und gebe Ihnen eine frohe Reise. Erfreuen Sie mich später mit einem Brieflein, so bitte ich, es Rother zur Besorgung zu übermachen.

Mit herzlicher und dankbarer Verehrung

Euer Hochwohlgeboren
treuer Freund und Diener, und Schüler
H. Pückler.

159.
Pückler an Varnhagen.
Würzburg, den 15. Juli 1834.

Guter Rath kommt über Nacht. — Ich muß Euer Hochwohlgeboren daher noch mit einem dritten Briefe in= kommodiren.

Da alle Hoffnung geschwunden, mein verlorenes Paket hier noch zu bekommen, und es nun klar scheint, daß es be= stimmt nicht nach München gekommen, so reise ich im= mediat nach Siegelung dieses Briefes nach Paris ab.

Auf der anderen Seite sehe ich ein, daß ich Ihnen un= möglich zumuthen kann, bei Ihren eigenen Reiseplänen sich noch einmal mit meinem unglückseligen Manuskript zu be= fassen.

Ich habe daher den in Abschrift beiliegenden Brief an Hallberger geschrieben, und bitte nur inständigst, alles was Sie können anzuwenden, um zu erfahren, was aus diesem Paket geworden, und wenn Sie es entdecken, es sogleich an

Hallberger zu befördern. Dasselbe habe ich dem Hrn. von Eichthal in München (dem Banquier) aufgetragen.

Es ist eine recht unangenehme Geschichte, und ich muß einige Standhaftigkeit aufbieten, um mich darüber zu be= ruhigen, aber wie wohlfeil wäre Kraft und Selbstüber= windung, wenn man nie auf die Probe gestellt würde!

Ich verschmachte hier vor Hitze, sehe aber viel Inte= ressantes, Bamberg und der Main haben mein Journal sehr angeschwellt, und mit pikanten Dingen. Nun werde ich bis Paris auf der öden Straße Ruhe haben.

Heil und Segen, Heiterkeit und Erfolge jeder Art wünschend

Ihr ergebener

H. Pückler.

160.
Varnhagen an Pückler.

Berlin, den 18. Juli 1834.

Ew. Durchlaucht

so eben eingetroffener Brief aus Würzburg vom 14. d. hatte mich, durch schon von außen erweckte Hoffnungen, und, nach Entfaltung des Inneren, durch die ersten liebevoll freundschaft= lichen Zeilen, auf das freudigste erregt, um mich sodann, durch die unmittelbar folgenden, in die bitterste Verzweiflung zu stürzen! Wahrhaftig, Sie dürfen es mir glauben, theuerster Fürst, daß ich den Unstern, dessen Fortbestehen ich erfahren soll, nicht minder verwünsche, als Sie selbst, und ganz in Verwirrung und Sorgen deshalben bin! Zwar rechne ich noch mit Zuverlässigkeit auf die Wiedergewinnung des Pakets, dessen Umfang schon ihm zum Heil gereichen muß, allein auch der Aufschub ist hier eine Kalamität, und ich sehe wohl ein, daß Sie Ihre sonstigen Pläne nicht für diese Eine Rücksicht gänzlich umstellen können. —

Mein Unmuth ist um so größer, als ich gleich anfangs, die Hieherfendung nicht nöthig erachtete, und darin nur eine schon damals höchst peinliche Verzögerung fand, die den Umständen nach durchaus zu vermeiden war! Mich verdrießt nun sogar, daß ich Recht gehabt haben soll; ein wirklich elender Zustand, wo die einzige mögliche Satisfaktion auch noch in ihr Gegentheil umschlägt. —

Indeß, das Paket muß geschafft werden, dafür ist mir nicht bange, da die Post die Annahme bescheinigt und die Nachforschungen unternommen hat. Nun also zur Sache, was weiter geschehen kann und soll!

Gelangt das Paket an Ew. Durchlaucht, so ist mein dringender Rath, Sie senden die Handschriften, die ja schon ganz fertig sind, geradezu mit Ihrer Vorrede nach Stuttgart, und empfehlen dringend alle Beschleunigung.

Müssen Sie die Reise antreten, ohne noch des Pakets habhaft zu sein, so geben Sie Befehl, daß dasselbe, wenn es später eintrifft, an mich zurückgesandt werde, schicken mir Ihre Vorrede, und ich besorge alsdann das Ganze nach Stuttgart.

Zwar werde ich selbst in der nächsten Woche nach Wien verreisen, aber das schadet nicht. Mein Freund Neumann, auf den ich mich wie auf mich selbst hierin verlassen kann, erbricht alle meine Briefe, und verfügt das Nöthige, als wenn ich selbst da wäre. Ich instruire ihn für den Fall, wie sich versteht, noch ganz besonders. Auch bin ich in acht Wochen wieder zurück, da mein Urlaub auf diese Frist gestellt worden.

An der Vorrede werde ich nichts ändern; richten Ew. Durchlaucht sie gleich so ein, wie sie bleiben kann. Bei Werken der Laune, des Wagnisses und Muthwills ist es fast unmöglich, in die fremde Persönlichkeit und Stellung sich so hineinzudenken, daß man daraus wieder handeln dürfte.

Zu allen Aufträgen und Besorgungen bin ich übrigens durchaus erbötig; ich schließe die einzige Beziehung aus, wo ein Unterhandeln über Honorar, oder sonstiges in Rechnungs= wesen Einschlagendes nöthig würde. Jede andere Aufgabe werde ich treulichst, und so geschickt als mir möglich ist, zu erfüllen suchen. Wäre nur das Paket erst wieder bei mir! — Notabene! das fällt mir noch zu rechter Zeit ein; Auslagen will ich auch sehr gern machen; nur kein Geld einnehmen, verwahren, behandeln, übermachen! —

Der Reiseplan ist sehr schön und großartig. Ich will ihm ein guter Prophet sein, und Genuß und Erfolg jeder Art weissagen! Wo es so gut mit frischem Muth und freiem Unternehmungsgeiste bestellt ist, da geht alles leicht und glücklich. Ich getröste mich wegen der weiten Entfernung mit der sicheren Hoffnung, Sie über's Jahr gesund und froh und bereichert wiederzusehen, und endlich auch wiederzusehen in Muskau.

Das Selbstbedienen ist ja eine ordentliche demokratische Schule! Lackiren der Schuhe geht noch an; das Putzen ist schon übler, und am übelsten denk' ich mir das Schmieren, des Geruches wegen. Gewichst hab' ich mir meine Stiefeln auch schon selbst, mit einer Art Leidenschaft; den Glanz her= vorbrechen zu sehen, ist wirklich etwas lächelnd Hübsches. Und nun gar Lackiren!

Ich muß dies Blatt noch heute fortsenden. Daher kein Wort mehr, als das der innigsten Glückwünsche, der treusten Verehrung und Ergebenheit, worin ich verharre unwandelbar

Ihr

anhänglichst=gehorsamster

Varnhagen von Ense.

Ich weiß nicht einmal, ob die Frau Fürstin noch hier ist, und es ist nicht Zeit, erst fragen zu lassen.

Wenn das Paket bei Ihnen ankommt, daß ich nur gleich davon erfahre!

Auf die Anzeige in der „Allgemeinen Zeitung" bin ich sehr begierig, wie überhaupt auf den Ausgang der Geschichte mit der sonderbaren Dreiheit von Oberst, Dame und Lieutenant.

161.
Pückler an Varnhagen.

Frankfurt, den 18. Juli 1834.

Sie werden glauben, ich bin toll geworden, daß ich Ihnen noch einen vierten Brief schicke, und ich fange an zu glauben, daß der Teufel wirklich existirt, und sich mit mir lustig macht, denn im Moment (wörtlich) mich in den Wagen zu setzen, übergiebt mir der Wirth ein Paket, das so eben ein Unbekannter gebracht, — und was ist darin? —

1) Vier uralte Briefe der Fürstin, die mir seitdem bitter vorwarf, nicht zu lesen, was sie schriebe, und nicht darauf zu antworten — was ich mir nun erst erklären kann.

2) Ein Brief von Ihnen mit Neumann's Rezension.

3) Ihr Brief, der die „Tutti" begleitete, deutlich beschrieben auf der Adresse: mit einem Paket u. s. w.

4) Ein Brief ebenfalls schriftlich, chargirt mit meinen vortrefflichen Pistolen, die ich so schmerzlich erwarte.

Von den Paketen selbst aber keine Spur.

Ich lief auf die Post. Niemand wußte etwas, weder von den angekommenen Briefen, noch von den nichtangekommenen Paketen.

Wahrlich, Baiern ist ein romantisches Land! Ich verschiebe nun noch meine Reise nach Paris bis morgen, und kommt nichts nach), sende ich die Couverts an Herrn von Eichthal.

Etwas Licht ist nun doch angezündet, aber wie alles zusammenhängt, ist schwer zu begreifen.

Alles was Ihre lieben Briefe enthalten, entzückt mich sehr. Ich denke die Verzögerung wird nicht so viel schaden, wenn nur der Werth wirklich da ist, und Freundschaft Sie nicht unwillkürlich bestochen hat.

Uebrigens schwebt mir vor, es könnte eine Zeit kommen, wo ernstere Beschäftigungen, größere Kraftanstrengungen an der Tagesordnung sein könnten, und dann wünschte ich wie jetzt, mit Ihnen gemeinschaftlich vorwärts zu gehen.

Ich glaube über Petrick werden Sie später anders ur= theilen, denn vermitteln hat er wahrlich nichts wollen; was er meinte, meinte er ganz, und spricht sich, zwar verdammt schwerfällig, aber ich dächte energisch genug aus.

Ganz der Ihrige

H. Pückler.

162.
Varnhagen an Pückler.

Berlin, den 19. Juli 1834.
Abends.

Theuerster Fürst!

Glücklicherweise bin ich noch hier, empfange Ihre Briefe noch selbst, und antworte sonder Verzug. Heute Abend kam der zweite, im Augenblicke der Abreise geschrieben, aus Würz= burg an. Den ersten bekam ich gestern, und gestern ging auch meine Antwort nach Paris ab, aux soins de Messieurs de Rothschild, ich hoffe diese Herren werden ihn bestens besorgen.

Ich benachrichtige darin Ew. Durchlaucht, daß ich zwar in diesen Tagen abreise, allein mein Freund Neumann alles an mich Einlaufende öffnet und besorgt, als wenn ich selbst hier wäre. Bringt also die Post das verirrte Paket an mich

zurück, oder senden Ew. Durchlaucht es mir zu, so wird
dasselbe von hier aus unverzüglich an seinen Ort befördert.
Ich habe für Neumann dieserhalb das Nöthige sogar auf=
gesetzt.

Mein Rath aber ist, wenn nur erst das Paket wieder
in Ihre Hände gelangt wäre, dasselbe sogleich nach Stuttgart
zu senden, mit Vorrede und sonstigem Zubehör! Wir können
hier doch nichts daran ändern, und ich würde es nicht, wäre
ich auch anwesend, außer in solchen Fällen, die nicht Statt
finden, nämlich wo ein ganz einzelnes Verhältniß in Betracht
käme, das Ihnen entgangen sein könnte mit seinen Folgerungen.
Ein fremdes Maß im Ganzen läßt sich nicht anlegen, und
Anmuth, Laune, Scherz und Satire lassen sich nicht von Ernst
und Bedächtigkeit schulmeistern.

Ich rechne darauf, daß das Paket nicht verloren sein
kann, nur verirrt. Wenn nur durch die neuesten Angaben
ihm nicht neue Irrfahrten bereitet sind! Wird es Ew. Durch=
laucht nach Paris nachgeschickt, dann lassen Sie es doch gleich
von dort nach Stuttgart abgehen, und senden Sie auch die
Vorrede gleich dorthin. Kommt es an mich hieher, so sende
ich oder Neumann es nach Stuttgart ab, und wäre die Vor=
rede inzwischen hier eingegangen, diese mit.

Der Laufzettel ist gleich abgegangen. Man muß doch
nun erfahren, wo die Spur des Paketes zuletzt verschwindet,
und in welcher Richtung sie zu suchen sei. Ich hoffe! —
Ew. Durchlaucht Resignation ist großartig, mehr als helden=
müthig; ich hätte sie nicht; wohl weiß ich, daß Jammern und
Verzweifeln nichts hilft, aber man thut es doch. Möge die
Wendung von der Art sein, daß es nie zur Gewißheit
kommt, ob die Resignation ächt oder nicht war! Ich halt' es
mit dem Wiederfinden. nicht mit dem Verzichten! —

Der Artikel in den „Blättern für litterarische Unterhal=
tung‟, ist gewiß von Neumann; dieser kann sehr schalkhaft
sein, meint es aber vortrefflich! Wer Lob und Tadel hand=

habt, der weiß, daß er oft das Eine nur mit dem Anderen
bewirken kann, und es gehört Geschicklichkeit zu diesem Hand=
werk, die auch sich selber wieder verstecken muß.

Ueber Fräulein Saaling kann ich in Briefen nichts
Ausreichendes sagen; nur daß ich sie hochachte und fort=
dauernd liebenswürdig finde, erkläre ich gern, und ich setze
im Vertrauen hinzu, daß ich sie bedaure, denn ihr wäre nur
Glückliches begegnet. Die Geschichte ist mir noch lange nicht
ganz klar; doch klarer als im Anfange. Für mich darf ich
die Wendung, da sie einmal hat geschehen können, nicht als
ein Unglück betrachten.

Die verehrte Frau Fürstin hoffe ich morgen zu sehen;
gestern Abend verfehlte ich es.

Mit innigster Verehrung eiligst und treulichst

Ihr gehorsamster

Varnhagen von Ense.

163.

Fürstin von Pückler=Muskau an Varnhagen.

Berlin, den 19. Juli 1834.

In Folge einer Nachricht, die mich sehr tief erschüttert
hat, war ich so leidend, daß ich mich gestern früh zu Bette
gelegt. Als man mir meldete, Sie wollten, verehrter Herr
Legations=Rath, mich besuchen, stand ich sogleich auf, den
Befehl gebend, Sie in mein Zimmer zu führen.

Wahrscheinlich aber hatte die Entfernung meiner Leute,
welche nicht mehr glaubten, daß ich ihrer noch bedurfte, eine
Konfusion, vielleicht ein zu langes Verweilen der Antwort
veranlaßt, so, daß man Sie nicht mehr fand! Ich schickte
Ihnen nach, und jemand nach Ihrer Wohnung, in welcher
jedoch alles verschlossen; um was versehen zu entschuldigen,
und Ihnen meinen Wunsch auszusprechen, wäre es ein Ab=

schiedsbesuch gewesen, um mit einem Worte noch zu erfahren, ob Sie Nachricht von Pückler haben, und ob Sie etwas über das Schicksal seiner Bücher wissen.

Heute bin ich so angegriffen gewesen, daß ich nur jetzt erst vermag, diese Worte zu schreiben! Sind Sie daher noch hier, so erfüllen Sie mein Verlangen, und wird es Ihnen zu beschwerlich, noch einmal den Weg zu mir zu machen, so nehmen Sie die Zusicherung meiner hohen Achtung an, und daß es Ihnen auf den fremden Wegen, die Sie betreten, überall wohl gehe.

Die Reise meines theuren Freundes und des Ihrigen, dieser zeitliche Tod, der mich trifft, verursacht mir den tiefsten Schmerz. Um mich zu schonen, verschwieg er mir seine Absichten, doch es mindert nichts, und findet mich heute nur noch kraftloser, was er mir auferlegt zu tragen.

L. Pückler-Muskau.

164.

Fürstin von Pückler-Muskau an Varnhagen.

Berlin, den 20. Juli 1834.

Den innigsten Dank für Ihre beiden Schreiben, worin so viel Wahres und Geistvolles, mir mit Ihrer so gütigen Theilnahme verbunden, Trost zusprechen muß. Ach! lebte Ihre unvergleichliche Freundin, wie würde ich bei ihr, bei ihr eine Beruhigung suchen und finden! Denn wohl bin ich tief erschüttert und tief bekümmert. Auch krank, meine Augen ganz verschleiert, warum Sie die Unordnung in diesem Blatt entschuldigen werden, wie die Bitte, die inständige Bitte, die Einlage durch die preußische Gesandtschaft nach Paris zu besorgen. Mündlich den Grund dieser Belästigung, und nochmals die Bitte wieder holt; da mir alles daran liegt, daß diese Einlage sicher in die Hände von Pückler kommt.

Genehmigen Sie, verehrter Freund, den Ausdruck aller Hochachtung und den alles Dankes.

L. P. M.

165.

Varnhagen an Pückler.

Berlin, den 20. Juli 1834.

Verehrtester Fürst!

Endlich gute Nachricht! Verloren ist das Paket nicht. Eben kommt der Laufzettel aus München zurück. Das Postamt sagt, jenes Paket sei am 5. Juni 1834 von dem Herrn Grafen J. M. von Taufkirchen laut Paket-Bestellungsbuch in Empfang genommen worden; die eigene Unterschrift des Hrn. Grafen könne nicht beigebracht werden, weil derselbe zur Zeit nicht in München sei. Dieses ist vom 14. Juli.

Ew. Durchlaucht wissen also nun wo und wann; das wie muß sich nun leicht ergeben. Ich aber möchte Sie dringend bitten, die schönen reifen Früchte nicht neuen Odysseus-Fahrten auszusetzen, sondern sie unverzüglich an den Verleger zum Druck absenden zu lassen. Sie können ja die kleinen Nachträge so wie die Vorrede gleich denselben Weg schicken.

Um's Himmelswillen, jetzt nur nichts erst wieder nach Berlin gerichtet! Auch die Vorrede nicht. Sie bedarf keiner Prüfung, und würde hier keine finden; zu arg werden Sie es doch in keiner Weise gemacht haben. Wäre aber schon etwas an mich abgeschickt, so hätte es weiter nichts auf sich; besorgt würde es in jedem Falle bestens durch meinen Freund Neumann. —

Mich freut unsäglich das Wiedergefundene. Ich war stets voll Hoffnung, aber doch sehr bestürzt. Der Vorfall wird mich noch pedantischer machen, als ich schon bin; nie ist mir ein Auftrag und ein Geschäft einfach genug, und immer such' ich die geradesten, amtlichsten Wege; nur keine Freunde im Spiel, besonders keine vornehmen! Ich bin sogar ein wenig mißtrauisch geworden, ob ich mich nicht zu sehr rühme, Neumann's so sicher zu sein! —

Vorgestern schrieb ich Ew. Durchlaucht durch die Herren von Rothschild nach Paris, gestern eben dahin durch Herrn Präsidenten Rother. Heute will ich es wieder auf die erstere Art versuchen, da, wie ich höre, Herr Präsident Rother selbst nicht hier ist.

Der verehrten Frau Fürstin habe ich jetzt gleich die glückliche Nachricht mitgetheilt.

Der junge Dr. Laube ist wieder hier; er und seine Ar= beiten erscheinen mir täglich bedeutender, obgleich wir in den wichtigsten Sachen verschiedener Meinung sind. Seine „Reise= novellen" müssen Ew. Durchlaucht lesen.

Nochmals die heißesten Glücks= und Segenswünsche zur großen Fahrt! Ich denke mir doch, wie schon bei meiner eigenen kleinen Reise, die Rückkehr als das Beste. Man möchte alles schon hinter sich haben, die Mühen, die Freuden, die Erfolge, die Betrachtungen, das ganze Leben!

Nun, wir brauchen nicht zu eilen! Es eilt schon alles um und in uns: „Zeit und Stunde rennt durch den rauhe= sten Tag."

Leben Sie wohl! Alles Glück und Heil! Frohe Zeiten und schönste Wiederkehr! In treuester Ergebenheit und innig= ster Verehrung auf solche harrend bin ich unwandelbar

Ew. Durchlaucht

gehorsamster

Varnhagen von Ense.

Gestern Abend fuhr ich am späten Mondscheinabend allein von Charlottenburg zur Stadt zurück. Es war sehr schön, und ich in die tiefsten und erregtesten Betrachtungen verloren. Ich gedachte der vorigen Zeiten, wo ich nicht allein fuhr, mit unendlichem Schmerz! Dabei dacht' ich mir, Sie, theuerster Fürst, führen jetzt auch so allein; und am Ende niemand auf andere Weise, außer auf kurze Zeit! Wir müssen den Weg zurücklegen, wie er sich eben bietet, und Muth und Ergebung sind die besten Begleiter. Sie haben beide, und daher viel voraus vor Anderen! —

166.
Pückler an Varnhagen.

Paris, den 28. Juli 1834.

Verehrtester Freund!

Euer Hochwohlgeboren liebenswürdigen Brief vom 18. habe ich hier empfangen, und herzlich für Ihre sich immer gleich bleibende Theilnahme dankend, kann ich nun endlich melden, daß das unglückliche Paket sich bei meinem Schwager Tauffkirchen aufgefunden, ohne daß ich jedoch weiß, wie es dahin gekommen.

Es ist nun in Hallberger's Händen, und das einzige désagrément dabei die Verzögerung und die Unmöglichkeit noch mehreres zu verbessern, wie ich es sehr wünschte, und das Ganze leider nur zu nöthig hat.

Wie es mit meiner Reise nach Amerika noch werden wird, weiß Gott, denn leider habe ich meinen Obersten nicht vorgefunden, und nur einen Brief, worin er mich, statt meiner Einladung zu folgen, selbst nach Aachen zitirt.

Was will ich machen! Obgleich in meinem vollkommenen Recht, wenn ich zu der von mir bestimmten Zeit nach Amerika mich einschiffte, so scheue ich doch zu sehr den leisesten, falsch auszulegenden Schein in solchen Dingen, um nicht lieber das größte Opfer zu bringen.

Glücklicherweise habe ich hier an dem preußischen Major Clér, bei der Gesandtschaft attachirt, einen ganz zu dieser Sache passenden Mann gefunden, und thue keinen Schritt ohne ihn. Noch hoffen wir den unbekannten Obersten zur Kourierreise nach Paris zu bewegen — geht es nicht, adieu Amerika bis zum nächsten Jahre.

Daß Sie am 18. Juli meine Erklärung in der „Augs= burger allgemeinen Zeitung" nicht gelesen, ist mir unbegreiflich, da sie schon in der Beilage zum 8. Juli steht. Man hat sie doch nicht gar in Preußen konfiszirt, denn auch Andere aus Berlin melden mir, sie hätten nichts gefunden.

Hoffentlich trifft Sie mein Brief gesund und heiter noch in Berlin an. Viel Glück zur Reise, und tausend Dank für alle freundlichen Diensterbietungen, die ich zu seiner Zeit mir zu benutzen vorbehalte.

Paris wird zum Dorfe, und das heutige Juli=Fest ist mir unendlich merkwürdig gewesen. Ein Bürger=König ist ein klägliches Wesen! Doch davon ein andermal.

Mit herzlichster Verehrung

H. Pückler.

167.

Pückler an Varnhagen.

Paris, den 1. September 1834.

Verehrtester Freund,

Es ist möglich, daß dies der letzte Brief ist, den Sie von mir erhalten, da ich morgen an die Gränze reise, um ein ernstes Duell mit dem Oberst Kurssel zu bestehen, das ich zu vermeiden alles gethan, was meine Ehre erlaubt, (was ich zu verbreiten bitte, wenn Sie nach Berlin zurückkommen,) und wozu ich, wie Sie wissen, sehr unschuldig komme, obgleich ich (unter uns gesagt), da ich es als Partheisache anzusehen Ursache habe, gar nicht böse darüber bin, eine solche Gelegen= heit zu finden, mich mit Pistolenschüssen nachdrücklich darüber auszusprechen.

Sonderbar ist es immer, und fast romantisch, daß ich beim ersten Blick, mit dem ich den Oberst Kurssel sehen werde, ihn vielleicht todtschießen muß, und so vice versa. Geschieht das letzte, so bitte ich um ein freundliches Andenken.

Ich hinterlasse gar viele Papiere und Briefe. Die Fürstin erhält alles. Sprechen Sie doch mit ihr in diesem Fall, und finden Sie es der Mühe werth, so packen Sie noch eine paccotille zusammen für das gute Publikum, das mich so freundlich behandelt.

Die Art, wie ich hier vom König an bis auf den Letzten herab, der von mir wußte, aufgenommen wurde, und unter diesen die berühmtesten Männer, hat so sehr meine Erwartung übertroffen, daß ich oft mich schämte, und doch manchmal stolz war, etwas durch mich selbst zu sein.

Hr. von Custine läßt sich Ihnen angelegentlich em= pfehlen. Wir haben Rahels Briefe gleich lieb, wie auch ihren Herausgeber. Das ist ein herrlicher Franzose.

Aber ich habe noch abscheulich viel zu thun, und muß abbrechen. Sie wissen: im Leben, hier oder wo anders, bleibt geistiger Zusammenhang, denn wir fallen nie aus der Welt, und ist auch der unsere, einmal gewesen, ewig. Freundlich und herzlich noch einmal meinen Dank, und ist es nicht zum letztenmal, desto besser!

Ganz der Ihrige H. Pückler.

168.

Pückler an Varnhagen.

Verviers, den 9. September 1834.

Verehrtester Freund,

Ihrer gütigen Theilnahme gewiß, melde ich mit wenig Worten, daß ich so eben das Duell mit dem Obersten glück= lich zu Ende geführt. Wir schossen uns, der Abrede gemäß, im Avanciren. Er fehlte, und ich traf ihn am Halse ziemlich gefährlich, denn zwei Linien tiefer wäre, nach der Aussage des Chirurgus, der Tod unvermeidlich gewesen. Da er sich für vollkommen befriedigt erklärte, und bereit seine Erklärung in den Zeitungen zurückzunehmen, so konnte ich nur hiemit zufrieden sein, und wir schieden als gute Freunde, während er noch am Krampfbrechen von seiner Wunde litt.

Sonst wäre alles gut, aber meine Reise nach Amerika ist dennoch für dieses Jahr durch diese so lang hingezogene Geschichte unmöglich geworden, was mir sehr leid thut. Es scheint meine eiserne Bestimmung, mich immer nur in jeder Hinsicht in der Mittelmäßigkeit herumtreiben zu müssen. Alles irgend Großartige versagt sich mir hartnäckig, selbst in der geringen Kategorie der Reisen. Ich wäre beinah lieber gestorben, um schneller wieder jung zu werden. Der Himmel schenke Ihnen, dem Weisen, Glück und Frohsinn.

Ihr herzlich ergebener
H. Pückler.

169.

Pückler an Varnhagen.

Paris, den 5. Oktober 1834.

Ihr lieber Brief, verehrter Freund, dessen herzlicher Inhalt mir ungemein viel Freude macht, denn Sie wissen, ich schätze und liebe Sie dankbar und aufrichtig, findet mich im Begriff in den Wagen zu steigen, um nach den Pyrenäen abzureisen. So bald ich nur einen Blick nach Spanien hineingeworfen, eile ich über Marseille nach Alger. Dort will ich den ersten Theil meiner Reise zum Druck fertig machen und Ihnen zusenden. Dann geht es nach Aegypten u. s. w. Dieser Plan soll mir hoffentlich nicht zu Wasser werden, doch der Mensch denkt, Gott lenkt!

Machen Sie, daß Sie von Ihrem häßlichen Rheuma bald befreit werden, und schreiben Sie mir bald wieder. So fern hat ein Brief von Freundeshand doppelten Werth.

Was Sie mir von wichtigen Personen sagen, die meiner gütig gedenken, ist mir höchst angenehm, besonders Fürst Metternich, dem ich dienen möchte, da kein Prophet bei sich zu Hause gilt, und auch ein so schwacher wie ich doch vielleicht noch etwas leisten könnte, freilich nicht gegen meine Ansichten, aber es giebt Dinge und Aufträge, die schwierig sind, ohne diese zu berühren.

Ich fürchte sehr, der Herzog von Weimar hat, nach Durchsicht des Gartenwerks, den Abstand der Wirklichkeit in Muskau zu grell gefunden. Schreiben Sie mir darüber ehrlich, und auch wie das Gartenwerk gerathen, von dem ich nichts gesehen, und alles Ueble befürchte. Auch wie der Text gefällt.

Ich muß jetzt schließen, die Zeit drängt, bald mehr. Gott behüte Sie, mein verehrter Freund.

H. Pückler.

P. S.

Es ist doch wohl gut, daß ich Ihnen, so lange man noch daran denkt, einige nähere Notizen über mein Duell gebe, damit Sie, im Falle es nöthig, offiziell oder vertraulich darüber Auskunft geben können, so weit Sie es für gut finden.

Es war allerdings von dem Augenblicke an, wo ich die
Annonce in der „Allgemeinen Zeitung" erfuhr, meine bestimmte
Ansicht, daß dieses Duell stattfinden müsse, und zwar aus
mehreren Gründen, die Sie leicht auffinden werden. Da ich
aber ganz unschuldig dazu kam, und nicht demnach für den
Angreifer passiren wollte, so richtete ich es wenigstens so
ein, daß ich gefordert wurde. Aber auch dann noch (vor
den gerichtlichen Folgen eines tragischen Sieges von meiner
Seite, gewiß nicht mit Unrecht besorgt) wandte ich jede Vor=
sicht an, um mich, als zur Sache gezwungen, legitimiren zu
können, wie es denn auch ohne Zweifel der Fall war. Zu
diesem Behuf ließ ich auch dem Major Cler bei der hiesigen
Gesandtschaft eine Doppeldeklaration aufsetzen, und schlug
dem Obersten vor, seine Einwilligung zu geben, in welchem
Falle wir das Duell vermeiden könnten. In dieser Dekla=
ration sollte in der ersten Kolonne der Oberst seine An=
nonce zurücknehmen, als auf Irrthum begründet, und ich
in der zweiten ebenfalls, wie billig, meine Antwort darauf.
Damit hätte ich mich allerdings zur Noth begnügen können
und müssen, es war aber vorauszusehen, daß der Oberst, als
Fordernder, die Bedingung nicht eingehen würde, und so ge=
schah es.

Die Generale Exelmans und Gourgaud lieferten mir
einen Sekundanten in der Person des Obersten Caron, une
vieille moustache du temps de Napoléon.

Nun gestehe ich, daß nach aller gebrauchten Vorsicht,
üblen Folgen zuvorzukommen, und auch nicht ganz ohne Er=
bitterung, ich die Absicht hatte, den Obersten todt zu schießen,
einmal, weil er die Händel an mir gesucht hatte, zweitens,
weil ich gern ein abschreckendes Beispiel statuiren wollte.
Dies wäre denn, bei der Geschicklichkeit, die ich mir im
Pistolenschießen angeeignet, und bei dem vollkommen kalten
Blute, das mich während des Duells nicht einen Augenblick
verlassen hat, auch höchst wahrscheinlich geschehen, wenn ich

nicht an mir selbst eine psychologische Erfahrung gemacht hätte, die ich nicht erwartete, und von der ich nicht einmal recht gewiß weiß, ob ich mich darüber loben oder tadeln soll.

Als ich nämlich den bejahrten Mann, den Vater und Gatten vor mir sah, der so freundlich und unbefangen mich grüßte, und selbst ohne alle gebräuchliche, sich deckende Vor=sicht, mit voller Brust mir wie ein sicheres Opfer entgegen=schritt, vergaß ich mich selbst fast ganz und gar, und hatte ein mysterieuses Gefühl, das es mir völlig unmöglich machte, tödtlich auf ihn zu zielen, um so mehr vielleicht, da ich an demselben Tage zufällig erfahren, daß er gar kein gewandter Schütze sei. In dieser Verlegenheit zielte ich nach seiner Schulter, und selbst dies nur einen Moment lang. Ich traf ein paar Zoll höher den Hals. Fast in derselben Sekunde hatte der Oberst losgedrückt und gefehlt. Er erklärte sich sogleich blessirt, und während des Verbandes auch als nun=mehr völlig zufriedengestellt. Jetzt indeß, da der Doktor die Wunde für gefahrlos ansah, obgleich zwei Linien tiefer sie doch tödtlich gewesen wäre, mußte ich mein eignes Interesse wahrnehmen, und durfte keinen Vortheil unbenutzt lassen. Ich erklärte also: daß, so sehr ich mich freute, daß die Sache bis jetzt so abgelaufen sei, ich für meine Person doch auf meiner früheren Forderung bestehen müsse, und mich nicht eher für befriedigt ansehen könne, bis der Oberst die Publi=kation jenes Widerrufs, wie ich ihm denselben von Paris aus zugeschickt, wörtlich genehmigt habe. Bis dies geschehen, müßte ich uns fortwährend als in der alten Lage geblieben ansehen. Nach einigem Sträuben gab er nach, und Sie werden den Artikel in den Zeitungen lesen. —

Bei der preußischen Gesandtschaft war man hierüber sehr mißgelaunt, und fand eine Demüthigung für den Obersten und einen zu großen Triumph für mich darin, ihn zu einer Erklärung gewissermaßen gezwungen zu haben, die er früher so bestimmt von sich gewiesen.

Ich sehe die Sache nicht ganz so an, obgleich ich (unter uns gesagt) allerdings an seiner Stelle es nicht gethan haben würde. Auf der anderen Seite konnte ich aber auch wieder meiner Ansicht nach, nicht davon abgehen, und in einem nochmaligen Duell wäre auch jede Schonung unmöglich geworden. Es war also ein besserer Ausgang, vielleicht für beide, kaum zu wünschen.

Uebrigens ist es mir in dieser Zeit merkwürdig klar geworden, wie gleichgültig mir das Leben ist, obgleich ich es doch auch wieder recht sehr liebe. Ich bin aber in Wahrheit schon seit langer Zeit so fromm, daß heißt, ich lebe so im All, in Gott, daß mir der Tod ganz indifferent erscheint, und nur zwei Seiten hat, die Eindruck auf mich machen können — den Seelenschmerz derer, die mich lieben, und den Körperschmerz, der für mich selbst damit verbunden sein kann. Doch den einen tröstet die Zeit, und den anderen muß man früh oder spät ertragen, so ist einmal das Gesetz der Natur! Geburt und Tod sind Krisen, wie andere Krankheiten, und wieder jung nachher zu werden, ist auch eine sehr tröstliche Aussicht, um derentwillen man schon etwas leiden mag.

Ich fühle wohl, daß diese Seelenstimmung einen Menschen ohne Gutmüthigkeit formidabel machen kann. Ich aber bin ein Kind. Gottlob!

Sie sehen, theurer Freund, ich schreibe Ihnen auch mit der Aufrichtigkeit eines solchen, eben so wie ich an Rahel geschrieben haben würde, die so gut die Seelen verstand! Beurtheilen Sie immer die meine mit Liebe und Nachsicht.

170.

Pückler an Varnhagen.

Unter dem Zeichen der Jungfrau,
Orleans, den 7. Oktober 1834.

Mein verehrtester Freund,

Ich habe Ihnen gewiß recht hölzern von Paris auf
Ihren allerliebsten Brief geantwortet, denn Reisegeschäfte im
letzten Stadio drängten mich abscheulich. Jetzt lese ich mit mehr
Muße und verdoppeltem Vergnügen Ihr Schreiben noch ein=
mal, und freue mich des unverkennbaren Gepräges lebhafter
und treuer Theilnahme von neuem, obgleich ich die Beweise
dafür schon lange und häufig zu erhalten gewohnt bin. Sie
zweifeln auch nicht, wie sehr ich diese Gefühle theile, in den
ernstesten wie in den frohsten Augenblicken, wozu noch kommt,
daß ich einen großen, ja wäre ich nicht eben so alt wie Sie,
würde ich sagen, fast kindlichen Respekt vor Ihnen habe, und
ich kaum jemand weiß, dessen Beifall mir schmeichelhafter
wäre, und dessen strengsten Tadel ich zugleich in Demuth
vertragen könnte. Schenken Sie mir also auch den nicht,
wenn ich ihn einmal verdienen sollte.

Was nun den jetzigen Augenblick betrifft, so freue ich
mich ungleich mehr auf die südliche Reise, die ich vor mir
habe, als früher auf die nordamerikanische, die mir nicht so
zu Gemüthe ging. Dagegen hat sich eine abscheuliche
Schreibefaulheit, noch ärger als bisher, meiner ganz be=
mächtigt, so daß, wenn es nicht wieder anders wird, meine
Tagebücher nur zu Makulatur zu gebrauchen sein werden.

Uebrigens habe ich mich ganz leicht gemacht, einen neuen
Transport meiner Effekten zu Hause geschickt, und reise mit
der Diligence aus Geschmack und aus Oekonomie. Die
letztere habe ich leider, wie Sie wissen, nöthig, und dies alles
hat mich verhindert (unter uns gesagt) Laube mitzunehmen,
der sich mir auf Ihre Empfehlung zum Begleiter anbot.

Dabei fällt mir ein, daß ich leider Heine nicht habe kennen lernen. Er war nur einen Augenblick in Paris, wo wir uns beide verfehlten. Seitdem habe ich nichts mehr von ihm vernommen Auch Börne war auf dem Lande.

Versäumen Sie ja nicht, wenn etwas Litterarisches mich betrifft und interessiren kann, mir davon zu schreiben. Adressiren Sie nur an den preußischen Konsul in Marseille, den ich, so lange ich im Orient bin, fortwährend von meinem Aufenthaltsort in Kenntniß setze.

Und nun adieu. Gott schenke Ihnen Gesundheit und Heiterkeit.

Ihr treu ergebener

H. Pückler.

171.

Pückler an Varnhagen.

Argelès, den 5. November 1834.

Verehrtester Freund,

Sie werden von meiner guten Lucie ein respektables Stück Tagebuch von mir zur gütigen Durchsicht erhalten. Die Pyrenäen haben mich wieder ein wenig retrempirt, und trügt mich die leidige Eitelkeit nicht, so wird ihre Schilderung nicht ganz ohne Interesse sein.

Wollen Sie einiges für das bewußte Journal Ihres jungen Freundes benutzen, so wird es mir sehr lieb sein, doch wird es ökonomisch geschehen müssen, damit das Publikum nicht im voraus sich gänzlich abstumpft. Da die Leute behaupten, daß Gegenden zu beschreiben mein forte sei, so können sie sich in diesen Blättern davon eine Indigestion verschaffen.

Mich selbst aber haben die Pyrenäen unendlich beglückt. Es sind große, ununterbrochene Festtage meines Lebens, die beiden oder vielmehr drei Wochen, die ich hier zugebracht, und die größtentheils das wundervollste Wetter verherrlichte.

Ich bin im Begriff, hier eine der schönsten Ruinen Frankreichs an mich zu bringen, in unbeschreiblicher Pracht der Gegend. Sagen Sie aber der Fürstin nichts davon, die ich später damit überraschen will. Es ist möglich, daß ich mich hier ganz niederlasse. Ich bin sehr reif zur Ruhe; in der Welt bekomme ich zwar wieder kleine Fieberanfälle, aber sie halten nicht mehr dauernd an. Wie steht es darin mit Ihnen? Ich habe eine Ahndung, daß wir Sie sehr bald wieder als Gesandten erblicken werden, und im Grunde wäre Ihnen das gut, denn es würde Sie zerstreuen, und schon der enorme Vortheil, nicht in Berlin sein zu müssen!

Wo Sie nun aber sein mögen, behalten sie lieb

Ihren dankbarlichst ergebenen

H. Pückler.

P. S.

Ich schreibe Ihnen bald wieder. Im Dezember aus Afrika.

172.

Varnhagen an Pückler.

Berlin, den 9. Dezember 1834.

Verehrtester Fürst!

Wo wird dieses Blatt Ew. Durchlaucht finden, zwischen Dornsträuchern und Felsengestein südspanischer Sierra's, bei den Springbrunnen Granadas, unter den Palmen oder in den Sandwüsten Afrika's? So weithin, ohne bestimmtes Ziel, in die Welt zu schreiben, hat etwas Aengstliches! Wo es auch sei, möge es Sie gesund, vergnügt und reisemuthig treffen, und Ihnen die treusten, liebevollsten Heimathsgrüße überliefern! In dem Kreise, wo ich lebe, wird Ihrer fleißig gedacht, in höchsten Ehren, mit größtem Antheil. Ich kann nicht genug sagen, wie sehr und allgemein die Auszüge gefallen haben, welche aus den „Jugendwanderungen" zum Druck erlaubt worden. Sie erschienen mit anderen, sehr anziehenden Aufsätzen, und also um so vortheilhafter, da die gute Gesellschaft alle wahren Vorzüge nur sichtbarer macht, in dem Probehefte von Dr. Mundt's neuer Zeitschrift; der günstigste Eindruck, dem auch die Gegner nicht widersprechen konnten, war gleichsam der Vorläufer der neuen „Tutti Frutti," die nun auch endlich in die Welt getreten sind! Sie kamen hier an, als eben der Kaiser von Rußland abgereist war, und stürzten als brausende Fluth in die große Leere, welche durch das Zurücktreten der mächtigen Tagesspannung entstanden war, und zu deren Ausfüllung die Kräfte der einheimischen Größen sich vergebens anstrengten. Wir glaubten wirklich schon ganz auf dem Trocknen zu sitzen, da sprudelte unerwartet die frische Quelle, und jedermann holt sich davon nach seinem Bedürfniß, oder holt auch für die Anderen, und bringt ihnen wider Willen den Trunk in's Haus, dessen Heilkräfte sie nicht anerkennen wollen, aber empfinden müssen. Kurz, es giebt Unterhaltung, die vielartigste, belebteste, und das allein schon ist unschätzbar; sie zuckt doch noch, unsere Gesellschaftswelt, sie ist noch nicht jedem Reize todt, und da giebt der Arzt den Kranken noch nicht auf, im Gegentheil, er benutzt das Zeichen, und mehrt die Reibungen, die Senfumschläge, die Blasenpflaster. Freilich wählt er sorgfältig dazu die rechten Stellen, und meidet jede, wo der Reiz gefährlich werden könnte, oder zu schwer hervorzubringen wäre. — Aus der großen Welt des Hofes habe ich über den Erfolg und die Wirkung des Buches noch nichts Berichtwerthes vernommen, außer, daß Seine Majestät der König die neueren Bände, wie vorhin die früheren, zu den gewöhnlichen Abendvorlesungen ersehen hat. Gestern Abend hörte ich Gans ein Stück daraus vorlesen — dies natürlich nicht bei Hof, noch

selbst an der Universität, sondern im vertraulichen Freundes=
zimmer! Ich selbst aber bin ganz eingenommen von der
bisher mir ganz unbekannten Vorrede: ich finde sie ein
Meisterstück anmuthiger Kriegführung, treffender Satire und
heitrer Laune; sie macht die zartesten, feinsten Bewegungen,
und zeigt dabei ein Uebermaß von Kraft, daß man fühlt,
diese leichten Spiele können einen auch erdrücken! In der
litterarischen Welt wird das Buch ohne allen Zweifel seinen
guten Lauf haben. Für die „Berliner Jahrbücher" wird
Dr. Mundt eine Anzeige schreiben. Andere jüngere Freunde
sind ebenfalls thätig. In diesem Gebiete ist immerfort Wechsel,
aber im Wechsel auch viel Beharrliches, und die Erfolge, ein=
mal gewonnen, dauern eine Zeit. Ew. Durchlaucht habe ich
noch nicht schreiben können, daß Wilhelm Neumann, dessen
Sie auch in der Vorrede so gut gedenken, nicht mehr unter
den Lebenden ist. Diesen Jugendfreund hab' ich nun auch
verloren! Er starb am 9. Oktober zu Brandenburg, auf
einer Dienstreise, ganz unerwartet! Wir vermissen ihn
schmerzlich. Ein anderer Kritiker, der jetzt feiern muß, ist
Dr. Laube; er ist fortwährend in Untersuchung und Gefangen=
schaft. Dieser hält in einem Briefchen, das er mir schreiben
durfte, Sie für todt! Er schreibt: „Bis zu den bittersten
Thränen hat mich die Nachricht von dem Tode des Fürsten
Pückler gerührt; ich sah es erst an dem Schrecken, der mich
befiel, wie sehr ich eigentlich den Mann geliebt hatte! Er
war ein höchst merkwürdiges Medium zwischen den Partheien,
der letzte moderne Ritter und Kämpe gegen die Helden des
Geldes. Ach, ich hatte mich so gefreut, ihn einmal kennen
zu lernen, und mir so fest vorgenommen, von ihm geliebt zu
werden. Denn, wenn man nicht schlecht ist nnd Interessen
hat, so kann man mit Liebe, bei gleichem Geschlecht, eine
Art Liebe erzwingen, glaub' ich. Alles vorbei, und niemand
spricht mehr von jener Stellung unbefangen und liebens=
würdig — die Traurigkeit über diesen großen Verlust über=

mannt mich faſt täglich. Sobald ich kann, will ich wenigſtens
ſein Biograph werden; es iſt vielleicht niemand von des nun
wirklich Verſtorbenen bedeutender hiſtoriſchen Stellung ſo
durchdrungen als ich, es wird darum nicht einer ſo warm
ſchreiben.“ Ich habe ihm gleich geantwortet und ſeinen Irr=
thum berichtigt, weiß aber nicht, ob er meinen Brief ſchon
bekommen hat; ich glaube, man beeilt dergleichen auf der
Hausvoigtei nicht, aus Grundſatz, damit Nachrichten und
etwaige Winke nur als veraltete eintreffen. —

Ich für mein Theil habe wieder ein paar Wochen krank
hingebracht, konnte nichts arbeiten, und hatte nichts, was mich
zerſtreute und beſchäftigte; das waren traurige Tage, voll
zehrender Rückerinnerungen an beſſere! Jetzt läßt es ſich
wieder leidlich an, und ich denke wieder an Schreiben, an
Ausfahren, an Thätigkeit. Was ſoll ich machen? ſo lange
ich lebe, muß ich mich regen, muß kleine Hoffnungen und
Ziele der Tagesſtunden haben, wenn ſchon die großen Lebens=
hoffnungen für mich abgeſchnitten ſind! Im Bette hatte ich
den litterariſchen Nachlaß Neumann’s vor mir, ſah ihn durch,
ordnete und wählte die Sachen, die wiederum abgedruckt
werden ſollen; zwei Anzeigen der früheren „Tutti Frutti“ ſind
darunter, die nun neben einander ſtehen werden, eine aus den
„Berliner Jahrbüchern“, die andere aus den „Leipziger littera=
riſchen Blättern.“ Das ganze Geſchäft ſolcher Herausgabe
hat aber für mich etwas Unſeliges, Ertödtendes, und drückt
mich ganz nieder. Alle Welt verlangt dergleichen von mir.
Den Nekrolog des Miniſters Maaßen habe ich mir mit Ge=
walt abwehren müſſen. Ich will Friſches, dem Leben Zuge=
wandtes ſchreiben, nach eigner Wahl und eignem Bedürfniß.
Könnte ich das immer, nähme mir nicht Unwohlſein ganze
Wochen, und faſt jedem Tage die beſten Stunden, ſo könnt’
ich mancherlei liefern, und das Leben flöſſe mir leiblicher
dahin. Wenn ich aber ſo müßig und unwohl den Tag an=
ſehe, dann ſehe ich zu ſehr, wie leer er iſt, und wie wenig

unſer Leben, wie es nun eingerichtet daſteht, uns Vergnüg=
liches zu bieten hat! —

Leben Sie wohl, theuerſter Fürſt! Der Himmel ſchütze
und bewahre Sie auf allen Ihren Wegen, und führe Sie
uns wohlerhalten und mit vielfachem Gewinn freudig zurück!

Ich ſende dieſes Blatt der hochverehrten Frau Fürſtin,
die ihm wohl die beſte Beförderung zu geben wiſſen wird.

In treuſter Geſinnung, wie immer, Ew. Durchlaucht
unwandelbar ergebener

Varnhagen von Enſe.

173.

Pückler an Varnhagen.

Marſeille, den 26. Dezember 1834.

Verehrteſter Freund!

Noch bin ich nicht ſo weit als Sie glauben, aber un=
endlich gefreut hat es mich, einen Ihrer liebenswürdigen, nie
genug von mir zu ſchätzenden und immer viel zu kurz ge=
fundenen Briefe hier vorzufinden, und, gleichſam als Kräfti=
gung, in die Sandwüſten jenſeit des Meeres mit hinüber=
nehmen zu können.

Ich bin übrigens tief betrübt über viele Todesnach=
richten, die ich hier vorgefunden, auch der arme Neumann!
dem ich noch geſchrieben von Toulouſe aus. Die Fürſtin
wird es Ihnen wohl mitgetheilt haben, es iſt diesmal ein
recht widerlicher Hohn des Schickſals, dies Zuſammentreffen,
mir in Begleitung vieles anderen unheimlich — ſo daß der
gute Laube nur ſeine Arbeit meiner Biographie (ein Einfall,
der mir, wie alles was er ſagt, gar ſehr ſchmeichelt) nicht
aufgeben ſoll. Vielleicht heißt es bald: Aufgeſchoben iſt nicht
aufgehoben. Der Tod umkreiſt mich in Gedanken, und jetzt
hier auch in der Wirklichkeit, wo die Cholera ausgebrochen
iſt, und zwar die vornehme, denn nur die höheren Stände

sterben daran, 5 bis 6 täglich. Sie ist also noch sanft. Uebrigens befinde ich mich körperlich wohl, ohngeachtet ich mich in Tarbes vier Wochen eingeschlossen habe, ohne aus= zugehen, und in diesen dreißig Nächten, denn am Tage schlief ich, zwei sehr starke Theile wieder zur Welt gebracht habe — mit eisernem Fleiß, kann ich sagen, und auch viel Ver= gnügen — ob es nun gerathen, müssen wir erwarten. An Stoff hat es nicht gefehlt, aber, ich schrieb es schon an Schefer, ich fürchte, ich habe mein Pulver bereits zu sehr verschossen.

Ich arbeite jetzt nur noch das Ende, circa 50 Seiten, das Uebrige ist fix und fertig, und ich schicke es von hier nächste Woche zur Abschrift nach Muskau. Da es diesmal, glaube ich, ganz harmlos ist, so wird man es eher decenter= weise rezensiren können. Apropos von Laube: ich schrieb ihm von Paris, hoffentlich hat er meinen Brief empfangen? Seine Worte über mich sind wirklich sehr freundlich. Und Sie, mein theurer Freund, wollen immer noch nicht gesund werden! Diese steten Rückfälle betrüben mich doch sehr. Ich wünschte, Sie wären hier, wo heute ein Sommertag im hellsten Glanze leuchtete, ein solches Klima erfrischt doch die ganze Konstitution! Denken Sie wenigstens diesen Sommer an Muskau, und warten Sie nicht auch wie andere Leute, bis die Chaussée dahin fertig ist. Und dann schreiben Sie dort in Muskau etwas recht Herrliches, aus eigenster Indi= vidualität Geflossenes, Ihnen Liebes, wie Ihre wundervolle Vorrede zu Rahels Buch. Ich denke mir, wenn Sie frei= müthig sein dürfen, könnten Sie große politische Wahrheiten im anziehendsten Gewande sagen. Gewiß, Sie, ein so scharf= sinniger, durchdachter Beobachter, immer in vieler Hinsicht an der Quelle, kennen und richten die Zeit!

Ich lese Ihren lieben Brief wieder durch, und der arme Neumann betrübt mich gar zu sehr, und daß ich ihm nicht einmal habe danken können! Es ist mir ein Schmerz, und kommt mir fast wie eine Schuld vor. —

Meine drei bösen Früchtchen sind also lancirt. Der alte Wittgenstein ist, wie ich höre, wieder böse, über eine Erwähnung eines Landwehrmannes, den man durch Haltung eines Bordells belohnt hat. **Relata refero.** Die „Tutti Frutti" sind ja keine Aktenstücke, und wirklich, man thut ihnen zu viel Ehre an, alles so wichtig nehmen zu wollen! Daß Sie mit der Vorrede zufrieden sind, nimmt mir wieder einen Stein vom Herzen. Ich fürchtete mich un poco. Den Vor= leser bei Hofe bedaure ich übrigens von Herzen.

Das neue Manuskript wird Ihnen wieder mitgetheilt, ergeben Sie sich in Ihr Schicksal — und nehmen Sie vor= läufig etwas daraus für Mundt, den ich zu grüßen bitte. Ich schreibe indeß bald über diesen Gegenstand noch einmal mit dem corpus delicti, über dessen Titel ich mit mir noch nicht ganz einig bin.

Daß Gans sich herabgelassen, von mir etwas zu lesen, ist ein neuer Stoff für meine Eitelkeit; à la fin, mon cher ami, vous finirez par me gâter sans remède.

Ihr treu ergebener

H. Pückler.

174.
Varnhagen an Pückler.

Berlin, den 5. Februar 1835.

Theuerster Fürst.

Die schönsten Grüße über das Meer hinüber, wohin unser innigster Antheil Ihnen folgt! Es ist aber doch traurig mit der großen Entfernung; sie wirkt unwiderstehlich

auf unsere Einbildungskraft, alle Gegenstände werden kleiner,
die Anziehungen schwinden, das Tagesleben wird ganz un=
bedeutend. — Ich fühle das recht, indem ich dieses Blatt
unter der Feder habe. Was kann ich Ew. Durchlaucht von
hier wohl berichten, das durch die weite Reise, und besonders
durch die Meeresüberfahrt, nicht allen Reiz und alle Frische
verlieren müßte, wenn es Sie überhaupt erreicht? Mag man
in Algier von der Behrenstraße lesen, vom Gensdarmenmarkt
und dergleichen? Zu solchen Dingen gehört die Gegenwart,
oder wenigstens die Nähe, um sich in Bezug mit ihnen zu
erhalten! Aber die Sache steht diesmal doch noch anders!
Nicht, weil die Berlinischen Dinge in Afrika nichts sind,
sondern weil sie schon hier nichts sind! So leer und stumpf
war hier, dünkt mich, noch kein Winter, wenigstens kein ver=
gangener war so; daß ein künftiger nicht noch ärger sein
wird, dafür will ich nicht schwören; denn es steigert sich alles
in der Art! — Mein Nachbar, Graf Yorck, war drei Wochen
verreist, nach Posen und Breslau; es kommt ihm vor, als
sei er eine Nacht weggewesen, so steht und liegt alles auf
dem alten Fleck, das Gespräch, die Stimmung, der Tageszug.
Unser Mouvement ist das Wetter, die Jahreszeiten, der Tod
— ja der Tod, der weiß uns zu fassen und zu schütteln, im
tiefsten Frieden, als wäre es in ärgster Kriegszeit! — Heute
ist Kour beim Kronprinzen, Stägemann's Jubelfeier, und
noch einiges von solcher Art — wie lange vorüber, wenn
Ew. Durchlaucht diese Zeilen lesen! —

Mit meiner Gesundheit geht es etwas besser, ich suche
die freie Luft soviel ich kann, leide weniger an Schwindel,
und habe schon wieder etwas arbeiten können. Doch meide ich
größere Gesellschaft, und jede Mittagstafel; heute zum Beispiel
mit Gewalt die des Prinzen August, wo ich mit Gewalt sein
sollte. Nach Tegel und Steglitz getrau' ich mich nicht zu
fahren. Da mir jedoch schon bessere Tage wieder geworden
sind, so hoffe ich auf mehrere, und auf eine leidliche Som=

merszeit. Uebrigens habe ich keinen Plan, keine Aussicht,
keinen Wunsch — es fehlt mir jede Lockung und Erfrischung,
jedes anmuthige Ziel! Das ist ein harter Zustand, und ich
muß froh sein, wenn ich ihn durch Thätigkeit, worin wenigstens
der Gedanke des Pflichtmäßigen befriedigend sein mag, mil-
bern und hinhalten kann! Uebrigens muß ich mir bei reifster
Ueberlegung klar gestehen, daß dieser Zustand in seinen tiefsten
Bezügen ganz der nämliche sein würde, auch wenn ich die
Verbindung geschlossen hätte, die im vorigen Sommer unter-
blieb, woraus denn folgt, daß ich, in Betreff meiner selbst,
weder diese unterbliebene bedauern darf, noch eine andere
wünschen oder gar suchen kann. Die Leute aber denken noch
immer, sie müssen mich versorgen. Ich hingegen empfinde
täglich auf's neue die Größe meines Verlustes, und die Unmöglichkeit eines auch nur theilweisen Ersatzes.

Daß ich wieder etwas lesen und schreiben kann, ist mir
wie ein Sonnenschein in diesen Dämmertagen. Die geistige
Bewegung und ihre litterarische Gestalt, das ist meine einzige
Zuflucht. In diesem Schauspiel giebt es immerfort Wechsel
und Ueberraschung, Neugier und Spannung, und das Große
und Bedeutende stirbt nicht ab. Mir gehen dabei vielerlei
Gedanken auf, die sich indeß nicht gut mittheilen lassen.
Einige Zeit vor der Revolution gingen in Frankreich die Gelehrten ernstlich damit um, ihr ungeheures Gewicht und Ansehen durch dauerndes Ansehen zu befestigen, und als Körper-
schaft im Staate neben der Geistlichkeit aufzutreten, ja wohl
gar diese allmählig abzulösen. Ohne die erstrebte Form ist
etwas von diesem Streben in Erfüllung gegangen. An der
Weltregierung hat die Litteratur einigen Antheil erworben,
nur wirkt sie zerstreut, wild, schwankend, im Ganzen jedoch
sehr bestimmt ein. — Für uns Deutsche ist mir bange, daß
wir in diesem Betracht harte Zeiten vor uns haben; es fehlt
uns gar zu sehr an Zusammenhang und Leitung. An den
Ergebnissen guter Art wird kein Mangel sein, aber uns

Lebende interessirt es, anmuthige und fruchtbare Jahre zu
genießen! Und dazu scheint wenig Aussicht, es müßten denn
unvermuthet einige neue Gestirne aufgehen, und die Kraft
haben, viel Widerstrebendes in eine Bahn zu lenken! Da Ew.
Durchlaucht auch in dieses Ritterthum eingetreten sind —
der beste Orden doch eigentlich in unserer Zeit, der vom
heiligen Geist, den jeder durch eigne Kraft und That sich an=
eignet, wiewohl es auch hier neben Heermeistern, Komthuren
und Rittern auch Laienbrüder und Knechte giebt — so
müssen Sie diesen Kämpfen und Bewegungen nun nothge=
drungen schon einige Aufmerksamkeit schenken. Wie freu' ich
mich des neuen Werkes über die Pyrenäen! Sobald ich die
Handschrift erhalte, werde ich die vorläufige Mittheilung
eines Bruchstücks in dem Journale des Dr. Mundt besorgen,
sie wird daselbst an guter Stelle stehen. Auch den Wink
wegen der französischen Beziehung werde ich nicht verab=
säumen. — In Betreff der „Tutti Frutti" will man sich
hier das Ansehen geben, als hätte es damit nicht viel auf
sich; die vornehmen Kreise thun erstaunlich fromm. Im
„Gesellschafter", von Gubitz, ist aber ein bissiger Gegner auf=
getreten, hinter dem, wie man sagt, ein nunmehr hoher
Staatsbeamter stehen soll, und wo denn doch die vornehme
Galle gar bitterlich zu schmecken ist! An anderen Orten,
und in der eigentlichen Lesewelt, nimmt man die Erscheinung
weit günstiger, weiß sie im Ganzen besser zu würdigen. Be=
sonders ausgezeichnet thut dies ein Freund des Dr. Laube,
Hr. Karl Gutzkow, der in Frankfurt am Main ein neues
Blatt, „Phönix", herausgiebt, und in Nr. 24 dieses Jahres
ein ganzes Blatt hindurch von Ew. Durchlaucht eifrig und
beredt spricht. Er glaubt Sie aber in Nordamerika! —
Das Blatt aus Algier wegen der Druckfehler habe ich an
die „Allgemeine Zeitung" gesandt; hier wollte es nicht recht
gehen, dort ist ein schicklicher Platz. Ich habe mir aber am
Schlusse eine kleine Veränderung erlaubt, die mir durchaus

nöthig schien. — Das Buch der Frau von Arnim wird nun
nächstens zu haben sein. Die englische Uebersetzung unter=
bleibt; Mistreß Austin hat mir einen großen Klagebrief ge=
schrieben, wie verkehrt, willkürlich und ungebärdig Frau von
Arnim sich in dieser Sache gegen sie benommen habe. Ich
glaub' es wohl! Sich selber behandelt Bettine nicht besser.
Wie hat sie nicht den ächten, sicheren Grund ihres Buches
durch künstliche Düngung zu überschwänglicher Fruchtbarkeit
genöthigt, und was hat sie nun davon! Blätter die Menge,
aber die besten Keime sind erstickt, das Würzhafte zerstört,
die Natur verfälscht! Einen gewissen Schwung wird das
Buch denn doch wohl nehmen, und durch das darin ver=
arbeitete Aechte auch verdienen; so braucht es Sie wenigstens
nicht zu verdrießen, daß es Ihnen zugeeignet ist. —

Dr. Laube hat mir ein zweitesmal geschrieben, und
Bücher von mir begehrt, die ich ihm auch geschickt habe.
Mehr weiß ich nicht von ihm. Es wäre sehr traurig, wenn
seine Sache nicht bald eine gute Wendung nähme; er ist für
diese Lage gar nicht eingerichtet, sondern äußerst ungeduldig
und untröstlich. —

Ew. Durchlaucht Brief an Neumann ist hier nicht an=
gekommen. Der Tod dieses alten Freundes hat mir eine
täglich fühlbare Lücke gelassen. Auch sein litterarisches Ein=
wirken war mir höchst wichtig. Es schließen sich jüngere
Talente freundlich an mich, und ich komme ihnen gern ent=
gegen, aber sie sind kein Ersatz, man hat nicht dreißig Jahre
zusammen gelebt, nicht dreißig Jahre zur Grundlage des
leisesten Verkehrs und Verständnisses! — Neumann's Schriften
erscheinen zu Ostern in drei Bänden. Dies Denkmal habe
ich rasch zu Stande gebracht. —

Soll ich dieses alles wirklich nach Afrika hin berichten?
Warum nicht? Sand hier, Sand dort! Auch hier machen
wir unsere Waschungen trocken, wie es dort erlaubt ist! Sie
können nicht Feigen vom Dornstrauch erwarten. Senden

Sie uns von Ihrem Ueberfluffe! — Wie schrumpft in solcher Ferne alles zusammen! Eines nur bleibt in seiner ursprünglichen Kraft und Größe: die herzliche Neigung, die treue Gesinnung — diesen kann die Weite des Raums und die Länge der Zeit nichts anhaben; sie sind immer Gegenwart, und können nicht fürchten, veraltet oder verspätet anzukommen. Sie sind der meinigen gewiß, theuerster Fürst, und zweifeln nicht, mit welchen Gedanken, Sorgen, Wünschen und Hoffnungen ich Sie im Geiste auf Ihrer Wanderung begleite! Vollenden Sie solche glücklich, und kehren Sie uns mit reichen Schätzen der Anschauung und froher Erinnerung gesund und heiter zurück!

Ich hoffe, nächstens die verehrte Frau Fürstin zu sehen. —

In treuster Anhänglichkeit und Verehrung unwandelbar

Ew. Durchlaucht

gehorsamster

Varnhagen von Ense.

Bei Fräulein Solmar gedenken wir Ew. Durchlaucht stets mit lebhaftem Antheil und in höchsten Ehren; Prof. Gans ist mitgemeint in dem „Wir". Dort, in der Familie Mendelssohn-Bartholdy, bei Gräfin Yorck, und noch einigen Damen, bring' ich meine leidlichen Abende gesellig zu; die unleidlichen allein zu Hause. — Gräfin Golz wird dieser Tage sterben. —

175.

Pückler an Varnhagen.

Toulon, den 10. Januar 1835.

Verehrtester Freund!

Gott zum Gruß! Endlich segle ich morgen im Crocodil, dem Dampfschiff des Gouvernements, nach Alger, ganz ohne

Nachricht aus der Heimath, außer der Uebersendung meiner
drei Theile „Tutti Frutti", deren niederträchtige Druckfehler
mich in Verzweiflung setzen.

Wenn es nicht zu unpassend ist, so würde ich Sie er=
suchen, das Beiliegende in die Zeitungen setzen zu lassen.

Das Manuskript meines neuesten Opus, zwei Theile,
weit stärker als die von „Tutti Frutti", ist unterwegs, und
wenn kein Unglück geschieht, hoffe ich, wird es Freund Schefer
Ihnen bald zusenden. Es wäre mir lieb, wenn Sie, mein
liebenswürdiger und gefälliger Gönner, eine Louis Philippe
betreffende Stelle, die Sie bald im Briefe an den Fürsten
Carolath auffinden werden, in eine solche Zeitung oder Jour=
nal bringen könnten, aus dem sie bald wieder in's Franzö=
sische übersetzt würde.

Könnte das Buch schon zu Ostern erscheinen, so wäre
es mir lieb, man ist aber in Deutschland so unbeholfen!
Vielleicht kommt auch zu viel auf einmal, und es ist daher
besser man wartet, wiewohl Reisenachrichten nie frisch genug
sein können.

Mir schreibt kein Mensch, und es bekümmert mich ohne
alle Nachrichten von der Fürstin noch Muskau Europa zu
verlassen.

Gestern überraschte uns Lord Brougham hier sehr ange=
nehm, und ganz unerwartet an der Table d'hôte, wo ich
einsam mir von einem Korsen Mordgeschichten erzählen ließ.

Ich suchte ihn sehr zu bereden, einen trip nach Alger zu
machen. Er meinte aber, man würde in die Zeitung setzen,
wir seien nach Alger gegangen, um in Afrika eine Revolution
anzuzetteln.

Ich erwarte mit Sehnsucht Ihre schönen Schriftzüge,
wiewohl ich mir nicht die besten Nachrichten erwarte, nachdem
ich mein eigenes Machwerk wieder durchgelesen. Die Leute
werden gar zu bös darüber werden, und ich fürchte sehr die
Hoflectüre kommt nicht bis an's Ende.

Sagen Sie doch Laube recht viel Schönes von mir.
Wenn mir seine Persönlichkeit ansteht, so findet sich vielleicht
später (wenn es ihm recht ist) eine Gelegenheit ihn mir zu
attachiren. Ein junger enthusiastischer Freund ist ein so
großes Glück, wenn man schon halb erkaltet fremder Erwär=
mung bedarf. Ich küsse Ihnen die Hände.

H. Pückler.

178.
Pückler an Varnhagen.
(Diktirt.)

Alger, den 23. Januar 1835.

Verehrtester Freund,

Der erste Brief, den ich hier zwar krank, aber dennoch
voller Entzücken über eine mir ganz neue Welt, aus der
Heimath erhielt, hat mich sehr betrübt. Er enthielt die
Unterredung, die Sie über mich und meine letzten Theile der
„Tutti Frutti" mit der Fürstin gehabt, und die ich natürlich
wiedererfahren sollte, weil Sie die Aeußerung Ihres Miß=
muthes an die Fürstin gerichtet, von der Sie wissen, daß sie
mein anderes Selbst ist. Dafür bin ich Ihnen nun doppelt
dankbar, einmal, daß Sie mit Ihrem Tadel nicht hinter dem
Berge gehalten, zweitens daß Sie ihn im Lager der Freun=
din — gewiß nicht in dem des Feindes — laut werden
ließen. Aber wenn Ihre Unzufriedenheit, wie meine gute
Lucie vermuthet, von den Scherzen herrührt, die ich mir über
* und R. erlaubt habe, so haben Sie am wenigsten
Ursach mit mir zu zürnen. Ich hasse Klatschereien wie die
Sünde, oder vielmehr ärger wie diese, (welche ich leider nicht
genug hasse), aber so viel muß ich doch sagen: daß, wenn ich
mir jene kleine Bosheiten gestattet, das Andenken einer Per=
son, die im Grabe liegt, die Ihnen alles war, und mir sehr

viel, Ihrer verstorbenen Frau Gemahlin mit einem Wort, den größten Antheil an der Stimmung hat, die mich dazu bewogen. Uebrigens bedaure ich es sehr, daß Ihnen bei Durchlesung meines Manuskripts diese Stelle entgangen zu sein scheint, denn ein einziges Wort von Ihnen hätte sie unterdrückt.

Ich hoffe mit Zuversicht, daß diese kleine Wolke schnell vorübergehen wird. Sie sind reizbar, ich aber bin dankbar. Sie haben mir mit der größten Uneigennützigkeit, ja mit Aufopferung Ihrer Zeit, und vielleicht sogar der momentanen Zurückweisung mancher eigenen Meinung die freundlichsten und erfolgreichsten Dienste geleistet. Wie könnte und möchte ich dies je vergessen, besonders von jemand, dem ich mich so gern verpflichtet, und von dem ich mich so vielfach an= gezogen fühle.

Ich habe mich Ihnen daher auch mit dem vollkommensten Vertrauen hingegeben, und bleibe dabei, so lange Sie mir nicht selbst den Freundschaftsdienst aufkündigen. Dann werde ich mich zwar bescheiden zurückziehen, aber dennoch meine Gesinnungen für Sie nicht ändern. Lebte aber Rahel noch, so würde ich Sie ein wenig bei ihr verklagen.

Sie wissen, es ist mein Grundsatz, in freundschaftlichen Verhältnissen, die mir theuer sind, jedes Unbestimmte sogleich und ohne Zeitverlust au clair zu ziehen. Daher dieser auf= richtige Brief, von dem ich der Fürstin zugleich eine Kopie schicke.

Gewiß hoffe ich auf eine mich ganz beruhigende und herzliche Antwort; denn warum sollten Sie mir nicht gut sein, da Sie mir nur immer Gutes erzeigt haben!

Schonen Sie Ihre Gesundheit, verbannen Sie den Spleen, der Ihnen und mir nicht ganz fremd ist, nnd erhalten Sie mir ganz das alte Wohlwollen, auf das ich einen so hohen Werth lege.

(Eigenhändig.)

Ich habe mich der Hand eines hiesigen Soldaten bedienen müssen (ein Heidelberger Student, der den Grafen Platen erschossen hat, und der auf meine Fürsprache vom Gouverneur zum Korporal avancirt worden ist), weil ich abscheulich an Ophtalmie leide, und kaum diese wenigen Worte schreiben kann.

Mit aufrichtiger Verehrung

Euer Hochwohlgeboren

sehr ergebener H. Pückler.

177.

Varnhagen an Pückler.

Berlin, den 13. Februar 1835.

Theuerster Fürst!

Vor allen Dingen hoffe und wünsche ich von ganzer Seele, daß die Augen vollkommen hergestellt sind! Mögen sie durch nichts gehindert werden, den vollen Lichtglanz aufzunehmen, der Ihnen aus der üppigen Südenswelt entgegenstrahlt! Ich getröste mich der Zuversicht, daß dies Blatt Ew. Durchlaucht frei von dem lästigen Augenübel und auch sonst im besten Wohlergehen trifft! Ihren lieben Brief vom 23. Januar empfing ich gestern, ich lag zu Bette, und wollte ihn gleich beantworten; allein dazu bin ich auch heute, da ich doch schon wieder ausgegangen, kaum recht im Stande. Die Antwort müßte angenehmer Scherz sein, der Ew. Durchlaucht in die heiterste Stimmung versetzte; aber ich habe zu matte Schwingen für so weite Ferne, mein Witz fiele im besten Fluge aus den Lüften in das mittelländische Meer . . . also nur das Nothwendigste in schlichtem Ernste! Irrthum, theuerster Fürst, völliger Irrthum ist es, was Ihren letzten Brief erfüllt! In dem Sinne, wie dieser es voraussetzt, habe ich nichts gesprochen noch gedacht; ich habe nicht meinen Tadel und nicht mein Mißvergnügen geäußert, sondern die der Anderen, und es mir freilich gar wohl erklären können, daß Manche so gestimmt seien, ja sein müßten. Es war auch wohl umständlich von Ihrer Natur, Ihren Gaben, dem Zusammenhang und der Wirkung Ihrer Eigenschaften die Rede, von Ihrer persönlichen Stellung, von der Art, wie Sie Ihre schriftstellerische Bahn eigenthümlich betreten haben, von der Nothwendigkeit, solche folgerecht fortzusetzen, und anderes dergleichen, was am liebsten mit Ihnen selbst wäre besprochen worden. Lauter Liebes und Gutes; freilich war ich mir bewußt, zu der verehrten Fürstin als zu Ihrem anderen Selbst zu reden! Aber darin gerade beging ich einen Irrthum: die Fürstin ist nicht wie Ihr anderes Selbst; o nein! sie ist wie ich sehe, viel empfindlicher für Sie, als Sie für sich sind; sie kann es nicht vertragen, daß anderes von Ihnen gesprochen wird, als sie selber von Ihnen spricht, und in ihrer Empfindlichkeit verwechselt sie Berichterstatter und Ur= heber. Wirklich muß der mich anklagende Brief ganz und gar aus diesem Irrthum erwachsen sein. Ich komme so eben von der Frau Fürstin, und in der heiteren Unterredung, die ich mit ihr hatte, war sie, — wenn ich nicht auf's neue hier im ärgsten Irrthum bin, — der irrigen Auffassung sogar ein= geständig. Einen Theil des Mißverständnisses mögen auch Ew. Durchlaucht selbst verschuldet haben, — ich kenne den Brief der Fürstin nicht — aber was in Berlin kühl geschrieben worden, liest sich in Algier vielleicht sehr heiß! Mir ist es gleichviel, wer von Ihnen beiden, allein, oder am meisten, die Schuld hat, — nur ich lasse mir nicht den kleinsten Theil aufbürden! Nicht den kleinsten Theil! Vielleicht ein ander= mal — aber diesmal wahrhaftig nicht! — Das „Vielleicht ein andermal" ist eine Bosheit, die eigentlich nicht hier stehen sollte, aber sich doch eindrängt als Erwiederung auf Ihr schönes böses Wort: „Sie sind reizbar, ich aber bin

dankbar;" wer kann mich hindern, dies umzukehren, und die
Dankbarkeit mir beizumessen? Ich weiß auch, was mir gut
steht und mir zukommt, und werde mich darin behaupten;
Sie sehen, wie reizbar ich bin, wenn man mir meine besten
Eigenschaften abspricht oder verkennt, die treue Gesinnung
und die dankbare Zuneigung! — Nein, theuerster Fürst, auch
nicht die Ahndung einer Wolke hat diesen reinen Horizont
getrübt, und zur Aufhellung und Erklärung ist wahrlich gar
kein Stoff vorhanden. — Die Stelle wegen R. und * um
auch dies noch zu erwähnen — geht mich persönlich gar
nichts an, ich habe jene Bezüge nicht zu vertreten, und in ge=
wissem Sinne vielmehr eine gerechte Nemesis in jenen ver=
wundenden Pfeilen zu erkennen, denn wie Ew. Durchlaucht
ganz richtig anführen, in früheren Vorgängen haben jene
Personen manchen Anstoß da gegeben, wo mir, — möge Gott
es mir verzeihen — das Verzeihen am schwersten wird! —
Auch hier also nur Mißverständniß, und nun genug davon. —

Die Anzeige wegen der Druckfehler steht in der „Allge=
meinen Zeitung" vom 9. Februar. Der Schluß lautet:
„Beklagenswerth aber bleibt es immer, daß man sich auf die
deutsche Presse nicht besser verlassen kann, und daß diese be=
sondere Art von Preßfreiheit — nicht der Autoren, sondern
der Setzer — noch keinen Preßzwang findet, der in diesem
Falle gewiß allen Partheien erwünscht sein würde." Die
Aenderung schien mir nöthig, und ich habe sie gemacht, so
gut ich es vermochte. — Ich bin sehr gespannt auf das
Pyrenäenbuch, und freue mich der Verheißung, daß dasselbe
bald hier eintreffen wird. Auch Hr. Dr. Mundt bezeigt
im voraus seinen lebhaften Dank. Diese jungen Leute wissen
Ew. Durchlaucht zu würdigen, und sind Ihnen sehr zugethan.
Die große Welt hat kein litterarisches Urtheil, und muß sich
am Ende unter dasjenige beugen, das von der richtigen Be=
hörde ausgeht. Seien Sie unbesorgt; Sie haben hier gute
Wächter zurückgelassen; und obwohl Sie selbst natürlich

immer das Beste dabei thun müssen, so thun wir Anderen
auch redlich und gern das Unsere! — Das Buch der Frau
von Arnim ist nun öffentlich zu haben; die Zueignung an
Ew. Durchlaucht ist recht hübsch, nur etwas selbstschmeichle-
risch, Sie und Bettine erscheinen darin etwas zu sehr als
Ein Herz und Eine Seele, und wir Eingeweihten wissen das
ein wenig anders. Das Buch selbst wird verschiedenartig
beurtheilt werden; das hohe Lied Salomonis, die Lucinde,
Novalis und anderes dergleichen, feiert darin eine Art Wal-
purgisnacht! — Mir bleibt nur Raum, mich noch zu nennen

Ew. Durchlaucht

unwandelbar treuer

Varnhagen.

178.
Varnhagen an Leopold Schefer.

Berlin, den 19. Februar 1835.

Hochverehrtester!

Ihr gütiges Schreiben vom 15. d. empfange ich jetzt
eben, und beantworte es sogleich. Herr Geheimerath Carus
hat mir seine Rezension vor ein paar Tagen geschickt, sie
wird heute eingereicht, und der Abdruck hoffentlich baldigst
angeordnet, ich will gewiß mein Möglichstes dazu thun, allein
bisweilen ist der Druck schon weithinaus angeordnet, und ein
Zwischenschub schwer. Sobald es geschehen kann, sende ich
Ihnen das verlangte Exemplar. Der Aufsatz von Carus
hat viel Gutes, ist mir aber nicht lebhaft genug, und könnte
die Anerkennung wärmer ausdrücken; jetzt muß der Name
des Rezensenten das Beste thun. Der ist freilich allein schon
eine Lobrede. — Sie haben wahrlich sehr Unrecht, mein
Theuerster, wenn Sie vermeinen, meinen Eifer und meine
Zuneigung für unseren lieben Fürsten anfeuern zu müssen!
Kenn' ich ihn denn nicht? und liebt man ihn nicht, wenn

man ihn kennt? Ich glaube sein Wesen ganz einzusehen, und weiß seinen Werth zu würdigen; das ist für immer, auch wenn er mir etwas gethan hätte, oder noch thäte! Ich wäre immer weit entfernt, eine edle Natur in ihrer Eigenheit meistern zu wollen; ich würde ihm, wo zwischen uns ein Unvereinbares sich zeigte, wenigstens offen davon reden. Es ist aber nicht das geringste Mißverständniß zwischen uns, als insofern die gute Fürstin durch unrichtiges Auffassen meiner Worte einen solchen Argwohn in dem Fürsten erzeugt hat; das geschieht mir mit ihr schon zum zweitenmal, und das ist das einzige Unangenehme dabei; dem Fürsten habe ich den Wahn schon benommen, und der Fürstin mein heiteres Blatt offen zur Einlage geschickt. Es ist alles zwischen uns, wie sonst; ich freue mich seiner, und sorge für ihn, wie immer, und nehme an seinen Angelegenheiten so warmen Antheil, wie an meinen eignen, ja etwas mehr, denn für mich bin ich oft nachlässig. Höchst erwünscht ist mir das Eintreffen des neuen Manuskripts, und ich juble über die günstige Meinung, mit der Sie mir davon sprechen. Sie sagen aber, Sie würden mir dasselbe vielleicht schicken, wenn des Druckes wegen noch Zeit dafür sein wird; dagegen muß ich bemerken, daß der Fürst darauf rechnet und ich es verlangen muß, das Manuskript in jedem Falle vor dem Druck hier einzusehen, weil zwiefache Aufträge damit zusammenhängen, die mir der Fürst gegeben; ich soll ein Fragment für die Zeitschrift von Mundt auswählen, und das ist meines Erachtens wichtig, sodann auch noch eine Stelle für eine französische Zeitung in Gang bringen. Senden Sie mir also gütigst das Manuskript, und richten Sie es so ein, daß ich es nachher der Fürstin abliefern kann. —

Das Buch der Frau von Arnim ist erschienen. Ich kannte fast alles schon. Gedruckt macht es auf mich nun eine entschieden widerwärtige Wirkung. Es ist eine hysterische Selbstsucht darin, die zum Theil geistreich, zum Theil fratzen-

haft sich äußert, und wenn man stundenlang gelesen hat,
glaubt man zuletzt, man habe nichts gelesen. Für mich ist
noch besonders der lügenhafte Grund schrecklich, auf den alles
gebaut ist, und den ich zum Theil als solchen genau kenne.
Daß die Sonette alle an Bettine gerichtet seien, ist mehr als
zweifelhaft, man nennt in Weimar ganz andere Namen dazu.
Einige Briefe oder Brieftheile sind zuverlässig ganz neu, und
unter das alte Datum geschoben, damit es aussehe, als habe
Goethe seine dichterischen Aeußerungen daraus geschöpft. Der
Brief vom 22. März 1832 ist gewiß nicht an diesem Tage
geschrieben, sondern viel später. So wäre mir auch die Zu=
eignung an den Fürsten ganz schön und angenehm, wüßte ich
die Sache nicht anders, und zwar aus Bettinens eignem
Munde! Voll Grimm, Feindschaft und Zerknirschung kam sie
aus Muskau zurück und jammerte bitterlich, daß man sie
nicht habe anhören wollen, daß man sie schlecht behandelt
und unedel beschimpft habe! Da ich nun weiß, wie die Liebe
zu Pückler und mit Pückler war, so muß ich natürlich fragen:
wer weiß wie es mit Goethe war? Sie braucht Goethen
und Pückler wie Schönpflästerchen, sich damit zu schmücken;
sie möchte gar zu gern an Pückler's Namen und Verdienst
Antheil, ihn begeistert haben zu dem, was die Welt an ihm
bewundert; sie möchte den Leuten einbilden, es hänge nur
von ihr ab, an seiner Seite zu leben; soll darauf Goethe in
dem Sonett, wo von „Fürstin“ die Rede ist, und daß sie
wahnsinniger Weise auch auf sich deutet, weissagend angespielt
haben? — und jetzt, da sie Pückler's Glanz durch den min=
deren Erfolg der „Tutti Frutti“ etwas erloschen glaubt, ist
sie treulos genug, hier überall es sich zum Verdienst anzu=
rechnen, daß sie dem Gesunkenen ihr Buch doch noch zuge=
eignet, daß sie aus Demuth sich vor dem Publikum noch zu
ihm bekenne, ihn nicht fallen lasse, sondern halte und trage,
und die Hoffnung ihn zu bessern noch immer festhalte! Der=
gleichen mußt' ich gestern in großer Gesellschaft erzählen hören

mit tiefstem Staunen über die argliftige Dreistigkeit der kleinen Heze — die nicht zugegen war — und mit höchstem Unwillen für den armen Fürsten, der nicht ahndet, wie ihm so bösartig mitgespielt wird. Bettine hat eine Art von Wuth auf bedeutende geistreiche Männer, und möchte sie alle abnagen, die Knochen dann den Hunden hinwerfen. Ein Don Juan in weiblicher Unschuld einherfahrend wie der Fuchs im Schafspelz! Was sind dagegen alle männlichen Wüstlinge! — In gewisser Art thut es mir leid, daß der Fürst durch die Zueignung nun so sehr verknüpft ist mit dem Buche; die Zueignung wäre hübsch für sich allein, besonders für Unkundige; das Buch aber macht sie zur Kompromittirung, und noch mehr Bettinens maßloses, thörichtes Benehmen. Doch genug! —

Wir haben hier mit größtem Antheil Ihre „Gräfin Ulfeld" gelesen; ich habe noch jetzt mein Exemplar nie zu Hause. Innigst erfreut hat mich auch Ihre reiche, tiefe, großartige und freisinnige Novelle in der „Penelope". Mehr Klarheit in dem äußeren Gange der Ereignisse dürfte sich der Leser bei Ihnen ausbitten; der oft allzu zarte Faden entschlüpft ihm bisweilen, und er muß ihn suchen. Aber wie reich und schön ist das Innere, welches Sie aufschließen! —

Als ich im Herbst von einer Reise hieher zurückkam, fand ich einen Brief von Ihnen, über Pückler's Zweikampf. Ich versäumte Ihnen zu danken; ich war so viel und anhaltend krank diesen Winter, Sie müssen mir es verzeihen! Aber ich war innig gerührt von Ihrer freundschaftlichen Beeiferung, und Ihrem herzlich guten Willen für mich, und danke Ihnen noch stets dafür, daß Sie wußten, wie sehr mein Gemüth solche Nachricht ersehnte!

Leben Sie wohl! Und bleiben Sie der hochachtungsvollsten und ergebensten Gesinnung versichert

Ihres

Varnhagen von Ense.

179.
Pückler an Varnhagen.

Algier, den 7. März 1835.

Verehrtester Freund,

Ich schreibe Ihnen diesmal als Undankbarer, das heißt mit zwei Worten als Erwiederung auf sechs liebenswürdige Seiten, die in Afrika einen hundertfachen Werth haben. Aber ich habe in meinem ganzen Leben nicht mehr zu thun gehabt. Die Fürstin wird Ihnen, wenn Sie dazu disponirt sind, etwas davon erzählen, und künftig meine Autorschwäche noch mehr als zu viel. Was Sie mir liebenswerth und freund= lich über die Unterhaltung mit der Fürstin schrieben, wußte ich eigentlich vorher, aber wenn einem an der Freundschaft wirklich etwas gelegen ist, muß man auch die kleinsten Uebel auf der Stelle aufhellen, oder es wird später zum Unheil bringenden Gewitter, denn wir sind am Ende alle schwache Menschen, regiert wider unseren Willen, von elenden Kleinig= keiten, die wir vernachlässigten. Ich schätze, liebe und ehre Sie aufrichtig, daher müssen Sie mir auch immer die größte Offenheit erlauben, und so weit ich auch entfernt bin, Ihre Gesinnung für mich ist mir immer eben so nahe als wichtig. Die Fürstin hatte Sie allerdings falsch verstanden, und mir Vorwürfe gemacht, Sie vielleicht, wenn auch ganz absichts= los, gekränkt zu haben, was mich außerordentlich betrübte. Sie sehen daraus wenigstens, daß ich nicht leichtsinnig in meiner Freundschaft bin.

Uebrigens schonen Sie mich nicht, Sie müssen mich ja kennen, und daher wissen, daß ich von dem, den ich einmal hoch in meiner Ansicht gestellt, jede Art von Theilnahme mit Freuden aufnehme, sie äußere sich als Lob oder Tadel. Ich wäre trostlos über mich selbst, wenn ich mich darin täuschen könnte. Sie sind kälter als ich, und ein weit besserer Menschen= kenner, aber ich bin ein Kind — wenn auch ein altes und manchmal sogar ein böses, doch nie ein schlechtes.

Tausend Dank für die Abänderung in der Annonce. Sie haben einen vortrefflichen Takt, denn kaum abgeschickt, wollte ich selbst eine Aenderung in der erwähnten Stelle vornehmen, aber die weite Entfernung hielt mich davon ab.

Daß Sie im Ganzen sich wohler fühlen, freut mich herzlich, aber Sie sind auf schlechtem Boden, und das ist schlimmer wie aria cattiva. Reisen, oder ein großer Wirkungskreis mit einer Möglichkeit des Erfolgs, thäte Ihnen auch für frische Gesundheit Noth. Wenigstens ist es ein Palliativ für einige Zeit.

Heirathen wäre auch nicht übel, aber welches Glück gehört dazu! und zweimal gewinnt man selten das große Loos. Sie werden in meinen neusten Theilen einen Brief an Sie finden — pardon de la liberté grande — wenn Ihnen etwas darin nicht gefällt, streichen Sie es. Eigentlich mache ich mir aber ein Gewissen daraus, Sie fortwährend meine schwarze Wäsche waschen zu lassen. Mich langweilt jedes Manuskript, und wäre es vom seligen Goethe, ja ich kann mit Wahrheit versichern, daß ich nur ein gedrucktes Buch zu beurtheilen fähig bin. Nun schwatze ich doch länger wie ich wollte. Adieu. Der Himmel erhalte Sie, und mir Ihre freundliche Zuneigung.

H. Pückler.

Schicken Sie mir doch die Rezension im „Gesellschafter", und was sonst feindlich ist. Es wird mich amüsiren im Raubstaat Tunis auf den Ruinen von Carthago darauf zu antworten.

180.

Varnhagen an Pückler.

(Unter einen Brief von Laube.)

Berlin, den 13. April 1835.

Mit vielen herzlichen Grüßen von Varnhagen, der aber heute unfähig ist zu schreiben, weil er, nach großer Anstrengung, seine Nerven ruhen lassen soll!! — Wir haben Bernstorff und Wilhelm Humboldt verloren! harte Schläge, und besonders für mich! Theuerster Fürst, genehmigen Sie nur ja die Machtsprüche, zu denen wir uns bei Hallberger bewogen gesehen — als wahre Consules, ne quid respublica detrimenti capiat —, wir dürfen keinen Semilasso leiden, noch einen Verstorbenen länger! Einfacher Titel und offener Name, waren dringend nöthig! — Alles Glück und schöne Rückkehr!

Innigst ergeben

Varnhagen von Ense.

———

181.

Die Fürstin von Pückler-Muskau an Varnhagen.

Berlin, den 13. April 1835.

Hochwohlgeborener

Hochverehrter Herr Geheimerath.

Herzlichen Dank für die, wenn auch wenigen, doch freundlichen Worte. Dann eine Bitte um die Zurücksendung des „Moniteur Algérien", wenn solcher nicht mehr gebraucht wird. Auch nur mündlich: die gütige Benachrichtigung, ob die Folge des Berichts noch in der „Vossischen Zeitung" herauskommt, oder etwa vom ministère Roccoco unterdrückt wurde.

Jemand sagte mir gestern, der Schluß dieses Berichtes sei immer noch nicht erschienen.

Mit der Zusage wahrer Verehrung

Ihre ganz ergebene

L. Pückler = Muskau.

182.

Varnhagen an die Fürstin von Pückler=Muskau.

Berlin, den 22. April 1835.

Ew. Durchlaucht

überreiche hiebeifolgend das Manuskript mit gehorsamstem Danke! Leider habe ich in der kurzen Frist, und bei dem Schwindel, der mir den gestrigen Abend vollends verdarb, das Ganze nicht durchlesen können; was ich aber gelesen, fand ich reizend durch Geist, Frische und Anmuth, ganz in der liebenswürdigen Grazie, welche diesem Genius eigen ist Schade jedoch, daß eine prüfende Durchsicht nicht in Gegen= wart des Autors Statt finden konnte, er würde manche Wendung gewiß anders genommen haben, und sehr zum Vor= theil des Buches. Mit der Figur und dem Namen „Semi= lasso" kann ich mich nicht einigen! Dies ist nun aber nicht zu ändern. Dagegen muß ich dringend anrathen, einige Stellen zu ändern, selbst im Fall sie schon gedruckt wären und Cartons dafür eingelegt werden müßten. Es sind dies die von Ew. Durchlaucht schon sehr richtig angedeuteten. In jedem Fall, dünkt mich, müssen die beiden Anekdoten von der Stelle, die sie jetzt einnehmen, weichen; die gute Laune ersetzt den Nachtheil des Inhalts nicht; der liebe Fürst hat die Sache nur übersehen, sonst würde er selbst schon die Ver= setzung vorgenommen haben. Die Anekdote von den Russen hat außer dem Anstößigen auch noch manches Bedenkliche in Betreff der Personen, und könnte unangenehme Verwicklungen nach sich ziehen. Das „Königlich Preußische" bei Lausitz muß durchaus wegfallen. Wenn bei dem Duell, anstatt Oberst von K**" oder „preußischer Oberst" nur stünde „der Gegner" würde es auch besser sein; ich möchte sehr zu dieser Aende= rung rathen. —

Wie die Absicht des Fürsten, daß ein Fragment in Hrn. Mundt's Journal erscheinen soll, jetzt zu erfüllen ist, weiß ich nicht. Ich kann bei der späten und eiligen Einsicht des Manuskripts nichts aussuchen noch abschreiben. Herr Schefer müßte etwas Schickliches auswählen und mir abge= schrieben zuschicken, sonst weiß ich keinen Rath. Die Sache ist im Interesse des Fürsten doch zu wünschen. —

Verzeihen Ew. Durchlaucht meine Kürze, und daß ich mich nicht selbst einfinde, um mündlich nähere Antwort zu geben. Ich darf aber Vormittag das Bette nicht verlassen, und fürchte, das Manuskript dem nothwendigen Gebrauche länger zurückzuhalten; besonders möchte ich die Verfügung wegen der Cartons nicht verzögern, und diese muß doch wohl durch Herrn Schefer getroffen werden.

Mit allen besten Wünschen für Ew. Durchlaucht und den theuren Reisenden habe ich die Ehre in tiefster Ehrfurcht und anhänglichster Ergebenheit zu verharren

Ew. Durchlaucht

ganz gehorsamster
Varnhagen von Ense.

---

183. ·

Varnhagen an die Fürstin von Pückler=Muskau.

Den 5. Mai 1835.

Ew. Durchlaucht

habe ich die Ehre, in der Anlage das mir gütigst an= vertraute Manuskript unterthänigst zurückzustellen. Dem Wunsche des Fürsten gemäß, habe ich ein Bruchstück, wo von dem Könige Ludwig Philipp die Rede ist, abschreiben lassen, und dem Hrn. Dr. Mundt bereits übergeben. Ich wünsche, daß der Druck noch zu rechter Zeit erfolgen könne, bevor das Buch selber erschienen ist; Hr. Schefer hat durch seine lang= wierige Hinhaltung diese Sache etwas benachtheiligt; es giebt so mancherlei guten Willen, den man nicht erkalten lassen muß!

Ich hoffe und wünsche von tiefster Seele, daß Ew. Durch= laucht vollkommen hergestellt sind, und nun des besten Wohl= seins genießen, auch dasselbe von dem theuren Reisenden wissen, den der Himmel ferner in seinen besten Schutz nehmen wolle! — Mir ist der Frühling nicht besser als der Winter; ich verbringe meine Tage mit Ringen und Leiden! Könnte ich nur arbeiten, und gehörig schreiben, so ertrüg' ich alles leichter! —

In tiefster Verehrung unterthänigst verharrend

Ew. Durchlaucht

gehorsamster

Varnhagen von Ense.

184.

Pückler an Varnhagen.

Tunis, den 20. Mai 1835.

Verehrtester, gütiger Freund,

Obgleich Sie mich diesmal gar kurz abgespeist haben, und das Motiv, Ihr Unwohlsein, mir doppelt schmerzlich ist — so sage ich Ihnen doch tausend Dank dafür.

Zwei Sachen bedaure ich sehr.

1) Wie Sie so richtig sagen, daß ich nicht da war, um selbst nach Ihrem Urtheil, das ich immer richtig finde, um= schmelzen und abändern zu können, was diesmal besonders sehr übereilt werden mußte.

2) Daß Sie nicht früher mein Manuskript erhielten —
da aber Hallberger durchaus zu Ostern damit herauswollte,
fehlte überall die Zeit, und überdieß fühle ich — und glauben
Sie es mir nur wörtlich — eine wahre Scheu Sie bei meiner
Fruchtbarkeit, (die eigentlich von der Natur des Unkrauts
etwas an sich trägt), immer und immer mit meiner schwarzen
Wäsche zu behelligen! Eine derbe Indiskretion bleibt es
unfehlbar, und sie hat keine andere Entschuldigung, als mein
Interesse. Wenn ich nun denke, Sie empfangen es mit Ueber=
druß, und müssen es beinahe für eine corvée ansehen, so
reinigt mich das. Auch bin ich nicht ganz unbesorgt, wie ich
Ihnen schon einmal gesagt, Sie in Ihrer Stellung doch viel=
leicht einmal dadurch zu kompromittiren.

Das Wenige was Sie aussetzen, hat so ganz meinen
Beifall, und zeigt mir so sehr Ihre treue Freundschaft, daß
ich nur wünsche, die Zeit möge noch die Aenderung erlauben.

Daß der Titel nichts taugt, ist ein Unglück — aber
hier kann nichts mehr helfen, und wir müssen auf's gute
Glück hoffen. Das Publikum ist wunderlich, und das ganze
Gefallen meiner Sachen eigentlich ein Beweis, daß, wenn es
einmal in gute Laune versetzt ist, viel bei ihm durchgeht.

Ich — das schwöre ich Ihnen zu — schlage mich immer
geringer an, je mehr ich schreibe. Auch ist mein einziger
Antrieb dazu nur Selbstbildung, und — der Buchhändler,
mein Trost beim Verfehlten aber die seltsame Verschiedenheit
der Meinungen, die, wenn man nun einmal Posto gefaßt,
einen lange über dem Wasser hält. Walter Scott hat in
den Vorreden seiner vierzig Romane fortwährend über seine
Anciennetät plaisantirt, und man ist es (im Allgemeinen),
doch nicht satt geworden.

Uebrigens erhalten Sie (und ich werfe alle Skrupel des=
halb bei Seite), mein Manuskript über Afrika zuerst und bei
Zeiten, um alles zu ändern wie Sie wollen, mit carte
blanche.

Der Himmel behüte Sie. Sagen Sie doch etwas Herz=
liches von mir an Alexander Humboldt über den Tod seines
berühmten Bruders. Laube's Dedikation nehme ich unbedingt
an, denn der Himmel behüte mich, daß ich einen es mit mir
wohlmeinenden Mann kränken sollte, weil er verfolgt ist. Ich
schüttle Ihnen die Hand dankbar und ergeben.

Semilasso der Verurtheilte.

Den Brief an Laube bitte ich gütigst besorgen zu wollen.

185.

Die Fürstin von Pückler=Muskau an Varnhagen.

Berlin, den 25. Mai 1835.

Hochverehrter Gönner! Darf ich Sie bitten, sich für
einen Moment abzumüßigen, und dieses Neuestes aus
Afrika zu lesen. Und wo möglich etwas anzugeben, um
die Unächtheit solcher Nachrichten darzuthun: denn wenn auch
die, welche den Styl des Fürsten kennen, ihm solches nicht
zutrauen, so sind doch wieder Viele, die blindweg daran
glauben.

Der „Freimüthige," der bei dieser Gelegenheit füglich
der Abgeschmackte zu nennen wäre, hat schon Aehnliches publi=
zirt, wobei namentlich die grundlosesten Gerüchte über Mus=
kau vorkommen. Zu bemerken wäre, daß der Fürst Algier
Ende März verlassen, und die letzten Nachrichten aus Bona
vom 5. April sind.

Verzeihen Sie mir, wenn ich Sie abermals belästigte —
und nehmen Sie die Zusage der größten Hochachtung gütig
auf von

Euer Hochwohlgeboren

ganz ergebenen
L. F. Pückler=Muskau.

186.

Varnhagen an die Fürstin von Pückler-Muskau.

Berlin, den 25. Mai 1835.

Ew. Durchlaucht

bin ich für die gütige Zusendung dankbar verpflichtet; ich lese sonst dergleichen Blätter nicht, dieses jedoch hatte ich gestern zufällig angesehen, weil man es mir gegeben. Ich theile die Empfindung, welche diese geschmacklose Armseligkeit in Ew. Durchlaucht erregt; kann Ihnen aber versichern, daß hierin alle ordentlichen Leute, die mir vorkommen, ganz mit uns übereinstimmen. Der Spaß ist allzu schlecht, um böse sein zu können; auch allzu schlecht, um eine Antwort zu verdienen, oder nur zu gestatten. Man muß ihn völlig ignoriren! Darauf wartet der Schreiber nur, daß ihm eine Entgegnung den Anlaß giebt, die Geschichte mit Vortheil weiter zu treiben! Uebrigens kann man nicht läugnen, daß der liebe Fürst durch seine allzulang fortgesetzte Halbverkleidung dem Schreibervolke sich etwas bloßgestellt hat. In dieser Hinsicht ist es mir immer auf's neue leid, daß die Bezeichnung „Semilasso" nun abermals andere schlechte Späße hervorrufen wird! Indeß haben wir das Mögliche gethan, es abzuwenden. —

Der Himmel erhalte uns den theuren Reisenden, und lasse ihn erfolg- und ruhmgekrönt, wie gesund und freudig, heimkehren! Ich grüße ihn herzlichst und hochachtungsvollst!

Gegen das zurückerfolgende Blatt ist wirklich nichts zu thun, meines Erachtens; und gewiß das Beste, ihm keine Berichtigung zu geben!

Mit tiefster Verehrung und Ergebenheit

Ew. Durchlaucht

gehorsamster

K. A. Varnhagen von Ense.

187.

Die Fürstin von Pückler-Muskau an Varnhagen.

Muskau, den 3 Juli 1835.

Hochwohlgeborener

Hochgeehrter Herr Geheimer Legationsrath.

Vor einigen Tagen empfing ich diesen Brief von Pückler an Sie, verehrter Herr Geheimer Legationsrath, wie kurz vorher eine im März aus Alger abgesandte Kiste, einige kleine Andenken aus dieser fernen Gegend für mich und meine Töchter enthaltend. Ich fand dabei die Beilage für eine schöne Dame, welche ich Ihnen mit der Bitte übermachen darf, solche zu ihrer Bestimmung zu befördern, eine desto günstigere Aufnahme dadurch zur Erinnerung des Reisenden zu erlangen. So weit — so lange schon aus den Kreisen unserer europäischen Gesellschaft ausgeschieden — verzeiht man wohl eine etwas hazardirte Aeußerung der Freunde, zumal dem, der es ganz herzlich meint! Darum bekenne ich frei heraus, wie dieser halbe Beduine, dieser Gentlemann in Burnus geradezu die Dame mir bezeichnet als die liebenswürdige künftige Frau von Varnhagen.

Noch kann ich mich nicht trösten, Sie bei meiner Abreise verfehlt zu haben.

Genehmigen Sie die Zusage der innigen Verehrung, mit welcher ich die Ehre habe zu sein

Euer Hochwohlgeboren

ganz ergebene

L. F. Pückler-Muskau

188.

Varnhagen an die Fürstin von Pückler-Muskau.

Ew. Durchlaucht·

eile ich meinen tiefergebenen Dank auszusprechen für die werthen Sendungen und Briefe, die mir gestern und heute

von Ihnen zugekommen! Ich war anfangs betroffen, in
Ew. Durchlaucht Schreiben „diesen Brief des Fürsten“ nicht
zu finden, indessen hoffte ich bald, das Blatt würde sich nicht
verloren haben, sondern den Blicken zeigen, und dann nach=
gesandt werden. Und dies hat sich denn heute früh gleich
beim Erwachen auf das Schönste erfüllt! Die Worte des
lieben und verehrten Fürsten haben mich ungemein gefreut
und belebt; sein festes Zutrauen zu mir beglückt mich, und
gewiß entspreche ich demselben mit besten Kräften!

Mögen ihm nur seine Lebenslust und Lebensfrische
bleiben, und sie ihn auf seinen reichen Wanderungen nicht
nur immer weiter, sondern mit Befriedigung endlich auch
wieder näher zu uns zurückführen! Vortrefflich spricht er
über seine Schriftstellerei; mit einer Unbefangenheit und Ab=
lösung, die selten mit so warmem Eifer zugleich bestehen; er
ist so stark in dieser Gestalt, weil er auch längst über diese
hinaus, und immer noch in sich das ist, als er sich äußerlich
zeigen kann.

Den Brief an Dr. Laube schicke ich noch heute ab. Auch
dieses Blatt ist köstlich, und wird den Empfänger unendlich freuen.
Die seitdem erschienene Zueignung nimmt sich gut aus, und
ist den Wünschen des Fürsten gemäß. Ein Versehen ist mit
dem Titel des Fürsten vorgegangen; es war zwischen Voll=
ständigkeit und Kürze die Wahl; Laube hatte mit Recht die
Kürze gewählt, der Verleger aber noch die preußische General=
schaft hinzugefügt, an die nun noch anderes sich reihen
müßte. Die Sache ist unerheblich; doch wollte auch in sol=
chen Dingen, und gerade dem Fürsten gegenüber, der Autor
sich regelrecht halten.

Die Sendung aus Afrika, mit der ich gestern bei * mich
einzustellen hatte, ist von dem außerordentlichsten Erfolge be=
gleitet gewesen. Sie hat das lebhafteste Erstaunen, den an=
genehmsten Eindruck gemacht; das Andenken ist schmeichelhaft
empfunden, das ausdrucksvolle Zeichen desselben sehr bewun=

bert worden. Dabei habe ich einen Theil des mir Anver=
trauten diplomatisch verschwiegen, und mich wohl gehütet, die
geheimen Fäden zu verrathen, die sich still in dieses bunte
Gewebe eingeflochten haben! Ich sehe aus den Voraus=
setzungen, welche Ew. Durchlaucht mir gütigst andeuten, den
liebevollen Antheil und die freundliche Fürsorge, welche der
gute Fürst mir hegt, und bin ihm dafür mit treuem Herzen
dankbar. Allein die Voraussetzungen sind irrig; beide Per=
sonen, welche die Sache zunächst angeht, scheinen nichts davon
zu wissen.

Ich schreibe dem lieben Fürsten nächstens, und will nur
vorher noch ein Blatt von Dr. Laube einfordern, auch einiges
Litterarische abwarten, das ich zu berichten wünsche. Man
kann in der Litteratur, wie im Kriege nichts allein thun, es
bedarf des Zusammenwirkens, und doch sehe ich täglich mehr,
ist man fast immer auf sich allein zurückgewiesen, und darf
auf kein Zusammenwirken rechnen! Ein unglücklicher Zwie=
spalt, in welchem man sich ewig fortbewegt!

Ew. Durchlaucht genießen in dem schönen grünen Muskau
gewiß bessere Sommertage, als wir in dem heißen Berlin,
wo Staub und Schwüle gleich lästig sind. Mir geht es noch
leidlich genug, aber unter einer harten und traurigen Be=
dingung, daß ich nämlich möglichst wenig schreibe! Während
ich, den Antrieben und Anlässen nach, unaufhörlich schreiben
sollte!

Genehmigen Sie, hochverehrte Frau Fürstin, den wieder=
holt beeiferten Ausdruck der tiefsten Ehrerbietung und innigst=
ergebenen Dankbarkeit, worin ich Ihrem ferneren Wohlwollen
mich empfehle und treulichst verharre.

Varnhagen von Ense.

189.
Varnhagen an Pückler.

Berlin, den 15. Juli 1835.

„Vom Fürsten Pückler!" Dieser Ausruf beim Erkennen der Handschrift auf einem Briefumschlag erweckt gleich die rascheste Bewegung, es fängt eine neue Stimmung an, die Sinne ermuntern sich; Heiteres, Anmuthiges, Frisches, Liebenswürdiges wird erwartet. So ging es mir in diesen Tagen, als ich durch die verehrte Frau Fürstin das jüngste Briefchen Ew. Durchlaucht empfing! Ich fand mich gleich so angenehm berührt, daß ich auch davon gekräftigt wurde, und die zu befördernde Einlage sofort mit eigenem Schreiben begleiten konnte. Hier ist schon die Antwort, und auch diese halte ich keinen Tag auf; und gebe nur schnell dies grüne Blatt zu der rothen Blume — als grünes Blatt! Der Brief von Laube gefällt mir sehr; es ist in seinem ganzen Wesen etwas Eigenes, vom Buchstaben Unabhängiges, das noch ganz anderes ist, als litterarisches Talent; er ist fein, auch wo er noch roh, und tüchtig, wo er noch frivol ist.

Vor allen Dingen möchte ich Ew. Durchlaucht bitten, seinen Wunsch, wenn es irgend geht und noch Zeit dazu ist, zu gewähren, und ihm einen Beitrag zu dem „Almanach der Schönheit" zu geben; aber mit Ihrem Namen lebend und rüstig! Ich will ihm auch einen Aufsatz liefern, wenn mich alles im Stich läßt, und scheue die kleine Bedenklichkeit nicht, die gerade ich haben dürfte. Man muß sich gegenseitig unterstützen, auch mit Aufopferung. Uebrigens hat es mit Laube keine Noth, er versinkt nicht, sondern hebt sich, auch gesellschaftlich, und beweist, daß ein Talent immer vornehm ist, sobald es will. — Ueber den Verstorbenen kann ich nur die Meinung wiederholen, daß er aufzugeben ist, und sein Bruder Semilasso gleichfalls nur leise noch vorkommen darf. Ew. Durchlaucht haben Recht, das Publikum hat sich gar lange das Spiel mit dem „Unbekannten" von Walter Scott gefallen

laſſen; aber gerade das iſt ſchlimm; die frühere Doſis pſeu=
donymen Scherzes wirkt in ihm fort, und die kleinſte macht
jetzt zu ſtarke Wirkung. Mit dem Queckſilber iſt es immer
ſo; Opium wirkt in entgegengeſetzter Art, jemehr gegeben
worden, deſto mehr muß gegeben werden. Opium ſchreiben
Sie einmal nicht! — Auf alles Verheißene bin ich ſehr be=
gierig. Der Band über Frankreich muß nun bald aus der
Preſſe ſein. Er ſoll gut empfangen werden, einige Poſten
ſind ſchon ausgeſtellt, und die Gegner werden finden à qui
parler! Für die künftigen Sachen will ich gern nach Ein=
ſicht und Gewiſſen beiräthig ſein; das eigentlich Geſchäftliche
ſchließ' ich aus, als worin ich bisher wenig Geſchick gehabt;
auch ſcheinen Ew. Durchlaucht darin ſehr gut bedient. Viel=
leicht von Ihnen ſelbſt? Es wäre kein Wunder! — Der
Aufſatz in Dr. Mundt's Zeitſchrift nimmt ſich ſehr gut aus
und findet großen Beifall, wie auch die Zeitſchrift im Ganzen.
Der Herausgeber leidet noch an dummer Verfolgung der
Frömmlinge, wird aber von angeſehenen Perſonen geſtützt.
Er wird ſich ſchon durchbeißen. Litteratur und Geſellſchaft
werden übrigens immer trauriger hier, enger, dürftiger, leb=
loſer. Die Meinungen und Urtheile, denen man zu herrſchen
erlaubt (und die es doch nicht dahin bringen), zeigen ſich
jeden Tag gewachſen an Gemeinheit und Brutalität; ſie ſtören,
aber ſelbſt bleiben ſie auch nicht ungeſtört. —

Welche Bewegungen und Ausrufungen des Erſtaunens,
der Verwunderung, der guten Laune, der freundlichen Dank=
barkeit habe ich vernehmen müſſen, als * in meiner Gegenwart
das afrikaniſche geſtickte Tuch entfaltete! Sie hing es über
ihren Kopf als Schleier, um ihre Beſchämung zu verdecken;
das Andenken iſt ihr ſchmeichelhaft und werth. Ich ſoll ihren
Dank ausdrücken, und alle beſten Wünſche. Sie wohnt in
einer hübſchen Landwohnung auf der Potsdamer Chauſſee,
und ich ſehe ſie oft. Laſſen Ew. Durchlaucht hier aber der
Einbildungskraft nicht den Zügel ſchießen! Unſere Chauſſeen

sind noch halsbrechend, es fährt sich weder so glatt noch so
schnell, wie auf Eisenbahnen. Apropos von diesen, sie haben
hier viele Gegner. Hilft nichts! Man wird müssen! —

Frau von Arnim hat ihren jüngsten Sohn in Folge
eines Schwimmsturzes verloren, und ist tief gebeugt, will aber
gefaßt scheinen. Ihr Buch wird arg mitgenommen, und sie
ist darüber ganz bestürzt; jeder Tadel bringt sie aus dem
Gleichgewicht, und kein Lob — denn auch großes Lob wird
ihr   freut sie. Dabei ist es schwer Autor sein! Sie muß
sich abhärten; das Meiste war vorauszusehen. Viele nehmen
ihr hauptsächlich die Zueignung übel. Recht gut, das manche
Leute ihren Aerger haben! —

Laube klagt, daß seine Zueignung durch den Verleger
den Zusatz „Kön. Pr. General" bekommen, er wollte bloß den
Namen, da alle Titel nicht zu geben waren; er hat in
seinem Briefe Aufklärung und Entschuldigung deshalb vergessen, der Raum fehlte dann: ich erwähne es nachträglich,
seinem Begehren gemäß. Es ist so auch gut. —

Humboldt ist in Töplitz. Fast alle Welt verreist, oder
ist schon fort. Heute wird Frau von Stägemann begraben.
Ich fürchte für ihn, er scheint mir sehr wankend. — Mir
geht es um vieles besser; ich habe mitunter ganz gute Tage,
aber auch schlechte, und selbst in den guten bin ich selten
arbeitsfähig. Schade! Ich hätte viel zu thun. Noch Jahre
lang mit Rahels Papieren, die mein wahres Leben sind!
Mit vielem anderen, was mir auch obliegt!

Mit besten Wünschen und Hoffnungen für

Ew. Durchlaucht
verehrungsvoll und innigst ergeben

Varnhagen von Ense.

190.

Die Fürstin von Pückler-Muskau an Varnhagen.

Muskau, den 13. August 1835.

Hochwohlgeborener Herr,

Hochzuverehrender Herr Geheimer Legationsrath,

Wie gütig und liebenswürdig ist alles was von Ihnen kommt! Ich habe dies abermals recht lebhaft beim Empfang Ihrer letzten Briefe empfunden. — Mit diesen Gesinnungen werden Sie es gewiß theilen, daß ich der großen Besorgniß hingegeben lebe, denn seit dem 26. Mai — bin ich ohne alle Nachrichten, und alle Gründe der Beruhigung, womit ich und Andere meine Unruhe zu beschwichtigen suchen, reichen kaum mehr aus! Auch wälzt der Last auf meinem Herzen jeder Tag der vergeblichen und getäuschten Hoffnung ein immer schwereres Gewicht zu.

In dieser traurigen Verfassung meines Gemüthes ist mir die Klage an Sie gerichtet, erleichternd! Doch noch eine Bitte ist die Veranlassung meines Briefes, und zutrauensvoll darf ich sie aussprechen.

Der Neffe des Fürsten, Sohn seiner jüngeren Schwester, dessen Erziehung er bisher leitete, und dem er wohl, wenn er ohne Erben sterben sollte, das Besitzthum zudenkt, welches er hinterlassen würde, ein junger Mann von bald 19 Jahren, nicht ohne Anlage und äußerlich sehr wohl gebildet, soll nach überstandenem glücklichen Examen seine Studien zu Michaelis beginnen. Es ist die Absicht von seinem Onkel, daß er sich dem diplomatischen Fache widme, und mir ist es übertragen, für das Nöthige nun zu sorgen. Eine direkte Einmischung des Vaters wünscht Pückler nicht, und die zu dem hier an= gedeuteten Gelder sind auch auf die Summe von 500 Thlr. jährlich beschränkt! Die Frage wäre daher für mich dahin zu lösen, daß ich mit Rücksicht auf die disponible Summe die Uebersicht dessen hätte, was der junge Graf Pückler zu erlernen, und wie er die Eintheilung seines Studienlebens in Hinsicht seiner übrigen Bedürfnisse zu machen hat.

Solches mit Ihrem Rath und Ihrer Angabe entworfen, darum ersuche ich Sie, Hochverehrter! Auch um Ihre Ansicht, welche Universität Sie zum Anfang dieser akademischen Lauf= bahn bestimmen möchten.

Bis jetzt war der junge Mensch auf der Ritterakademie zu Liegnitz. Sein Onkel wollte ihn von da nach Genf bringen, namentlich der Sprachen wegen.

Sollte dies sich jedoch mit den Mitteln, die da sind: vertragen, worüber ich eigentlich nur durch Hörensagen etwas weiß, so wäre es vielleicht deshalb vortheilhaft, da die jungen Leute in Genf gleich so gestellt werden, daß sie in Familien aufgenommen sind, welches für Sitte und gesellige Bildung oft so wohlthätig wirkt; um so mehr, da dieser Jüngling, wie Alle von deutschen Schulen kommende, sich hierin noch manches anzueignen hätte. Ob nun Berlin zu wählen wäre — ich weiß es nicht, und schwebe wirklich wegen dieser ganzen Sache in einem wahren Dunkel.

Niemand kann mich hier mehr als Sie unterstützen, und nochmals bitte ich Sie dringend, sich meiner darin anzunehmen, und die Freimüthigkeit mit Ihrer großen Güte zu entschuldigen, welche mich vielleicht Sie so belästigend macht. Genehmigen Sie hier im voraus den Dank, der der herzlichste sein müßte, wenn Sie mich mit meiner Angelegenheit nicht abweisen, und die Zusage innigster Verehrung und Anhänglichkeit, von

Ihrer

allerergebensten
L. Pückler=Muskau

Nachschrift.

Ich bin glücklich genug, verehrter Freund, Ihnen sagen zu können, daß ich eben einen Brief von Pückler erhalte, der wenn er meine Sorgen nicht hebt, doch mir bis zum 28. Juni die Nachricht seines Wohlseins giebt.

Er befand sich in Kerkau und Sfax, wo er mit großer Eskorte des Bey von Tunis gereist, viel sehr Merkwürdiges an Alterthümern gefunden, und auch eine sehr ausgezeichnete Aufnahme erhielt. Doch zugleich fehlt es weder an Gefahren, noch an unendlichen Beschwerden. Herzlich grüßt Sie der Entfernte, mit Dank und Verehrung Ihrer gedenkend wie immer.

191.

Varnhagen an die Fürstin von Pückler-Muskau.

Ew. Durchlaucht

verehrte Zuschrift und duftendes Fruchtgeschenk trafen mich bettlägerig, durch welchen traurigen, im schönsten und vielleicht schon letzten Sommerwetter doppelt traurigen Umstand auch allein die Verspätung meiner Antwort und meines Dankes verschuldet werden konnte! Die herrlichen Früchte haben Kranke und Gesunde erquickt, und für Ew. Durchlaucht die heitersten Dankempfindungen erweckt, zugleich aber einige Zweifel, die ich selbst einigermaßen mitzuhegen versucht bin, die Zweifel nämlich, ob Ew. Durchlaucht nicht vielleicht im Scherze diese durch Größe und Würze so außerordentlich schönen Früchte für in Muskau gewachsen ausgeben, da sie fast ganz das Ansehen haben, frisch aus Afrika gekommen zu sein? Verhalte es sich indeß damit, wie es wolle, Ew. Durchlaucht werden es uns nicht übel nehmen, daß wir bei so bewundernswerthen Erzeugnissen und Gaben zugleich mit Ihnen auch den Namen des theuren Fürsten gefeiert haben!

Die glücklichen Nachrichten von ihm laufen hoffentlich nun fortgesetzt ein, und mildern die Besorgnisse immer auf's neue, denen die weite Ferne und das Stocken der Mittheilung freilich allzu leicht Nahrung geben kann. Ich war höchst er=

schrocken über den Anfang des Briefes Ew. Durchlaucht, ich fühlte ganz Ihre Beängstigung und meine eigene zugleich, und erst mit dem nachschriftlichen Blättchen fiel mir wie ein Stein von der Brust, wurde der Athem wieder frei. Herr Bresson war auch wahrhaft bekümmert und ungemein erfreut, nachträglich zu vernehmen, daß wenigstens neuere Briefe seitdem eingetroffen seien.

Die Reisen des verehrten Fürsten haben ein großes Interesse, und ich kann mir denken, daß sein aus Muth und Geist zusammengesetztes Wesen ganz beglückt ist durch die kühnen und reichen Erlebnisse, die er sich gewinnt. Aber vergessen darf er in diesen großartigen Genüssen doch nicht, daß in anderen Herzen mehr Sorge und Liebe für ihn schlägt, als in seinem eigenen. Wirklich gehört ein solcher Mann nicht mehr sich allein an, er gehört denen, die ihn lieben, und ich will mir meinen Antheil an ihm auch niemals bestreiten lassen! — Wäre er nur erst aus Afrika fort! In Griechenland, in Konstantinopel ist er wieder näher, erreichbarer, und wenigstens manchen Gefahren entrückt! Selbst in Aegypten und Syrien ist er schon sicherer, als unter den Barbaresken. —

Ueber das Anliegen Ew. Durchlaucht in Betreff des jungen Grafen von Pückler habe ich viel nachgedacht, ohne jedoch ein bestimmtes Ergebniß liefern zu können. Der Aufenthalt in Genf hätte große Vortheile, besonders weil junge Leute dort gewöhnlich während ihrer Studienzeit in ansehnlichen Familien Aufnahme finden, und Aufsicht, Unterricht und Kost in demselben Hause verbunden werden können. Ich war indeß nie persönlich dort, und habe auch keine Bekannten, die ich näher befragen könnte. Die bestimmte Geldsumme scheint mir aber jedenfalls für Genf nicht ausreichend. Von Universitäten würde ich, wenn es nicht Berlin sein soll vor allen anderen Göttingen vorschlagen, wo ein sehr solider

Geist herrscht, und von jeher viele junge Diplomaten mit
bestem Erfolg gebildet wurden.

(Der Schluß fehlt.)

192.

Pückler an Varnhagen.

Malta im Gefängniß der Quarantaine,
den 10. November 1835.

Verehrtester Freund,

Die Pest und Cholera, obgleich sie mir selbst Gottlob
bis jetzt fern blieben, haben doch meine Korrespondenz in
eine traurige Unordnung gebracht, und ich habe fast gar keine
Nachrichten von zu Haus seit undenklichen Zeiten. Auch von
Ew. Hochwohlgeboren nichts als ein Stückchen Brief an die
Fürstin, was sie mir mitgetheilt, sehr graziös und liebens=
würdig für mich wie immer, aber nicht hinlänglich für meinen
Hunger und Durst. Hoffentlich sind Sie wohl, das bleibt
die Hauptsache, und meine eifrigsten Wünsche sende ich des=
halb über's Meer.

Fünf Theile meines Nonsense über Afrika gehen zu=
gleich mit. Schefer hat die gemessene Ordre, so wie ein
Theil abgeschrieben ist, Ihnen denselben zuzuschicken, und ich
wiederhole meine Bitte mit plein pouvoir, zu streichen, was
Ihnen gutdünkt. Die Semilasso'sche Form war darin nicht
mehr füglich abzuändern, aber ich habe sie zuletzt, wie Sie
sehen werden, möglichst vereinfacht, und den Titel abgekürzt.
Der Stoff des Buches ist überreich, und ich habe, um
ihn zu erlangen, meine Haut wahrlich in jeder Hinsicht zu
Markte getragen — wie die Behandlung ausgefallen ist, das
müssen Sie entscheiden.

In höchstens drei Wochen gehe ich nach Aegypten ab,
das ich zu meinem Vergnügen sehen will, und nur wenig

20*

darüber zu schreiben gedenke, denn es ist zu abgedroschen.
Tripoli muß ich wegen der Unruhen und der völligen Un=
möglichkeit über das Weichbild der Stadt hinauszukommen,
aufgeben bis auf ein andermal. Weiter bin ich noch nicht
ganz mit mir einig.

Meine Gesundheit hat sich gut betragen, weit besser als
ich in meinem Alter, und nach einem nicht allzuweise geführten
Leben erwarten durfte. Wenn es so bleibt, bin ich über=
zufrieden.

Lassen Sie mich doch wissen, was während meiner Ab=
wesenheit aus Ihrer goldenen Feder geflossen, und wenn
Sie recht liebenswürdig sein wollen, so lassen Sie mir es
durch die Fürstin zukommen. Den letzten Brief von Ihnen
erhielt ich vor sechs Monaten.

Mit alter unwandelbarer Verehrung

Euer Hochwohlgeboren

treu ergebener

H. Pückler.

193.
Pückler an Varnhagen.

Malte, den 23. November 1835.

Mein verehrtester, gütiger Freund,

Sie haben ohne Zweifel meinen Brief aus der Quaran=
taine erhalten, der Ihnen den Abgang meines Manuskriptes
über Afrika, aus fünf Theilen bestehend, meldet, und den an
Herrn Schefer ergangenen gemessenen Befehl, Ihnen jeden
Theil, wie er fertig in's Reine geschrieben ist, sogleich zur
freundlichen kritischen Durchsicht zuzusenden. Ich darf dies=
mal hoffen, daß die Zumuthung nicht zu unverschämt ist,
weil die abgehandelten Gegenstände Sie jedenfalls um ihrer
selbst willen interessiren werden. Der Zweck dieser Zeilen ist
aber der: Sie nochmals auf das Ernstlichste und Dringendste

zu bitten, ohne Umstände zu streichen oder zu ändern, was Sie nachtheilig für mich halten. Ich thue dies mit dem vollkommensten Vertrauen, weil ich auf der einen Seite Ihrem Urtheil den Vorzug vor meinem eigenen gebe, auf der anderen aber auch weiß, daß Sie keinen übertriebenen Aengstlichkeiten Raum geben.

Ich bin hier von den Engländern mit einer Atttention und Freundlichkeit aufgenommen worden, die mich, der den englischen Karakter etwas kennt, nicht so sehr verwundert, aber vielen Anderen sehr auffallend sein würde, und jeden= falls angenehm für mich ist. Ich kann sagen, daß man mich wirklich hier fetirt, und bis jetzt war Aehnliches wirklich überall der Fall, doch nirgends in solchem Grade als hier. Ich muß es sagen, weil es wahr ist, obgleich es fast arrogant klingt. Wenn die Leute indeß wüßten, welch schlechter Pro= phet ich im Vaterlande bin, und wie gering man mich in Berlin anschlägt, vielleicht machten sie weniger Umstände mit mir. Bei alledem schmeichelt es meiner Eitelkeit im Auslande gewissermaßen Mode zu sein, und dies doch nicht meinem Bißchen Rang und Vermögen, sondern eigenem gei= stigen Bestreben, unterstützt und gehoben durch die großmüthige Güte berühmter litterarischer Gönner, allein zu danken. Man darf mir, der nichts weiter hat, diesen kleinen Triumph nicht verdenken.

Einen Spaß muß ich Ihnen noch erzählen. Als ich Tunis verließ, und mich in Goletta einschiffte, kam der Gou= verneur zu mir, um mich noch einmal von Seiten des Bey zu bekomplimentiren, und mir zugleich anzukündigen, daß Seine Hoheit mich nicht abreisen lassen könne, ohne mir ein rinfresco mit auf den Weg zu geben. Nun hören Sie, worin dies bestand, welches ein ganzes Transportschiff einnahm.

1) 4 Ochsen, 2) 20 Schafe, 3) 100 Hühner, 4) 6 Bockshäute voll feinem Oel, 5) 4 Fässer Butter, 6) 500 Eier, 7) 300 Brode, 8) 2 Zentner Zucker, 9) 1 Zentner

Mokka = Kaffee, 10) 2 Zentner Reis, 11) 2 Wagenlasten Gemüse aller Art, 12) 2 große Körbe voll Weintrauben, 13) 100 Melonen, 14) 100 Wassermelonen, 15) 6 Kisten mit Konfitüren.

Mit dieser kleinen Erfrischung hätte ich zur Noth um die Welt reisen können, und der Werth betrug wenigstens 100 Louisd'or.

Dennoch würde mich diese afrikanische Galanterie in keine geringe Verlegenheit gesetzt haben, da es gegen die Eti= kette angestoßen hätte, irgend etwas davon zurückzulassen, wenn nicht glücklicherweise ein Kapitain der belgischen Marine, der so artig war, mir sein Schiff zur freien Ueberfahrt an= zubieten, und allein deshalb drei Tage auf mich zu warten, vorhanden gewesen wäre. Diesen bat ich nun, mir zu er= lauben, als geringe Erwiederung für seine mir bewiesene Güte, wenigstens meinen Theil zur Schiffsprovision beitragen zu dürfen, und überließ das Ganze seiner Mannschaft. C'était payer en grand seigneur, et à bon marché.

Nun noch zuletzt ein schamhaftes Bekenntniß. Ich habe während meiner sechzehntägigen Quarantaine wieder einen Theil eines neuen Buches angefangen und beendigt! Ein Roman von phantastischem Inhalt, ganz nach einem Rezept verfertigt, das mir Schefer einmal zu dergleichen mitgetheilt hat. In der nächsten Quarantaine wird der andere Theil nachgeliefert. Bis dahin mag der erste ruhen.

Ew. Hochwohlgeboren
dankbar ergebener Freund und Diener
H. P.=M.

Pückler an Varnhagen.

Malta, den 10. Dezember 1835.

Verehrtester Freund!

Da ich Ihnen mit Briefen hinlänglich zugesetzt, so schreibe ich diesmal nur wenige Worte als Erwiederung Ihres vortrefflichen grünen Blattes, dem selbst der Schwefel nur einige wenige Herbstflocken beizumischen vermochte. Die Blume dazu ist der liebenswürdige Inhalt. Meinen besten Dank dafür, und den himmlischen Mächten gleichfalls, die mich ihn finden ließen. Denn es hatte den teuflischen Schergen in der Quarantaine gefallen, Ihr Schreiben mit Laube's Rose und einem halben Brief der Fürstin in das Kouvert eines Rekommandations=Schreibens des General=Lieutenant Minutoli an Seine Hoheit Mehemed Ali böslich einzuschwärzen. Glücklicherweise war der Empfehlungsbrief selbst in ein anderes Kouvert gerathen, wo ich ihn auffand, und dadurch die Verwechselung gewahr wurde. Denken Sie sich, wie sich Mehemed Ali's Ministerium die Köpfe zerbrochen haben würde, wenn ich unwissend Ihre und Laube's schönfarbigen Depeschen nach Aegypten gesendet hätte. Die Hieroglyphen wären dort wieder jung geworden.

Das Unglück, welches die arme Arnim betroffen, thut mir in der That sehr weh, denn sie schien mir ihre Kinder zärtlich zu lieben. Solche Verluste sind immer schrecklich, und erregen meine innigste Theilnahme. Weniger ihre Thorheit, den Tadel als Schriftstellerin nicht vertragen zu können. Dies wundert mich ungemein, denn ich hielt sie für viel zu eitel dazu, oder vielmehr von sich selbst eingenommen. Zum Tode der alten Stägemann kann man nur ihr und der ganzen Welt gratuliren. Ich hoffe, er wird noch eine Weile aushalten, aber alles wird so alt! Es ist abscheulich. Ich schäme mich in dieser Hinsicht jetzt täglich vor mir selbst, seit ich in der hiesigen Quarantaine fünfzig Jahre alt ward. Manchmal kann ich's noch gar nicht für offiziell halten!

Was haben Sie für Mundt's Zeitschrift aus dem Semi= lasso ausgewählt? ich weiß es nicht, eben so wenig, was aus dem Buch selbst geworden ist, das schon vor sechs Monaten herauskommen sollte, und noch immer in Hallberger's Presse steckt, wahrscheinlich nur, um zwei ebenso miserable Uebersetzungen zugleich publiziren zu können, als die der „Tutti Frutti" sind, deren Albernheit mir in Frankreich und England den Hals brechen wird. Sie würden mir, theuerster Freund, einen großen Dienst erweisen, wenn Sie es irgendwo, wo es bekannt wird, sagen ließen, wie ganz unter aller Würde die Verdrehungen sind, die ich leider selbst keine Zeit habe vorher zurecht zu setzen, und nicht einmal weiß, wer sie verfertigt. Es ist gerade als wenn Sie einen blühenden Baum nähmen, ihm alle Blüthen und Blätter abstreiften, und statt dessen Unkraut daran aufhingen. Das nennen die Leute eine Uebersetzung.

Was werden Sie, dem der Semilasso zuwider ist, nun über fünf neue Theile dieses Ungeheuers sagen? Es ist dies aber kein rebellischer Trotz, sondern Noth! Denn als Ihr Verdammungsurtheil anlangte, war schon so viel in dieser Form fertig, daß ich nicht mehr zurück konnte. Teufel Se= milasso hatte mich bei einem Haar, und ich war sein — nicht auf ewig — aber doch bis zu des Buches Ende. Doch nun soll er mir gewiß nicht mehr zu nahe kommen, und mit dem alten Invaliden lassen Sie Gnade für Recht ergehen. Es sind doch wieder vier Seiten geworden. Den Brief an Laube bitte ich gütigst besorgen zu wollen.

Herzlich ergeben

H. Pückler.

194.

Die Fürstin von Pückler=Muskau an Barnhagen.

Berlin, den 19. Dezember 1835.

Eben erhalte ich die Einlage an Sie, hochverehrter Herr Geheimerath, und wenn ich gleich Ihre Güte und Freundschaft so treu als bewährt für den Briefsteller kenne, so darf ich ihn doch noch angelegentlich in seinen Bitten, wie in seiner Person diesen wohlwollenden Gesinnungen empfehlen, welche ich immer für ihn als ein leitendes und schützendes Gestirn ansehe.

Erlauben Sie mir aber noch eine Bitte. Der Neffe des Fürsten, ein recht hoffnungsvoller junger Mann, wünscht sehr, Ihnen vorgestellt zu werden. Möchten Sie die Gewogenheit haben, ihm eine Stunde zu bestimmen, wo er zu Ihnen kommen dürfte — und möchten Sie ihn gütig aufnehmen, wie einiges Interesses würdigen.

Ich hoffe, es geht erträglich mit Ihrer Gesundheit. Meine besten Wünsche, wie meine innigste Verehrung sind Ihnen ganz gewidmet.

Euer Hochwohlgeboren

ganz ergebene

L. Pückler=Muskau.

195.

Barnhagen an Pückler.

Berlin, den 6. Januar 1836.

Verehrtester, theuerster Fürst!

Schon den ganzen Tag treibt es mich, an Ew. Durchlaucht zu schreiben, mit Ihnen zu plaudern, Ihnen Liebes zu sagen, Ihnen zu danken — aber wenn man krank im Bette liegt, sind die Wünsche, zu denen die eigene Thätigkeit genügte, oft am wenigsten erreichbar. Nachdem ich mit Un=ruhe und Störung wiederholt gekämpft, bisweilen angesetzt, dann wieder aufgegeben, komm' ich am späten Abend nun doch zu dem ernstlichen Versuch, in unbequemer Lage und düsterer Stimmung ein heiteres Wort an Sie zu richten. Heiter kann es wirklich sein, wenn ich mich vergesse, und ausschließlich an Ew. Durchlaucht denke, welches oft genug mir als Mittel der Kräftigung gelungen ist; denn in Augen=blicken, wo ich mich zur Fassung aufrufen will, thu' ich dies durch rasche Vergegenwärtigung solcher Personen, denen ich gerade in dem Falle, der mich drückt, die meiste Lebenskraft zutraue. Da geschieht es denn oft, daß ich auch Sie, liebster Fürst, als einen Schutzheiligen anrufe gegen Ueberdruß, Kleinmuth, Hinfälligkeit, und andere Uebel solcher Art; und Sie helfen mir nicht selten. Ich habe auch noch andere Helfer, je nachdem das Uebel ist; sie aber alle zu nennen, wäre nicht rathsam, da unter meinen Heiligen auch gar wunderliche zum Vorschein kommen würden. — Drei Briefe habe ich seit kurzem von Ihnen empfangen; vor einiger Zeit den vom 23. November durch die verehrte Frau Fürstin, heute den vom 10. November durch Schefer, und gleich=zeitig den vom 10. Dezember wieder durch die Fürstin. Kurz vorher empfing ich auch den dritten Theil des „Semi=lasso" und die „Jugendwanderungen", und habe beide Bücher auf meinem Krankenlager, gleich herrlichen Südfrüchten, mit größter Labung genossen. Die Schilderung der Pyrenäen hat mich ganz entzückt, sie ist von der bekannten Meister=hand, und von einer neuen dazu, denn Schefer hat Recht, die besten Darstellungen aus den englischen Reisebriefen sind hier noch übertroffen. Es traf sich, daß ich das Lesen jener pyrenäischen Briefe mit dem von Goethe's italienischen Be=richten wiederholt durchkreuzte, und jene glänzten so hell und frisch in dieser Nachbarschaft, wie zwei Geschwisteraugen, die, mit gleichem Feuerblicke schauend, einander nicht schaden, sondern erhöhen. Ich erkenne nun auch vollkommen, wie wichtig die Wahl des Gegenstandes ist, der unter Ihre Feder kommt; der größte und bedeutendste Stoff ist der beste, denn wenn auch der geringere mit gleicher Sicherheit aufgefaßt wird, und mit gleicher Grazie behandelt, so vermag sich die Menge doch nie darein zu finden, außer wo die Sache schon alt und durchgesprochen ist, und mit hergebrachtem Ansehen feststeht. Die Leute wollen immer noch nicht erlauben, daß Ew. Durchlaucht in Ihren Büchern essen und trinken, was sie den Helden Homer's denn doch billig schon zugestehen! — Sie sehen nun schon hieraus, wie vielen Dank ich Ihnen für Ihre Gaben schuldig geworden, theuerster Fürst! Und nun noch dazu für die lieben Briefe, die so viel Gutes und Freundliches für mich enthalten, und auch wahrhaft meinem Herzen wohlthun, mehr noch durch die uneigennützige Freude, daß dergleichen von Ihnen ausströmt, als durch die eigennützige, daß es sich zu mir wendet!

Wir folgen hier den Windungen Ihrer Bahn mit größter Spannung und Theilnahme, und da man mich mit Ihnen in Verkehr weiß, so bekomm' ich mehr Anfragen als ich beantworten kann. Jede Erwähnung in den öffentlichen Blättern wird vielfach besprochen, und selbst die Mißwollenden — denn wie könnten die fehlen? — zeigen ihre Neugier, ihren gezwungenen Antheil. In dem kleinen Kreise alter Bekannten, der meine wenigen Schritte einschließt, giebt es nur Freunde und Verehrer von Ihnen. Mit lebhaftestem Eifer gedenken Ihrer Fräulein Solmar, Frau von Horn, Fräulein vor Crayen, und ich nenne Ihnen diese Namen gern, weil es eine schmeichelhafte Beruhigung ist, frühe Gesinnungen durch die Zeit bewährt zu wissen. Wie es in der Berliner großen Welt aussieht, weiß ich durch eigene Anschauung längst nicht mehr, auch habe ich vom Hörensagen schon genug. Es muß fürchterlich sein. Die Beschränktheit, Albernheit, Heuchelei und Anmaßung, und, als Erzeugniß von allem diesen, die Langeweile, sollen nicht auszusprechen sein. Wohl bekomm's! Diese Welt kann mich nicht reizen, und ich freue mich, Ew. Durchlaucht nicht in den Klauen dieses Unthiers zu wissen, mög' es immerhin ein wenig an Ihrem schriftstellerischen Namen zerren! —

In der Litteratur wiederfährt Ihnen im Ganzen die ehrenvollste Anerkennung; auch dem einzelnen Tadel liegt diese immer zum Grunde; dieselben Waffen, mit denen man verwundet, dienen auch zum Huldigen, und ich sehe Manchen, der eben geschossen, anstatt wieder zu laden, das Gewehr präsentiren. Unter den Deutschen herrscht ein eigener Tick; sie wissen sich mit dem Fürsten nicht recht zu benehmen, und aus dem Gefühl, wie gern sie der Vornehmheit sich beugen, widersetzen sie sich ihr; sie glauben so ihre liberale Schuldigkeit zu thun. Könnte man nur bisweilen das nöthige Wort den Leuten in's Ohr raunen! Aber das ist so schlimm in unserer Zeit, man weiß nicht, indem man leise flüstert, ob man in ein Sprachrohr spricht, und mit Schrecken den zarten Laut als starken Donner vernimmt. Doch hab' ich im Stillen manche Verständigung zu bewirken gesucht, und solcher Saamen breitet sich dann von selber aus. Das Beste bleibt, daß Ew. Durchlaucht unbefangen und freigesinnt hoch über allen Urtheilen des Publikums stehen, nicht diesen, sondern der eigenen Neigung zu gefallen, leben und schreiben, und Ihren Gewinn und Genuß längst dahin haben, ehe die Anderen ihr Ja oder Nein anbringen können. So fahren Sie nur fort, wie es die Muse gebeut! Sie selbst haben in diesem Sinne das Vortrefflichste schon gesagt! —

Wenn auch nur durch die Zeitungen, werden gewiß einige Nachrichten von der Schriften- und Schriftsteller-Verfolgung zu Ihnen gedrungen sein, welche seit einigen Monaten bei uns ausgebrochen ist. Die jungen Leute haben

es toll gemacht, und entbehrten jeder Weltklugheit; die alten
Leute schienen es hierin gleichthun zu wollen; aber was bei
den jungen Leuten noch verzeihlich und graziös war, nimmt
sich bei den alten unerträglich aus. Das sogenannte „junge
Deutschland" bestand eigentlich nur in Dr. Gutzkow, einem
sehr großen, aber brutalen Talente, und dieser junge Mann
hat nun die Ehre, daß alle deutsche Regierungen und der
Bundestag dazu, weil Louis Philippe mit seinen Franzosen
gerade nichts zu thun giebt, sich mit ihm beschäftigen! Dieser
allgemeinen Richtung folgt er sogar selbst, und das Beste,
was noch gegen das junge Deutschland geschrieben worden,
ist anonym aus seiner Feder! Dr. Laube gehörte schon
längst einer solideren Richtung, und ist auf dem Wege völ=
liger Aussöhnung mit dem Herrschenden. Dr. Mundt hatte
sogar die Schriften Gutzkow's eifrig bekämpft, aber er ist
durch anderweitige Gegner, die er beleidigt hatte, in die Ver=
dammniß mitgestoßen, aus der hervorzugehen auch ihm die
beste Hoffnung leuchtet. Ich fürchte jetzt schon weniger, daß
die jungen Leute durch das Unwetter zu Grunde gehen, als
daß die Behörden zu weit und zu lange sich mit dem Handel
schleppen, bei dem das nie herauskommen wird, was sie
meinen. Die Verfolgung streifte auch an manches ganz
fremde Gebiet, wo sie nichts zu suchen hatte. Eine große
Geistesaufregung dauert noch fort, und es kommen gerade
dadurch Fragen zur Sprache, die man vermeiden wollte.
Seltsam genug hat man auch schon die Namen der „dämo=
nischen Frauen", welche in neuester Zeit unter uns wirksam
geworden, Rahels und Bettinas, in dem Streite genannt
und die Kühnheiten und Neuerungen, an denen man Anstoß
nimmt, zum Theil auf sie zurückbeziehen wollen! Das alles
nun wird sich sondern und lichten, das Trübe und Wirre
zerfließen, das Aechte und Wahre sich durcharbeiten und be=
stehen! Offenbar ist leider durch diesen Handel in erschrecken=
der Weise auf's neue geworden, wie locker und lose alles in

unserem Gesellschaftszustande ist! — Die in der Litteratur
einreißende Haltungslosigkeit und Anarchie nach Goethe's
Tod habe ich wohl vorhergesehen, und in Wien mit dem
Fürsten von Metternich darüber gesprochen, wie man vor=
beugen könnte. Es ist unglaublich was ein großer Name
wirkt, und was er alles zu binden vermag! —

Der „Zodiakus" von Mundt ist einstweilen durch ein
Verbot gehemmt; ob er nach einiger Zeit wieder flott wird,
hängt von Umständen ab. Aus dem „Semilasso" stand ein
Bruchstück über die Pariser Schriftsteller und Salons darin,
welches guten Eindruck gemacht hat. Die Zeitschrift war
im besten Ansehen und Schwunge, und ging auch stark nach
England. Mundt ist gerade jetzt in Berlin, auch Laube für
einige Zeit; beide junge Männer sind Ew. Durchlaucht mit
großer Verehrung zugethan. Den Brief gebe ich sogleich ab,
das heißt: hoffentlich morgen.

Wegen der folgenden Bände „Semilasso" — nur das
Wort kann ich nicht leiden, und das Spiel dünkt mich er=
schöpft — werde ich allen Fleiß anwenden. Sie wissen, daß
ich Eigenthümlichkeiten anerkenne und schätze, nicht in fremden
Erzeugnissen meinen Sinn und meine Art finden will; nur
gewisse Einzelheiten werde ich in's Auge fassen, deren Wir=
kung hier nur nach dem Augenblick zu beurtheilen ist; kommen
solche nicht vor, so kann es sich treffen, daß ich kein Wort
in dem ganzen ändere.

Für heute muß ich endlich aufhören! Es ist der
6. Januar 1836, und immer viel, daß ich so weit gekommen!
Aber es ist auch darnach! —

Den 7. Januar.

Der Tag läßt sich heiter an, die Sonne will hervor=
brechen; ich aber muß ihn, und gewiß noch viele folgende,
im Bette hinbringen, unmuthig, traurig, mit vielen Gedanken,
die alle dahinwelken, so wie sie sich auf mich beziehen wollen!
Genug! — Könnt' ich nur immer schreiben, nur immer ab=

schreiben — Rahels Briefe — so wäre ich doch beschäftigt, aber die auferlegte Muße wird eine unerträgliche Last. Einige kleine Arbeiten habe ich im Laufe des Sommers doch noch zu Stande gebracht, Biographisches, das nun wohl auch in Druck gegeben wird: manches wird Ew. Durchlaucht inte=ressiren, zum Beispiel über Gentz; Sie finden es, wenn Sie zurückkommen. Das ist nun wohl so bald noch nicht, wird aber doch endlich geschehen müssen! Ihr Neffe, der junge Graf Pückler, der mich gestern freundlich besuchte, sagte mir, die Reise ginge nun bestimmt erst nach Griechenland, und später etwa nach Aegypten. Das ist mir sehr lieb, das „heiße Afrika" mit seinen Gefahren und Anstrengungen er=weckt mir immer einigen Schauder. Unter den Türken und Griechen weiß ich Sie lieber als unter den Barbaresken, und die Ausbeute wird für Ihre Augen nicht geringer sein, wenn auch schon viele andere darüber hingeschweift haben. Der Marquis de Custine soll auch in Griechenland sein. In Athen finden Sie den österreichischen Generalkonsul Gropius; fragten Sie den wohl, mir zur Liebe, ob er etwa (freilich wär' es ein Wunder) noch Briefe von Rahel hat, und sie mir geben will? Er kannte Rahel in Paris, bei Frau von Humboldt, welche beiden eine vertraute Freundin war. —

Stägemann ist wohl; er hat einen Band Sonette zum Andenken und Ruhm seiner Gattin drucken lassen, als Hand=schrift, worunter sehr schöne Sachen sind. — Einen werthen Freund habe ich kürzlich verloren: Mendelssohn=Bartholdy, den Vater des Tonkünstlers, zu dessen Aufführungen Sie mich einmal begleiteten. — Sonst weiß ich wahrlich kaum Neues von hier! — So bald ich besser bin, besuche ich die verehrte Frau Fürstin, deren treue Sorgfalt und beeiferte Theilnahme für Ew. Durchlaucht es eine wahre Freude ist zu sehen; es ist erhebend, solche Kraft der Gesinnung auf der Erde zu wissen! Auch Carolath's hoffe ich zu sehen! Wäre es nur erst zum Ausfahren gekommen mit mir! Zum

Sommer soll ich in ein Seebad. Ich habe jedoch wenig
Lust; und wie fern liegt noch der Sommer! Ich weiß keinen
Ort, der mich anzieht, keinen der mir gefällt, von dem ich
etwas erwarte, drum bleib' ich am liebsten wo ich bin. —
Die Verwechslung der Briefe in der Quarantaine ist sehr
amüsant, besonders da sie zu rechter Zeit noch entdeckt
worden. Ich würde öfter Ihnen zu schreiben versucht haben,
aber in die weite, unsichere Ferne hin scheint alles so unbe=
deutend, man möchte immer besseren Stoff, oder doch kräftigere
Stimmung abwarten. An Außerordentlichem fehlt es hier
ganz, und unser Gewöhnliches ist gar zu kläglich! „Keine
Luft von keiner Seite, Todesstille fürchterlich! In der un=
geheuren Weite, Reget keine Welle sich!“ — Frau von
Arnim sitzt auch wie eine nächtliche Einsiedlerin tief zurück=
gezogen, und verkocht ihre Mißgeschicke. Eine günstige Kritik
ihres Buches von Weiße in Leipzig habe ich ihr zugesandt;
gleich darauf erschien eine wahnsinnig=grobe von Börne im
„Morgenblatt“. Können in Athen solcherlei Nachrichten im
geringsten interessiren? kann es im Angesichte der Propyläen
noch Eindruck machen, daß wirklich wieder ein Denkmal
Friedrichs des Großen stark in Anregung ist? Ich zweifle
sehr! —

Besuche von Dr. Gans und Graf Yorck — meinem
Wandnachbar — haben mich unterbrochen; dann kam Dr. Laube,
der sich des Briefes Ew. Durchlaucht herzlich freute.
Wir haben das Alte nochmals durchgesprochen, aber eben
nichts Neues herausgefunden; unter solchen Ergebnissen endet
Gespräch und Brief, und ich hätte diesen wohl schon längst
abbrechen sollen! Doch ich rechne auf Ew. Durchlaucht
Nachsicht, deren ich überhaupt sehr bedarf. Ich bin schrecklich
unzufrieden mit mir; alles was ich sein möchte, bin ich nicht!
Die Krankheit entschuldigt viel, aber nicht alles. Indeß will
ich doch nicht zu streng mit mir sein, sondern Ihnen ein
gutes Beispiel geben, und mir viel verzeihen! Thun Sie's

auch! Leben Sie wohl, theuerster Fürst, bleiben Sie gesund und lebenslustig, und kehren Sie uns glücklich heim! Die besten Segenswünsche begleiten jeden Ihrer Schritte! Ich sehe, daß Sie in den Pyrenäen auch schwermüthige Anwand=lungen hatten, als Anwandlungen mögen sie gelten, aber lassen Sie sich nicht davon übernehmen! Die fünfzig Jahre sind bei Ihnen wirklich noch nicht offiziell! (Ein köstlicher Ausdruck!) Auf die Einwilligung kommt viel an, geben Sie sie nicht, und die Thatsache ist noch unvollständig. Ich hatte längst eingewilligt, ehe die Fünfzig erfüllt waren, nun kann ich nicht mehr zurück! Man läßt es sich ein=reden, daß man alt sei, es ist lächerlich, aber wahr. Die Empfindungen sollten allein zu entscheiden haben, nicht die Rechnung. — Ich glaube, ich wäre im Stande noch diese ganze Seite voll zu schreiben! Und in welcher Lage, einer Art Biwack im Bette! Doch nun endlich sei es genug! Nochmals die treuesten Grüße und Wünsche für Sie, die Bitte um Fortdauer Ihrer freundschaftlichen Gesinnung auch in diesem neuangetretenen Jahre, und die Versicherung der innigsten Hochachtung und Anhänglichkeit, welche Ew. Durch=laucht unwandelbar widmet

Ihr gehorsamst=ergebener

Varnhagen von Ense.

196.

Die Fürstin von Pückler=Muskau an Varnhagen.

Berlin, den 14. Januar 1836.

Hochwohlgeborener, hochgeehrter
Herr Geheimer Legationsrath,

Von jeher so gütiger und wahrer Freund vom Fürsten, wage ich Sie um Ihre Unterstützung bei einer Erwiederung zu bitten, welche mir nöthig scheint, um hämisch ausgestreute Nachrichten über dessen finanzielle Lage zu verbreiten.

Mit dem Zauber und der Gewalt Ihres schönen, klaren Styls, durch drei bis vier Zeilen, heben Sie, Verehrtester, das Erdichtete über diese „Expatriation", und eine fremde, nicht von ihm eingesetzte Verwaltung seiner Güter hervor, wie die Aufforderung zuletzt: wäre jemand daran gelegen, sich über das Grundlose dieser Angaben zu belehren, solcher könne sich deshalb an den Chef der Königlichen Seehandlung wenden. Nachsichtsvoll nehmen Sie meine Bitte auf, und fühle ich zwar das Unbescheidene davon, so denken Sie nur, wie ich aus Vertrauen fehlen kann — Helfen und Verzeihen aber denen eigen ist, welche die Macht des Geistes in sich tragen.

Möchte ich doch auch bald erfahren, daß es besser mit Ihrem Befinden geht. Meine Wünsche, wie den Ausdruck meiner Achtung finden Sie hier vereint.

L. F. Pückler=Muskau.

197.

Die Fürstin von Pückler=Muskau an Varnhagen.

Berlin, den 28. Januar 1836.

Unendlichen Dank habe ich Ihnen, verehrter Herr Ge= heimer Legationsrath, für das mir so theure Geschenk, und für ein mir so werthes Merkmal Ihres gütigen Andenkens zu sagen.

Wie ähnlich — wie trefflich in ihren hier dargestellten edlen Zügen, ist der geist= und seelenreiche Ausdruck der be= trauerten Freundin wiedergegeben!

Sehr verdient machen Sie sich, uns noch solche Schätze zufließen zu lassen. Und während ich Ihnen die innigste An= erkenntniß dafür widme, fühle ich gerührt den Vorzug, den

Sie mir gönnen, mich unter die Zahl der Theilhaber an so schöne Erinnerung aufzunehmen.

Ihre sehr ergebene
L. F. Pückler-Muskau.

298.

Pückler an Varnhagen.

Athen, den 6. März 1836.

Verehrtester Freund,

Welche Freude mir Ihr langer, herrlicher Brief ge=
macht — sagen Sie sich selbst, es kommt mir vor, als
müßten Sie es so deutlich fühlen als ich. Ihre Briefe wirken
auf mich wie Kunstwerke, die eine geliebte Person dar=
stellen. Nur der eine Tropfen Wermuth ist fast immer darin,
den Ihre Kränklichkeit und Melancholie hineinmischt. Ueber
die letztere muß ich Sie tadeln. Auch ich hatte sonst eine
üble Neigung dazu, seit ich aber schreibe, spiele ich nur damit,
und fühle wie wichtig Goethe's Rath ist, jede Stimmung
dieser Art durch ein solches Fontanell in Tinte abfließen zu
lassen. Von außen her darf kein vernünftiger Mensch mehr
in jetziger Zeit etwas hoffen, und alles was Sie mir mit=
theilen, bestätigt dies kläglich. Es thut mir leid um Laube
und Mundt, denn ich sehe voraus, daß ihr Genie und Talent
doch geknickt werden wird, weil ihre Lage in solchem Konflikt
zu wenig unabhängig ist. Laube's Brief an mich trägt schon
Spuren davon, und er beginnt sich einzureden was er nicht
glaubt, doch bin ich weit entfernt, ihn in dieser Resignation
stören zu wollen. Was mich selbst betrifft, so kann ich mir
unbefangen treu bleiben, denn 1) schützt mich meine Unbe=
deutendheit, 2) meine möglichst freie Lage, 3) ein leichter
Sinn und ein völlig ausgebildetes Leben in der Phantasie.
Es ist in der That merkwürdig, wie wenig mehr mich die
Wirklichkeit berührt, der Traum ist wahrhaft mein Leben

21*

geworden, und das Leben der Traum, wobei ich weit glück=
licher bin als je vorher.

Auch der Schauplatz ist dazu gut gewählt, uud na=
mentlich begegnet mir in Griechenland allerlei Seltsames,
so daß, wenn etwas von meinen Schilderungen Originalität
verspricht, ich es von denen aus diesem Lande erwarten darf,
ganz abweichend von dem, was man auf dem classischen
Boden voraussetzen dürfte. Das wäre auch nur Abge=
droschenes.

Sie haben mir mit den Anderen eine recht liebe
Freundin genannt, Fräulein Crayen. Sagen Sie ihr, ich
bitte, viel Herzliches von mir, und vergessen Sie auch nicht,
Gans für mich die Kour zu machen. Er ist ein stolzer
Mann, soll aber auch den Weihrauch der Kleinen nicht ver=
schmähen. Der lieblichen Freundin Solmar, Frau von Horn
und dem ehrwürdigen Nestor Stägemann rufen Sie doch
auch mein Andenken freundlich zurück.

Den Auftrag an Gropius besorge ich sogleich beim
ersten Ausgang, denn bis jetzt bin ich noch eingeschlossen, um
die Korrespondenz zu besorgen, und nachzuholen was die
Tagebücher verlangen.

Wie sehr Ihr Lob mir wohlthut, ist unnöthig auszu=
sprechen, und es zu verdienen war bei allen bisherigen
Arbeiten stets einer der wirksamsten Sporen. Ich denke,
Sie bekommen mit diesem Brief schon den ersten afrikanischen
Theil zur Durchsicht. Bitte, lassen Sie mich schnell etwas
davon hören, und machen Sie die Augen über Semilasso zu,
weil es nicht mehr zu ändern ist. Sie werden sehen, wie
ich ihn zuletzt abstrafe, um der Nemesis ihr Recht zu gönnen.
Die französische Uebersetzung des S. N. 1 ist wieder mise=
rabel, dennoch scheint er goutirt zu werden; den deutschen
habe ich noch nicht gesehen. Eben höre ich, daß es für die
Post schon zu spät ist, und fülle daher morgen noch ein
anderes Blatt. Von Custine's Hiersein verlautet noch nichts.

Gropius hat keinen Brief von Ihrer Frau Gemahlin, und scheint überhaupt allem Europäischen abgestorben. Prokesch liest aber gerade jetzt das Buch mit großem Interesse. Dies ist ein sehr interessanter Mann. Die Zeit drängt mich.

Tausend Herzliches

H. Pückler.

199.

Pückler an Varnhagen.

Athen, den 7. April 1836.

Hochgeehrter Herr und Freund!

Ich nenne Sie Herr, denn ich sehe Sie so an. Sie stehen so hoch über mir, und mir doch so nahe. Schade, daß wir nicht in einer anderen Zeit leben, um zusammen= wirken zu können. Wir würden uns, wenn ich mir nicht zu viel einbilde, in manchem gut gegenseitig ergänzen, und so vielleicht ein formidables Ganze liefern. Glück und günstige Umstände gehören indeß zu allem. Napoleon, als russischer Plebejer geboren, wäre höchstens Major geworden! Doch völlig ohne Wirkung bleiben wir hoffentlich Beide nicht. Wir besiegen, so weit wir können, die Ungunst des Schicksals, und das ist genug für uns. Es ist stolz, mich so mit Ihnen auf eine Stufe zu stellen — schieben Sie es aber weniger auf meinen Hochmuth, als auf meine herzliche Anhänglichkeit.

Ich habe der Fürstin einen Brief an Schinkel geschickt; bitte, lesen Sie den, er interessirt Sie vielleicht.

Mein Leben in Athen ist übrigens ein Schlaraffenleben. Der König und die Diplomaten machten mir die Kour, und ich ließ mir sie gern machen, ja, Sie sehen, ich bin eitel dar= auf. Und warum sollte ich nicht, sonst war ich nur eitel auf Stand, Besitz, Equipagen und Modeartikel; die heutige Eitelkeit ist vielleicht gleich närrisch, aber doch um einen Grad relevirter.

Sie, böser Mann, schickten mir nicht den zweiten und dritten Theil von Rahels Briefen, aber ich fand sie hier bei Prokesch. Die Fürstin Schwarzenberg hat sie mit Enthusiasmus der schönen Irene geschickt, und so bald sie sie selbst gelesen, erhalte ich sie, ein lieber Trost in der Ferne.

Haben Sie mir irgend einen Auftrag für Griechenland und Kleinasien zu geben, so befehlen Sie über mich, und vergessen Sie mich nicht mit theuren, immer ungeduldig erwarteten Briefen. Adieu, mit deutschem Händedruck.

Ganz der Ihrige

H. Pückler.

200.
Varnhagen an Pückler.

(1836.)

Ihre Sendung, Verehrtester, trifft mich zu Bette, welches nur allzu oft ein unerwünschter Tagesaufenthalt ist. Ich eile, Ihnen die verlangten zwei ersten Bände wieder zuzustellen. Lassen Sie ja den Druck beeilen! Der Inhalt ist vortrefflich! meisterhafte, lebenvolle Schilderungen! Ich habe nur zwei Stellen gestrichen, wo vom Abendmahl die Rede war; Anmerkungen bloß. — Hiebei das Buch über die Königin. Den Brief besorg' ich. Leben Sie wohl! Ich kann jetzt nicht mehr schreiben! Alles Schönste und Beste!

Mit innigster Hochachtung

V.

201.
Die Fürstin von Pückler-Muskau an Varnhagen.

Berlin, den 28. Mai 1836.

Zuerst erlauben Sie mir, verehrter Herr Geheimer Legationsrath, Ihnen meinen Dank für die herrliche, vortreffliche Sendung auszusprechen, die ich Ihrer Güte verdanke —

und welche mich so unendlich anzieht, daß ich seitdem fast ausschließlich in dieser „Gallerie von Bildnissen", und den sie begleitenden Briefen lebe.

Den des Fürsten bin ich so frei, Ihnen mit der Bitte um baldige Rückgabe zu übermachen.

Genehmigen Sie die Zusage aufrichtiger Verehrung.

Euer Hochwohlgeboren
sehr ergebene
L. F. Pückler-Muskau.

202.

Varnhagen an Pückler.

Berlin, den 29. Mai 1836.

Ew. Durchlaucht

liebenswürdiges Blatt aus Athen vom 7. April ist mir durch die Güte der hochverehrten Frau Fürstin glücklich zugekommen. Ein freundlich heiterer Zuspruch aus solcher Ferne, der dabei doch wieder ganz nah aus dem eigenem Herzen heraufzuklingen scheint, kann seine unmittelbare Wirkung nicht verfehlen, ich empfinde sie vollständig, als Ermuthigung, als Erfrischung! Gestern habe ich auch den Brief an Schinkel gelesen, und mich zu den Herrlichkeiten entrückt gefühlt, die dort so lebhaft geschildert sind. Gott sei Dank, ruf' ich aus, daß es solche Zauberanblicke noch giebt, und solchen Sinn, sie aufzufassen, zu genießen, und mitzutheilen! Ich habe seit einiger Zeit ohnehin stets die Hypochonderie, es fehle weniger in der Welt an den Dingen, als an dem Geiste, der sie zu schätzen und zu behandeln weiß. Sie, liebster Fürst, widerlegen diesen Wahn durch die That! — Daß Sie so angenehm leben, ge-ehrt und geschmeichelt werden, ist mir auch die größte Freude, denn Sie verdienen es, und ich gönne es Ihnen, sowohl aus persönlicher Zuneigung, als aus sachlicher Gerechtigkeit; Sie

erobern sich Ihre Welt, als Held und als Künstler, wer
dürfte sie Ihnen streitig machen? — Wenn aber Ew. Durch=
laucht davon reden, daß wir beide in vielem Betracht ange=
than sind, zusammen zu wirken, uns gegenseitig zu ergänzen,
für manchen Zweck zu verbünden, — so muß ich sehr trau=
rig werden, um so trauriger, je mehr jenes wahr sein könnte!
Mich will ich gar nicht mehr bedauern, darüber bin ich
schon hinaus. Aber Ew. Durchlaucht müssen bessere Ver=
bündete haben, kräftigere, regsamere. Mir geht es gar zu
schlecht! — Mich dünkt, mein letzter Brief schon war aus
dem Bette geschrieben; seitdem hab' ich unaufhörlich gekränkelt,
den ganzen März und April fast unausgesetzt darnieder ge=
legen; ich verzichtete schon auf Besserwerden; doch ist es jetzt
einigermaßen besser, nur weiß man nicht auf wie lange, und
das wenige Leben muß ich mit dem besten Leben erkaufen!
Ich muß ganz der Sorge für die Gesundheit leben, mich
aller Arbeit enthalten, möglichst alles Schreibens, soll mich
in freier Luft umhertreiben, in ein Seebad reisen! für mich
lauter harte Dinge. Unsere freie Luft — nun ja, man kennt
sie. Der Monat Mai geht zu Ende, und man konnte keinen
Tag ohne Feuer sein, eisiger Wind schien in den Winter
zurückzuführen, und Blüthen und Blätter erlagen dem Frost.
Heute ist ein kalter Regentag, der Wind schlägt Güsse an
meine Fenster. Wenn ich da nicht schreibe, was soll ich dann
thun? Meine einzige Rache, daß ich, wie Hamlet, die schlechte
Welt und Zeit in meine Schreibtafel einregistrire! Und hier
steht es also! —

Das ist wahr, würde ich jetzt nicht durch meinen schlechten
Gesundheitszustand gehemmt, ich wäre in Gefahr, die Welt
durch die unbequemste Vielschreiberei zu belästigen. Nie hab'
ich so vielen Trieb, so große Leichtigkeit, so reichen Stoff
gehabt; nie so die Lust, alles herauszusagen. Ich könnte
mich, hätte ich mich zehnmal, mehr als zehnmal beschäftigen;
doch zur Strafe für diese Ueppigkeit habe ich mich auch nicht

das einemal, das sich sonst doch jeder Mensch zu haben scheint,
haben sollte! — Schließen wir dennoch einen Bund, wollen
wir uns dennoch als zusammen wirkend betrachten, so muß
es auf Aktien geschehen, wo jeder die Zinsen seiner Einlagen
genießt, denn auf gleichen Gewinn und Verlust kämen Ew.
Durchlaucht schrecklich zu kurz! Seien Sie mir vorkommen=
den Falles der schützende Löwe, ich will im Stillen versuchen
die Maus zu sein, und hin und wieder die Stricke zerbeißen,
in denen Sie irgend einmal sich verwickeln könnten! Doch
Sie werden sich schon hüten, oder dann zerreißend eingreifen,
und brauchen mich auch so nicht! Nein, nein, es ist nichts
mit dergleichen Vortheilen und Erfolgen, die Rechnungen
werden nie klar: lassen wir es lieber, wie bisher, auch ferner
alles auf unberechneter Zuneigung und Anhänglichkeit beruhen!
Die meinigen für Sie, theuerster Fürst, sind unzerstörbar,
und können nur aufhören zu wirken, wenn ich selbst aufhöre!

Die neuen Bände, welche ich in der Handschrift mit
unendlichem Vergnügen gelesen und nur hin und wieder mit
einem kleinen Strich versehen habe, müssen nun wohl bald
an das Licht treten. Eine hemmende Widrigkeit, welche sich
aus der Angst des Verlegers erhob, der ein keusches Werk
haben wollte und daher die unschuldige Kraft wegzuschneiden
dachte, wird wohl beseitigt sein. Wenn Schefer mich bei
Ihnen verklagt, so lassen Sie sich das nicht irren. Ich
mußte sein verkehrtes Ansinnen zurückweisen, der Sache
wegen, und um meiner selbst willen. Ich lag erschöpft, und
konnte nichts mehr thun und leisten; ich war hin, und außer
mir. Noch zuletzt hatte ich mich angestrengt, und dem Fürsten
von Metternich, der an mich geschrieben und Auskunft über
„das junge Deutschland" (!!!) begehrt hatte, umständlich
geantwortet. Nun war es aber auch aus mit mir, und ich
war sogar zu schwach, um an Schefer zu schreiben, wie ich
es innerlich wollte. Er mag übrigens ein treuer Geschäfts=

führer sein, aber seine Unzuverlässigkeit und jeweilige Sonder=
barkeit greifen meine Nerven an. —

Die jämmerliche Kreuzfahrt gegen die junge Litteratur
ist zwar in sich selber verunglückt, zersprengt und zerfallen,
die Nachwirkung dauert aber unselig fort, und das ganze
Gebiet der Litteratur ist wie versenkt und verbittert, der böse
Heerrauch zieht über das weite Land. Bei nächster Gelegen=
heit sehen wir auch wieder helle Flammen aufschlagen. Die
heuchlerische Ehrbarkeit und der jugendliche Muthwillen lauern
im Hinterhalt, sich gegenseitig etwas anzuhaben. Ein kläg=
licher Zustand! Eben hat man in Stuttgart die Lucinde von
Friedrich Schlegel wieder abgedruckt; vor 38 Jahren erschien
das Buch hier mit Königlicher Zensur; es ist aber ärger,
als das ganze junge Deutschland zusammen. Was wird nun die
Behörde thun? Ich weiß es nicht; verbieten und gestatten,
beides ist anstößig. — Wären nur erst die anderen Bände
erschienen, die wir von Stuttgart her erwarten! —

Von unseren Berliner Dingen meld' ich nichts. Ich
habe wenig Theil daran zu nehmen gehabt. Die französischen
Gäste habe ich gar nicht gesehen; nur wenige Freunde, meist
vor meinem Bette; seit ich wieder ausgehe, auch nur einen
kleinen Kreis. Bei Fräulein Solmar, Frau von Horn, Hrn.
von Stägemann, mit Hrn. von Humboldt, Professor Gans
und Prof. Preuß, habe ich oft und eifrig Ew. Durchlaucht
Namen zu nennen und zu hören gehabt.

Von dem Unternehmen des Dr. Büchner, der in einem
Taschenbuche das Bild Ew. Durchlaucht, und Ihre Biogra=
phie, von Dr. Mundt geschrieben, geben wird, haben Sie
hoffentlich schon näheren Bericht. Ich denke, es wird sich
alles hübsch ausnehmen. Meine paar Bücher und Aufsätze
liegen hier bei der Frau Fürstin für Ew. Durchlaucht vor=
räthig. Wie hätte ich Ihnen auf der Reise etwas schicken
können? Daß die drei Bände „Rahel" in Athen sind, ist
hübsch; ich lernte dieser Tage einen Nordamerikaner zufällig

kennen, der das Buch voriges Jahr in Boston gehabt hatte.
Das Geistige dringt durch die Welt, und ist insofern eine
große Macht! Sie werden sich der Ihren noch in großem
Maße zu freuen haben, alles Heil und Glück dazu! Sie be=
dürfen nur würdiger Gegenstände, alles Andere haben Sie,
und jene entfalten sich Ihnen jetzt ja nur immer reicher! —
Kommen Sie uns aber nur auch zurück! Die deutsche Hei=
math ist doch einmal der Boden, wohin Sie alles Errungene
zurückbringen und verpflanzen müssen! —

Dr. Mundt giebt vermischte Schriften heraus; Gans
arbeitet an köstlichen Memoiren=Bildern; Laube ist auch
fleißig; aber leider noch nicht aus seinen Verwicklungen, ein
Strafurtheil schwebt noch über ihm! Doch er wird selbst
schreiben. — Frau von Arnim ist wie sonst, die zunehmenden
Jahre nur verwandeln sie äußerlich nicht günstig. Schrieb
Ihnen denn schon jemand, daß Frau von Zielinski einen
Lieutenant von Treskow geheirathet, der den Abschied
genommen? —

Leben Sie wohl, theuerster Fürst! Erhalten Sie sich
frisch und gesund und lebensthätig bis in das höchste Alter,
und bis dahin schenken Sie uns noch manche heitere Gabe
aus den Schätzen Ihres reichen Daseins! Vor allem aber
lassen Sie uns auch Sie selbst wiedersehen! Ich erwiedre
mit Innigkeit den deutschen Händedruck, und bin mit treuster
Gesinnung verehrnngsvoll

Ew. Durchlaucht herzlichst ergebener

Varnhagen von Ense.

203.

Pückler an Varnhagen.

(Empfangen den 4. Februar 1837.)

Naxos, den 18. November 1836.

Mein verehrtester Freund!

Ich habe seit unendlichen Zeiten nichts mehr von Ihnen vernommen. Auch von Laube erhielt ich keine Antwort. Sind Sie böse auf mich, habe ich durch irgend einen unge= schickten Scherz meiner Briefe angestoßen? Geben Sie nie einer hypochonderischen Laune gegen mich Raum — glauben Sie mir, Sie haben keinen treueren, anhänglicheren Freund, der Sie noch weit weniger aus Dankbarkeit, als um Ihrer selbst willen liebt. Sehen Sie mein Leben an. Um des Nutzens willen habe ich wahrlich noch keinem geschmeichelt, als höchstens ironisch. Man muß magnetisch auf mich wirken, wenn man mich fesseln will, und das thaten S i e von jeher im hohem Grade. Also bleiben Sie mir treu, wie ich unter allen Umständen Ihnen.

Ich habe Griechenland im größten Detail bereist, und hier viel gelernt, manche vernachlässigte Bildung wenigstens in etwas nachgeholt. Ein Jahr brauche ich dazu, das zehn der früher vergeudeten aufwiegt. Jetzt durchschiffe ich auf einer Golette, die mir das griechische Gouvernement artig über= lassen, die Cykladen, und gehe endlich, über Kandia, nach Aegypten. Ich bin wohl und rüstiger als je, zur guten Stunde sei's gesagt, und obgleich ich keiner Warnung folgte, entging ich, ein ganzes Jahr lang den größten Beschwerden trotzend, dem entnervenden griechischen Fieber. Bewahrt mich der Himmel weiter, so werde ich noch vor dem Ende ein hübsches Stück Land zu sehen bekommen, und an immer bunteren Bildern und Abentheuern fehlt es nicht.

Es ist sonderbar, aber Ihnen verdanke ich vielleicht diese ganze Richtung. So wirken die Menschen auf einander, oft absichtslos — denn ich konnte Ihnen damals doch nur sehr wenig sein, eine vorübergehende Figur, der Sie eine gütige Theilnahme schenkten, und Sie führten mich in ein ganz neues Leben!

Lassen Sie mich nun wissen, wie es Ihnen geht. Ich schicke heute ein Dutzend Bouteillen alten Cyperwein für Sie an die Fürstin, gegen die Hypochonderie, dessen gute Wirkung ich vorher selbst erprobte. Von den Begebenheiten meiner Reise sage ich aber nichts, denn Sie werden sie ja lesen — die Irrfahrten des umherschweifenden Freundes dürfen schon Anspruch darauf machen, in dem trockenen Berlin einige Abendstunden zu verkürzen, wenn auch ihr Inhalt Sie nichts Neues lehren wird.

Freunden, ich meine mir Wohlgesinnten, Freundinnen und Gönnern empfehlen Sie, mich, ich bin so dankbar für Gewogenheit! und je besser es mir geht, je mehr.

Der Himmel behüte Sie, und schenke Ihnen Gesundheit und Frohsinn, und sind Sie in irgend etwas mit mir unzufrieden, so sagen Sie mir es.

Ihr treu ergebener

H. Pückler.

204.

Varnhagen an die Fürstin von Pückler=Muskau.

Berlin, den 24. Januar 1837.

Verzeihen Ew. Durchlaucht gnädigst, wenn ich nur wenige Worte schreibe, ich schreibe liegend!

Lange sah ich sehnend Ew. Durchlaucht Ankunft entgegen; außer dem lebhaften Wunsche Ihnen meine Verehrung zu bezeigen, und von dem theuren Fürsten nähere Nachricht zu empfangen, hatte ich auch noch ein besonderes Anliegen!

Als ich im Herbst von meiner verfehlten Reise krank zurückkam, fand ich ein Manuskript des Fürsten über den

Krieg in Syrien vor, nicht von ihm verfaßt, aber er nennt sich als Herausgeber. Mir schickte es Mißtreß Austin, ihr hatte es der Fürst gesandt, damit sie es übersetze, und es sollte zugleich deutsch und englisch erscheinen: hundert Guineen sollte sie bekommen, zweihundert der Autor. Für den Fall, daß Mistreß Austin sich nicht damit befassen könnte, sollte sie mir das Ganze zuschicken. Dies that sie, weil sie im Begriff war, mit ihrem kranken Mann nach Malta abzureisen. Ich aber blieb ohne alle Nachricht und Weisung von Seiten des Fürsten, und das Manuskript liegt bei mir brach, und ängstigt mich.

Zwar haben Dr. Laube und ich an Buchhändler nach England geschrieben, um die Herausgabe dort zu bewirken, aber bis jetzt unfruchtbar. In Deutschland ist noch weniger damit anzufangen, und das festgesetzte Honorar eine Unmög=lichkeit. Was nun mit dem Manuskript beginnen? Die gün=stige Zeit vergeht, die Neuheit des Interesses schwindet, und wenn nicht die Bedingungen ungemein ermäßigt, ja auf ein Minimum herabgesetzt werden, so ist der Druck nicht zu be=werkstelligen.

Ich hätte längst an den Fürsten darüber geschrieben, aber ich weiß seine Adresse nicht, und die Zeitungen geben seinen Aufenthalt widersprechend an. Ich würde Ew. Durch=laucht um Rath gefragt haben, aber jede Woche versicherte man im Hotel, daß Ew. Durchlaucht in der nächsten Zeit eintreffen würden. Meine nie ruhenden Krankheitsanfälle machten mir auch das Schreiben schwer! —

Wissen Ew. Durchlaucht irgend Rath und Auskunft? Hat der Fürst Ihnen nichts über die Sache geschrieben?

Mich schmerzt es wahrlich, den schönen Quartband, an dem die Erwartung von mehr als zweitausend Thalern anhaftet, so auf meinem Tische werthlos werden zu sehen! —

Verzeihen Ew. Durchlaucht meinem Schreiben!

In treuester Verehrung und Ergebenheit habe ich die Ehre unwandelbar zu verharren

Ew. Durchlaucht

unterthänigster

Varnhagen von Ense.

205.

Die Fürstin von Pückler-Muskau an Varnhagen.

Berlin, den 25. Januar 1837.

Wie sehr Ihr gütiger Brief mich erfreut, so hätte ich doch unendlich gewünscht, Sie, verehrter Herr Geheimer Legations-rath, statt diesem zu sehen, und was mir um so betrübter erscheint, ist, daß fortwährendes Unwohlsein Sie fesselt. Von Ihrer Reise, von der Heilsamkeit der Seebäder, hatte ich mir so viel für Ihre Gesundheit versprochen — doch nach aller Unbill des Wetters bisher, dürfen wir auf ein zeitiges Wohlsein und Stärkung aushauchen des Frühlings hoffen, und, möge es, wie alles, was Sie nur erfreuen kann, zu-sammentreten, die heiterste Stimmung bald körperlich und geistig bei Ihnen zu erwecken.

Von meinem Reisenden habe ich lange keine direkte Nachrichten. Doch sollen spätere Briefe von ihm in seiner Familie sein, während die meinigen vielleicht wie früher öfters nach der alten Czaarenhauptstadt wandern, da man in Griechenland nur Moskau, nicht aber Royaume de Prusse zu beachten scheint!

Des Fürsten letzte mir mitgetheilte Absicht war, sich in Candia auf ein Schiff des Vizekönigs nach Alexandria zu begeben — bis Jerusalem zu ziehen, und vielleicht im nächsten Jahre, das heißt nun das jetzige, im Spätherbste zurückzu-kehren! Die Korrespondenz, obgleich ich öfter Nachrichten habe, ist sehr unregelmäßig, was mir eine große Entbehrung

ift. In seinen letzten Briefen noch namentlich frug der Fürst
auf's angelegentlichste nach Ihnen, von dem es ihm sehr verlangte nähere Nachrichten zu haben. Ich schreibe in diesen
Tagen, und werde Ihre gütigen Zeilen an mich beilegen.

Um das Manuskript, welches Sie haben, darf ich gehorsamst bitten.

Es ist mit der Ihnen bekannten Anhänglichkeit und Verehrung, daß ich mich für immer nenne

Euer Hochwohlgeboren

ganz ergebene

L. F. Pückler=Muskau.

206.

Varnhagen an Pückler.

Berlin, den 26. Januar 1837.

Theuerster Fürst!

Ein Grußwort nur kann ich Ew. Durchlaucht heute
schreiben, und auch als solches bedarf es Ihrer Nachsicht!
Mich dünkt immer, ein Brief, den man in Aegypten oder
Syrien aus Deutschland empfängt, müsse in Verhältniß des
Raumes, den er durchläuft, Gewicht und Werth haben. Ich
vermag nur ein leichtes Blatt an gewichtigere, die Sie empfangen, bittend anzuknüpfen! Was kann ich Ihnen sagen?
Fast nur Krankheit und Unmuth kenne ich noch, und lebe
einsam und betrübt. Dabei ist mein Antheil an dem Leben,
an den Freunden, an der litterarischen und allgemeinen Bewegung, so rege wie jemals, und ich liebe und schätze das
Gute und Thätige nur immer heftiger. Ew. Durchlaucht
Odysseus=Fahrten folge ich mit Eifer und Liebe, jede Erwähnung, jede Nachricht, jedes Lebenszeichen ist mir ein
freundlicher Sonnenblick. Dr. Klein brachte mir Grüße aus

Athen. Die afrikanischen fünf Bände habe ich nun auch ge=
druckt erhalten, sie nehmen sich vortrefflich aus, haben durch
die Zensur nicht zu sehr gelitten, und werden allgemein mit
Interesse gelesen. Gestern empfing ich von Fräulein Char=
lotte Williams Wynn aus Wales einen Brief, worin sie
sagt, das Buch sei in einem der Review's gräßlich miß=
handelt, es schade aber nichts, denn man sehe gleich, daß
der Partheigeist walte, und nun würde gerade die Gegenseite
desto stärker loben. In Deutschland ist das litterarische
Urtheil in völliger Verwirrung; die Zensuranstalten und
Eifersuchten von oben machen es den tüchtigen Leuten immer
schwerer, öffentlich zu reden, und das Gesindel behält das
Wort. Was für Noth und Plage hier auszustehen ist,
welche Einflüsse hier herrschen, das will ich nicht auszu=
sprechen versuchen. Es geht über alle Begriffe. Und die
Stagnation überhaupt! Still davon! —

Die Schilderung Ew. Durchlaucht, welche Dr. Mundt
geliefert hat, ist sehr gut aufgenommen worden, und hat auch
in England sehr gefallen. Die Zensur hat aber auch daran
mitgearbeitet. Sie haben mir, theuerster Fürst, schon so oft
und so große Vollmachten ertheilt, daß ich mir jetzt eben
eine genommen habe; ich bin so frei gewesen, dem Hrn.
Dr. Mundt Ihre Erlaubniß zu geben, daß er Ihnen den
zweiten Band seiner „Dioskuren" zueigne; den ersten hat er
mir gewidmet. Ich habe Gründe, es für sehr angemessen
zu halten. Dr. Mundt hat in letzter Zeit ein sehr schätz=
bares Buch über deutsche Prosa herausgegeben, das ihm
allgemein zur Ehre gereicht; er ragt unter den jüngeren
Schriftstellern sehr hervor, uud sein guter Ruf und seine
Anerkennung steigen täglich. Er wird im März nach Paris
reisen. — Prof. Preuß hat Ihre Worte über Friedrich den
Großen einer neuen Schrift vorgesetzt, die er soeben über
den König als Schriftsteller hat ausgehen lassen, und die
dem Kronprinzen zugeeignet ist. — Ew. Durchlaucht Hand=

schrift in Dorow's Facsimile's hat mich gefreut; sie erscheint in würdiger Gesellschaft; doch bin ich Unwürdiger auch dabei! —

Begegnen Sie denn wohl im Orient dem Marquis Custine? Ich liebe ihn und seine Schriften sehr. Der Roman „Le monde comme il est" ist ein ausgezeichnetes Werk. Der Verfasser wird jetzt unter die bedeutendsten Talente Frankreichs gerechnet; die Herzogin von Abrantes besonders rühmt ihn bei jedem Anlaß. —

Von mir kommen zu Ostern zwei Bände vermischter Schriften und ein Leben der Königin Sophie Charlotte heraus. Ich kann nicht arbeiten; da ich aber so einsam bin, und kein anderes Geschäft und Vergnügen habe, so schwellen doch die Blätter an. Unaufhörlich arbeite ich noch immer in Rahels Papieren, sammle, ordne, schaffe herbei, redigire, schreibe ab, nicht für nächsten Gebrauch, für künftigen viel= leicht; aber für meinen jetzigen Trost und nach meinem jetzigen Bedürfniß. Ich bin vielleicht bezaubert, aber ich weiß mir nichts Lieberes und Größeres, und staune und klage täglich auf's neue! —

Dr. Laube ist nun zu sieben Jahren Festung verurtheilt, wovon aber sechs ohne weiteres erlassen werden, und das siebente wird auch wohl eingehen. Er ist verheirathet mit einer schönen, geistreichen Frau aus Leipzig, die auch Ver= mögen hat. Hr. Minister von Rochow begünstigt ihn sehr. —

Leben Sie wohl, theuerster Fürst! Erhalten Sie sich gesund, und kehren Sie frisch und wohl mit reicher Aus= beute wieder! Ich fürchte, es gefällt Ihnen nicht mehr in diesem Lande, Sie müßten denn lauter Muskau's daraus hervorzaubern!

Mit innigster Verehrung treulichst Ihr
herzlich ergebener
Varnhagen von Ense.

Von dem Manuskript über Syrien wird die verehrte Frau Fürstin gütigst das Nähere schreiben. In so großer Entfernung ist jede Anstalt und Abrede den Schwierigkeiten des Zufalls ausgesetzt; diesmal sind die Umstände ganz ausgesucht widerwärtig! —

207.
Varnhagen an Pückler.

Berlin, den 9. Februar 1837.

Ew. Durchlaucht

liebenswürdiger Brief vom 18. November aus Naxos ist mir am 4. Februar durch die Post von Triest zugekommen. Unter den vielfach angenehmen und erwünschten Eindrücken, die er mir gab, war doch auch einer, der mich etwas peinlich berührt! Theuerster Fürst, wie kommen Sie darauf — und nun schon zum drittenmale, zu meiner Betrübniß und Betroffenheit — mir eine übelnehmerische Laune, eine Empfindlichkeit vorauszusetzen, zu der weder ein äußerer Grund, noch in mir die geringste Anlage vorhanden ist? Nie war eine Spur davon vorhanden, und dies wiederholt versichern zu müssen, würde mich in der That betrüben, wenn ich nicht dabei, auch in der That, so gut lachen hätte. Denn wirklich ist es doch auch ein Vergnügen, gegen einen düstern Verdacht ein ganz heiteres Bewußtsein und eine freudige Sicherheit zu empfinden! Ich kann mir nicht einmal etwas Störendes zwischen uns denken! — Wie lange ich nicht geschrieben habe, welche meiner Briefe verloren sein können, weiß ich im Augenblick nicht anzugeben; allein auch wenn ich nicht schreibe, kann nur der Grund in meiner Unfähigkeit, wenn meine Briefe nicht ankommen, nur in der Entfernung und unsicheren Beförderung liegen; ich spreche Ihnen, liebster Fürst, für immer das Recht ab, je mein Schweigen, sei es

22*

nun wirklich oder scheinbar, anders auszulegen! — Ich will
nicht wiederholen, was ich schon geschrieben, von meiner ver-
unglückten Sommerreise, daß ich in Holland keine Seebäder
genommen, in Ems mich nur nothdürftig aufgestutzt habe,
und krank wieder hier eingetroffen bin; ich muß aber leider
sagen, daß ich auch den Winter fast immer krank gewesen,
wenig ausgekommen, und oft wochenlang bettlägerig gewesen
bin, noch im Januar zweimal heftig an der Grippe. Seit
wir helles, sonniges Frostwetter haben, erhol' ich mich, athme
und gehe wieder in freier Luft, lebe etwas auf; aber ich
thue auch sonst nichts, arbeite und schreibe nicht, nicht einmal
Briefe, und so wird auch dieser nur einer, der außer der
Ordnung geschrieben ist. Während ich krank zu Hause bleiben
mußte, habe ich noch eher manches aufsetzen können, was zu
seiner Zeit wohl an den Tag kommt. So schlepp' ich mich
denn langsam hin, so gut es gehen mag, wenig erwartend,
und doch manches befürchtend, besonders den Verlust der
Freunde, der mich jedesmal ganz besonders zusammenwirft.
Frisch und lebhaft aber nehm' ich Theil, wie immer, an
allem Guten, was sich darbietet, an der Rüstigkeit und den
Erfolgen, die ich bei Anderen sehe, und so freuen mich die
Reisen Ew. Durchlaucht als ob es meine eigenen wären!
Daß Sie uns aber in immer größere Ferne entrückt werden,
beklage ich sehr; ich dächte, Sie kehrten einmal zwischen den
großen Ausflügen wieder heim, sähen sich in der Heimath
um, und nähmen dann neuen Anlauf. Selbst in Bezug auf
die schriftstellerische Thätigkeit, die doch nun einmal einen
wesentlichen, unabtrennbaren Theil Ihrer Reiselust und Ihres
Reiseplanes ausmacht, würde vielleicht ein kurzes Wieder=
sehen unserer deutschen Zustände fruchtbar werden. Ich
spreche Wünsche aus, die freilich ganz anderen Bedingungen
unterliegen, als meine hier nothwendig kleinen Gesichtspunkte
geben! Wie kann ich in der Berliner Mauerstraße wissen,
welchen Gefühlen und welchem Drange man in der Nähe

der Pyramiden oder Jerusalems gehorchen muß! — Von
allem, was hier vorgeht, setz' ich Ew. Durchlaucht durch die
verehrte Frau Fürstin als genügend unterrichtet voraus.
Viel ist es wohl gewiß nicht, obgleich mir manches unbekannt
bleiben mag; da ich aber gewohnt bin ex ungue leonem
zu erkennen, und die Klaue deutlich sehe und auch wohl fühle,
so weiß ich wenigstens, daß hier kein Löwe dahinter steckt! —
In der Litteratur wird es täglich engherziger und ver=
worrener; ich thue mein Mögliches, um durch Beispiel und
Zuspruch einen Kern rüstiger Talente auf guter Bahn zu
erhalten. Ew. Durchlaucht Interessen werden dabei nicht ver=
säumt; doch darüber einmal mündlich! Dr. Laube wird
wohl selbst schreiben; ist er nur erst über die lastende Ge=
richtssache hinaus, so wird er ohne Zweifel einen ganz neuen
Schwung nehmen. — Der schon früher erwähnte Aufsatz
von Dr. Mundt gefällt sehr; mir ist er nicht gefüllt genug;
im Ganzen macht er aber den besten Eindruck. — Jetzt wird
wohl Dr. Kühne über Ew. Durchlaucht schreiben, und Prof.
Weiße in Leipzig ist zur Rezension der fünf afrikanischen
Bände aufgefordert. — Von meiner lieben Engländerin,
Miß Charlotte Williams-Wynn, habe ich wieder einen großen
und schönen Brief aus Wales, worin auch die Erinnerung
einstigen Begegnens mit Ew. Durchlaucht artig vorgeführt
wird. Jetzt erwart' ich hier Lady William Russel, Gattin
des hiesigen englischen Gesandten, welche, laut Briefen der
Gräfin von Zeppelin aus Stuttgart, schon längst eine eifrige
Schätzerin und Freundin von Rahel sein soll. Meine Neigung
und Vorliebe für die Engländer wächst noch immer. Ich
habe diese Nation bisher nicht genug gewürdigt. Die „Briefe
eines Verstorbenen" hätten mich schon umstimmen sollen, aber
die rechte Stunde war noch nicht gekommen! Auch zu den
englischen Büchern gewinn' ich mehr Lust, und — daß ich
nur alles bekenne — ich habe sogar ein Konservativer werden

müssen! Ich glaube, alles das hab' ich schon in meinem
letzten Briefe gesagt! —

Herr von Rumohr ist hier, und will, sehr verdrießlich, nach
Italien. — Beim Kronprinzen, dessen Unpäßlichkeit gehoben
scheint, liest man Abends schon seit acht Tagen den Roman
„Godwie Castle" vor, dessen Verfasserin die Fürstin Carolath,
unterstützt von der Fürstin von Pückler, sein soll, wie man
in jenem Abendkreise noch jetzt zu glauben geneigt ist. Aber
die wahre Verfasserin ist die verwittwete Majorin Paalzow,
Schwester des Malers Wach. Manche Damen sind davon
entzückt; in sechs Monaten wird kein Mensch mehr etwas
davon wissen, und kein Entzücken mehr bekennen wollen. —

Die Sonne scheint herrlich, mir zur Freude! Ich muß
noch hinaus, sie ein wenig genießen. Leben Sie wohl,
theuerster Fürst!

Mit innigster Verehrung und treuester Ergebenheit un=
wandelbar

Ihr gehorsamster
Varnhagen von Ense.

Den schönsten, eifrigsten Dank für die angekündigten
Cyper=Flaschen! Sie sollen willkommen sein, und mit besten
Intentionen libirt werden, unter Anrufung Ihres Namens!
Die Hypochondrie erleidet schon eine Niederlage, auch ohne
die Flaschen, durch die Freudigkeit, welche die freundliche und
zarte Sorgfalt Ew. Durchlaucht in mir weckt; der Wein
könnte nun ausbleiben, eine Hauptwirkung hat er schon ge=
than! Innigen Dank! —

208.
Die Fürstin von Pückler=Muskau an Varnhagen.
Berlin, den 22. Februar 1837.

Wie wär' es, hochverehrter Herr Geheimer Legationsrath,
wenn Sie sich entschließen möchten, meine Bitte zu gewähren,

und Freitag Abend einer Soirée bei mir beizuwohnen? Sie
würden mich unendlich damit erfreuen, und Viele, die Sie
bei mir antreffen, indem ich unter der zahlreichen Gesellschaft,
die ich erwarte, mehrere Ihrer Verehrer kenne. Finden Sie
es nicht ausführbar, so sehen Sie in meinem Vorschlag doch
auch nichts Ungereimtes. Es knüpft sich an die Erinnerung
besserer Zeiten, gleich wie an den Wunsch, Sie nicht immer
wie in den letzten Jahren so abgeschieden zu sehen.

Bleibt es Ihnen indeß unmöglich, so beglücken Sie mich
bald mit Ihrem Besuch. Ich habe ohnedem viel auf dem
Herzen, was ich Ihnen gern mittheilen möchte. Theilnahme
und Rath Ihrerseits sind mir wesentlich, wie Ihrem fernen
Freunde, der nun endlich in Alexandrien angelangt ist, und
eine höchst ehrenvolle Aufnahme von Seiten des Vizekönigs
findet. Genehmigen Sie den Ausdruck meiner größten Verehrung und Anhänglichkeit.

L. F. Pückler-Muskau.

209.

Die Fürstin von Pückler-Muskau an Varnhagen.

Sonnabend, den 25. Februar 1837.

Nochmals, mein verehrter Gönner, spreche ich Ihnen
Freude und Dank aus, daß Sie mich wie meine Soirée
gestern durch Ihren Besuch beglückten. Nur messen Sie mir
keine Schuld bei, wenn dieser Raut oder Rout Ihnen die
Unterhaltung nicht bot, welche Ihrem geistigen Bedürfniß
entsprechender und würdiger gewesen wäre. Es müßte auch
in mir allem Gefühl von Bescheidenheit widerstreben —
heute — so plötzlich wie es geschieht, von einer anderen
Soirée zu erwähnen, hätten Sie die Gründe meines Ver-
langens darnach nicht erkannt, gebilligt, und sich demnach in
aller Güte dem Patronisiren derselben unterzogen, wodurch
ihr die Aussicht eröffnet ist, daß interessantere Elemente sie
beleben.

Gestatten Sie mir aber nun auch ganz freundlichen und aufrichtigen Rath, den ich mir gestern erbitten wollte, doch da ich Ihr Gespräch mit Herrn von T. nicht stören mochte, und Sie später nicht mehr fand, hier schriftlich über folgende Punkte nachsuche.

Zuerst, finden Sie den Entwurf zu den Einladungen, nebst Tag und Stunde. Ich bitte hier zu streichen und hin= zuzusetzen, wie es Ihnen gut dünkt, nachdem Sie etwas heterogen — oder unpassend finden, auch unbefreundet, weil letzteres im engeren Kreise immer störend wirkt.

Sie sagten mir, Dr. Laube habe sich erst kürzlich ver= heirathet. Soll ich nicht seine Gemahlin auch bitten? Wäre Dr. Mundt Ehemann, so gilt dasselbe für ihn.

Wie sehr, wie wahrhaft Sie mich mit diesem allen ver= pflichten, kann ich gar nicht ausdrücken. Ermüden Sie daher weder in Nachsicht noch Geduld, und der Himmel gewähre Ihnen genug Wohlbefinden dazu, mir Ihre so werthe und liebe Gegenwart selbst nicht zu entziehen.

Mit aufrichtiger Achtung und treuer Anhänglichkeit

Ihre ganz ergebenste

L. Pückler-Muskau.

P. S. Bei dem Wort hinzusetzen verstehe ich, daß Sie mir von Ihren Freunden und Bekannten solche nennen, die ich aus der Ursache Ihrer Wahl schon allein gern möchte kennen lernen, und zu diesem Zirkel hinzuziehen.

210.

Varnhagen an die Fürstin von Pückler-Muskau.

Berlin, den 25. Februar 1837.

Ew. Durchlaucht

beschämen mich durch Wohlwollen und Freundlichkeit, wie außer Ihnen niemand sie spenden kann, und ich kann da=

gegen nicht einmal den Dank meiner Gesinnung genügend aussprechen! — Der gestrige Abend war so schön und erquicklich für mich, wie ich mich lange keines ähnlichen erinnere; ich befand mich ganz wohl, und freute mich immerfort, einen gesellschaftlichen Feldzug noch mitmachen zu können. Gern bin ich daher auch zu einem zweiten bereit, und zu jedem, in welchen Ew. Durchlaucht mich gnädigst befehligen wollen!

Für das gütige, durch Zusendung der hiebei zurückerfolgenden Liste mir geschenkte Vertrauen, bezeige ich meine Dankbarkeit, indem ich Ew. Durchlaucht ohne weitere Einleitung gehorche, und nach bester Ueberlegung meine Meinung und Wünsche dahin ausspreche:

Eine günstige Vermehrung der Gesellschaft geschähe, durch Fräulein Solmar und Prof. Gans, beide Ew. Durchlaucht wie den Hauptgästen persönlich bekannt, dem theuren Fürsten befreundet, und mir sehr werth.

Gegen jede Weglassuug, die ich verursachen sollte, sträubte sich eigentlich mein Herz. Ich schlage keine vor, im Gegentheil, ich finde die Bestandtheile vortrefflich gewählt und gemischt, und kann auch hier nur wieder die glückliche Hand Ew. Durchlaucht preisen! Das einzige Bedenken, daß Herr von Olfers etwa seine Abneigung und Morgue gegen die jungen Schriftsteller nicht genug überwinden möchte, fällt schon durch die Zahl der Gäste weg, wobei eine einzelne Mißstimmung unwirksam werden muß.

Dr. Mundt ist unverheirathet. Dr. Laube aber hat eine liebenswürdige, verständige Frau.

Wenn Ew. Durchlaucht eine Einladung an Prof. Gans durch mich besorgen lassen wollen, bin ich sehr gern bereit. Die an Fräulein Solmar, wenn Ew. Durchlaucht dieselbe beschließen, würde den schönsten Reiz und Anspruch wohl durch ein gütiges Wort Ihrer eigenen Hand empfangen. Diese

Bemerkung wäre sehr anmaßlich, wenn sie nicht in Betreff meiner selbst eine Bescheidenheit auszudrücken hätte!

Das heutige Wetter hat mich ganz umgeworfen, und hält mich streng zu Hause. Doch hoffe ich, zum Montag oder Dienstag mich so wohl zu befinden wie gestern! —

In ehrerbietigster Huldigung und Dankbarkeit ver= harrend

Ew. Durchlaucht
unterthänigster
Varnhagen von Ense.

211.
Die Fürstin von Pückler=Muskau an Varnhagen.

Berlin, den 19. April 1837.

Hochwohlgeborener Herr Geheimer Legationsrath,
und sehr verehrter Gönner!

Recht inständig darf ich Sie bitten, mich zum Leben zurückzurufen, denn die „Allgemeine Zeitung" läßt mich sterben: in einem Artikel der Beilage 113, den 13. April, worin sie sagt: der Fürst Pückler habe mich in Genf er= wartet, und ich sei während dem in Frankreich verschieden, auf sonderbare Art.

Es dürfte nun dahin berichtet werden, daß Pückler in Aegypten ist, ich in Berlin, und die Verstorbene des Fürsten Schwester sei. Mir aber doch wichtig, nicht als Meinung gelten zu lassen, da mich sonst, die mich für todt hielten, leicht, wo sie mich wiedersähen, als ein Gespenst fliehen könnten.

Da ich nun nicht ordentlich schreiben kann — am wenigsten für etwas Oeffentliches, darf ich Sie um diese wenigen Zeilen ansprechen, deren Fassung ich dann an die Redaktion abfassen würde.

Zürnen Sie mir nicht, und erzeigen Sie mir diesen wahren Dienst.

Hr. von Humboldt wollte mir einen Tag bestimmen. Leider ist es bisher noch nicht geschehen.

Mit größter Achtung

Euer Hochwohlgeboren
sehr ergebene
L. Pückler-Muskau.

Bußtag.

Wie geht es mit Ihrer Gesundheit? Neulich sagte mir Herr von Miltitz, nicht gut. Ich hoffe, es geht besser.

212.
Pückler an Varnhagen.

Dongola, den 26. April 1837.

Mein verehrter Freund,

Ein kurzes Wort aus tropischen Ländern, denn der Wendekreis des Krebses hat mich zu keiner rückgängigen Bewegung verleiten können. Zwei Ihrer liebenswürdigen Briefe habe ich erhalten, ein dritter scheint verloren gegangen zu sein, für mich ein herber Verlust. Dank für alles Freundliche und Gute, was die anderen beiden enthalten.

Seit Monaten lebe ich nun allein mit schwarzen Naturkindern, in einer ganz neuen Welt, einige dreißig Breitegrade von der Heimath entfernt, und befinde mich geistig und körperlich wohl dabei. Ohngeachtet April und Mai die heißesten Monate hier sind, leide ich nichts in dieser Hinsicht. Glauben Sie mir, es giebt keine heißen Länder, dies ist nur ein Vorurtheil unserer Vorfahren. 35 bis 38 Grad Reaumür im Schatten des Zeltes (denn seit siebzig

Tagen wohnte ich in keinem Hause mehr) sind unsere ge=
wöhnliche Temperatur bei Tage, die Nächte immer frisch,
oft kalt; eine Woche lang durchritt ich, im sehr unbequemen
Trabe der Dromedare, und täglich (oder vielmehr nächtlich),
8 bis 10 deutsche Meilen zurücklegend, den brennenden Sand
der Wüste, der an manchen Stellen Eier in wenigen Mi=
nuten gar kocht; dreimal erlitt ich den immer mehrere Tage
andauernden, so furchtbar von den Reisenden geschilderten
Chamsin — wohlan, alles dies kam mir immer noch nicht
wie eine wahre Hitze vor, sondern nur wie eine recht be=
haglich Temperatur, bei der man sich nicht mehr erkälten
kann, auch wenn man, wie die Eingeborenen, sich des Luxus
der Kleider ganz entledigt. Glücklicherweise können Flöhe
und Wanzen die Hitze weniger vertragen, und verschwinden
hier. Dagegen nehmen lästige Ameisen die Stelle ein, von
welchen die einen grausam stechen, und die anderen Kleider
und Effekten zerfressen. Auch Skorpione sind häufig; zehn
Tropfen Salmiakgeist in Zuckerwasser genommen, heben alle
üblen Folgen ihres Stiches in zehn Minuten auf, ohne daß
es einer äußerlichen Behandlung bedürfe.

Mährchenhafter giebt es kein Leben als das hiesige!
Gestern dinirte ich am Ufer des Flusses in Gesellschaft eines
Nilpferdes, das, wie zu meiner Belustigung, eine Stunde
lang mir in den seltsamsten Evolutionen alle seine Künste
vormachte, und heute früh versuchte ich eine junge Giraffe
zuzureiten, derengleichen man unbegreiflicherweise noch nie zu
diesem Gebrauch abrichtete. Zwanzigerlei Antilopen, die
großen Rebhühner der Wüste, wilde Enten des Nils, so groß
wie Gänse, und zarte Turteltauben, deren man im dichten
Laube der Mimosen zuweilen drei bis vier auf einen Schuß
erlegt, fourniren meine Tafel, nebst vielen anderen, nur
diesen Ländern eigenen Delikatessen, worunter den weißen
Zucker= und rothen Wassermelonen ein Hauptrang gebührt.
Selbst reife und vortreffliche Weintrauben genoß ich schon

hier; die Hitze aber, finde ich, schärft den Appetit, und — zur guten Stunde sei's gesagt — der Generalstabsarzt der Flotte, Doktor Koch, den mir der Vizekönig mitgegeben hat, konnte seine Kunst noch nicht an mir mit demselben Erfolge üben, als sein Namensvetter, der wirkliche Koch.

Ueber Mehemed Ali werde ich Interessantes zu sagen haben, wahrlich, ein kolossaler Geist, von dessen wahrer Natur man in Europa keine Ahnung hat! Ich begleitete ihn auf einer seiner Inspektionsreisen im Lande acht Tage lang, wo ich täglich Mittag und Abend tête à tête mit ihm speiste, während nur sein Dragoman, ein in Paris erzogener Bey, an unserem Tische stand. Die ehrfurchtsvolle Bewunderung, die aus jedem meiner Blicke sprach, schien dem höchst natür= lichen und in seiner Größe äußerst einfachen Manne dennoch zu gefallen, denn er schenkte mir nach und nach so sehr sein Vertrauen, und erzählte aus seinem Leben die interessantesten Epochen mit solcher Unbefangenheit, daß Artim Bey mir mehrmals nicht ohne einige Befremdung versicherte, diese Dinge nie vorher aus des Vizekönigs Munde vernommen zu haben.

Mehemed Ali's Benehmen ist das des feinsten und ge= bildetsten Europäers, mit aller Würde eines mächtigen Fürsten, und sein tiefes Urtheil, seine Kenntniß der europäischen Zu= stände, setzen wahrhaft in Erstaunen bei einem Manne, der erst im dreißigsten Jahre lesen lernte! Er erhält regel= mäßig die englischen und französischen Journale, unter denen sein Lieblingsblatt der — „Constitutionel" ist, und öfters diskutirte er mit mir Stellen daraus, die er so geschickt wie ein deutscher Rezensent kritisirte.

Ich bitte Sie, theurer Freund, meinem gütigen Gönner Mundt meine tiefste Dankbarkeit für die Ehre zu bezeigen, die er mir durch seine Biographie angethan, von der ich freilich nichts weiß, als daß sie existirt, und beim Himmel kaum begreife, wie sein Talent einem leider! so überaus

mageren Thema Interesse zu geben vermochte. Theilen Sie
mir auch seinen Titel und genaue Adresse mit, da ich selbst
an ihn schreiben will. Könnte vielleicht dieser Brief Ihnen
und ihm tauglich scheinen, in seinem Journale bekannt ge=
macht zu werden, so schalten Sie darüber nach Belieben. Er
ist freilich gar wenig für das Publikum, aber Ihnen doch
vielleicht nicht unwillkommen, als das Andenken Ihres dank=
baren Freundes

H. Pückler.

213.
Die Fürstin von Pückler=Muskau an Varnhagen.
Den 19. Mai 1837.

Lange schon krank — und traurig und verstimmt, was
davon die Folgen, erhielt ich vor zwei Tagen die lieblichste
Gabe in den geistreichen und interessanten, mit köstlichem
Style geschriebenen
Denkwürdigkeiten.
So etwas stärkt und labt, und giebt der trüben Zeit
neue Schwingen. Dies Gefühl als Opfer der Erkenntlichkeit
und der innigsten Anerkennung.
L. F. Pückler=Muskau.

Ein Liebeswerk, fromm und gütig, würde es sein, der
Genesenen bald einmal einen Abend in kleiner Gesellschaft
zu schenken, und dafür Fräulein Solmar und das Laube'sche
Ehepaar zu gewinnen.

214.
Die Fürstin von Pückler=Muskau an Varnhagen.
Muskau, den 16. August 1837.
Empfangen Sie, verehrter Herr Geheimerath, mit diesem
Brief vom 26. April 1837 aus Dongola, den ich an Sie

offen durch Einschluß erhielt, meinen lebhaften Dank für Ihre neue interessante Sendung, wie den Ausdruck meiner hohen Achtung und wahren Ergebenheit.

L. F. v. P.=M.

215.

Pückler an Varnhagen.

Kairo, den 15. Oktober 1837.

Verehrtester Herr und Freund,

Wie in so mancher Hinsicht stehen Sie auch unter meinen freundlichen Vertheidigern der Erste da. Wahrlich, so lieb mir dieser Aufsatz meinetwillen sein mußte, das künstlerische Vergnügen, was ich daran empfunden habe, war noch größer; und ich hebe mir ihn nicht nur als ein Zeichen Ihrer Freundschaft, sondern als ein Muster edlen, blühenden Styls und der gewandtesten Polemik des Diplomaten und Weltmannes auf, eine Schnur von der glänzendsten Seide, die aber nicht weniger erdrosselt, als die vom groben Kameelhaar. Tausend Dank für die kräftige Hülfe — aber kein Brief dabei. Ging er verloren? seit undenklichen Zeiten sah ich Ihre berühmte Handschrift nicht mehr! Doch höre ich Erfreuliches über Sie von der Fürstin, daß Sie wohler sind, auch weniger misanthropisch, und Ihren Reichthum nicht immer unter vier Pfählen halten, sondern artig wiederum zuweilen der Gesellschaft mittheilen.

Ungemein hat mich des guten Laube Festungsarrest in Muskau erfreut. Lassen Sie sich doch auch einmal auf die Festung setzen — auf andere Weise scheint es uns nicht möglich, Ihrer in der lausitzischen Oase habhaft zu werden. Aber bei meiner Zurückkunft, hoffe ich, thun Sie sich Gewalt an, ich konnte Ihnen ja noch nicht einmal meinen Garten expliziren, und das Vergnügen müssen Sie mir gönnen, obgleich immer einige Gefahr dabei ist, einen Spa= zierritt auf fremdem Steckenpferde mitzumachen.

Erhielten Sie meinen Brief aus Dongola? Ich schrieb Ihnen auch aus Berber oder Sennaar, ich erinnere mich nicht mehr genau, aus welchem der beiden Orte. Sieben Monate war ich selbst ohne alle Nachrichten aus Europa, und mußte allerlei in der Wüste und unter den Schwarzen ausstehen. Doch ging alles leicht an mir altem Jünglinge vorüber. Am Muskauer Kamin erzähle ich Ihnen davon, doch jetzt nichts mehr, mein Sinn ist schon zu sehr auf die Heimath gestellt. Lassen Sie mich daher bald durch Ihr Organ etwas aus ihr vernehmen, denn selbst das aride Berlin belebt sich, trotz Ihres eigenen Willens, unter Ihrer Feder.

Wir haben jetzt einen merkwürdigen Landsmann hier, Dr. Löwe, der aller semitischen, oder schemitischen, wie Herr Löwe will, Sprachen mächtig, und damit auf Champollion's Schultern gestellt, so wunderbare Entdeckungen gemacht hat, daß er sämmtliche Hieroglyphen nicht mehr entziffert, sondern mit mehr Leichtigkeit abliest, als wir die Vossische Löschpapierne.

Mit Wohlgefallen sehe ich auf diesen Brief, den ich für meine Kräfte ungemein schön geschrieben finde, aber wirklich, wie Winkelmann behauptet, „daß man sich dem Apollo von Belvedere nie nahen könne, ohne unwillkürlich eine würdigere Stellung anzunehmen", so schreibe ich selten an Sie, ohne einige kaligraphische Anwandlungen. Apropos vom Apollo aber, werden Sie sich vielleicht verwundern, wenn ich Ihnen mit voller Ueberzeugung sage, daß ich unter den Meister= arbeiten ägyptischer Kunst dieses berühmte Werk mehr als einmal, in Stein und Farben, meinem Gefühl nach, weit übertroffen gefunden habe.

Ueberhaupt, wer Aegypten schon ausgebeutet glaubt, irrt sich gewaltig. Namentlich sind alle Bildwerke, die wir davon haben, ohne Ausnahme Schund, und geben von der

Erhabenheit ägyptischer Kunst keine richtigere Idee, als die Bilder Napoleons auf den französischen Tabacksdosen von dem wahren Aussehen dieses Helden unseres Jahrhunderts. Aber genug.

Ihr treu ergebener Schüler und Freund

Hermann Pückler.

216.

Varnhagen an Pückler.

Berlin, den 31. Dezember 1837.

Theuerster, verehrtester Fürst!

Die letzten von Ew. Durchlaucht eingegangenen Nachrichten waren nicht sehr tröstlich, und wiewohl sie selber noch die Besorgnisse, die sich mit ihnen verknüpfen konnten, großentheils wieder zerstreuten, und alles Gute hoffen ließen, so sind wir doch Alle sehr begierig, diese Hoffnung wirklich erfüllt und das Gute in jeder Art befestigt zu wissen! Mögen wir bald erfreuliche Kunde dieser Art empfangen! — Ueberhaupt ist meine Empfindung für Sie, theuerster Fürst, jetzt voll Sehnsucht, und mich dünkt, Ihre Freunde insgesammt müssen dies Gefühl jetzt vorherrschend in sich hegen; so lange Sie weiter reisten, tiefer in abentheuerliche Ferne vordrangen, mußten wir mit Resignation Ihnen nachblicken, durften Ihren Muth und Geist durch unsere Seufzer und Wünsche nicht zu laut stören: jetzt aber, da Sie schon angefangen haben zurückzukommen, schon in der That uns wieder näher sind, jetzt will sich die Ungeduld nicht mehr so begütigen lassen, und sie wirft sich mit Eifer auf die gesteigerte Möglichkeit! Wahrhaftig, die Rückkehr Ew. Durchlaucht steht mir nun schon täglich lebhaft im Sinn, und ich freue mich darauf als auf eines der wenigen Ereignisse, die mir noch für mein persönliches Leben als solche erscheinen! Ich weiß, Sie verwerfen diese meine Empfindung nicht, wenngleich sie an und für sich kein Moment in Ihren Entschlüssen sein kann. Allein ich würde mir kaum erlauben, sie so lebhaft auszudrücken, wenn ich nicht zugleich zn erkennen glaubte, daß auch in der Sache selbst, in Ihrem Verhältnisse zur Welt, in der gewonnenen und zu gewinnenden Lebensbeute, der Zeitpunkt eingetreten sei, wo das Wiedererscheinen in der Heimath so geziemend als ersprießlich, und wenn nicht geradezu nothwendig, doch sehr wünschenswerth werden müsse. Dies läßt sich im Einzelnen nicht umständlich nachweisen, aber aus dem Gesammteindrucke eines Lebens, das einen schönen Zusammenhang selbst in seinen scheinbar aufgelösten Abtheilungen darbietet, und dessen Wandlungen das Auge mit Liebe gefolgt ist, ergiebt sich mir eine solche Ueberzeugung, daß ich Ihnen gern zurufen möchte: „Gedenke der Heimkehr!" Der weise König Salomo, dessen geweihten Boden Sie nun bald betreten werden, und der schon immer behauptete, alles habe seine Zeit, würde mir gewiß auch für diesen besonderen Fall gern seine allgemeine Regel zur Bekräftigung leihen! —

Freilich müssen Ew. Durchlaucht nun noch Jerusalem, Smyrna, Troas und Konstantinopel sehen — das wäre ein ewiger Schmerz, diese Anschauungen versäumt zu haben — aber ich hoffe, diese bekannteren und oft beschriebenen Gegenden sind schneller abzumachen, als das wundervolle Aegypten, und werden Sie nicht über Gebühr aufhalten. — Die afrikanischen Anstrengungen und Abentheuer und Gefahren müssen schrecklich gewesen sein, wie wir aus einzelnen Angaben oft mit Schauder ersehen haben. Das von allem europäischen Anhalt abgetrennte Leben unter den Schwarzen, das Löwen-Begegniß, und die daraus erfolgten Entbehrungen und Leiden sprachen insonderheit meine gespannteste Theilnahme an. Was werden Sie uns sonst noch alles mitzutheilen haben, für Aufschlüsse, Ansichten und Thatsachen! — Wir dürfen wohl begierig sein, nicht nur dies alles zu vernehmen, sondern auch den kühnen Wager wiederzusehen, dem dies alles begegnet ist! —

Was sollen wir Ihnen aber in Ihr großweltliches Leben hinein aus unserem kleinweltlichen berichten? Das ist die schwache Seite eines Briefwechsels, dem ich sonst gewiß häufiger meinen Beitrag böte, als bis jetzt geschehen ist. Diesmal zwar scheint es, als könnte man von Berlin ganz Interessantes schreiben, denn es ist wirklich bei uns selbst und in der Nähe einiges vorgefallen, was uns gar wichtig dünkt und uns völlig einnimmt; doch mich nicht so sehr, um nicht gleich in Rechnung zu bringen, wie wenig das Staats=grundgesetz von Hannover und das Schicksal von sieben Göttinger Professoren in Kahira gelten kann, und wie gering von Jerusalem aus ein Erzbischof von Köln sich ausnimmt! Von beiden Vorgängen denk' ich übrigens sehr ungleich; die hannöversche Sache halte ich für weitaussehend und folgen=reich, der alte König hat etwas angefangen, wofür vielleicht nicht er selbst, aber dereinst sein Sohn büßt; die kölnische Sache hingegen scheint mir abgethan und fertig, wenn man sie nur nicht anders ansehen will und behandelt. Dafür möcht' ich nun freilich nicht einstehen! Ew. Durchlaucht kennen die hiesigen Zusammenflüsse und Wallungen, und ich brauche nichts darüber zu sagen. — Ein Ereigniß, an dem ich ganz ideell den größten Antheil nehme, würde ich doch melden, wenn ich nicht fürchtete, es hört auf, eins zu sein, weil es sich hieher zieht; der große dramatische Künstler Seydelmann kommt nämlich hieher, das wäre nun ein neuer Aufglanz unserer einst so reichen und jetzt so armen Bühne, wenn es nicht noch völlig ungewiß wäre, wem der Sieg bleiben wird, ob der Künstler die Histrionen, oder die Histrionen den Künstler bezwingen werden! —

Professor Gans war diesen Sommer im südlichen Frankreich und den Pyrenäen, und konnte nicht genug

rühmen, wie treu und wahr und wie bewundernswerth an=
schaulich Ew. Durchlaucht jene Gegenden geschildert hätten.

Ich habe, weil der Arzt darauf bestand, einen Ausflug
nach Hannover und Hamburg versucht, aber mit schlechtem
Erfolg, ich kam krank in Hamburg an, blieb es dort, und
kehrte nach zwölftägigem Aufenthalt eilig hieher zurück, um
bequemer krank zu sein. Die Cholera brach heftig aus, und
erfüllte alles mit Düsterheit und Besorgniß. Ich hielt mich
zwar tapfer, und konnte mitunter fleißig arbeiten, aber nun,
seit ein paar Monaten, schlepp' ich mich nur mühsam hin,
und bin froh, wenn die Zeit ohne neue Anfechtung ver=
streicht. Könnte ich immer arbeiten, so wäre ich geborgen!
Aber wie selten vermag ich es! Zu Ostern kommen indeß
wieder ein paar Bände von mir heraus. Der kleine Artikel
dessen Ew. Durchlaucht so freundlich gedenken, wird bei
dieser Gelegenheit auch wieder mitabgedruckt. — Eben heute
bekam ich das vierte Heft der vom Hofrath Dorow heraus=
gegebenen Facsimila, wo auch wieder ein kräftiges Wort
über Sie gesagt, und ein pikanter Auszug aus einem Briefe
von Ihnen an Laube, und überdies auch Ihr Bild mitge=
theilt wird. — Für Ihre litterarischen Feldzüge haben Ew.
Durchlaucht an Mundt und Laube ein paar wackere Adju=
tanten, voll Geschicklichkeit und Eifer. Bei Ihrer Wieder=
kehr würden beide sich nur noch fester und wirksamer an=
schließen. Dieser Boden will auch eigenthümlich bewirth=
schaftet sein. Ew. Durchlaucht haben auf ihm einen in
Deutschland fast beispiellosen Erfolg gehabt; es kommt nun
darauf an, ihn ferner gut zu verwalten und auszubeuten.
Die Mittheilungen an die „Allgemeine Zeitung" waren vor=
trefflich, und haben den besten Eindruck gemacht; kein hiesiger
Freund hätte Sie hierin so gut berathen können, als es der
Antrieb des eigenen Genius gethan! — Von Laube's Aufent=
halt und Verhältnissen, von seinem Glück im Unglück, brauch'
ich nichts zu sagen, die Nachrichten aus Muskau werden ja

nicht fehlen! Hier bin ich am letzten Rande des Blattes — und des Jahres — über diesen sogar schon hinaus, denn es schlägt 12 Uhr, und das Geschrei auf der Straße verkündet den Anfang des neuen Jahres, der erste Januar 1838 hat begonnen. Sie sind der Erste, theuerster Fürst, dem ich in dieser Jahreszahl schreibe und Glück wünsche! Tausend= faches Heil und reichen Segen!

In treuester Gesinnung unwandelbar

Ihr innigst ergebener

Varnhagen von Ense.

Ich habe das Glück gehabt, in Altona noch eine An= zahl Briefe von Rahel zu erlangen, die ich mir abschreiben durfte. Die Vermehrung und Ordnung dieses Schatzes be= schäftigt mich immerfort, und gewährt mir meine besten Stunden. Doch bezweck' ich für jetzt keine neue Herausgabe; die gelegene Zeit dafür wird künftig eintreten, und es ist nicht nöthig, daß ich sie erlebe. — Die Anwesenheit der verehrten Frau Fürstin ist mir ein helles Licht in der düsteren Stadt. Bin ich auch durch meine Kränklichkeit gehindert, ihr so oft aufzuwarten, als ich es wünschte, so ist mir doch schon die bloße Möglichkeit ein Trost, und eine solche Freund= schaftsliebe für Ew. Durchlaucht zu erkennen, zu erfahren, zu ahnden, thut auch dem eigenen Herzen wohl! Heil und Segen denen, die sich so gefunden haben, in Einsicht, Wür= digung, Zuneigung! — Der arme Mundt, der von Paris und London zurückgekommen — befindet sich leider noch in der alten Stockung, und trägt nun schon in's dritte Jahr die Folgen von Steffens Uebereilung und Unredlichkeit; aber er trägt sie muthig und standhaft, und läßt seinen edlen Sinn durch nichts beugen. Die Engherzigkeit und Verkehrt= heit der Zensur drückt indeß nicht ihn allein, sondern jede litterarische Regsamkeit. —

217.

Die Fürstin von Pückler=Muskau an Varnhagen.

Mittwoch, den 14. Februar 1838.

Erlauben Sie, verehrter Herr Geheimer Legationsrath, daß ich mich nach Ihrem Befinden erkundige, wofür ich die besten Wünsche hege.

Zugleich Ihnen mein Bedauern ausspreche, so selten Ihren Geist und lehrreichen Umgang zu genießen! Wenn ich mich aber bescheide, wohl wissend, wie wenig Ihnen durch den meinigen geboten sein kann, so darf ich doch heute Ihre freundschaftlichen Gesinnungen für den Fürsten in Anspruch nehmen, und Sie herzlich um einen kleinen Besuch bitten, da es mir Noth thut, einen seiner Freunde in einer Sache, die ihn angeht, zu Rath zu ziehen.

Ich bin in diesem Moment auch reich an Mittheilungen über ihn — und richtete gern das mündlich aus, was er mir mit der treuesten Anhänglichkeit für Sie aufträgt.

Genehmigen Sie den Ausdruck wahrer Verehrung von Ihrer

ganz ergebenen

L. F. Pückler=Muskau.

Mittwoch.

Gewähren Sie meine Bitte, dann bestimmen Sie gefällig den Moment, wo ich Sie erwarten dürfte.

218.

Pückler an Varnhagen.

Tiberia, den 27. Februar 1838.
(Empfangen in Berlin den 16. Mai.)

Verehrtester Herr und Freund,

Ein Brief von Ihnen zum neuen Jahr ist das schönste Omen für dieses, und — es mag Ihnen vielleicht diese

Aeußerung übertrieben oder affektirt vorkommen, aber sie ist dennoch nicht minder wahr — ich erhalte nie ein Schreiben von Ihnen, ohne mit dem lebhaftesten Vergnügen, zugleich eine Art Hochmuth zu fühlen, wie man nach einer Auszeichnung empfindet. Ich bin stolz auf Ihre Briefe, und immer gerührt von Ihrer Güte. Empfinge ich nur bessere Nachrichten von Ihnen über Sie selbst! Sie sind leidend und nicht heiter gestimmt, und das betrübt mich, um so mehr, da dies alles doch nur Hypochondrie, ein rein körperliches Leiden ist, von dem eine andere Umgebung und Ihrer That- und Geisteskraft angemessenere Verhältnisse Sie heilen würden. Ich wünschte Sie mit einer Mission in Paris unter Hahnemann's Leitung zu sehen, denn seit ich das Organon dieses großen Arztes zufällig in Alexandria gelesen, bin ich der decidirteste Anhänger der Homöopathie geworden, nur nicht in ungeschickter Schüler Händen.

Von den vaterländischen Angelegenheiten bin ich so wenig mehr unterrichtet, daß ich nur wie der Blinde von der Farbe davon sprechen müßte. Seit ich Asiens Boden betreten, ist mir keine Zeitung mehr zu Gesicht gekommen, und gleich den Orientalen verliere ich nach und nach das Interesse an den entfernten Welthändeln, das nahe Leben und die kleine, mich selbst umgebende Natur und Menschenwelt desto besser genießend. Wer drei Jahre im Orient zugebracht, kann sich nicht mehr davon trennen, und ich für meine Person bin entschieden, so bald als möglich wieder dahin zurückzukehren. Das Warum auseinanderzusetzen könnte Bände ausfüllen, es ist aber weit besser, es zu genießen, als es zu beschreiben. Doch sehe ich ein, daß Sie den vortrefflichen König Salomo dessen Grab mir die Türken in Jerusalem am Fuße seines ehemaligen Tempels zeigten, mit Recht citiren, und daß es Zeit für mich ist, das Heimische vorher zu beschicken. Im künftigen Sommer 1839 hoffe ich dies ohnfehlbar bewerkstelligen zu können, und dann wollen wir in Muskau gegen-

seitig austauschen, was wir in den vergangenen vier Jahren
an Stoff eingesammelt haben.

Was Sie mir von Professor Gans mittheilen, erfreut
mich sehr, Sie, mein verehrter Freund, wissen auch immer
das mir Angenehmste und Schmeichelhafteste mit gütigem
Takte herauszuheben. Wie sehr ich ferner nächst Ihnen selbst,
auch den Herren Mundt und Laube verpflichtet bin, fühle
ich mit dankbarem Herzen, und bitte Sie, keine Gelegenheit
zu versäumen, beiden Herren dies auf das Herzlichste von
mir auszudrücken. Kann ich ihnen meinerseits je nützlich sein,
so wird es an meinem eifrigsten Bestreben dazu nicht fehlen.
Beides sind freisinnige, von der erbärmlichen Kleinlichkeit der
Rücksichten unserer Zeit entfernte Männer, und schon deswegen
müßte ich sie lieben und ehren. Das Papier will nicht weiter
reichen, ich schließe also mit der Bitte, mir doch durch die
Fürstin Pückler gütigst die beiden Theile zukommen lassen zu
wollen, die Ostern von Ihnen herauskommen. Dies wird
im fernen Lande mir doppelt theuer sein.

Mit allen besten Wünschen

Euer Hochwohlgeboren

treu ergebenster

H. P.=M.

219.
Varnhagen an Pückler.

Berlin, Freitag den 25. Mai 1838.

Theuerster Fürst!

Um keines Landes Anblick hab' ich Ew. Durchlaucht
noch so beneidet, wie um den von Palästina und Syrien,
woher Ihr letzter mir kürzlich zugekommener Brief vom
27. Februar geschrieben ist. Dort sind unser Aller erste
Jugendbilder zu Hause, und ohne die Schauer der Frömmig=
keit hier mitzurechnen, müssen wir sagen, daß kein Land an

Geschichtsbezügen reicher ist; ja die frommen Bezüge selbst kann ich eigentlich nur als geschichtliche auffassen, und mich dünkt, der Christ, je stärker und reiner das Christenthum in ihm lebt, darf nicht zu großen Werth auf dergleichen Aeußerliches legen, wie denn auch in der That diese Religion von ihrem örtlichen Ursprunge ganz abgedrängt worden, und es ohne Zweifel in Grönland und am Kap der guten Hoffnung bessere Christen giebt, als jetzt in Jerusalem. „Die Erde ist überall des Herrn." Aber auch das Land an und für sich hat so viel Merkwürdiges, Schönes, Wunderbares. Ich habe Lamartine's Reise mit größtem Antheil gelesen; doch wirft man ihm große Ungenauigkeiten vor. Ich freue mich im voraus auf die Schilderung aus Ew. Durchlaucht Feder; so viel weiß ich, daß sie wahr und anschaulich sein wird! Die in der „Allgemeinen Zeitung" abgedruckten Mittheilungen, welche ganz vortrefflich sind und von allen Seiten Beifall finden, haben auf's neue sehr das Verlangen erweckt, sich an größeren Bilderreihen dieser Art erlaben zu können. — Ihr Wohlgefallen an Asien, theuerster Fürst, würde mich doch erschrecken und betrüben, sprächen Sie nicht auf demselben Blatte, wo der Wunsch des Dortbleibens ausgedrückt ist, mit größter Bestimmtheit von der Rückkehr. Auf diese hoff' ich mit vielen anderen Freunden sehnlichst, und ich darf glauben, daß auch das Vaterland Ihnen, besonders nach solcher Abwesenheit, manchen neuen Lebensreiz erwecken, ja Ihnen solche Befriedigung darbieten wird, wie der Orient sie nie gewähren kann. Ja, Sie selbst haben ja nur so viel vom Orient, weil Sie ein Abendländer sind, und als solcher jenen anschauen. —

Wir leben hier jetzt im größten Saus und Braus überall hohe Herrschaften, gaffende Menge, Soldaten, Trommeln, Musik, Wagengerassel. Ich halte mich dabei still in meiner Mauerstraße, und warte auf schönes Sommerwetter, um — in den Thiergarten zu gehen. Nach dem harten, und bei aller Kränklichkeit doch arbeitsamen Winter, bedarf und kann ich nichts als spazieren gehen, und ich will den ganzen Sommer nicht arbeiten. Meine Bücher sind noch nicht fertig, wenigstens noch nicht in meinen Händen; wie reizend wäre mir der Gedanke, sie gleich in den Händen Ew. Durchlaucht zu wissen! Daß Sie in Galiläa daran denken mögen, ist schon köstlich! —

Unsere jungen Freunde sind wohlauf und rüstig, und hegen den besten Sinn und Eifer für Ew. Durchlaucht. Ich habe für Mundt's neue Zeitschrift ein Fragment aus Ihrem neuesten Buche erbeten, und hoffe, dasselbe wird an guter Stelle seine Wirkung thun. Noch zur Zeit sind leider Mundt und Laube guten Fechtern zu vergleichen, die keine Waffen führen dürfen; das Metier der Litteratur ist fortwährend grausam verkümmert. Die jungen Talente sind weit größer, als sie bisher zeigen konnten. Vielleicht sehen wir noch, daß dies anders wird. —

Wir haben hier jetzt eine Mrs. Robinson aus New=York, eine geborene Fräulein von Jakob aus Halle. Ihr Gatte, gelehrter Theologe, reist gerade jetzt auch in Syrien, und trifft vielleicht dort oder in Konstantinopel mit Ew. Durchlaucht zusammen. Ich habe noch gestern Abend seine Frau sehr angenehm in Gesellschaft gesehen, bei Fräulein Solmar, die sich Ew. Durchlaucht bestens empfehlen läßt. — Bettinens Buch — von ihr selbst in's Englische übersetzt — ist in England, wie es scheint, völlig gescheitert, und die großen Kosten dafür wahrscheinlich verloren. Sie selbst ist wie immer, altert aber äußerlich sehr; ich sehe sie zuweilen. — Prof. Gans strahlt im reichen Glanze seiner beredten und oft kühnen Vorträge; in Göttingen wär' er schon abgesetzt, in Berlin hält er sich, und gewinnt hoffentlich nur immer größere Festigkeit. —

Als Neuigkeit muß ich Ew. Durchlaucht doch auch mel=den, daß ich mir im vergangenen Winter etwas näher rus=sische Sprache und Litteratur angesehen, und davon großes

Vergnügen gehabt habe. — Ich wage nicht, ein zweites Blatt anzufangen, und muß den Brief ohne Säumen an die Frau Fürstin zum Einschluß abliefern.

Mir bleibt nur Raum, in treuester Gesinnung verehrungs= voll und anhänglichst mich zu unterzeichnen

Ew. Durchlaucht

gehorsamst ergebener

Varnhagen von Ense.

220.

Pückler an Varnhagen.

Aleppo, den 28. Juli 1838.

Endlich einmal wieder ein calligraphisches Blatt von meinem freundlichen Beschützer! Ich glaubte mich schon ganz vergessen, und in der That, ich bin so lange abwesend, daß es kein Wunder wäre, wenn man meiner nur noch wie eines selten probirten Echos gedächte — und wenn ich endlich wiederkomme, wird es noch schlimmer für mich sein. Halb jung noch und voller Thätigkeit fortgegangen, kehre ich als ein alter, indolenter Türke zurück, der wahrscheinlich in un= serem europäischen Treiben eben so wenig Anderen, als sich selbst unter ihnen gefallen wird — immer, versteht sich, mit Ausnahme einiger wenigen Freunde, auf deren Langmuth er zählen darf, der arme Ungläubige.

Sie waren also fleißig diesen Winter, mein geehrter Freund? Gott sei gelobt! Ich war morgenländisch faul, und Gott sei wieder dafür gelobt, denn Ihr Fleiß verheißt uns kostbare Geschenke, und meine Faulheit erspart dem Pub= likum eine ganze Quantität abermaliger Bändchen, die doch nur, gleich Lafontaine und Walter Scott's Romanen, ewige Variationen desselben Themas sind, und daher damit geendet haben, mich selbst noch weit mehr anzuekeln, als irgend einen Rezensenten. So ist wenigstens meine Stimmung seit Jahr und Tag, und das öde, langweilige, unromantische Syrien ganz geeignet, sie täglich zu verstärken. Mit großem Unrecht beneiden Sie mir diese Reise, die genußloseste von allen, die ich gemacht. Ich bestreite Ihnen zwar nicht das ungeheure historische Interesse dieses Erdstrichs, aber das können Sie in der Mauerstraße weit belehrender mit einer kräftigen Phantasie genießen, während die hiesige platte Wirklichkeit, die wüsten Ebenen ohne Baum und Strauch, der kahle un= malerisch geformte Libanon, die elenden Dörfer, die Ab= wesenheit aller Monumente erhabener Kunst (denn selbst Balbeck, Palmyra und Scheran sind nur schlechtes Römer= werk) während, sage ich, alle diese kümmerlichen Realitäten den Geist mehr herabstimmen als erheben. Der Körper aber ist bei einem widerwärtigen Klima und elendem Leben, stets von Pest und Cholera umgeben, noch übler daran, und die bequeme Schreibstube in der Mauerstraße, worin man Ihnen ein gutes Diner servirt, behält auch in diesem Punkte das Uebergewicht. Lamartine's Buch ist ein wahrer poisson d'Avril, von Anfang bis zu Ende, eine kolossale und meines Erachtens langweilig geschmacklose Lüge, eine Schüssel, welche die ekelhafte Frömmigkeits = Sauce, in der die fade Speise schwimmt, noch ungenießbarer macht. Dagegen ist Chateau= briand über das heilige Land classisch, fast durchgängig wahr, und seine Frömmelei so sehr de bonne compagnie, daß sie nicht selten der Persiflage gleicht. Uebrigens muß man darin Jedem seine Ansicht lassen. Mir erschienen die christlichen Heiligthümer mit allem, was daran hängt, als der größte Skandal.

(Durch ein Versehen blieb dieses Blatt hier in meinem Portefeuille liegen.)

Wenn es nicht zu unbescheiden ist, mich einem so bedeutenden Manne wie Professor Gans, den ich nur wenig persönlich kenne, aber deshalb nicht weniger verehre — freundlichst zu empfehlen, so bitte ich, daß Sie meiner nicht bei ihm vergessen. Fräulein Solmar darf ich schon unbekümmerter meines herzlichsten Andenkens ihrer Liebenswürdigkeit durch Sie, mein verehrter Freund, versichern lassen, und dazu noch voraussetzen, daß der Bote jedenfalls dem Gruße Werth geben muß. Ich hoffe, Fräulein Solmar besucht uns einmal in Muskau, und ich werde dann mit ihr ein kleines Komplott zu machen suchen, um Sie selbst gewaltsam Ihrer Mauerstraße zu entführen, trotz Ihrer russischen Studien, die uns außer so mancher anderen Verführung nun auch mit einer durch russische Litteratur drohen. Denn gewisse Leute wissen aus eigener Erfahrung, daß, wenn Sie ein Werk geltend machen wollen, kein Widerstand mehr dagegen aufkommen kann.

Es thut mir leid, daß Bettinas Buch in England nicht den verdienten Erfolg hat, warum aber auch Perlen vor die Säue werfen! Bettinas irdischer Gott, Goethe selbst, hat sich in jenem Krämerlande kaum einer besseren Aufnahme zu erfreuen, und eine Uebersetzung in's Englische durch eine Deutsche, ist überdies ein unsinniges Unternehmen, ich möchte fast sagen, ein unwürdiges, worin ich die stolze deutsche Bettina nicht wieder erkenne.

Nun noch ein paar Worte von mir selbst. Ich drehe mich seit Monaten zwischen Homs, Hama und Aleppo an den Gränzen der Wüste im größten dolce far niente umher, um — edle, arabische Blutpferde zu kaufen, von denen ich vielleicht ein Dutzend zusammenbringen werde, um sie nach

Europa zu verschiffen, das angenehmste Andenken eines beinah
fünfjährigen Aufenthalts im Orient für mich, der die ritter=
liche Pferdepassion in aller alten Stärke beibehalten hat, und
schönere, graziösere Thiere dieses Geschlechtes findet man
nirgends. Ihr Feuer und jugendlicher Glanz soll in der
Heimath dem veralteten Reiter zur Folie dienen, und ich
werde mich hinlänglich geschmeichelt fühlen, wenn die reizen=
den Berlinerinnen bei unserem Anblick laut ausrufen: Ah,
le beau cheval! statt sich in's Ohr zu flüstern: Ah, quel
joli cavalier! wie es vor einem Vierteljahrhundert wohl
möglich gewesen wäre.

Ich bin aber schon am Ende meines zweiten Blattes,
und es ist Zeit abzubrechen. Empfangen Sie, mein hoch=
verehrter Gönner, zum Schluß die mit stets unveränderlicher
Gesinnung gegebene Versicherung der dankbarsten Zuneigung
und Hochachtung, mit denen ich noch sehr lange leben
will als

Euer Hochwohlgeboren

innig ergebenster

Hermann Pückler.

221.

Die Fürstin von Pückler=Muskau an Varnhagen.

Berlin, den 28. Februar 1839.

Es war ein so flüchtiger und so gestörter Moment, als
ich das Vergnügen hatte, Sie, verehrter Herr Geheimer Le=
gations=Rath, bei mir zu sehen, daß Sie es wohl natürlich
finden werden, wie sehr ich wünsche, daß Sie mir die Ehre
Ihres Besuchs bald wieder gönnen. Um so mehr verlangt
mich nach Ihnen, um Sie mit den Details bekannt zu machen,
welche die Schreckensszenen betreffen, die sich auf die letzten
Ereignisse meines Reisenden beziehen, der mir die angelegen=
sten Empfehlungen an Sie aufgetragen.

Gewähren Sie mir daher, wenn es Ihre Gesundheit zuläßt, bald die Freude, Ihnen mündlich die Zusage meiner hohen Achtung geben zu dürfen.

L. Pückler=Muskau.

222.

Die Fürstin von Pückler=Muskau an Varnhagen.

Freitag, den 15. März 1839.

Abends.

Ich hoffe, verehrter Herr von Varnhagen, der neuliche Abend ist Ihnen nicht übel bekommen. Da die Absicht An=deren Freude, so große Freude und, als die Ihrer Gegen=wart zu gewähren, nie anders als gute Folgen haben sollte.

Damals dachte ich nicht, daß ich so bald Ihre Zeit wieder in Anspruch würde nehmen müssen. Doch habe ich heute etwas, den Fürsten betreffend, erfahren, was mich sehr beunruhigt, und worüber ich unendlich wünsche, Ihren Rath, vielleicht Ihre freundschaftliche Unterstützung zu haben.

Da Sie nun wohl nicht bei der Kälte gern ausgehen, so erlauben Sie mir, morgen etwa um 1 zu Ihnen zu kommen, wo nicht, so machen Sie mich so glücklich, mich zu be=suchen.

Da ich aber außerdem bestimmt ausfahren muß, so geniren Sie sich nur auf keine Weise, und Ihnen selbst bei sich meine Verehrung bezeugen zu dürfen, ist mir wirklich so gelegen als angenehm.

Genehmigen Sie den Ausdruck großer Achtung und wahrer Anhänglichkeit

Ihrer sehr ergebenen

L. F. Pückler=Muskau.

223.

Varnhagen an die Fürstin von Pückler-Muskau.

Berlin, den 20. März 1839.

Ihro Durchlaucht

darf ich mit gutem Grunde versichern, daß mir die be=
unruhigende Angabe, nachdem ich verschiedentlich mit aller
Vorsicht gefragt und geforscht, immer unwahrscheinlicher wird.
Wenigstens in dem hiesigen litterarischen Kreise ist nichts der
Art bekannt; in dem polizeilichen könnte man freilich mehr
wissen, allein dahin zu bringen ist mir in aller Weise ver=
sagt! Einzelne Angriffe, Aufsätze in Tagesblättern, Abschnitte
in Büchern, mögen wohl gegen den theuren Reisenden neuer=
dings vorkommen oder beabsichtigt werden, das ist sehr
natürlich und kann nicht gehindert werden, noch anders ge=
ahndet als litterarisch; aber ein ganzes Buch eigends und
absonderlich, — das setzte freilich eine schärfere Feindseligkeit
und die Absicht persönlichen Aergernisses voraus, ist mir aber
bis jetzt ganz und gar zweifelhaft, aus allen Gründen,
deren ich schon mündlich gegen Ihro Durchlaucht er=
wähnte. —

Ich bin sehr begierig, ob Hr. Dr. Laube aus Leipzig,
wo doch der eigentliche Heerd dieser Dinge ist, etwas Näheres
wird berichten können. Der wünschenswertheste Fall bleibt
doch immer, daß wir nichts auffinden, weil nichts vorhanden.
— Aber indem man sucht, findet man immer etwas, wenn
auch nicht gerade das Gesuchte! Ich höre bei dieser Ge=
legenheit, daß gegen Hrn. von Humboldt etwas in Umlauf
sei, ohne doch erfahren zu können, ob es eine bildliche Karikatur oder eine schriftliche Darstellung sei, die es aber sehr
darauf abgesehen haben soll, ihn lächerlich zu machen. Die
Gemeinheit, und besonders die Mittelmäßigkeit ist immer ver=
schworen gegen das Genie, und heimtückisch, wo ein offener
Kampf unmöglich ist. In diese Erfahrung aller Jahrhunderte

wird jeder Ausgezeichnete sich fügen müssen. Der Sieg ist aber noch immer dem Würdigen verblieben. —

Diese Tröstung muß auch für Ihro Durchlaucht eine sein, in Betreff des genialen Freundes in der Ferne; allein sie soll darum keineswegs die liebevolle Fürsorge und treue Wachsamkeit mindern, welche den Abwesenden immerfort zu vertreten und zu vertheidigen wünscht, und in der ich kühn genug bin, mich als eifrigen Verbündeten Ihro Durchlaucht dienend anzuschließen! —

In tiefster Ehrfurcht und aufrichtigster Ergebenheit habe ich die Ehre zu verharren

Ihro Durchlaucht

ganz gehorsamster
Varnhagen von Ense.

224.
Die Fürstin von Pückler=Muskau an Varnhagen.
Sonntag, den 24. März 1839.
Morgens.

Sie haben mir, verehrter Herr Geheimer Legations=Rath, neuerdings so viel thätiges, liebevolles Interesse bewiesen, daß ich Sie abermals in der bekannten Angelegenheit nochmals ansprechen darf. Aus Leipzig habe ich nichts erfahren, das mehr Licht darin gäbe! Ebensowenig aus Muskau, wo ich deshalb an Schefer schrieb! Nun ist mir namentlich daran gelegen, zu erfahren, wo das Buch gedruckt wird, und unter welchem Titel. Sollten daher Ihre weiter eingezogenen Nachrichten hierüber einiges Licht verbreiten, so bitte ich inständig um Ihre baldige Mittheilung.

Mit inniger Achtung

Euer Hochwohlgeboren

ganz ergebene
L. F. Pückler=Muskau.

225.

Die Fürstin von Pückler-Muskau an Varnhagen.

Montag, den 25. März 1839.
Abends.

Noch immer fehlt die Hauptsache, der Titel des Buches
Ob es nun die Reise nach dem

Taubenschlag,

eine ganz prekaire Angabe von Schefer,
oder
Der Missionair, herausgegeben von Karl Jäger, ehemaliger
Sekretair und Reisebegleiter des Fürsten von Pückler-Muskau
bei Hinrichs in Leipzig;
oder   Der Deutsche in London.
Geschichte der politischen Flüchtlinge, bei Engelmann in
Leipzig. 2 Theile, à 3 Thlr., von August Jaeger, ehemaliger Privat-Sekretair des Fürsten von Pückler-Muskau —
und als ein Buch angezeigt, welches Aufsehen erregen wird, das Eigentliche ist, vermag ich nicht zu entscheiden.

Ich liege aber wie im Fieber, und weiß keinen Rath,
verehrter Freund und Gönner, als bei Ihnen.

Herr von Tzschoppe ist zu allem willig, wird auch forschen, doch der Titel des Buches ist ihm vor allem nöthig.

Die zwei Jaeger verwundern mich! Karl ist der Mann
des Rechten, und leicht könnte der Andere ein suponir-
ter sein.

Ich darf Ihnen indessen das Obige mittheilen, da ein
Zeichen mehr, oft der Schlüssel des ganzen Chiffre wird.

Bewahren Sie mir Theilnahme. Versagen Sie mir
nicht Nachsicht, und stehen Sie mir wie bisher so freundlich
als tröstlich bei.

Mit größter Verehrung
Ihre ganz ergebene
L. F. Pückler-Muskau.

Es wird Sie vielleicht interessiren, die letzten Briefe an mich von Jaeger zu lesen! Ich bitte später wieder darum, und kann doch, wenn mich meine Menschenkenntniß nicht ganz irre führt, hier keinen Feind voraussetzen!

Jaeger hat in Paris einen Bruder, der auch Schrift= steller ist.

226.

Varnhagen an die Fürstin von Pückler-Muskau.

Berlin, den 25. März 1839.

Ihro Durchlaucht

beeile ich mich ehrerbietigst anzuzeigen, daß ich in diesem Augenblicke Antwort von Hrn. Dr. Laube empfange, der mir schreibt, daß er in der fraglichen Angelegenheit die sorg= samste Nachforschung angestellt, aber bis jetzt keine Spur, auch nicht die kleinste Spur gefunden habe! Er wird sein Bemühen mit allem Eifer und mit bester Vorsicht fortsetzen. Die Nothwendigkeit der letzteren sieht er vollkommen ein, und fürchtet selber schon die wahrscheinlich ohnmächtige und in sich fast leblose Unternehmung durch irgend ein Aufsehen erst recht mit Lebenskraft auszustatten, und der Schadenfreude Nahrung zu geben. — Ich gestehe, daß eine Einmischung der Behörde mir in allem Betracht viel Mißliches zu haben scheint. — Ein Schwefelbad verhindert mich, Ew. Durch= laucht sogleich persönlich aufzuwarten. Für den Augenblick scheint mir auch nichts anzurathen, als noch ein paar Tage zu warten, ob vielleicht aus Leipzig ein nachträglicher Bericht eingeht. —

In tiefster Verehrung und treuester Ergebenheit habe ich die Ehre zu verharren

Ihro Durchlaucht

ganz gehorsamster

Varnhagen von Ense.

227.

Die Fürstin von Pückler-Muskau an Varnhagen.

Stiller Freitag, den 29. März 1839.

Ich höre gar nichts mehr von Ihnen, verehrter Herr Geheimer Legations-Rath, und muß befürchten, daß der Titel des fraglichen Werkes introuvable ist.

Herr von Tzschoppe hat sich alle Mühe gegeben, und weder vom Monat Februar, noch bis zurück zum Oktober findet sich irgend eine Schrift, die in Breslau zensirt und hier gedruckt würde; noch ein Titel in diesen Listen, der auf den Gegenstand hindeuten könnte.

Ich bin an einer Geschwulst im Gesichte leidend, und sehe so ribikül aus, daß ich mich vor der Welt verberge.

Sie aber sind immer Ausnahme, wenn Sie mich besuchen möchten; doch mußte ich Sie preveniren, wie mein Aussehen ist, und Sie mir auch, au risque, daß Sie ein Bischen lachen, stets sehr angenehm sein würden.

Mit größter Verehrung

Euer Hochwohlgeboren

ergebenste

L. Pückler-Muskau.

228.

Varnhagen an die Fürstin von Pückler-Muskau.

Berlin, den 29. März 1839.

Ihro Durchlaucht

Unwohlsein beklage ich von Herzen, und deshalb auch um so mehr dieses Wetter, das rheumatischen Uebeln leider nur günstig ist! Doch hoffe ich baldigst Ihre Genesung zu vernehmen, für die ich die eifrigsten Wünsche ausdrücke! —

Als ich Ihro Durchlaucht Billet empfing, wußte ich noch keine Silbe weiter; seitdem, wie durch ein Wunder, ist mir eine bestimmtere Angabe in's Haus gebracht worden, derzufolge das Buch „Briefe eines Verschiedenen" heißt, der Druck aber noch gar nicht begonnen sein soll, weil sich noch kein Verleger gefunden hat. Man versichert, daß der Inhalt gar nicht so bös, und in keiner Weise ehrenrührig für den Fürsten sei, im Gegentheil die Erscheinung eher dem litterarischen Interesse nützlich werden könne. Vielleicht unterbleibt auch die Herausgabe, eben wegen der äußeren Schwierigkeiten, da der Verfasser selber nicht gesonnen sein soll, die Kosten aus eigenen Mitteln zu bestreiten. Mich dünkt, Ihro Durchlaucht thun am besten, die Sache fürerst noch ihrem Gange zu überlassen; zu einer Einmischung der Behörde ist gewiß kein Anlaß, und ein unzeitiger Schritt würde geradezu schädlich sein. Der Autor soll kein Arg bei der Sache haben, versichert man mich, und sogar, was ich indeß nicht beglaubigen möchte, gegen Leopold Schefer in Muskau mit seinem Vorhaben gar nicht geheimnißvoll gewesen sein. Vielleicht gelingt es mir, in der nächsten Zeit einiger Proben des Manuskripts selber ansichtig zu werden, und darauf ein bestimmteres Urtheil zu begründen.

Bisher sind alle eingezogenen Nachrichten nur immer beruhigender geworden; ich glaube wirklich, Ihro Durchlaucht können sich aller eigentlichen Besorgniß entschlagen, die Sache wird sich in Nichts auflösen, oder in gar Wenig! — Inzwischen fahre ich fort, den Feind zu erkunden und zu beobachten, und was ich weiter erfahre, theile ich Ihro Durchlaucht ohne Säumen mit. —

Ich wollte selbst diese Nachrichten überbringen, das Wetter nöthigt mich sie zu schreiben. —

Mögen nur Ihre Durchlaucht baldigst von Ihrem Uebel hergestellt sein! — In tiefster Verehrung und treuester Anhänglichkeit verharrend   Ihro Durchlaucht

gehorsamster

K. A. Varnhagen von Ense.

229.

Die Fürstin von Pückler-Muskau an Varnhagen.

Freitag, den 19. April 1839.

Ich habe zu viel Freude, an dem eben erhaltenen interessanten Brief, um Ihnen denselben nicht, verehrter Herr
Geheimer Legations=Rath, mitzutheilen, auch um so mehr, da
er auch Nachricht über die nächsten Pläne unserer reisenden
Freunde (Laube) enthält.

Mit größter Achtung, Anhänglichkeit, und den besten
Wünschen für Ihre Gesundheit!

L. Pückler = Muskau.

330.

Die Fürstin von Pückler=Muskau an Varnhagen.

Mittwoch, den 8. Mai 1839.

Ich kann es nicht unterlassen, verehrter Herr von Varnhagen, mich nach Ihrem Befinden zu erkundigen. Sie haben
erst ohnlängst einen Ihrer Freunde auf eine so plötzlich über-
raschende Art verloren[1], daß ich besorgt über den Eindruck
bin, welchen dieses Ereigniß auf Ihr Gemüth machen mußte.
Nehmen Sie doch den Ausdruck meiner allerherzlichsten Theilnahme hier gütig auf.

Pückler ist nach Konstantinopel abgereist. Er trug mir
noch in seinem letzten Schreiben vieles an Sie auf. In zehn
bis zwölf Tagen werde ich Berlin verlassen. Vielleicht bin
ich noch so glücklich Sie zu sehen.

Indessen die Zusage herzlichster Verehrung und Anhänglichkeit.

L. Pückler = Muskau.

---

[1] Eduard Gans starb am 5. Mai 1839 im dreiundvierzigsten
Lebensjahre.

Den 26. Oktober 1840 schrieb Varnhagen in sein Tage=
buch: „Der Fürst von Pückler versicherte mich, die Fürstin
sei schon wieder in der Besserung. Von seiner Abyssinerin
erzählte er schöne Züge, mit begeistertem Ernst und wahrer
Eingenommenheit. Sie wird sterben, meint er, ihre Brust ist
angegriffen."

231.
Pückler an Varnhagen.

Muskau, den 20. Dezember 1840.

Mein verehrter Freund!

Obgleich ich mich ganz aufrichtig schäme Ihnen nichts
Gediegeneres anbieten zu können, so kann ich doch nicht um=
hin Ihnen mein letztes Buch als fortdauerndes Resultat eines
von Ihnen hauptsächlich geweckten Bestrebens, zu übersenden.

N'en parlons plus.

Herzlich freue ich mich darauf, Sie nun bei meiner
Rückkehr nach Berlin, recht viel zu sehen. Leider verhinderte
mich, zuerst der Trouble, dann die traurige Nothwendigkeit
meiner Abreise, der schwere unersetzliche Verlust, den ich ge=
macht, daran, einen Umgang vollständig zu genießen, den ich,
wie Sie wissen, wenigstens vollständig zu schätzen verstehe.

Hier in Muskau lebe ich ganz behaglich, und arbeite
fleißig in meinem Weinberge, vergrößere meine Eisenhämmer,
um Geld zu verdienen, und mache große Parkanlagen, trotz
Winter und Kälte, nm es wieder an den Mann zu bringen.

Wie wahrhaft glücklich würde es mich machen, wenn
ich Sie zum Frühjahr zu einem Besuch hieher bereden könnte,
einen langen, versteht sich, der Ihnen auch recht gut bekommen
würde. Laube und seine Frau, die jetzt bei uns sind, und
die mir Beide ungemein gut gefallen haben, kämen in diesem
Fall augenblicklich wieder, und ich fände wohl noch ein paar
andere Freunde, die Ihnen angenehm wären, kurz wir wür=

den alles thun, was in unseren Kräften steht, um es Ihnen
recht zu machen. Viel und oft haben wir mit den Laube's
von Ihnen und der unvergeßlichen Rahel gesprochen, der
Hohen und Milden, und ich habe mich ihrer Güte für mich
mit wehmüthiger Erinnerung gerühmt, obgleich sie auf der
Höhe, wo sie stand, nur Nachsicht mit mir üben konnte. Es
geht mir mit Ihnen auch nicht viel anders, mein verehrter
Gönner, ich bin aber auch zufrieden, wenn diese mir bleibt.

Mit allen besten Wünschen für das neue und alle
folgenden Jahre

Ihr

treuergebener

H. Pückler.

232.

Varnhagen an Pückler.

Berlin, den 23. Dezember 1840.

Ew. Durchlaucht

lieber Brief und schönes Buch haben mich gestern innigst
erfreut, und heute freut mich, Ihnen dies dankbar und treu-
ergeben zu sagen! Besonders erheitert mich aber die Hoffnung, Sie bald wieder hier zu sehen, und Sie dann öfter
zu sehen, als es im Drange und Prunke der Herbstfeste möglich war. Wenn ich auf meinem Wege zum Thiergarten den
Pariserplatz betrete, seh' ich jedesmal nach den bekannten
Fenstern, ob noch kein Zeichen sichtbar ist, daß die verehrten
freundlichen Bewohner dort wieder eingekehrt! Und neulich,
als ich den Grafen Bresson zu sprechen hatte, war es mir
ganz unheimlich, anstatt gleicher Erde anzupochen, die Treppe
hinauf zu steigen! Inzwischen nehm' ich den größten Antheil
an Ew. Durchlaucht behaglichem und ergiebigen Aufenthalt
in Muskau, ergiebig in schriftlicher und landschaftlicher
Thätigkeit. Wie können Sie aber sagen, ich hätte jene wecken

helfen? Es war ja alles fertig, alles! und ich hatte nur das Verdienst der Bemerkung, daß das Licht auf den Leuchter gehöre. Wie dem auch sei, die Welt hat erstaunt und dankbar das neue Licht aufgenommen, und ist auch manchen Leuten sein Schein etwas grell in's Gesicht gefallen, die Mehrzahl hat sich erfreut, und auch Ihnen selbst, denk' ich, ist manches frische Vergnügen davon entstanden. Der Himmel gebe ferner seinen Segen! —

Sehr angenehm überrascht hat mich die Nachricht, daß Laube's in Muskau sind; ich begreife die wechselseitige Annehmlichkeit dieses Besuches, und könnte wünschen, selber daran Theil zu nehmen, wenn ich mich etwas besser fühlte, als ich seit den letzten Wochen thue. Ich bin wieder in einer Reihe von halbkranken Tagen, die ich weder genießen noch benutzen kann. Wie es im Frühjahr sein wird, muß ich dahingestellt lassen. Doch sind die Aussichten, die Ew. Durchlaucht eröffnen, mir gewiß reizend! Ich möchte auch so gern Muskau wiedersehen, wiewohl ich den Schauder der Erinnerung fürchten muß! —

Ich hoffe, Laube läßt sich die brutalen Angriffe, die jetzt häufig auch gegen ihn vorkommen, nicht allzu sehr kümmern! In der „Eleganten Zeitung" ist er sehr gut vertheidigt worden. Ich habe schon oft gesonnen, wie ich mich seiner annehmen könnte, aber eine schickliche Form bietet sich nicht dar; die einer Rezension ist mir durchaus unmöglich, weil mich der ihm gemachte Vorwurf, des Stoffes nicht Herr zu sein, nur noch stärker treffen würde, und weil ich wirklich nicht reden kann, wenn ich dieses Rückhalts entbehre. Aber wie falsche Standpunkte setzen unsere lieben Landsleute immer fest! Das ist zum Erbarmen! Wenn Leute wie ich hier nicht urtheilsfähig sein können, für wen soll es denn Litteraturgeschichte geben? für Gervinus, oder Rosenkranz? Wir werden noch toll mit unserer Gelehrsamkeit! Aber ein Fehler ist, daß Laube die ersten Bände seines Werkes unternahm, er

hätte nur die beiden letzten schreiben sollen. — Die Verkehrt=
heit der Forderungen, die Unvernunft der Urtheile und die
Frechheit des Ausdrucks nehmen übrigens in unserer Litte=
ratur immer zu, und nun kommen noch die politischen und
kirchlichen Partheien dazu, um die Verwirrung auf's höchste
zu treiben! Und das in einer Zeit, wo die Klugen und Ver=
nünftigen so viele Ursache hätten zusammenzuhalten, eine
kompakte Schaar darzustellen! Die Schläge werden sie schon
zwingen, die kleinlichen Unterschiede, die jetzt jeder zur Haupt=
sache machen will, weniger zu beachten. Aber erst die Schläge,
bis dahin warten sie. —

Für den Beobachter ist hier jetzt ein merkwürdiger
Schauplatz, jeder Tag bringt irgend Neues. Der Vaterlands=
freund kann sich mancherlei Besorgnisse nicht verhehlen.
Unsere Zeitgenossen sind ein intraitables Geschlecht, und ich
zweifle, daß in lauter Milde und Güte viel mit ihnen aus=
zurichten sein wird. Die guten Absichten ist man stets ge=
neigt zu verkennen, zu hindern. Ich wünsche dem Könige
die größte Schaar edler, kluger Freunde, die es redlich mit
ihm meinen, die sein Heil und das des Landes wollen, nicht das
eigene persönliche Gedeihen! Er hat deren einige, aber ich
fürchte, nicht genug; sie müssen Enthusiasmus mit Besonnen=
heit verbinden; sie müssen allerdings den Willen des Königs
thun, aber eigenes Urtheil und Ansicht doch nie darum
aufgeben. Doch was red' ich? ist dies meine Bekümmer=
niß, meine Sorge? Der Himmel ist klüger, als wir Alle!
Lassen wir ihn walten!

Frau von Arnim, die ich heute gesehen, ist auch sehr
mißvergnügt, sie tobt gewaltig für Vernunft und Licht, eine
wahre Heldin, wenn es darauf ankommt! Einstweilen hat sie
nun ihre Brüder Grimm erlangt, und freut sich des
Triumphes! —

Sind die „Königslieder" der Gräfin Luise zu Stolberg=
Stolberg schon in Ew. Durchlaucht Hände gekommen? Eine

mir höchſt reizende Erſcheinung, ein Wiederhall der Reden
des Königs. Die Richtung iſt die ächte der Dichterin, und
als die ihre vollkommen berechtigt. Mögen Andere eine
andere geltend machen! Sie iſt eine geniale Frau, voll
Eigenthümlichkeit und Freiheit, und dem Könige leidenſchaft=
lich ergeben. —

In dem neuen Bande von Ew. Durchlaucht habe ich
ſchon früher mit lebhaftem Antheil und Vergnügen geleſen.
Iſt es denn wahr, was vielfältig behauptet wird, daß die
Wiener Sozietät hier nur leichtverhüllt vorgeführt worden,
um ſcharfe Geißelhiebe zu empfangen? Ich bin ſchon zu
fremd, um Anſpielungen zu erkennen. Vom Grafen von
Schulenburg=Kloſterroda habe ich kürzlich Nachricht gehabt,
die mir ſagt, daß der mir bekannte kleine Kreis in alter
Miſchung und Stimmung fortlebt; leider iſt Tettenborn wieder
von ſeinem Uebel befallen. —

Empfehlen Ew. Durchlaucht mich gütigſt der verehrten
Frau Fürſtin, deren Geſundheit ſich hoffentlich wieder ganz
befeſtigt hat, empfehlen Sie mich auch, ich bitte, Ihren
liebenswürdigen Gäſten! — Ich nehme innigen Antheil an
dem ſchmerzlichen Verluſte, den Ew. Durchlaucht erlitten
haben! Ich weiß, daß Sie fähig ſind, dergleichen aufrichtig
und tief zu empfinden, und in dieſem Falle beſonders fordert
das wunderliche Menſchengeſchick, die Figur, welche ein Leben
auf der Erde zeichnet, zu tragiſchen Betrachtungen auf. —
Wir haben hier Stägemann verloren; wie es ſcheint, zu
rechter Zeit für ihn; er würde nur noch Verdruß erlebt
haben. Er hatte einen tiefen Abſcheu vor allem Kircheneifer,
und faſt noch mehr vor allem Konſtitutionseifer, beide aber
ſcheinen bei uns nun zugleich mehr und mehr hervortreten
zu wollen. —

Leben Sie wohl, theuerster Fürst! Auf baldiges Wieder=
sehen also! — Mit innigster Verehrung und treuester
Ergebenheit

Ew. Durchlaucht
dankbar = gehorsamster
Varnhagen von Ense.

Ich sollte Ew. Durchlaucht wohl meinen neuesten Band
„Denkwürdigkeiten und vermischte Schriften“ senden; aber ge=
lesen haben Sie ihn ja schon in Wien, und, wenn das gut
ist, so kommt nun auch ein schlimmer Grund, weshalb ich
ihn nicht sende: ich habe kein Exemplar mehr, und auch die
Buchhandlung nicht! Verzeihung also! —

233.
Pückler an Varnhagen.

Muskau, den 28. Dezember 1840.

Auf Ihren freundlichen Brief, der hier sehr viel Freude
erregte, erwiedere ich diesmal blos in aller Kürze,

1) daß ich Laube (der leider schon fort war) das ihn
Betreffende in Ihrem Schreiben mitgetheilt habe;

2) daß über die Wiener Gesellschaft weder Beißendes
noch Lobendes in meinem Buche vorkommt, mit einziger
Ausnahme zweier flüchtiger Skizzen der Fürstin Metternich
und der Gräfin Huniady, als Scherz, in den Fragmenten
des Chinesen, welche ich der Fürstin Metternich vorgelesen.

Die Fürstin Pückler sagt Ihnen viel Schönes, und
gratulirt, gleich mir, herzlichst zum neuen Jahr.

Ihr schönes Buch besitze ich schon.

Mit alter Ergebenheit und Verehrung

Ihr
H. Pückler.

P. S. Empfehlen Sie mich doch Herrn Mundt ge=
legentlich, und sagen Sie ihm, wie sehr ich mich freue, ihn
in Berlin recht oft zu sehen, denn ich hatte dort kaum Zeit,
die persönliche Bekanntschaft eines Mannes zu machen, dem
ich auch so viel Güte verdanke.

234.
Varnhagen an Pückler.

Berlin, den 8. März 1841.
Theuerster Fürst!

Der liebenswürdige Brief Ew. Durchlaucht, der den
ersten Theil des „südöstlichen Bildersaales" begleitete, gab mir
die schöne Hoffnung, Sie selber bald hier zu sehen, und
Ihnen dann mündlich danken so wie alles mit Freiheit und
Behagen besprechen zu können, was Brief und Buch und
Ort und Zeit für uns hervorrufen und anregen. Nach
langem, vergeblichen Harren, das allerlei besorgliche Gedanken
entstehen ließ, vernahm ich vor acht Tagen, Sie seien krank,
auch Sie habe die unbarmherzige Grippe heimgesucht, und
ich bedauerte Sie um so mehr, als mehrjährige Entwöhnung
Sie für ein solches Uebel unseres Klima's nur um so em=
pfindlicher gestimmt haben muß; wie verdrießlich, langweilig
und langwierig aber diese, an sich zwar ungefährliche, Krank=
heit sein könne, erfuhr ich an mir selbst, und erfahr' ich noch
täglich, denn seit mehr als zehn Wochen bin ich ohne Auf=
hören katarrhalisch krank, auf drei, zwei Wochen, auf acht
Tage, auf sechs, genug auf solche stets wiederholte Fristen
bettlägerig, und nur zwischendurch einen oder ein paar Tage
zum Ausgehen fähig gewesen. Auch jetzt habe ich wieder
acht Tage meist im Bette zugebracht, und sehe noch keine
Aenderung! Mitten in dieser Prüfungszeit empfing ich nun
Ew. Durchlaucht schönes und erwünschtes Geschenk, den
zweiten und dritten Theil des „südöstlichen Bildersaales", nebst

dem Zettelchen von Ihrer Hand, welches mir bestätigte, daß
Sie krank sein, mich aber doch auch beruhigte, denn die
kräftigen, geordneten Züge können aus keinem bedenklichen
Zustand kommen! Möchten meine heißesten Wünsche erhört
werden, und eine schnelle, vollständige Herstellung Ihnen die
Fahrt nach Berlin gestatten, wenigstens die Wahl frei geben!
Denn allerdings ist unsere Winterlustbarkeit nicht mehr die=
selbe wie im Anfang, und es fragt sich, ob das noch Uebrige
einige Anstrengung verlohne. —

Wie sehr willkommen waren mir die Bücher! Unter
tausenden von Bänden sucht man oft vergebens solche, die
uns nur erfreuen, erheitern, anmuthig belehren, nie ver=
drießen oder verstimmen. Und nun kamen diese, in allem
Reize der Neuheit und allem Zauber der Persönlichkeit, so
daß ich einen wahren Schatz darin empfing, für den ich
Ihnen nicht genug danken kann! Ich sage hier nichts über
Inhalt und Darstellung. Die letztere ist so frisch und ge=
wandt und anmuthig, daß man zugleich ein erstes und ein
reifstes Werk des Autors zu lesen glaubt. Mit mir haben
auch Andere das Buch eifrigst genossen; Bettine von Arnim,
die mich in meiner Krankheit besucht, ist noch eben jetzt
damit beschäftigt. —

Ich habe fast nichts arbeiten, und tagelang nicht eine
Zeile schreiben können. Eine kleine Biographie des Feld=
marschalls Schwerin war zum Glück schon fertig, und ist
jetzt im Druck. Hätte ich gewußt, daß Ew. Durchlaucht noch
so lange ausbleiben, so wäre ich so frei gewesen, Ihnen ein
Heft des „Freihafens" zuzusenden, worin eine von mir aus
dem Russischen übersetzte Novelle „Bela" steht; jetzt ist mir
das Heft gerade nicht zur Hand.

Unsere öffentlichen Angelegenheiten kommen nur in spär=
licher Mittheilung bis in meine Einsamkeit. Ich nehme
blos mit Sinn und Herzen an den Vorgängen Theil. Auf
der Redoute hab' ich keinen Unfug angestiftet, mir ist der

Hof nicht verboten worden, ich habe die „Vier Fragen" nicht geschrieben, ich bin nicht in den Staatsrath ernannt worden, noch von München hieherberufen oder von Kassel, ich habe nicht einmal den Nekrolog Stägemann's geschrieben, noch werde ich den Lottum'schen schreiben! — Doch gestehe ich, daß mich, troß dieser Zurückgezogenheit, vieles ernstlich bekümmert, und daß ich mit wahrem Leid sehe, wie dem das Beste redlich wollenden, geistig belebten Könige sein Amt und seine Aufgabe vielfältig erschwert werden. Ich sehe bis jetzt nur wenige Menschen, die ich seinen Absichten für wahre Gehülfen halten könnte, wenige, die es nur wollen, noch wenigere, die dazu fähig sind. Doch wird sich nun bald zeigen müssen, ob sich die rechten Werkzeuge finden und darbieten. —

Ein paar Abende waren wir in der letzten Zeit doch gesellig belebt, ohne daß ich das Haus zu verlassen brauchte. Bei der Gräfin von Königsmarck, neben mir an, ist zum Besuch ihre Schwester die Gräfin Luise zu Stolberg-Stolberg, mit der ich schon vorigen Winter bekannt geworden Sich mit dieser genialen Frau zu unterhalten, ist eine Erquickung! Ich wünschte gar sehr, daß Ew. Durchlaucht sie kennten! Vielleicht aber kennen Sie sie aus früherer Zeit? —

Ich bitte, der Frau Fürstin meine verehrungsvollste Huldigung zu Füßen legen zu dürfen. Möge der häßliche Winter sie nicht anfechten, und Frühling und Sommer ihr die schönste Kräftigung bringen!

Mit innigster Verehrung und Ergebenheit verharrend, unwandelbar und treulichst

Ew. Durchlaucht

gehorsamster

Varnhagen von Ense.

Wie freute es mich, in dem „südöstlichen Bildersaal" auch eine Erinnerung an Gentz wiederzufinden, und eine andere,

an meinen lieben Meyern! Dieser wohnte im Winter
1809—10 zu Prag mit mir auf meiner Stube, und unsere
Gespräche erstreckten sich meist bis tief in die Nacht! —

Der Aufsatz in der „Allgemeinen Zeitung" über den
Fürsten von P. M. als Schriftsteller, ist das gewandteste,
gelungenste Stück, das ich seit lange gelesen! —

235.
Varnhagen an Pückler.

Berlin, den 22. Mai 1841.

Durchlauchtigster Fürst!

Indem ich Ew. Durchlaucht das beifolgende kleine Buch
durch diese Zeilen überreiche, fällt mir schwer auf's Herz
daß Sie seit mehr als einem halben Jahre wieder bei uns
sind, und dennoch für das eigentliche Leben so fern und ab=
gesondert, als wären Sie noch in Aegypten oder auf dem
Libanon! Aus Ihrem verheißenen Aufenthalt in Berlin ist
nichts geworden, aus einem gewollten Besuch in Muskau
gleichfalls nichts! Ich hatte mir vorgesetzt, um Ostern Sie
heimzusuchen, allein unglücklicherweise fiel kaltes, rauhes
Wetter ein, und machte mich auf's neue krank und jeden
Ausflug unrathsam. Späterhin hielten mich leidige Be=
sorgungen und Arbeiten fest, die sich mir übermäßig häufen
und meine amt= und dienstlose Muße verspotten! — Doch
mit Ew. Durchlaucht scheint es sich noch anders zu ver=
halten; Sie sind auch beschäftigt genug, das weiß ich; aber
ich glaube, nicht so sehr dadurch festgehalten, als vielmehr
nicht genug von Berlin angezogen, und das beklag' ich sehr!
Zieht doch Berlin aus weiter Ferne jetzt Geistiges und
Lebendiges an, warum nicht aus der Nähe? Ich frage dies
mit Bedauern, und frage es nicht, um Antwort darauf zu
erhalten! Aber es ist Schade, daß es so ist! —

Ich habe aus Wien gute Nachrichten vom General von Tettenborn, den ich zum Juli in Kissingen wiedersehen soll; auch vom Grafen von Schulenburg hab' ich Briefe. Ob der Fürst von Metternich auf den Johannesberg gehen wird, ist noch zweifelhaft. —

Die „Allgemeine Zeitung" bringt heute einen Brief Bettinas zu Gunsten Spontini's aus einem durchaus ehren= werthen Antrieb und in würdiger Haltung geschrieben; doch fürchte ich den Zweck insofern verfehlt, als der Ausdruck dem Vertheidigten wenig nutzen, der Schreiberin aber sehr schaden wird. Bettina wird ein neues Büchlein herausgeben, und dem Könige zueignen; sie fing mit Ihnen an, ging zu den Studenten über, und steht nun beim Könige; Sie können es sich gefallen lassen! —

Ich übergebe dies Blatt und das kleine Buch den ver= ehrten Händen der gütigen Frau Fürstin, welche ich das Glück hatte in dem schönsten Ansehen völliger Genesung wiederzu= sehen! —

Erhalten Sie, theuerster Fürst, mir Ihre freundschaft= liche Gesinnung, und bleiben Sie der innigsten Verehrung versichert, in der ich unwandelbar verharre

Ew. Durchlaucht

treulichst ergebener

Varnhagen von Ense.

236.
Pückler an Varnhagen.

Den 27. Mai 1841.

Mein sehr verehrtester Freund!

Den besten Dank für Ihr Buch, obgleich keines mich mehr entzücken kann als Ihre „Denkwürdigkeiten", die ich mit unglaublichem Genuß gelesen; die deutsche Sprache wird

so zu sagen doppelt unter Ihrer goldenen Feder, denn Sie
wissen ihr Ausdrücke und Wendungen abzugewinnen, die ihr
einen ganz neuen Glanz und Reichthum geben, und dabei
wissen Sie so fein zu nüanciren, daß selbst Ihr Schweigen
oft schlagender und beredter wird, als seitenlange Dekla=
mationen eines Anderen. Dennoch aber verräth sich zu=
weilen der Diplomat, weil er Menschen und Dinge zu sehr
wie rohe Eier anfaßt. Das letzte Wort haben wir wohl
selten.

Sie irren sehr, mein lieber Gönner, wenn Sie glauben,
daß ich hier an irgend etwas arbeite, als höchstens an meinen
Bauten und Anlagen. Ich bin zu abgespannt, und alles
was ich thun kann, ist Tag und Nacht alles untereinander
zu lesen. Meine Absicht war ganz aufrichtig, nach Berlin
zu gehen, aber ich konnte mich nicht vom Schlafrock und
Divan losreißen, und fühle so wenig mehr Lebensneugier
und Lebenslust, daß ich fürchte, auch meine Lebenskraft naht
sich ihrem Ende, und diese bevorstehende Krise wenigstens
erregt noch eine frische Neugierde, oder vielmehr Freude an
neuer Jugend in mir, wobei ich die ganze Erdausstattung
von Herzen gern auf immer von mir werfe.

Daß Sie mir wieder mit dem Projekt, nach Muskau
zu kommen, untreu werden, betrübt mich wahrhaft, denn dies
wäre ein wahrer Lichtpunkt in meinem ziemlich farblos ge=
wordenen Leben gewesen. Indessen, wie kann ich verlangen,
daß Sie mir deshalb ein Opfer bringen, und ohne Eisen=
bahn gestehe ich, daß es ein Opfer ist.

Vielleicht begegnen wir uns im Laufe des Sommers
wo anders. Bis dahin erhalten Sie mir Ihr Wohlwollen,
und zweifeln Sie nie an der dankbaren Anhänglichkeit und
großen Verehrung

Ihres treu ergebenen

H. Pückler.

237.

Pückler an Varnhagen.

Dresden, den 21. Juni 1841.

Mein verehrtester Freund und Gönner!

Die Gelegenheit einer kleinen Exkursion benutzend, habe ich die ersten Theile Ihrer „Denkwürdigkeiten", die ich noch nicht kannte, unterwegs gelesen, und neben der reichhaltigsten Belehrung daraus auch ersehen, daß ich so glücklich bin, mit Ihnen in demselben Jahre geboren zu sein, zweitens, daß Sie gleich mir an die Astrologie glauben, und drittens, daß wir beide türkische Kleidung getragen haben, obgleich Sie im fünften, und ich im fünfzigsten Jahr. So darf ich mich doch einiger Aehnlichkeit mit Ihnen rühmen. Sie und Heine sind übrigens die einzigen neueren deutschen Autoren, die ich mit vollständiger Befriedigung und unaussprechlichem Vergnügen lese. Von den Todten rede ich nicht, aber unter den Leben= den, wer kann sich mit Ihnen Beiden vergleichen! Sie, mit Ihrer aristokratischen Feinheit, Besonnenheit, Würde und gerechter Anerkennung alles wirklich Bestehenden, repräsentiren das Oberhaus unserer Litteratur, der rücksichtslose, leiden= schaftliche, Witz und Feuer sprühende, an alles rüttelnde demokratische Heine das Unterhaus; die vollziehende Gewalt; der König ist aber vielleicht mit Goethe abgestorben, und der vacante Thron erwartet noch den Nachfolger.

Es ist wohl ganz dumm, was ich da sage, aber ich rede immer wie mir der Schnabel gewachsen ist, und dieser ist leider sehr kurz. Soviel aber ist gewiß, daß ich mich an Ihren Schriften unendlich mehr freue, als ich auszusprechen vermag. Auch lieber habe ich Sie dadurch persönlich gewonnen, denn bisher war' ich Ihnen wohl hohe Ehrung, Dank und oft Bewunderung schuldig geworden, aber unsere Bekannt= schaft war nicht genau genug, um Ihr Vertrauen erhalten zu können; und so mußte ich von Ihrem früheren Leben nur einige Außenlinien, vom inneren eigentlich gar nichts, um so weniger, da Sie ein so boutonirter Diplomat geworden sind, daß ich kaum einen verschlosseneren kenne, sans qu'il y paraisse cependant. Eine Sache möchte ich aber doch von Ihnen wissen, und wenn ich Sie wiedersehe, werde ich Sie mit meiner Bauerndiplomatie darnach fragen, nämlich geradezu.

Wollen Sie mich denn durchaus nicht in Muskau be= suchen? Den ganzen Juli und halben August bleibe ich dort, dann mache ich eine Reise. Wenn Sie den liebens= würdigen Tettenborn sehen, so bitte ich, einen herzlichen Gruß von mir auszurichten.

Ganz der Ihrige
treu ergebenst
H. Pückler.

238.
Varnhagen an Pückler.

Berlin, den 9. April 1842.

Theuerster, verehrtester Fürst!

Aus frischem, innerem Drange schreibe ich an Ew. Durchlaucht, um das eigene Herz zu befriedigen, um Sie der Sie schon alle diese Zeit mir lebhaft vor Augen sind einmal wirklich wieder anzureden! Ich wäre wohl schon längst dazu verpflichtet gewesen — in der That bin ich au den liebenswürdigsten, freundlichsten Brief noch die gebührend Antwort schuldig — aber dasselbe Zutrauen, welches mic heute zu schreiben treibt, läßt mich im voraus meiner Ver= zeihung versichert sein. Wir hofften immer, Ew. Durchlauch hier zu sehen, ich rechnete sogar darauf, weil es mit anderer Wünschen, die ich in Betreff Ihrer nicht wollte fahren lassen im engsten Zusammenhange stand — aber Sie kamen nicht Ein Unfall hatte Sie betroffen, der zwar bald als ein gefahr

loser, aber dafür auch als ein langwierig beschwerlicher ge=
schildert wurde, und der eine Theilnahme, welche sich so
gern dem Thätigen, dem Wirksamen zuwenden wollte, nun
für den Leidenden ansprechen mußte! Sie wissen, daß auch
mir es nicht gut ging diesen Winter, wie denn diese Jahres=
zeit mir nie gut thut; ich litt fast unausgesetzt an Erkältungen,
endlich kam eine Lähmung der linken Seite des Gesichts
hinzu; dieser letztere Uebelstand ist völlig wieder gehoben,
aber langsam genese ich von dem katarrhalisch=nervösen Leiden,
und wage noch jetzt nicht auszugehen, sondern fahre nur,
was mir wie eine Art Gefangenschaft vorkommt. Gleich=
wohl war mir diese Zeit an innerem Leben reich, und ich
zähle dahin auch die betrachtende Theilnahme an dem
äußeren. Ueberhaupt habe ich die nicht unangenehme Er=
fahrung gemacht, daß in Tagen, denen die Vorstellung eines
nahen Scheidens sich aufdrängen durfte, meine Sinnes= und
Gefühlsweise, meine Ansichten und Interessen nicht nur gleich=
mäßig dieselben blieben, wie in irgend anderen Zeiten, son=
dern auch an Kraft und Wärme nicht das Geringste ver=
loren. Es ist fast schade, daß ich nicht gestorben bin, es ist
doch immer ungewiß, ob die Stimmung künftig so gut sein wird!
Einen kleinen Vortheil glaub' ich indeß der Sache doch ab=
gesehen zu haben, man muß die Augen nur stets auf das
Leben richten, und nur recht an das Leben glauben, den
Tod aber nur als ein Stück davon einordnen, und nicht
etwas Besonderes, für sich Bestehendes daraus machen
wollen! Eine Zeit lang schien es mir sogar, als sei es
gerade jetzt der Mühe werth, noch einmal recht aufzuleben,
aber diese lockende Vorstellung ist mir doch bald wieder
zweifelhaft geworden. Die schönsten Frühlingstage riefen
schon Knospen und Blätter hervor, doch eben jetzt erfüllt
Schneegestöber die Luft, und Dächer und Straßen schimmern
winterlich weiß. Daß er gleichwohl kommt, der Frühling,

wissen wir nur allzugewiß. Bevor er jedoch wirklich er=
scheint, sparen wir uns den Lenz= und Minnegesang! —

Unwillkürlich verfang' ich mich in Bildern, da doch das
klare Wort viel bequemer und sicherer ist! Ew. Durchlaucht
wissen, daß die neue, seit beinahe zwei Jahren in unserem
Lande angehobene Bewegung mich nicht gleichgültig gelassen
hat; die ersten Erscheinungen erregten meine Bewunderung,
mein freudiges Zustimmen — mein Antheil an den neuen
Dingen war der uneigennützigste von der Welt, denn kein
Gedanke an persönliche Betheiligung, an anderen Vortheil
als den allgemeinen, konnte sich einmischen; das reine Zu=
sehen war mein Vergnügen. Dem Vergnügen hat sich seit=
dem mancherlei Besorgniß beigemischt, und wenn ein leb=
haftes Interesse fortbesteht, so ist dies von keiner sehr be=
friedigenden Art. Ich beglückwünsche mich jetzt über meine
Zurückgezogenheit, die mir erspart, an Dingen Theil zu
nehmen, mit denen ich mich schwer würde vertragen können,
und denen mich zu fügen mir unmöglich sein würde. Der
Graf von Maltzan berief mich durch einen Nothschrei zu sich,
ihm seine Leiden tragen zu helfen; ich überlegte schon, wie
ich es ihm am deutlichsten vorstellen könnte, daß ich keine
geschäftliche Thätigkeit zu übernehmen vermöge, daß ich es
nicht wollen könne, da kam mir sein Erkranken zu Hülfe, er
konnte meine Gründe nicht mehr vernehmen, er hatte zu spät
gerufen — und ich besitze nur ein merkwürdiges Blatt mehr
für meine Autographensammlung, die „letzten Worte des er=
liegenden Grafen". Ich bedauere übrigens den armen
Grafen von Maltzan von Herzen; er war ein guter Mensch,
aber freilich für den hohen Posten nicht ausgestattet. —

Viele mir Wohlbekannte walten und schweben jetzt in
den oberen Regionen; diese werden mir aber gerade dadurch
völlig fremd! Die Leute, welche im Steigen dieselben bleiben,
die sie waren, sind noch die besten; die sich verwandeln,
werden zu wahren Scheusalen, um so mehr, als sie in Engels=

gestalt erscheinen möchten! Die Heuchelei, die Kriecherei, womit jetzt Religion, Philosophie, Künst und Gesetzgebung getrieben wird von so manchen mir Wohlbekannten, machen mir ganz andere Uebelkeiten und Schwindel, als die, über die ich seit Jahren klage. Und doch ist diese Seite es nicht, wo die größten Besorgnisse liegen; nein, viel größere liegen auf der, welche als Gegenwirkung jener gewaltsam hervorge= rufen wird! Denn die Gegenwirkung ist schon vorhanden, und wächst und wächst, mit ihr aber viel Unheil, das immer bereit ist, dem Wachsenden sich anzuschließen! —

Ich habe den Brief Ew. Durchlaucht über das Bis= thum von Jerusalem gelesen. Sie haben ein gültiges Wort hier mitzureden, in Betreff der dortigen Verhältnisse; in Betreff der hiesigen aber — Sie leben in glücklicher Thätig= keit zu Muskau, mit Bäumen und Sträuchern, mit großen Erinnerungen und schönen Plänen, nicht in den Ränken und Winkelzügen, den phantastisch=eigensüchtigen Ausbeutungen einer verknifften Gesellschaftswelt. — Ich für mein Theil mag von keinem Bisthum zu Jerusalem hören, von keiner anglikanischen Kirche, von keiner Sonntagsfeier, keiner Schel= ling'schen Satanologie, ja fast von der Antigone nicht, und der Dom von Köln ist mir nun zum erstenmale gleichgültig, seitdem ich sehe, wie sich die Leute ihn fertigzubauen beeifern wollen! —

Eigentlich wollt' ich von allem diesen nicht reden. Ich bin nur darauf gekommen, weil ich bedachte, und schon lange bedenke, wie beklagenswerth und unrecht es ist, daß die neue Bewegung, von der ich anfänglich sprach, uns nicht Männer gleich Ihnen zugeführt hat, die mit heiterer Thätigkeit, mit frischem Sinn, die reale Welt behandeln, der Gegenwart an= gehören, die Welt nicht zurückhalten, sondern fördern. In der That, es ist eine Anklage gegen die neue Ordnung, daß Ew. Durchlaucht Ihren Platz nicht in ihr haben! Hiebei bin ich auch nicht unbetheiligt, hier bekenn' ich meinen Eigen=

nuß! Denn alsdann sähen wir Sie hier in unserer Mitte, und ich hätte die Freude, Sie oft zu sprechen, und mich so vieles dessen, was geschehen, herzlich zu freuen! —

Sie sind indeß herrlich beschäftigt mit Ihren Schöpfungen in der Natur, der Sie neue Gestalt, Schönheit und Geist verleihen! Die Zeit nahet, wo Muskau in vollem Glanze pranget. Es ist einer meiner Träume, der sich jedes Jahr erneuet, einen Ausflug dorthin zu machen; doch bleibt es immer ein Traum! Ich muß, wenn ich reise, wieder in anderer Richtung reisen, und erst weiterhin, die Schneeluft unterdrückt jede Regung in mir, die aus den vier Wänden hinaus möchte. — Hoffentlich aber haben Durchlaucht neben dem Spaten die Feder nicht ruhen lassen, wir harren noch vieler frischen Lebensbilder! Ich habe auch einige der meinen hervorzurufen versucht; ein neuer Band ist im Druck. —

Ihren letzten Brief, mit der liebenswürdigen Einladung, empfing ich vorigen Sommer in Kissingen, sehr verspätet, und schon aus dem Bereich unmittelbarer Antwort; dies entschuldigt mich etwas! Ich war dort mit Tettenborn, und wir sprachen täglich von Ihnen. Der Fürst von Metternich hatte mich nach dem Johannisberg eingeladen; ich hätte ihn gar zu gern wiedergesehen, aber ich ging nicht hin, ich war zu unwohl, zu verdrießlich. Es ist oft gut, daß der Mensch allein sei! — Sie aber haben jetzt angenehme Gesellschaft, den Fürsten von Lichnowsky — ich habe ihn nicht gesehen, hörte aber während meines Krankseins oft von ihm, und las sein Buch über Spanien. Seltene Gaben und Kräfte, voran ein unbeugsamer Muth, scheinen auch in diesem Manne ihren Beruf und ihre Bahn von der seltsam geordneten Welt vergebens zu fordern! —

Ich soll heute noch das Trauerspiel von Laube sehen, wenn meine Kräfte so weit reichen — ich bin dessen im voraus nie gewiß, und laß' es immer auf die letzte Stunde ankommen. Ich hege von dem Trauerspiel die allerbeste Erwartung —

Die verehrte Fürstin hab' ich vor kurzem einen Abend gesehen; ich war auf „kleine Gesellschaft" gefaßt, und fand die große, ganz große; doch nicht zu meinem Schaden, ich befand mich leidlicher als ich hoffen durfte, und unterhielt mich sehr. —

Abends 11 Uhr.

Ich war im Theater, doch nicht bis zum Schlusse, ich war zu angegriffen und mußte fort. Der Erfolg des Stückes war vollständig, soviel ich es übersehen konnte. Laube's Arbeit ist von größter Auszeichnung, ächt dramatisch, gehaltvoll, spannend. Kleine Mängel und Lücken lassen sich bessern oder verzeihen. Der erste Akt besonders ist ein Meisterstück. Die Königin wurde unübertrefflich gespielt von Fräulein von Hagn; Monaldeschi leider sehr schlecht von Devrient. Das Haus war gedrängt voll, der König von Anfang zugegen, ich war in der Loge nebenan, und prägte mir sein nahes Bild fest ein. Die Fürstin sah ich in der Ferne in der Fremdenloge, die Fürstin von Carolath mit Lucie saß vor mir auf dem Balkon. Laube ist nach der Vorstellung mit seiner Frau noch zum Abendessen bei der Fürstin von Pückler; wie sehr muß ich unfähig und schwach sein, daß ich nicht auf einen Augenblick auch ungeladen in diesen Kreis grüßend eindringe, zumal auch heute gerade, wie ich höre, der Geburtstag der theuren Fürstin ist! —

Doch selbst des Schreibens wird mir schon zuviel! Ich muß enden. — Leben Sie wohl, theuerster Fürst, erhalten Sie sich Ihrer schönen Kraft und Rüstigkeit, und gebe Ihnen das Leben zu thun und zu genießen! Bewahren Sie mir Ihre gütigen Gesinnungen! Unwandelbar verharre ich

Ew. Durchlaucht

treulichst ergebener

Varnhagen von Ense.

N. S. Die Vorstellung von gestern hat vollständigen, stürmischen Erfolg gehabt, hör' ich nachträglich.

139.

Pückler an Varnhagen.

Muskau, den 26. April 1842.

Verehrtester Freund,

Ihr lieber Brief hat mich um so mehr gefreut, einmal weil die feste „göttliche Hand" mir Ihre volle Genesung ver=bürgt, zweitens weil Sie darin Gefühle und Ansichten aus=drücken, mit denen die meinigen so sehr übereinstimmen, denn auch für mich hat der Tod durchaus nichts Abschreckendes, weil ich, gleich Ihnen, immer nur das Leben im Auge behalte, und mich daher ganz natürlich im Tode schon auf die neue Jugend freue. Daß aber der göttliche Funke, der in mir hier Form genommen, auch nach dem naturgemäßen Ende dieser Form wieder eine andere gewinnen müsse, wie könnte ich daran zweifeln! Von welcher Art sie sei, ob Erinnerung an dieses Leben damit verbunden, das lasse ich alles sehr ruhig dahingestellt. Aus Gott sind wir, und in Gott bleiben wir, das ist mir genug, und weder die Dreieinigkeit, noch die Satanologie halte ich für meinen Beruf zu ergründen. Ich nähre Menschen und Thiere, und pflanze Bäume mit Zoroaster, gebe zuweilen Almosen mit Muhamed, und liebe mit Christus, was schon einigermaßen kompensiren wird, was ich als Mensch sündige.

So ist meine Ansicht des Lebens durchaus heiter, dank=voll und resignirt. Ich wüßte in der That nicht, was mir irgend eine Religion oder Philosophie Besseres bieten könnte.

Der sogenannten Welt bin ich aber fast abgestorben, und vertrage die Einsamkeit so vortrefflich, ja befinde mich so behaglich in ihr, daß ich fast stolz darauf bin, denn sollte dies nicht der Probirstein einigen inneren Werthes sein?

Indeß, wer weiß, die Eitelkeit, unsere wahre Erbsünde, hat uns immer so arg zum Besten. Jedenfalls fühle ich, daß es Menschen giebt, mit denen es ein großer Genuß wäre, meine Einsamkeit zu theilen; diese Menschen aber sind unerbittlich, und Sie wissen wohl, wer unter ihnen obenan steht. Ich werde aber ein Stoßgebet an die heilige Rahel richten, daß sie Ihnen von jenseits her den guten Gedanken einflößt, mit den Frühlingsblüthen hieherzuziehen, wo Sie auch Laube finden, der schon im Waldesdunkel an einer neuen Tragödie arbeitet. Was mich betrifft, so bin ich noch immer ein wenig krank, aber vergnügt und sehr fleißig in meinem Beruf.

Tausend Liebes und Freundliches von Ihrem

treu ergebenen

H. Pückler.

P. S. Maltzan's Schicksal hat mich tief bekümmert. Sagen Sie doch nicht, daß er seinem Posten nicht gewachsen war. Wem Gott das Amt giebt, giebt er auch Verstand, und die Sache ist wahrlich keine Hexerei. Ancillon n'était pas sorcier, il s'en faut, und Herr von Werther war auch kein Richelieu. Maltzan hätte wenigstens das Element des Gentleman in der lebenslustigen und freimüthigen Nüance in unsere Diplomatie gebracht, was im Gegensatz zur Frömmelei und Pedanterie nicht so übel gewesen wäre. Er war durchaus nicht kleinlich, und das ist schon etwas. Daß er verrückt wurde, ist nur ein Unglück, das jedem passiren kann. Es fehlte ihm wohl einiges, ein Mann wie Sie an seiner Seite hätte dies aber überall ersetzt.

240.

Varnhagen an Pückler.

Berlin, den 25. Juni 1842.

Durchlauchtigster Fürst!

Der neue Band „Denkwürdigkeiten und vermischte Schriften", den ich Ew. Durchlaucht ehrerbietigst überreiche, ist um nichts besser als die früheren; findet er aber, gleich diesen, die freundliche Gunst und Aufnahme wohlwollender Freunde, so ist er wahrlich gut genug! Meine Mittheilungen haben in der That keinen anderen Zweck, als die Lebensgüter, welche mir zu Theil geworden, dankbar anzuerkennen und einigermaßen fortzusetzen, wobei mir vergönnt ist, immer auf's neue geliebte und verehrte Namen zu nennen, deren Vergegenwärtigung meine nun entschieden alternden Jahre noch verschönt und erquickt. Sie, theuerster Fürst, nehmen in dieser schönen Reihe von Bildnissen eine der edelsten Stellen ein; bisher aber gab es nur vorläufigen Anlaß, Ihrer zu gedenken; komme ich jedoch dazu, die spätere Zeit, besonders seit dem glücklichen Besuch in Muskau, zu schil= dern, so hoffe ich auszusprechen, was die wahren Freunde Ew. Durchlaucht, und also auch mich selbst, innigst erfreuen wird! — Nehmen Sie einstweilen dieses Buch nachsichtig auf! —

Ich reise nach Kissingen, nach der Vorschrift des Arztes, mit einiger Hoffnung, doch nicht allzugroßer Zuversicht, denn ich fühle mich leider sehr herabgekommen, und habe mich von den Anfällen des Winters auch im wirklichen Sommer= wetter noch nicht erholt. Wie viel lieber käme ich nach Muskau! Mir fällt nicht ein, daß Ew. Durchlaucht zweifeln können, wie gern ich die gute Jahreszeit bei Ihnen zubrächte, bei Ihnen, und in Ihrem herrlichen Park! Aber es will sich auch diesen Sommer nicht nach Wunsch fügen, und Ihre wiederholten Einladungen sind mir Stiche in's

Herz! — Ich besuche auch die Gräfin von York nicht in
Schlesien, und nicht die Gräfin Luise zu Stolberg im
Harz! Wenn ich Gesundheit und Zeit genug übrig habe,
muß ich nach Hamburg reisen, meine lieben Nichten von
dort abzuholen, die künftig bei mir leben werden, vortreffliche
Mädchen, die wenige Tage vor dem Brande ihren Vater
verloren haben, ihre Mutter, meine Schwester, verloren sie
schon früher. Ich kann mir nichts Besseres wünschen, als
diese guten Kinder um mich zu haben, bedaure aber die
armen, daß sie den Onkel nicht anders finden, als er ist! —

In Kissingen sehe ich auch diesmal den alten Freund
und Kriegsbefehlshaber General von Tettenborn wieder, das
entschieden Beste, was ich mir dort zu wünschen weiß! In
ihm rückt mir auch jedesmal ein großes Stück Wiener Leben
nah, das ich wahrlich mit großer Anhänglichkeit pflege, und
innigst zu schätzen weiß. Bei allen Vorzügen Berlins, die
ich lebhaft empfinde, bin ich doch nicht geblendet über die
Mängel, in denen jene bisweilen fast untertauchen, und gegen
welche die Vorzüge von Wien um so heller glänzen.

Meine heißesten, treuesten Wünsche für Ew. Durchlaucht
Wohlsein in jeder Art! Genießen Sie Ihre herrliche
Schöpfung und schaffen Sie weiter! Vergessen Sie aber
auch die Litteratur nicht, und seien Sie überzeugt, daß, trotz
Neid und Uebelwollen, Ihnen ein bewunderndes, dankbares
Publikum lebt! Der hochverehrten Frau Fürstin wag' ich
meine ehrerbietigsten Huldigungen hier zu Füßen zu legen! —

In tiefster Verehrung und treuester Ergebenheit unwandelbar verharrend

Ew. Durchlaucht

gehorsamster

Varnhagen von Ense.

241.

Pückler an Varnhagen.

Schloß Muskau, den 15. Juni 1843.

Erhaltenem Befehl gemäß, und eifrig mich diesmal, pünktlicher zu zeigen, als neulich bei der vergessenen Soirée, sende ich Ihnen den letzten Brief der Lady Stanhope, bitte aber um eine Abschrift von Ihrer eigenen schönen Hand, um sie an den Ort wieder einzurangiren, woher der Brief entnommen. Uebersehen Sie nicht, was von duty und Aide-de-camps darin steht, es ist der Beleg zu dem, was ich Ihnen erzählt. Hier ist es bei vielem Regen unglaublich üppig geworden, und Sie sollten herkommen. Frischere Vege=tation finden Sie jetzt nirgends.

Ihr herzlich treuergebener

H. Pückler.

242.

Pückler an Varnhagen.

Schloß Muskau, den 1. Juli 1843.

Kann Ihnen, Verehrtester, ein Brief von der Herzogin von Talleyrand für Ihre Sammlung etwas nutzen, so nehmen Sie den begleitenden, den ich so eben der Fürstin gestohlen. Aber immer sende ich, (obgleich es schändlich egoistisch ist), meine Originale nur unter der Bedingung einer Abschrift von Ihrer classischen Hand, wodurch ich zu einer merkwürdigeren Sammlung kommen werde, als die Ihrige ist.

Ihr treu ergebener Schüler und Client

H. Pückler.

Ist der Brief überflüssig, so bitte ich um dessen Rück=sendung.

243.

Pückler an Varnhagen.

Den 28. September 1844.
Sonnabend früh.

Sie haben gestern, verehrter Freund, mein Gefühl ge=
kränkt, und ich sage Ihnen dies schriftlich, weil ich es münd=
lich vielleicht nicht so richtig ausdrücken würde. Die Krän=
kung bestand darin, daß Sie auf meine Bitte um Unter=
stützung antworteten, diese Bitte sei unnöthig, da Sie auch,
wenn ich Ihnen feindlich gesinnt wäre, doch immer littera=
risch unpartheiisch über mich urtheilen würden. Diese Ant=
wort bewies mir, daß Sie mich nicht recht beurtheilen.
Denn wären Sie auch noch zehnmal mehr als Sie es sind,
der unumschränkteste Gebieter in der Litteratur, eine Au=
torität, von der gar kein Appell stattfände, so würde ich doch
keine Supplik an Sie richten, wenn ich Sie nicht liebte und
ehrte. Warum liebe und ehre ich Sie aber? Weil ich
Ihnen erstens großen Dank schulde, und wesentlich dankbaren
Gemüths bin, zweitens weil ich Sie bewundere, und zwar
deshalb, weil (ich, der wahrlich gar wenig Leute bewundere)
Sie alle die ausgezeichneten Eigenschaften besitzen, die mir
fehlen, und wen ich bewundere, den liebe ich schon deshalb,
hätte ich auch keine weiteren persönlichen Gründe dazu.

Meine Bitte an Sie war also vielmehr eine herzliche
als eine interessirte, und es würde mein Herz betrüben, wenn
Sie davon nicht ganz innig überzeugt wären.

Darum dieser Brief, und ich denke dabei recht lebhaft
der Rahel, welche die Menschen so tief durchschaute, und
wenn sie dieses läse, mir gewiß Gerechtigkeit wiederfahren
ließe. Thun Sie dies also auch, und glauben Sie an meine
treue und uneigennützige Verehrung.

Hermann Pückler.

244.
Pückler an Varnhagen.

Muskau, den 3. November 1844.

Verehrtester und gütigster Kritiker,

Eben erhalte ich Ihre splendide Rezension meines Buches, für die .ich Ihnen in jeder Hinsicht den größten Dank sagen muß. Wenn sie zu vortheilhaft ist, so muß mich auch dies erfreuen, weil ich es auf Rechnung Ihrer Freundschaft für den Verfasser setzen darf, dem sie auch den leisesten Tadel mit lieblichstem dolce überzogen haben.

Wären Sie nur bei uns, denn der Herbst ist noch schön, und während ich Ihnen schreibe, glänzt die Sonne prachtvoll, was ich als eine gute Vorbedeutung für uns Beide hier notiren will. Ein wenig Aberglaube versüßt das Leben, man muß ihn aber nur für die guten Zeichen haben.

Die Fürstin, die eben so glücklich als ich über die huldvolle Billigung unserer größten litterarischen Autorität ist, empfiehlt sich Ihnen angelegentlich und herzlich, was mich aber betrifft, so bedarf es statt aller üblichen Höflichkeitsphrasen nur meiner Unterschrift als Ihres

dankbar und treu ergebenen

H. Pückler.

245.
Pückler an Varnhagen.

Muskau, den 29. November 1844.

Hier, verehrtester Freund, erhalten Sie die zwei folgenden Theile „Aus Mehemed Ali's Reich," und der Himmel gebe, daß Sie sie nicht unter dem ersten finden möchten, damit Ihrer Freundschaft der Liebesdienst nicht zu schwer gemacht wird.

Der anonyme kleine Bericht war vortrefflich, und ich erhielt gleich darauf einen sehr schmeichelnden Brief von Humboldt, der offenbar ein Echo Ihrer beiden Artikel war.

Uebrigens komme ich mir immer etwas komisch, und wie auf der Maskerade als Schriftsteller vor. Heine's Gedichte habe ich, seit ich Sie in Berlin sah, gelesen, und er ist wahrlich der Alte geblieben in voller Kraft mit einer Sorte Witz, von dem die Haut heruntergeht. Er ist ein originelles Genie, und schont nichts — zwei gewaltige Eigenschaften, aber sie setzen das Individuum so ziemlich hors de la loi.

Ich schreibe Ihnen nicht mehr, da ich in acht Tagen selbst nach Berlin komme. Nur alles Herzliche von mir und der Fürstin.

Ihr treu ergebener

H. Pückler.

P. S. Bettina bitte ich zu sagen, daß ich immer zu ihren Verehrern gehören werde, so lange ich lebe, daß ich ihr aber nicht mehr schreibe, weil sie mir nie antwortet. Den „Frühlingskranz" empfing ich jedoch mit Dank und Freude.

Den 7. November 1844 schrieb

Varnhagen in sein Tagebuch:

„Es ist in Pückler etwas Hohes und Tüchtiges, das ist un= läugbar, und die Fehler verzeiht man dann mit allem Recht, wenn man sie auch nicht unbemerkt noch ungerügt läßt."

Den 18. Mai 1845 schrieb

Varnhagen in sein Tagebuch:

„Besuch vom Fürsten von Pückler, der mir die Gründe sagt, weshalb er Muskau verkauft hat, nach diesen hat er ganz Recht, er will frei sein, und der Ungewißheiten ledig, welchen ein verschuldeter Besitz bloßgestellt ist."

246.
Pückler an Varnhagen.

Den 19. November 1845.
Mittwoch früh.

Da Sie, verehrter Freund, die Sache mit dem Londoner Komité für nicht unwichtig halten, und ich mich bei Befol= gung Ihres Rathes immer wie in Abrahams Schooß fühle, so bitte ich Sie, mir zu sagen:

1) Ob Sie meinen Brouillon so genehmigen;

2) ob Sie vielleicht den Inhalt des Londoner Schrei= bens in majorem Dei gloriam, wie die Frommen sagen, das heißt also zu meinem eigenen Nutzen, freundschaftlich verwenden wollen?

Sich herzlich seinem gütigen Protektor empfehlend

H. Pückler.

247.
Pückler an Varnhagen.

Berlin, den 26. Januar 1846.
Sonntag Nacht.

Es ist ein wahres Unglück, daß ich Ihre freundliche Nachricht vom Geburtstage der Frau von Guaita erst eine halbe Stunde nach Mitternacht erhalten habe, wo, wenn ich noch eine Gratulation hätte versuchen wollen, die strenge Tante ohne Zweifel nicht weniger als durch ein Erdbeben entsetzt worden wäre.

Ich muß es also später nachholen. Einstweilen meinen besten Dank für die gute Intention. Herr Lassalle hat mich verfehlt, ich werde ihm morgen seinen Besuch zurückgeben. Frau von Godefroi konnte ich noch nicht sprechen, versuche es aber morgen wieder. Für die übersandten Bücher danke ich gleichfalls vielmals, und habe bereits ein Stück „Zinzendorf" zu mir genommen.

Ihr herzlich ergebener

H. Pückler.

248.

Pückler an Varnhagen.

Berlin, den 29. Januar 1846.
Donnerstag.

Als Beweis, daß ich Ihrem Wunsche, mich für Heine zu verwenden, und Herrn Lassalle, so weit meine Kräfte reichen, ernstlich zu unterstützen, treu nachgekommen, übersende ich Ihnen Beifolgendes zur Durchsicht, und bitte es gütigst zusiegeln und an Herrn Lassalle weiter befördern zu wollen.

Mit Ihnen bekannter herzlicher Verehrung

Ihr treu ergebener

H. Pückler.

249.

Pückler an Varnhagen.

Freitag, den 6. Februar 1846.

Nach reiflicherer Ueberlegung halte ich es doch für angemessener der Sache, als Schlußstein von meiner Seite, noch einen kurzen Brief an Herrn Karl Heine [1]) in Hamburg hinzu-

---

[1]) Anmerkung. Pückler hatte sich bei Herrn Karl Heine in Hamburg für den Dichter Heinrich Heine freundschaftlich verwandt; er erhielt darauf die nachfolgende Antwort.

zufügen. ·Darf ich Sie bitten, verehrter Freund, die beilie=
gende Abschrift desselben Herrn Dr. Lassalle ebenfalls noch
mitzutheilen.

Wie immer

Ihr treu ergebener

H. Pückler.

250.

Karl Heine an Pückler.

Hamburg, den 2. Februar 1846.

Ew. Durchlaucht

geehrte Zuschrift vom 28. Januar habe ich heute zu erhalten
die Ehre gehabt; meine Handlungsweise gegen den Dichter
H. Heine hat derselbe sich selbst zuzuschreiben.

Stets Anhänger seines großen Talents und ihn von
Jugend auf vertheidigend, können Ew. Durchlaucht denken,
daß es mir sehr schwer fällt, sein Betragen durchaus tadeln
zu müssen; um so fataler ist es mir, wenn dem Anschein
nach nur eine Geldverlegenheit als Motiv dient, und der
Welt gegenüber zu meinem Nachtheil entschieden werden mag.

Ich habe leider bittere Klagen gegen H. Heine zu führen,
und briefliche Beweise in Händen, die mich nöthigen, in meiner
Handlungsweise zu beharren. Die Pietät, die ich meinem
verstorbenen geliebten Vater schuldig bin, gebietet mir selbst,
der Bosheit Schranken zu setzen.

Aus meinem eigenen „ich", und nicht ohne Widerstreben,
bin ich schon hervorgegangen, indem ich ihm unter gewissen
Voraussetzungen eine Unterstützung zukommen ließ. Er hatte
diese verscherzt, und ich klage mich selbst der Schwäche an,
daß ich meine Hand ihm nicht ganz entzogen habe.

Ew. Durchlaucht werden mich entschuldigen, wenn ich
nicht weiter auf diese Angelegenheit eingehe, und erlaube ich
mir schließlich zu bemerken, daß mein Gewissen frei von aller

Schuld ist, und wenn ich weitere Erörterungen Ihnen gegen=
über vermeide, es nur geschieht, um dem Karakter des Dich=
ters Heine nicht in Ihrer guten Meinung zu schaden.

Ich bin gewiß nicht hart, auch wegen des Geldpunktes
nicht unversöhnlich, aber es giebt Dinge, die erst durch Reue
und gutes Betragen ausgemerzt werden müssen.

Es zeichnet mit der größten Hochachtung

Ew. Durchlaucht

ergebenster Diener

Carl Heine.

<hr />

251.
Pückler an Karl Heine in Hamburg.

Berlin, den 6. Februar 1846.

Euer Hochwohlgeboren

gefällige, obgleich abschlägliche Antwort habe ich erhalten.
Da sich Ew. Hochwohlgeboren darin auf Familienverhältnisse
beziehen, die mir natürlich ganz fremd liegen, da ich nicht
einmal die betreffende Person, sondern nur den Dichter
Heinrich Heine kenne, auf dessen Genius, ich wiederhole es,
meinem Gefühl nach jeder Deutsche stolz zu sein Ursache
hat — so ist eine weitere Verwendung von meiner Seite
bei Ew. Hochwohlgeboren unnütz geworden. Unter diesen
Umständen bleibt mir nichts übrig, als dem Freunde des
Herrn Heine, auf dessen Wunsch ich hauptsächlich an Sie
geschrieben, unsere kurze Korrespondenz mitzutheilen, und ihm
alles Weitere anheimzustellen.

Mit vollkommener Hochachtung

Euer Hochwohlgeboren

ganz ergebener Diener

H. Pückler.

<hr />

252.
Pückler an Varnhagen.

Den letzten Mai 1846.

Vielen Dank für Ihren liebenswürdigen Brief und Bei=
lage, aber daß Sie leiden betrübt mich! Auch ich habe
wahre Marter ausgestanden an einem Rheumatismus in der
Schulter, der mich vier Nächte lang kein Auge schließen ließ.
Und was hat mich in drei Tagen hergestellt? Sie wissen,
theurer Freund, daß Sie mir oft guten Rath gegeben, und
ich solchem immer blindlings folge. Nun folgen Sie auch
einmal dem meinen.

Mich hat Herr Neubert durch Magnetisiren geheilt, ver=
suchen Sie dies auch, es ist offenbar gegen alle nervösen
Uebel ganz besonders wirksam, und die Ihrigen wie die
meinigen sind der Art.

Eine große Freude würde es mir gewährt haben, Ihnen
die Fortschritte des Babelsberges zu zeigen, wiewohl erst
künftiges Jahr ein schlagendes Resultat erzielt werden kann.
Also bis dahin, oder mit dem Genius loci wünschte ich Sie
früher in Rapport zu sehen, und in recht intimem. Es ist
die einzige Capacität hier zu Lande an guter Stelle.

Lassen Sie Neubert holen. Adieu, und ich küsse Ihnen
die Hände im Geist.

H. Pückler.

_____

253.
Pückler an Varnhagen.

Potsdam, den 30. Oktober 1846,
(an meinem 61. Geburtstage).

Ich bin ganz Ihrer Meinung über den „Einzigen und
sein Eigenthum," denn man braucht in der That nicht ein=
mal die Denkkraft anzustrengen, sondern nur das unser ganzes
Wesen bedingende Gefühl walten zu lassen, um hinter die

Einseitigkeit und Unnatur jenes Systems zu kommen, das eben so unmenschlich auf seinem Standpunkte ist, als das von Hengstenberg und Konsorten auf einem anderen. Uebrigens aber enthält es viel mehr Scharfsinn in seiner Durchführung und im Einzelnen viel ergötzlich Wahres und Treffendes.

Ich schicke Ihnen hier ein anderes Buch,[1] mit der Bitte, im Fall es Ihnen noch nicht bekannt wäre, ihm auch eine kurze Durchsicht zu widmen, und mir in ein paar Worten wieder Ihr Urtheil darüber mitzutheilen. Sie wissen ja, verehrter Freund, wie gern ich Sie als Lehrer benutze, und mich bemühe, wenn ich diese Lehren nur erlangen kann, sie auch nach besten Kräften in „Saft und Blut" aufzunehmen.

Je promène maintenant mon rhume à Potsdam, um hier in Babel (Ihr Baberts ist pedantisch) fertig zu werden, ehe wir einfrieren, in welcher angenehmen Jahreszeit ich nachher auf's Land muß, weil es sowohl durch eigene unglückliche Disposition, als immer eintretende äußere Bedingungen, meine Bestimmung zu sein scheint, stets alles verkehrt zu machen. Dies heißt aber die Originalität ziemlich theuer erkaufen.

Ehe ich abreise, hoffe ich Sie noch zu sehen. Bis dahin also adieu.

H. Pückler.

P. S. Das beiliegende Buch handelt auch vom Egoismus, sucht aber den Widerspruch desselben mit einem höheren Beruf recht anmuthig durch die allem geschaffenen zum Grunde liegende Urkraft des Einheitstriebes, und wie dieser beim Fortwerden nothwendig wirken muß, zu erklären. Es kommt indeß immer zuletzt auf's Alte hinaus, nämlich daß wir bestimmt sind, das Wesen Gottes immerfort zu erforschen, ohne

---

[1] Zwei Abhandlungen, der Einheitstrieb und das Positive der christlichen Religion. Von F. L. Fülleborn. Leipzig 1846. 8.

es doch je begreifen zu können. Die skeptischen oder kritischen Perioden sind die thätigsten, und daher eigentlich in gewisser Hinsicht die frömmsten. Denn die gläubigen sind nur die ausruhenden, die sich's bequem machen. Es kommt mir daher oft so vor, als sei Voltaire viel frömmer, das heißt Gott= und Wahrheitssüchtiger als Hengstenberg.

Zweite Nachschrift.

Am 4. November.

Durch ein Versehen ist dieser Brief in einem Fache meines Schreibtisches liegen geblieben, weswegen Sie ihn um so viel später erhalten.

254.

Pückler an Varnhagen.

Schloß Branitz, den 28. Dezember 1846.

Mein verehrter Freund und Lehrer,

Ich habe mit Fleiß meine Antwort und meinen Dank für Ihren lieben Brief und das ihn begleitende Buch auf= geschoben, bis ich das letztere gelesen haben würde. Wie sehr mich diese Lektüre angezogen, brauche ich Ihnen wohl kaum zu sagen. Nur so viel, daß ich diesen Theil noch interessanter gefunden habe, als die vorhergehenden, et c'est beaucoup dire. Ihre Kunst, Menschen und Zustände zu schildern, ist groß, ein wahres Studium für den Leser, was mich aber persönlich immer am meisten entzückt, ist Ihre unglaubliche Gewalt über die Sprache, eine Vollendung, die ich einiger= maßen beurtheilen kann, denn wenn mir hier auch keinesweges zu sagen geziemt: Anch'io son pittore, so habe ich mich doch lange genug mit ähnlicher Bestrebung beschäftigt, um wenigstens mit Einsicht bewundern zu können. Man sollte glauben, so etwas ließe sich erlernen, eher wenigstens, als

Ihnen in der Feinheit, Klarheit und Bündigkeit Ihrer Be=
merkungen gleich zu kommen. Es ist aber dem nicht so.
Alles was auf einer gewissen Stufe der Vortrefflichkeit steht,
läßt sich nicht erlernen, nur ausbilden. Es will angebo=
ren sein.

Vielen Dank auch für das lobende Wörtchen, mich be=
treffend, was Sie der herrlichen Karakterschilderung des merk=
würdigen Meyern eingeschaltet; eben so für die Vertheidigung
Hardenberg's, daß er in Paris nicht mehr für deutsche In=
teressen gethan. Dort, glaube ich, haben Sie auch nicht bloß
als geschickter Advokat gesprochen, sondern mit Ueberzeugung,
weil Sie, die diplomatischen Schwierigkeiten aus Erfahrung
kennend, gewiß die richtige Ansicht gefaßt; ist aber der
Staatskanzler wegen derselben, für Preußen noch viel ver=
derblicheren Nachgiebigkeit auf dem Wiener Kongreß eben so
zu entschuldigen? Diese Frage möchte ich wohl von Ihnen
beantwortet hören. Die von Segur angeführte Anekdote ist reizend, und
schildert meines Erachtens mit einem Zuge jene frivole, lie=
benswürdige Zeit, in welcher der Witz wie ein Raketenfeuer
sprühte, und nicht wie heute mit Keulen drein schlug, jene
höchste, vielleicht nie wieder zu erreichende Ausbildung ge=
selliger Kunst und Grazie — besser als die längste Abhand=
lung. Aber über eine andere Anekdote derselben Art muß
ich Ihnen den Krieg erklären, das heißt darüber wie Sie
sie auslegen wollen. Ich meine die so fein humoristische
Antwort Ludwigs des Fünfzehnten an den täppischen Maler,
der ihm von Politik sprechen wollte: Et Vernet, mou cher!
Der König, sagen Sie, machte da einen wahren Witz, o h n e
es zu wollen. Das ist doch himmelschreiendes Unrecht
gegen den König, denn unmöglich war es, dem unberufenen
Tadler artiger und komischer zugleich zuzurufen: Schuster,
bleib' bei deinem Leisten! Es ist auch ganz im Karakter
dieses Königs, der alles, sogar sein Königthum, ironisch nahm,

und das erwähnte Witzwort selbst hat viel Verwandtschaft mit dem bekannteren an den Duc de Lauragois: „Vous revenez de l'Angleterre, qu'y avez vous fait?" — „Sire, j'y ai appris à penser." — „Des chevaux?"

Ich erschrecke über meine Impertinenz, erinnere mich aber zu meiner Beruhigung an den Löwen, der das Hündchen auch wohlgefällig über sich wegspringen läßt.

Die Branitzer Einsamkeit und Monotonie, verbunden mit dem, alle Anlagen systirenden Winter, hat endlich meine unbesiegbar scheinende Faulheit gebrochen, und ich habe den zweiten Theil der „Rückkehr" vollendet. Jerusalem war, bei meinen Ansichten, ein kitzlicher Punkt! Ich habe mich so schweigsam als möglich verhalten, aber dennoch, fürchte ich, werden weder die Christen noch die Juden sonderlich zufrieden mit mir sein. Ich habe zwar sehr viel Sympathie mit den letzteren, hinsichtlich ihrer schamvollen Unterdrückung durch die Christen — welche es nicht sind, aber ihre Religion und ihr Gott sind mir ein wahrer Gräuel. Und meine Unfähigkeit anders zu schreiben, als ich denke, ist groß.

Wollen Sie, daß ich Ihnen das Manuskript zuschicke, um vielleicht etwas für die „Gränzboten" daraus zu entneh=men? Ich glaube es schon (da es unentgeltlich ist), bei Duncker zu verantworten, besonders, wenn es vielleicht a l s P r o b e aus dem nächstens zu erscheinenden zweiten Theil rc. gegeben würde. Mein Name darf freilich nicht darunter gesetzt werden, weil er auch nicht vor dem Buche steht, der abgedroschene Verstorbene wird also wieder herhalten müssen, und genügt wohl auch.

Das ganze Manuskript zu lesen, darf ich Ihnen nicht zumuthen, wenn Ihnen aber beim Durchblättern eine mir frommende Bemerkung auffstößt, so bitte ich um deren Mit=theilung. Fehlt Ihnen aber die Zeit, und können Sie keinen Gebrauch für die „Gränzboten" davon machen, so hoffe ich, werden Sie bei m i r nicht an Komplimente denken, und es

mich ohne Weiteres wissen lassen; dann behalte ich das
Manuskript, und sende Ihnen die Bescheerung erst gedruckt,
wo sie sich doch immer um 50 Prozent besser liest. Mir
wenigstens sind Manuskripte zu lesen, die sich über Brieflänge
ausdehnen, immer eine wahre horreur gewesen, und gefallen
mir nie, so albern dies ist, denn ich bin einmal, wie Herr
Carus sagt, ein Augenmensch, daher ich auch Vorlesungen
nicht gut vertragen kann.

Damit aber dieser Brief nicht selbst zu einem solchen
verpönten Manuskripte werde, sage ich Ihnen jetzt Lebewohl,
um zum zweiten Theil Ihres Buches überzugehen, nämlich
den Erzählungen und Kritiken, die ich mir noch aufgespart.
Apropos, meine besten Wünsche zum neuen Jahr. Was die
Visitenkarte betrifft, so werde ich sie der Armuth bezahlen,
und zwar nach dem in der Zeitung verzeichneten Wittgenstein'=
schen Maßstabe, wo circa ein Silbergroschen auf die Karte
kommt. Die Munifizenz der preußischen Großen bleibt sich
immer gleich, doch dieselben sollten sie aber vortheilhafter
im Stillen üben.

Adieu, adieu!

Ihr treu ergebener

H. Pückler.

Die Fürstin gratulirt auch zum neuen Jahr, und sagt
Ihnen viel Schönes, zürnt aber, daß Sie Hardenberg's Bio=
graphie nicht schreiben.

255.

Pückler an Varnhagen.

Schloß Branitz, den 5. Januar 1847.

Tausend Dank für die prompte und für die gütigste
Entscheidung, verbunden mit so viel freundlicher Gesinnung.
Ich schicke also hiebei das Manuskript, und um nicht so viel

Zeit zu verlieren mit allen Korrekturen, obgleich dies Ihren Ennui nur noch vermehren wird. Zugleich aber werden Sie daraus ersehen, daß ich nach meiner geringen Capacität wenigstens gewissenhaft arbeite, und es gern so gut mache als ich kann.

Sollten Sie die Stelle von S. 98 bis 100 zu stark finden, so streichen Sie dieselbe. Der Jude sprach wirklich zu mir in dieser Art, wenn auch vielleicht nicht ganz mit denselben Worten. Alles, was Sie anstößig finden sollten, streichen Sie nur. Ihrer Zensur unterwerfe ich mich sehr gern.

Wegen Hardenberg's Papieren müssen wir Anstalt machen. Aber mit dem Besitzer von Neuhardenberg wie mit Rother stehe ich nicht zum Besten, Jordan will ich aber um Rath fragen, wenn ich nach Dresden gehe, und die Fürstin muß sich auch rühren.

Genug für heute. Mögen alle petites misères de la vie Ihnen fern bleiben, besonders so lange, als die beiliegende grande misère auf Ihnen lastet.

Viel Schönes von der Fürstin und mir an Laube und Läubchen. Ersterem habe ich nach Leipzig geschrieben, ehe ich durch Sie erfahren, daß er dermalen in Berlin sei. Machen Sie ihn doch zum Chef unserer Nationalbühne.

Herzlich ergeben

H. Pückler.

NB. Wenn Sie, verehrtester Freund, das Manuskript nicht mehr brauchen, bitte ich es gegen Quittung an Herrn Duncker abgeben zu wollen, stoßen Ihnen aber erhebliche Bedenken auf, es mir wieder hieher zurückzusenden.

Réflexion faite ist es doch jedenfalls besser, das Manuskript direkt an mich zurückzusenden, um es mit den von Ihnen als nöthig gefundenen Auslassungen oder Verbesserungen noch einmal abschreiben zu lassen.

Nun noch Eins. Eben erst bin ich bis zu Ihrer Rezension meines „Aus Mehemet Ali's Reich" gekommen, und natürlich dadurch erfreut und geschmeichelt. Aber eine kleine Perfidie ist es doch, daß Sie mich auf diesen Freundschaftsdienst nicht früher aufmerksam gemacht haben, denn ich kann Ihnen mein Ehrenwort geben, daß ich sie in Ihrem Buche zum erstenmal gelesen. Es ist wahr, daß ich eine lange Zeit aller Journal= und Zeitungs=Litteratur fast fremd blieb, und in diese Zeit fällt Ihre so gütige Beurtheilung meiner Schrift, mit den so günstig ausgewählten Textstellen darin. Gott gebe, daß Ihnen das jetzt übersandte Opus nicht schwächer erscheint, die anderen schrieb ich alle in der Nacht, dies allein bei Tage; wenn es davon nur nicht nüchterner geworden ist! Also Ihr dankbarer Schuldner nach wie vor.

256.

Pückler an Varnhagen.

Branitz, den 12. Januar 1847.

Ein Theil Ihres Briefes, mein verehrter Lehrer in so Vielem, hat mich wahrhaft bestürzt, denn da ich an dem, was Sie mir schreiben, nicht zweifeln kann, so zeigt er mir (dessen Distraktionen ohnehin alarmant zunehmen), wie alt ich und mein Gedächtniß werden! Ich würde unbedenklich einen Eid geleistet haben, daß ich diese Rezension nie gelesen, obgleich mir zwei Stellen daraus als bekannt, aber nur mündlich von Ihnen mitgetheilt, vorschwebten. Es ist sehr seltsam und wirklich beunruhigend für mich! Auch finde ich bei mir selbst keine andere Erklärung, als daß ich in jener Zeit so sehr durch die Verhandlungen über Muskaus Verkauf nebst anderen Sorgen ernster Art absorbirt, auf der anderen Seite durch das Schreiben der zwei folgenden Theile (als recht ab-

sichtliche Zerstreuung) so beschäftigt war, daß ich allem Uebri=
gen momentan nur wenig Theilnahme schenkte, und daher
auch Ihre Rezension, so nahe sie mich anging, und so dank=
bar ich damals wie heute dafür gewesen sein muß, doch nicht
mit der Genauigkeit gelesen haben kann als diesmal, und
daher auch nicht so tief eingeprägt im Gedächtniß behalten
habe — denn sie ist — besonders seit sie in einem Ihrer
Werke aufgenommen ward — ein Dokument zu meinen
Gunsten für die Nachwelt geworden, das ich um Großes nicht
missen möchte.

Bei alle dem schäme ich mich des Vorgefallenen, und
werde dadurch immer mehr überzeugt, wie sehr ich, mehr als
Andere, der Demuth bedarf. In dieser Hinsicht ist eine solche
Lektion heilsam, und meiner ganzen Lebensphilosophie völlig
angemessen, nehme ich von diesem Umstand meinen Trost her,
wie von der freundlichen Weise, mit der Sie mich von dem
begangenen Fehler unterrichtet.

Innig erfreut bin ich über alles Uebrige, was Ihr
Brief enthält, auch über die rosenfarbene Laune des liebens=
würdigen Schreibers, der ich die längste Dauer wünsche.

Das Manuskript bitte ich zurückzusenden, da ich noch
einen kleinen Zusatz zu machen habe, und wenn Sie ihm
wirklich die Ehre anthun wollen, ein paar Bogen davon zu
behalten, so bitte ich diese mir zu markiren, damit ich sie hier
abschreiben lassen und Ihnen dann zuschicken kann. Den Rest
werde ich nicht weiter abschreiben, sondern das Ganze Herrn
Duncker sofort zusenden, der übrigens behauptet, daß der erste
Theil sich wenig verkauft habe; aber Hallberger führte stets
auch dieselbe Klage. So lange die Herren zahlen, müssen sie
doch wohl nicht dabei zu kurz kommen.

Zu den 500 Autographen gratulire ich, und hoffe immer,
wenn ich erst wieder zu meinen in Scheuern und auf Böden
in Kottbus und Branitz pêle mêle verstreuten Kisten kommen

kann, Ihnen auch noch einiges, wenn auch, fürchte ich, nicht viel Brauchbares zu liefern.

Die Fürstin empfiehlt sich eben so dankbar als Ihr treuergebener Freund und Schüler

H. Pückler.

257.
Pückler an Varnhagen.

Branitz, den 15. Januar 1847.

Ich sende Ihnen also, Verehrtester, hiebei einen gehörig korrigirten Bogen, nämlich den Anfang des dritten Theiles, wo der erste Entwurf besonders mangelhaft gewesen sein muß, weil ich so viel daran zu ändern fand. Ich arbeite nämlich immer auf folgende Weise. Zuerst schreibe oder diktire ich den brouillon ohne viel Sorgfalt, wie mir der Schnabel ge= wachsen ist. Dann wird dies in's Reine mundirt, und bleibt acht Tage liegen. Nun nehme ich es vor, und korrigire es. Vor der definitiven Absendung sehe ich es noch einmal etwas flüchtiger, besonders die korrigirten Stellen, durch, wo dann die Empfindung, es endlich los zu sein, das anmuthigste Gefühl von der ganzen Geschichte ist.

Etwas, was mich in diesen Tagen ungemein interessirt hat, ist ein Bericht in der Beilage der „Allgemeinen" über Roth's „Geschichte der abendländischen Philosophie". Das sind Forschungen, wie ich sie liebe, weil sie uns wirklich weiterbringen, und auf dem reellen Boden der Geschichte ruhend, uns durch geistreiche Auffassung über uns selbst und unsere Zeit aufklären. Ich habe mir das Buch gleich ver= schrieben. Kennen Sie es schon?

Ich lebe jetzt ganz in Ihrem Genre. Seit drei Wochen bin ich nicht aus dem Hause gekommen, und sehe, mit unbe= deutenden Ausnahmen, immer nur dieselben Personen, eine

Einförmigkeit, die noch viel größer ist als bei Ihnen, mir
aber ganz gut zusagt, nur daß die Zeit gar zu schnell dabei
vergeht, und man doch nicht viel mehr zu verlieren hat. Wer
mich alle Abend zwei Stunden lang mit der Fürstin Whist
à deux spielen sähe, wo Fräulein Lucie und Billy die Stroh=
männer dazu agiren, würde doch lachen, glaube ich.

Die große Kälte ist meiner Gesundheit eben so wenig
als der Ihrigen zuträglich gewesen, ich habe aber fleißig,
was mir, da ich nicht ausgehe, gut bekommt.

Nun aber Gott befohlen, und da Sie mich immer be=
durchlauchten

Ew. Hochwohlgeboren

sehr submiß ergebener

H. Pückler.

258

Den 29. September 1847 schrieb

Varnhagen in sein Tagebuch:

„Der Fürst von Pückler ist mit der Prinzessin von
Preußen jetzt gerade nicht ganz gut. Er sollte vorlesen, las
aus seiner „Rückkehr" das Mährchen, mit Billigung der Prin=
zessin, die das Buch schon gelesen zu haben vorgab, allein
das muß nicht der Fall gewesen sein, denn im Lesen fand
sich der Inhalt zu frei, die Prinzessin ließ abbrechen, fand
sich verletzt und grollt jetzt. Wäre nicht die Fürstin von
Liegnitz dabei gewesen, und manche andere Leute, so hätte die
Prinzessin die Sache wohl leichter genommen. Der Groll
wird übrigens nicht dauern. Pückler will mich mit Gewalt
mit der Prinzessin in näheres Verhältniß bringen, sie bedürfe
meines Rathes, sie würde glücklich sein, mich täglich oder doch
recht oft zu sehen, meine Meinung zu hören, sie wünsche
nichts eifriger, als mich mit dem Prinzen auf solchem Fuß

zu sehen, daß jenes möglich sei. Ich zweifle noch stark an der Wahrheit dieser Wünsche. Aber wären sie auch ganz aufrichtig, und könnten sie erfüllt werden, so sehe ich doch kein Heil dabei, sondern nur die Gelegenheit zu Ränken und Verwirrungen, zu Verdrüssen und Widerwärtigkeiten ohne Ende! Und weshalb sollt' ich den Zwang auf mich nehmen, meine Ruhe zerstören? — Ich bitte den Fürsten, von mir mit der Prinzessin gar nicht zu reden!

Pückler's scherzhaft-bittere Vergeltung eines Angriffes, den er von Humboldt an des Königs Tafel erfahren hat; „Steine wachsen"; die Friedensklasse des Ordens pour le mérite vom Klavierspieler Liszt bis zum Fürsten Metternich herab. Ich kann's nicht mißbilligen, jeder wehrt sich seiner Haut. Humboldt theilt viel aus; und Pückler ist gewohnt von ihm nur die außerordentlichsten Lobpreisungen zu hören da thut ein plötzlich und wirklich unverdienter Ausfall doppelt weh, besonders an Königlicher Tafel."

Den 5. Oktober 1847 schrieb

Varnhagen in sein Tagebuch:

„Pückler vertraut mir, daß die kleine Ungnade der Prinzessin von Preußen für ihn vorüber ist, sie hat ihm aus Weimar sehr freundlich und geistreich geschrieben."

259.
Pückler an Varnhagen.

Schloß Branitz, den 3. November 1847.

Mein verehrter Freund,

Ihr lieber Brief an Dunker hat mich gerührt und erfreut, und für das höchst passende Motto meinen besten Dank. Gern aber möchte ich noch von Ihnen wissen, wie Sie jene

Vorrede, abgesehen von ihrer Zweckmäßigkeit, beurtheilen natürlich nicht mit dem leisesten Anflug von Komplimenten, sondern als der bewährte Meister geistreicher und tiefer Kritik, obgleich ich, indem ich dies schreibe, selbst darüber lachen muß, daß ich von einem Riesen verlange, zu meinem Gebrauch ein kleines Steinchen aufzuheben, aber Sie haben mich verwöhnt.

Nun zum Schluß noch eine Bitte.

Wenn Sie mich für einen treuen, dankbaren und auf= richtigen Freund halten, für einen solchen, der in jeder Lage des Lebens fähig wäre, bei Ihnen durch Dick und Dünn un= verändert festzuhalten — wenn Sie mir diese vollverdiente Gerechtigkeit widerfahren lassen — so gewähren Sie mir etwas weniger Förmlichkeit in Ihrer Behandlung, die mich schüchtern gegen Sie macht, weil ich darin eine Art Miß= trauen finde, das mich in Ihren Augen nicht über den Rang eines bloßen Bekannten erheben will. Ich habe allerdings Ihnen gegenüber kein Recht zu einer größeren Auszeichnung als meine Gesinnung für Sie. Diese ist aber der Art, daß mir nichts werther und schmeichelhafter ist, als Ihr Lob und auch Ihr Tadel, den letzteren jedoch meine ich nur priva= tim, da er öffentlich mich zu schwer treffen würde. Dies aber gilt keineswegs bloß in schriftstellerischer Hinsicht, son= dern in jeder, und hierin bin ich durchaus nicht dem Erz= bischof des Gilblas zu vergleichen, ja, ich sage es mit innig= ster Ueberzeugung: Ihr Tadel, in welchem Bezug es sei, wird mich noch mehr ehren, noch dankbarer verpflichten, als Ihr Lob. Wir sind beide sehr verschiedener Natur, ich habe zum Beispiel sehr viel Weibliches, Enthusiastisches, und folglich oft Thörichtes in der meinigen, was Ihnen fremd ist, aber eben deswegen passen wir für einander. Der Weise ist für die Schwächeren da, und diese, wenn sie Verstand haben, treibt ihr Gefühl zur Liebe und Verehrung des Weisen. Also seien

Sie mein Weiser in jeder Bedeutung des Wortes, so weit
Sie es der Mühe werth halten.

Ihr treu ergebener

H. Pückler.

260.
Pückler an Varnhagen.

Schloß Branitz, den 30. November 1847.

Nichts Besonderes hatte ich im Sinn, als ich Ihnen
schrieb, mein verehrter Freund, und ich will auch gar nicht,
daß Sie mich mit Gewalt tadeln sollen, fühle mich im
Gegentheil sehr glücklich, wenn Sie mit mir zufrieden sind
wie ich bin, und was Gutes und Treues an mir ist, von
Ihnen anerkannt wird. Nur im eintretenden Fall wollte ich
sagen, daß Ihr Tadel mich eben so freuen und ehren würde
als Ihr Lob, weil er gewiß aus derselben echt freundschaftlichen Quelle flösse, und solche Fälle können doch eintreten,
und noch viel öfter solche, wo ich Ihres Rathes bedürfen
möchte, den ich mir dann immer ganz rücksichtslos wünsche.

Das nur wollte ich in der Hauptsache ausdrücken, und
wenn ich um weniger Förmlichkeit, als ein Zeichen, daß wir
nicht fremd zu einander stehen, bat, so habe ich darin nicht
Unrecht, denn vis-à-vis eines Freundes und Schülers sind
Sie wirklich zu ceremonieus mit mir, und tituliren mich unter
anderem immer schriftlich und mündlich wie einen Fremden,
während es mir zum Beispiel als eine halbe Beleidigung
vorkommen würde, wenn ich im Text meiner Briefe Sie
immer mit Euer Hochwohlgeboren anreden wollte.

Nun aber genug hievon, und zu etwas Anderem. Was
sagen Sie zu dem Austritt von Zehntausend aus unserer
Kirche?

Wissen Sie, daß, wenn von mir die Fürstin nicht be-
rücksichtigt werden müßte, ich die größte Lust hätte, mich einer

27*

folchen Bewegung, dem wahrsten und heilvollsten Fortschritt, den wir zu machen im Stande sind — anzuschließen? Wenigstens ist meine Ueberzeugung vollständig bei diesen Leuten, obgleich ich für die Katholiken auch eine große Sympathie hege. Was aber dazwischen liegt, ist mir gänzlich zuwider, und eine protestantische Hierarchie und Zwangkirche erscheint mir wie ein unnatürliches Ungeheuer, das sich selbst auffrißt.

Dieser gesunde Sinn, und diese kühne That der Magdeburger freut mich daher ungemein, und ich wünsche ihr 100,000 Nachfolger. Vielleicht käme man dann doch ein wenig zur Besinnung.

Auf baldiges Wiedersehen!

H. Pückler.

261.
Varnhagen an Pückler.

Berlin, den 28. Februar 1848.

Ich hatte mir erlaubt, dem Fürsten ehrerbietigst den Wunsch auszusprechen, aus seiner Sammlung von Autographen, falls sie Doubletten habe, ein Blatt von Napoleon und eins von Mirabeau zu bekommen.

Hierauf antwortete der Fürst mit übergütiger Freundlichkeit buchstäblich wie folgt:

„Ich werde in meiner Sammlung nachsuchen, was in selbiger zu der Bereicherung der Ihrigen passen dürfte.

Die meinige beschränkt sich meist auf Zeitgenossen, und leider habe ich meine Sammlung erst in späteren Jahren beachtet. Die nicht unverdiente Benennung eines Ministre fossile, welche mir der Charivari beigelegt hat, hätte mir sicher die Gelegenheit geboten, eine der reichsten Samm-

lungen anzulegen, wäre sie mir früher in den Sinn ge=
kommen."

An diese reiche Zusage bitte ich zur gelegenen und gün=
stigen Stunde bescheidentlich erinnern zu dürfen! —

Varnhagen von Ense.

Den 29. Februar 1848 schrieb

Varnhagen in sein Tagebuch:

„Vor ein paar Tagen hat der König zum Fürsten
von Pückler gesagt, bei Gelegenheit der italienischen Konstitu=
tionen: „Ich begreife die Leute nicht, eine Konstitution kann
man ja gar nicht geben, die muß hervorwachsen." Pückler
bemerkte, es sei ein erfreuliches Zeichen, daß die vom König
eingeführte Verfassung auch schon wachse, darauf aber wandte
sich der König unwillig ab, und redete von anderen Dingen
mit Anderen."

Den 4. März 1848 schrieb

Varnhagen in sein Tagebuch:

„Der Fürst von Pückler besuchte mich, er kam von der
Prinzessin von Preußen, und hatte ihr die Prophezeihung von
Rahel vorgelesen, zu ihrem großen Erstaunen. Er gestand,
daß ich die französische Sache richtiger beurtheilt als er, daß
die Republik sich zu befestigen scheine, und wenn das erst
entschieden ist, so ist es ihm auch recht."

Den 21. März 1848 schrieb

Varnhagen in sein Tagebuch:

„Auf den Abend der Fürst von Pückler, ganz freundlich
und verständig; daß ich ihn gestern so angefahren, scheint ihm

gefallen zu haben. Er war gestern Abend nach dem Besuche bei mir noch auf dem Schlosse, sah die Hofbeamten ganz ver= stört, der König lief mit kleinen Schritten eilig durch das Zimmer in ein anderes, sah blaß und elend aus, einfältig lächelnd, fast kindisch, ein Bild des Jammers! Er hat gestern vom Balkon herab die Bürger gefragt, ob es ihnen ange= nehm sein würde, wenn er heute durch die Straßen ritte?"

262.
Pückler an Varnhagen.

Berlin, den 22. März 1848.
Mittwoch früh.

Ich bin zwar ziemlich ungeschickt in Gelegenheitsphrasen, habe aber doch versucht, der Fürstin zu Liebe, gestern Abend etwas derartiges zusammenzustellen. Finden Sie es, meine verehrteste Autorität, nicht zu albern, so bitte ich Sie, das fehlende Jahresdatum des angegebenen Ediktes zu suppliren, und mir entweder den Druck selbst gefälligst zu besorgen, oder anzuzeigen, wohin ich es am Besten schicke. Ich bin krank und kann nicht aus dem Bette, ein neuer Grippeanfall, der mich das ganze Jahr verfolgt. Guten Morgen.

H. Pückler.

Was würde Rahel zu dem allen sagen? Eine Prophetin thäte Noth.

263.
Entwurf von Pückler.

Den 22. März 1848.

Eine neue Zeit entfaltet sich vor unseren erstaunten Blicken, wunderbar im Stillen von der Vorsehung vorbereitet, jetzt endlich plötzlich sich entladend, Blitz auf Blitz, mit toben=

dem Donner, der majeſtätiſch im Weſten wie im Oſten wieder=
hallt. Und dennoch iſt es nur ein wohlthätiges Frühlings=
wetter, das im Kampf der Elemente nur Fruchtbarkeit und
Gedeihen verheißt, wenn auch Einige vom Blitze getroffen,
Andere von den angeſchwollenen Wäſſern hinweggeſchwemmt
werden. Ja! glorreich, impoſant iſt dieſe Gegenwart — aber
ſeien wir auch gerecht in Erwägung der Mühen und Drang=
ſale einer ſchweren Vergangenheit, dankbar den großen Män=
nern, welche in Preußen die Samenkörner ausſäeten, die jetzt
ſchon in dichten Maſſen aufgehen, und die fleißigen, kundigen
Arbeiter eine ſo ſegensreiche Ernte erhoffen laſſen. Gedenken
wir mit Ehrfurcht dieſer vorleuchtenden Geiſter, des genialen
und kühnen Freiherrn von Stein, des weiſen und menſchen=
freundlichen Staatsmannes Hardenberg, dem Preußen vor
Allen die Grundlage ſeiner jetzt errungenen Freiheit verdankt,
und an deſſen Namen ſich auch das ſo lange erfolglos ge=
bliebene, von ihm verfaßte Edikt vom 22. Mai 1815 unver=
geßlich anſchließt — desgleichen Wilhelms von Humboldt, des
Mannes großartigſter Weltanſchauung bei einem kindlichen
Herzen; des biederen Maaßen endlich, der den Ruhm
mit ſich in's Grab nahm, zugleich der Stifter und
Bildner des Zollvereins geweſen zu ſein, und Anderer,
die der beſchränkte Raum hier zu nennen verbietet. Dank
heute aus vollem Herzen allen dieſen Edlen, und mögen die
neuen würdigen Männer, die jetzt an ihre Stelle treten, mit
gleichem Eifer, gleichen Fähigkeiten und gleicher Willensſtärke
das von Jenen begonnene große Werk zur glänzendſten Reife
und Vollendung bringen. Wie ſchön bahnt ihnen dazu das
erhabene Wort unſeres Königs den Weg:

Preußen muß jetzt in Deutſchland aufgehen!

Dieſes Wort hat der Enkel des großen Friedrich ge=
ſprochen. Dieſes Wort muß fortan der Preußen Schlacht=
und Friedensloſung ſein!

264.

Pückler an Varnhagen.

Ich bin ein schrecklicher Konfusionarius in allen Daten. Sie haben indeß richtig errathen, was ich meinte. Tausend Dank, daß Sie meine schwarze Wäsche immer so gütig waschen.

Herzlich der Ihrige

H. Pückler.

Daß Preußen Posen verliert, ist klar, ich hoffe aber, es wird nicht so sentimental bleiben, um sich nicht reichlich anderwärts zu entschädigen.

Den 11. Juni 1848 schrieb

Varnhagen in sein Tagebuch:

„Nachmittags Besuch vom Fürsten von Pückler. Vor ein paar Tagen war er in Potsdam, wurde zum König eingeladen, und hatte große, merkwürdige Gespräche mit ihm. Er fand den König wohlgenährt und munter, ganz in alter Weise, mitunter lustig, in ganz gemeine Späße übergehend und sich unglaublicher Ausdrücke bedienend, dann wieder etwas verdrießlich durch die Zeitumstände. Im Allgemeinen war der Hof von einer Haltung, als ob nichts vorgegangen sei, wie durch eine Kluft getrennt von dem neuen Wesen. Und doch ist dieses ihnen noch genug vor Augen, denn selbst in der Hofstadt Potsdam waren am Abend der Rückkehr des Prinzen von Preußen, sagt Pückler, nur sehr wenige Häuser beleuchtet, und allen diesen wurden von Potsdamern zum Hohn Katzenmusiken gebracht, ohne daß es jemand zu hindern wagte. Der König sprach unter anderem davon, daß es jetzt eine böse Zeit sei, daß es früher doch für alle Welt besser gewesen, worüber man eigentlich zu klagen gehabt?

Pückler solle es ihm doch mal sagen! Dieser, um doch etwas zu sagen, nannte den Druck in Glaubens= und Kirchensachen; da fuhr der König heftig los: „Und das sagen Sie mir, der ich wie Friedrich der Zweite jeden nach seiner Façon selig werden lasse, der ich ganz tolerant bin? Wie wenig streng ich bin, das können Sie gleich sehen, ich habe ja Hum= boldt bei mir! Freilich, wenn ich die Wahl habe, ist mir ein guter Christ lieber als wer keinen rechten Glauben hat. Ueberdies werden jetzt viele Leute, die früher Atheisten waren, gläubige Christen, wie Florencourt, von dem Radowitz mir es schon vorausgesagt hatte, daß in dessen Atheismus der Keim des vollen Glaubens stecke". — Pückler wußte gar nichts von dem Manne, den der König so rühmte. Der König fuhr fort, und sagte, solche Verwandlungen würden häufig werden, in Folge von Gottes Strafgerichten, denn es sei offenbar, daß Gott seine Hand eine Zeitlang abziehen wolle von der Welt, und diese ihrem eigenen Bösen über= lasse, es werde jetzt ein paar Jahrhunderte geben der Ver= wilderung, wie nach der Völkerwanderung. Dann kam er auf den ihm gemachten Vorwurf zurück, und wollte bestimmte Beispiele hören; der Fürst entschuldigte sich, daß er die ein= zelnen Fälle nicht so genau wisse, nannte aber doch Uhlich und Magdeburg. „Nun, gerade dem", rief der König voll Aerger, „hab' ich ja volle Freiheit gelassen, aus der Kirche auszutreten, und seine Sektirerei zu treiben". — Pückler wollte einwenden, daß dies Ausscheiden gerade ein Unrecht geschieen, aber der König fuhr zornig los: „Aber freilich, das werd' ich nicht dulden, daß man auf dem Altar ein Mädchen beschläft" (der König gebrauchte den niedrigsten Ausdruck). — Pückler fragte ganz erschrocken: „Ist wirklich so was vorgekommen?" Aergerlich erwiederte der König auf diese Frage: „Nun, ich rede nur figürlich!" — Pückler er= wähnte der gemäßigten Opposition auf dem Vereinigten Land= tage. „Was?" fuhr der König auf, „das war gerade die

allertreuloseste und niederträchtigste, die hat am meisten ver=
schuldet." — „Ich dachte das um so weniger", versetzte
Pückler, „als gerade die jetzigen Minister aus der Mitte
jener Opposition genommen sind." — „Nun das ist schlimm
genug!" antwortete der König mit verächtlichem Grinsen. -
Von „seinen lieben Berlinern" sprach der König mit Grimm
und Verachtung, als von einer Racaille."

Den 2. Juli 1848 schrieb
Varnhagen in sein Tagebuch:

„Ich ging zum Fürsten von Pückler, der gerade zu mir
kommen wollte. Wir sprachen sehr einverstanden über den
Erzherzog Johann, dessen Freisinnigkeit wie die welken Reize
einer vormaligen Schönen sei, der uns nichts helfe, und
übrigens aus Preußenhaß und katholischem Eifer gewählt sei,
zwei unglücklichen Trieben, die in Frankfurt leider sehr vor=
walten. — Das Bild des Grafen Bresson führte uns zu
traurigen Betrachtungen; Pückler sagte, Bresson habe ihn
immer freundschaftlich getadelt, daß er nicht praktisch sei,
sein Leben nicht besser einrichte, er mache sich noch zu viel
aus der Welt, habe noch zu viel Ehrgeiz u. s. w. Und der=
selbe Bresson schnitt sich bald nachher den Hals ab, weil ein
erbärmlicher Louis Philipp ihm fühlen ließ, daß die Fürsten=
gnade wandelbar ist! —"

Den 18. August 1848 schrieb
Varnhagen in sein Tagebuch:

Der Fürst von Pückler kam vor seiner Abreise noch=
mals; wir besprachen Kunst und Geschmack, er hatte eben
das neue Museum besehen, und fand es von außen häßlich,
im Inneren kleinlich und überverziert, ungeachtet der großen

Räume. Von Köln, von Frankfurt am Main, vom Be=
nehmen des Königs, von den Hoffnungen des Prinzen von
Preußen u. s. w."

165.
Pückler an Varnhagen.

Frankfurt, den 24. August 1848.

Mein verehrtester Freund,

Gestern hier angekommen, habe ich mich sogleich bemüht,
Ihrem Auftrag zu genügen, und schicke Ihnen hier, was ich
meines Erachtens nach für das wenigst Verfehlte halte; denn
sehr geistreich sind unsere Karikaturen nicht, doch sind die
Personen, wie man mich versichert, ähnlich, was ich nur von
Radowitz beurtheilen kann, und von Lichnowsky, da ich die
Anderen nicht kenne, und noch nicht in der Nationalver=
sammlung war. Auf dem Rhein begegneten mir fortwährend
Truppen, Kavallerie und Infanterie, die nach Dänemark
ziehen — warum wohl, da der Waffenstillstand bereits ab=
geschlossen sein soll? Ich glaube, es geschieht blos deswegen,
um die Autorität der Reichsverweserschaft zu üben, und zu
zeigen, die ihr jedenfalls nichts kostet. Les dupes payeront,
darin bleibt es gewiß immer beim Alten.

Auch die Engländer und Anglaises pour rire wimmeln
wieder wie Mücken auf den Rheinschiffen. Gestern machte
ich mich mit einer Familie bekannt, welche würdig gewesen
wäre aux Variétés zu figuriren. Die Mädchen saßen wie
angenagelt auf ihren Stühlen, die sie stets mit sich forttrugen,
wenn sie sich einmal deplacirten, um gleich darauf wieder an
einem anderen Ort des Verdecks festzusitzen. Von dem In=
teressanten der Gegend sahen sie beinahe nichts an, studirten
aber fortwährend im guidebook, als wollten sie es aus=
wendig lernen. Desto mobiler war der Vater, der rastlos
umherlief, und so bald er Antwort auf eine Menge alberner

Fragen erhalten, die er im barockſten Franzöſiſch bald dieſem, bald jenem vorlegte, wie eine Biene, die Honig geſammelt, zu ſeinen Töchtern zurückkehrte, um ihnen die erlangte Wiſſen= ſchaft mitzutheilen. Selten gelang es ihm jedoch, dieſe damit von ihrem guidebook aufblicken zu machen, und das Ende der Konverſation war dann faſt regelmäßig Folgendes: „Oh, look on this castle tower!“ oder dergleichen: „Is’ n’t de- lightfull?“ — „O yes, Papa!“ — You do n’t feel cold?“ (Es war abſcheuliches Wetter.) „Oh no Papa.“

Mich hatte zu meinem Unglück der Papa beſonders auf’s Korn genommen, weil ich tant bien que mal engliſch antworten konnte, und ihm über die wunderlichſten Dinge Auskunft geben ſollte. Einmal frug er mich: „Pray Sir, which is properly the right and which the left side of the Rhine?“ Dieſe Engländer ſind wirklich impayable, und ich hätte Heine hergewünſcht, um eine Schilderung dieſer Reiſe von Köln nach Frankfurt zu machen, die gewiß zum Kranklachen ausgefallen wäre. Statt deſſen habe ich Sie vielleicht gelangweilt. Tröſten Sie ſich mit den Karikaturen, und behalten Sie ein wenig lieb Ihren

treu ergebenen Schüler

H. Pückler.

Den 16. Februar 1849 ſchrieb

Varnhagen in ſein Tagebuch:

„Gegen Abend Beſuch vom Fürſten von Pückler, der vor ein paar Tagen angekommen iſt. Er war in Branitz ernſtlich krank. Er erzählt mir von Wien, von Frankfurt am Main; Lichnowsky hat ihm die Zerrbilder ausſuchen helfen, die er mir von dort geſchickt; er lobt ihn ſehr, meint aber, ſeinen Tod habe er ſich ſelbſt zugezogen durch die kindiſche, eitle Bravade, vor das Thor hinauszureiten —

und durch seine nichtswürdigen, volksfeindlichen Aeußerungen, setz' ich hinzu. Pückler ist vollkommen gleichgültig für Preußen, für Deutschland, allerdings hat er für Oesterreich einige Vorliebe; die Zeitungen liest er kaum. Er würde wohl gern eine politische Rolle spielen, sagt er, und dann unfehlbar mit der Linken sein, aber er fühlt sich zu alt, und den Aufgaben nicht mehr gewachsen. Im Grunde verachtet er den Hof und das Volk, und Freiheit und Vaterland sieht er nur als leere Worte an, deren zuweilen mächtigen Zauber er als Thatsache gelten läßt, aber nicht würdigt. Durch Pückler hör' ich, daß man mit Wrangel sehr unzufrieden ist, er hätte den Sieg besser benutzen sollen, ein paar Leute zum Schrecken erschießen lassen u. s. w. Aber auch Manteuffel wird hart getadelt, „diese verfluchte Verfassung, konnte er nichts Besseres geben? Dieses verfluchte Wahlgesetz, konnte er kein neues machen?" Die Reaktion wird Opposition werden."

164.
Pückler an Varnhagen.

Schloß Branitz, den 26. November 1849.

Mein verehrter Gönner — denn Freund darf ich nicht sagen, da Sie der doch eigentlich nicht sein wollen, wohl nicht können, freundlicher, wohlwollender Bekannter, voilà tout. Unsere Naturen sind zu verschieden dazu. Sie ein wissenschaftlich durchgebildeter Gelehrter, ich ziemlich unwissend, Sie streng, scharf, grundsätzlich, abgeschlossen, ein ernster Politiker, ich leichtsinnig, ohne feste Ansicht irdischer Dinge, gleichgültig gegen Haupt- und Staats-Aktionen, nur dem Kultus des Schönen huldigend, Sie ein halber Stoiker, ich ein genußsüchtiger Epikuräer, Sie endlich nüchtern klar, ich phantastisch und oft durch Phantasie berauscht, Sie also, wie ich schon früher sagte, sehen zu mir herab, ich zu Ihnen hinauf. Daher kommt es denn ganz natürlich, daß Sie mich anziehen, ich Sie nicht, denn Sie sind die stärkere Kraft. Nur in einer Sache bin ich ernst und fest, im Suchen nach Wahrheit, im Erforschen des Unsterblichen, Gottes, und darüber muß ich Ihnen etwas schreiben. Ich las neulich folgende Stelle:

„In jenem Buche ist die Ueberwindung des Deismus wie des Pantheismus in der Idee eines sowohl unendlichen als selbstbewußten Gottes bestimmt als die Aufgabe unserer Zeit ausgesprochen, und sowohl in eigenen Erörterungen an= gebahnt, als auch in dem phantasievollen Aufschwung Jordan Bruno's und in dem mystischen Tiefsinn Jakob Böhme's an= erkannt und nachgewiesen. Wie dies vorstellig zu machen sei, kann ein Blick auf den Menschen lehren. Auch der Mensch ist ein einheitliches Ganzes, das aber physisch aus Millionen Zellen besteht, und mannigfach gegliedert ist; doch ist ein einheitliches Selbstgefühl in jedem Punkte des Leibes gegenwärtig, doch ist das Selbstbewußtsein, das Ich, der ideale Mittelpunkt des Ganzen, und dies ist nur insofern es sich in einer Fülle von besonderen Gedanken entfaltet, aber in ihnen als die sie beherrschende Macht lebt, und so beständig über alles Einzelne übergreifend, bei sich selbst bleibt. Die Deisten, die einen außerweltlichen Gott annehmen, scheiden die Seele von ihrem Leibe und den Geist von seinen Ge= danken, und begehen den Unsinn, beiden ein getrenntes Da= sein zuzuschreiben; die Pantheisten lassen die eine Substanz in die Vielheit der Erscheinungen zerrinnen, so daß das universale Ich nur in seinen einzelnen Akten, nicht in sich selbst bewußt ist: ein Zustand, den wir bei den Menschen als Geisteskrankheit, als Faselei bezeichnen, wo das Ich nur den Ort für das tolle Spiel der selbstständig gewordenen Vorstellungen abgiebt, ohne sie beherrschen zu können, und ein Bewußtsein über sie zu haben, ein Zustand, dem doch wahrlich zu viel mangelt, als daß wir ihn dem Ideal der Vernunft, Gott, zuschreiben möchten.

„Εν και παν (übersetzen Sie mir dies, bitte, für arabisch sehe ich es diesmal, Dank den griechischen Buchstaben, nicht an), sagen die Alten und wir mit ihnen; die Deisten nehmen das Eine und vergessen das All, die Pantheisten halten sich an's All und es fehlt ihnen die Einheit; wir wollen Eins und Alles, wir wollen das All als die Entfaltung des Einen, das als Grund und Ziel, wie als das allgegen=wärtige Centrum seiner Offenbarung ewig bei sich selbst bleibt. So ist das Unendliche nicht das Endlose, noch ist es ein Anderes außer dem Endlichen, und damit durch diese begränzt und selbst endlich, sondern es ist das im Kindlichen sich selbst Bestimmende, in sich Vollendete."

Diese Worte kamen mir recht wie eine Offenbarung vor, weil ich fühlte, daß sie das klar ausgesprochene Resultat meiner eigenen Gedanken über diesen Gegenstand enthielten. Man lernt nur was man schon weiß. Hier finde ich mein wahres Glaubensbekenntniß, wenn auch in der Anwendung und Auflösung so vieler einzelnen tausendfältigen Fälle meiner schwachen Denkkraft noch vieles unklar bleiben mag und weiter zum Einklang durchdacht werden muß.

Sprechen Sie sich nun auch darüber aus. Dies meine Bitte.

Seit wir uns nicht sahen, habe ich einen sehr genuß=reichen Sommer in dem mir bisher unbekannten, wunder=herrlichen Salzkammergut zugebracht, dem ich (das Klima abgerechnet), was schöne Natur betrifft, nur die Gegend von Brussa vorziehen kann, von allem, was ich bis jetzt gesehen. Dabei ist das Land so sinnig und bequem überall zugänglich gemacht, ein großer Vorzug — keine geraden Chausséen mit Pappelalleen, keine halsbrechenden Vicinalwege, keine kahlen Hügel mit Getreidefeldern bedeckt, überall nur so viel Kultur,

als dem Comfort nöthig, ohne das Aesthetische zu ver=
nichten.

In Ischl hatte ich das Glück, die ganze Kaiserliche Fa=
milie, schon nach beendeter Badezeit, ohne Etikette noch Ge=
folge, ganz en famille versammelt, zu sehen und zu sprechen,
und den jungen Kaiser kennen zu lernen, der mir sehr ge=
fallen hat, als eine Natur aus dem Ganzen, welche allein
fähig ist, sich unbefangen und selbstständig durch die Welt
zu bewegen. So vereint er sichtlich mit aller naiven Kind=
lichkeit seiner Jugend das volle Bewußtsein, und schon
die Würde seiner hohen Stellung und seiner noch höheren
Aufgabe. Dabei scheint eine vortreffliche Erziehung ihm viel
Nützliches gelehrt und doch dabei seiner Natur nirgends Ge=
walt angethan und eigenthümliche Entwickelung hindernd
gestört zu haben, vielleicht eben, weil er nicht zum Kaiser
erzogen worden war.

Uebrigens bin ich eitel auf diese Reise, weil ich während
derselben alle hohen Berge erstiegen, oft 8—10 Stunden den
Tag umhergewandert, meist studentenartig gelebt, in allen
möglichen Fuhrwerken gereist, und dennoch weder dadurch
übermäßig ermüdet, noch krank, noch übellaunig geworden
bin, obgleich ich — bei meiner Rückkunft meinen vierund=
sechzigsten Geburtstag zu feiern hatte! Zur guten Stunde
sei's gesagt, und mit meinen besten und herzlichsten Wünschen
für Ihr Glück und Ihre Zufriedenheit, worin ja das Glück
allein liegt, sage ich Ihnen jetzt Lebewohl, und erwarte Ihre
schönen Zeilen, nach denen ich mich schon lange sehne.

H. Pückler.

Grüßen Sie die mir Gutgesinnten, vor allen Fräulein
Solmar, denn ich schmeichle mir, daß sie zu jenen gehört.

Den 28. November 1849 schrieb
Varnhagen in sein Tagebuch:

„Ich schrieb einiges, dann kam ein Brief aus Branitz, vom Fürsten von Pückler, der seltsamste, den er geschrieben haben mag! Er will von mir philosophisch=religiöse Wahrheit, trägt mir die seinige vor! Ich kann ihm in der Hauptsache beipflichten. Dann schreibt er noch artig über den Unterschied zwischen ihm und mir, daß ich sein Freund nicht sein wolle, aber doch sein Gönner bleiben müsse u. s. w. Auch daß er den Kaiser von Oesterreich im Sommer viel gesehen und sehr gut gefunden, unterrichtet und dabei natürlich, kräftig."

265.
Pückler an Varnhagen.

Dresden, den 14. Januar 1850.

Für's Erste meinen besten (wenn auch sehr durch mancherlei Abhaltungen verspäteten) Dank für Ihren lieben Brief, der mir die größte Freude gemacht hat. Auch finde ich alles, was Sie darin in der Hauptsache auf den meinigen antworten, keineswegs so unvollständig, als Sie es dafür ausgeben wollen, sondern mir vorläufig schon ganz genügend. Und was mir dabei besonders lieb, ist, daß Ihre Ansicht mit meinem eigenen Glauben im Wesentlichen übereinstimmt. Auch ich bin zum Beispiel ganz der Meinung, die religiösen Gefühle nur ruhig an sich kommen zu lassen, nie sie ängstlich zu suchen, am wenigsten sie erzwingen zu wollen, wenn die Stimmung sie nicht von selbst herbeiführt — ebenso, daß zu viel Grübeln über Dinge, welche doch immer zu drei Viertheilen Räthsel für uns bleiben müssen, nicht sehr ersprießlich ist, aber sich einen klaren Begriff von Gott und der Welt so zu gewinnen, daß man vernünftigerweise auch daran glauben kann, ist eine Beruhigung, deren der Verstand bedarf, um dem Gefühl eine festere Basis zu geben. Weiter geht mein bescheidenes Philosophiren nicht.

Wovon ich gleichfalls lange überzeugt war, ist ferner, daß Atheismus nur ein leeres Wort sei. Ein Mensch kann gar nicht ein Atheist sein, wenn er sich es auch zehnmal ein= bildete, wie einst die armen Hexen sich selbst bona fide als solche anerkannten. Denn er muß doch jedenfalls irgend eine höhere Macht als er selbst ist, im Leben des Univer= sums über sich erkennen, und auch irgend etwas lieben. Damit hat er schon Gott. Versteht man aber unter Atheist nur einen solchen, der an unseren dermaligen kirchlichen Gott nicht glaubt, so mag die freie Gemeinde der Atheisten freilich sehr groß sein.

Außerhalb der Welt, getrennt von ihr sie regierend, kann ich mir Gott nicht denken, eben so wenig aber wie eine bloße Kraft in allem wirkend, ohne Bewußtsein seiner selbst. Ich halte die Materie für eben so ewig und reell, und zum Leben nöthig, als den Geist, und gleichnißartig sehe ich die eine in ihrer ganzen Unermeßlichkeit wie den wahren Körper, den anderen wie die Seele Gottes an, welche durch jenen in die Erscheinung tritt, lebt, und ihre gött= lichen Gedanken in ewiger Schöpfung verwirklicht. So spricht alles, und wir selbst zu uns, nur von Gott, und alle Kon= traste, alle Dissonanzen (scheinbare doch nur dem beschränkten Einzelnen), lösen sich auf in der ewigen, nothwendigen Liebe Gottes zu allem was ist, weil alles nur in und durch ihn, ja in höchster Allgemeinheit er selbst ist. Diese, wenn auch durch manches Gelesene und Gehörte unterstützte, aber doch auf eigenes individuelles Denken gegründete Ansicht, be= friedigt mich, der für keine Art von Autoritätsglauben em= pfänglich ist, und daher weder zur Fahne irgend einer posi= tiven Religion, noch eines abgegränzten philosophischen

Syſtems ſchwören könnte, nämlich en bloc, denn Einzelnes
findet ſich überall gut zu entnehmen.

Was nun mehrere einzelne Fragen betrifft, die uns
freilich recht nahe angehen, wie zum Beiſpiel perſönliche
Fortdauer nach dem Tode mit Erinnerung, Kompenſation
hieſiger Uebel in einer anderen Welt, allmähliche Vervoll-
kommnung des Einzelneu jenſeits, oder des ganzen Menſchen-
geſchlechts noch auf dieſer Erde u. ſ. w., ſo zerbreche ich mir
darüber den Kopf nicht ſehr, und ſage mit unſerer lieben,
unvergeßlichen Rahel, gleich Ihnen, der liebe Gott iſt jedenfalls klüger, und wird es damit ſchon ſo eingerichtet haben,
wie es möglich und am beſten iſt. Doch ſchließt das nicht
aus, daß ich mich auch hierüber ſehr gern Hypotheſen und
allerlei Phantaſiebildern hingebe, mit denen ich Sie hier
nicht langweilen will, die mich aber wenigſtens in keiner Art
mehr beunruhigen. Man könnte daraus allenfalls den Schluß
ziehen, daß ich auch in Religion nnd Philoſophie etwas Epikuräer bin, und ich will dem nicht ganz widerſprechen. So
viel aber iſt gewiß: Ich liebe das Leben, und fürchte den
Tod nicht, und iſt das nicht ſchon ein recht gutes, menſch-
liches Reſultat?

Doch jetzt zu etwas Anderem. Recht überraſchend war
mir in Ihrem Briefe die Erwähnung Adolph Müller's.
Lange und vielfach habe ich mich nach dieſem lieben Reiſe-
kumpan erkundigt, ohne je etwas recht Beſtimmtes über ihn
erfahren zu können, da ich ſeinen Vornamen nicht kannte,
und mich auch ſeines Geburtsortes nicht erinnerte. Dies
war eine wahrhaft unſchuldige, herzensgute, naive, aber im
Treiben der Welt auch damals, ganz unbewanderte Natur.
Ich verleitete ihn in Zürich oder Luzern (ich erinnere mich
nicht genau) zu einem Spaziergang nach Mailand, zu dem
wir gemeinſchaftlich nicht mehr als acht Louisd'or zuſam-
menzuſchießen vermochten. Auf dieſer Tour ſtießen uns allerlei
kleine Abentheuer auf, wobei Müller's Aengſte und Zorn

über meinen, nach seiner Meinung unverantwortlichen Leicht=
sinn, mich noch heute lachen machen könnten, wenn auch mit
Wehmuth. Ich gewann ihn sehr lieb, weil eben, wenn ich
so sagen darf, ein harmonischer Kontrast zwischen uns statt=
fand. Daß er früh verstorben, habe ich gefürchtet, da er mir
nie geschrieben, obgleich er es mir sehr herzlich versprochen,
und ich ihm eine sichere, wenngleich falsche Adresse ge=
geben hatte.

Auf das wenige Politische in Ihrem Briefe (das nun
auch schon erledigt) erlassen Sie mir die Antwort. Wie er=
bärmlich mir dies Treiben von allen Seiten vorkommt,
könnte ich nur in vielen Blättern aussprechen, und da ich
mit keiner Parthei sympathisiren kann, wende ich lieber
meinen Blick ganz davon ab, um so mehr, da ich in einem
Alter bin, wo die Thatkraft nicht mehr frisch ist, und das
kontemplative Leben eine Berechtigung hat. Wer hat nicht
für Deutschlands Größe und Einheit geschwärmt, aber das
politische Deutschland hat Bankerott gemacht, und die heutige
Generation wenigstens wird seinen Kredit schwerlich wieder
herstellen.

Schließlich erinnern Sie mich an Autographen. Darauf
erwiedere ich, daß ich leider in früheren Zeiten kaum je
einen Brief aufgehoben, dagegen in den letzteren Jahren fast
alle, die jedoch in Kisten verpackt, noch mit 300 anderen
Kisten in einem Speicher zu Kottbus und einer Scheune zu
Branitz pêle mêle aufgeschichtet liegen. Komme ich einmal
zum Aufräumen, so steht alles zu Befehl; ich fürchte aber,
von merkwürdigen Persönlichkeiten wird nicht viel darunter
sein, was Sie nicht schon besitzen — von gewöhnlichen Ge=
sellschaftsmenschen können Ihnen aber die Autographen doch
wohl nichts nützen — oder irre ich mich hierin. Da ich nie
dieses Steckenpferdchen geritten, so erbitte ich mir hierüber
noch nähere Instruktion.

Der neue Wiener Theaterdirektor, nicht Dramaturg, welche Benennung er zurückweist, hat mit seiner liebens= werthen Frau einen Tag bei uns gewohnt, und läßt Sie freundlichst grüßen.

Aber jetzt auch Gott befohlen, mein verehrter Freund, sonst verlieren Sie die Geduld über dies endlose Geplauder.

Treu und dankbar der Ihrige

H. Pückler.

Die Fürstin, der ich Ihren schönen Brief vorgelesen, trägt mir viel Schönes an Sie auf, und war sehr gerührt und erfreut über das Lob, was Sie ihrem seligen Vater spenden, selig in der That, nicht mehr zu sehen, was aus seinem Werk geworden!

Möge dieser Brief Sie wohl und munter antreffen, und das Jahr 50 ein gutes für Sie sein.

266.

Pückler an Varnhagen.

Sonnabend, den 2. Februar 1850.

Ich wäre schon längst wieder zu Ihnen gekommen, aber leider liege ich schon den vierten Tag im Bett, oder auf meinem Sopha an einem schweren Katarrh mit allnächtlichem Fieber krank. Unter den vielen Besuchen von Freunden und Bekannten hoffte ich auch immer auf den Ihrigen, ohne al= bernerweise daran zu denken, daß Sie wahrscheinlich gar nichts von meinem prolongirten Stubenarrest erfuhren. Morgen nun will ich wieder meinen ersten Ausgang wagen, und an diesem oder dem folgenden Tage meinen Abschieds= besuch bei Ihnen machen, da ich Dienstag abreise. Das große Schwurspektakel kann ich nicht mehr mit ansehen, so wie ich leider auch den Mulatten wegen meines Unwohlseins nicht

hören konnte. Hoffentlich haben Sie nicht ähnliche Abhal=
tung gehabt wie ich, der in Berlin immer krank wird.

Tausend Schönes und Freundschaftliches.

H. Pückler.

Den 3. Februar 1850 schrieb

Varnhagen in sein Tagebuch:

„Ausgegangen zum Fürsten von Pückler. Prächtiger
Hund, der mir gleich ganz freundlich ist. Pückler sehr un=
willig über die hiesigen Zustände. Vor ein paar Tagen bei
der Prinzessin von Preußen, wo der König war, fragte ihn
dieser ganz trocken, wie viel Tage er schon hier sei? Pückler
antwortete, es könnten fünf oder sechs sein. Darauf drehte
sich der König anderswohin. Es sollte ein Stich sein, weil
Pückler sich nicht bei ihm angemeldet hatte. Als der König
wegging, machte er in der Nähe Pückler's plötzlich einen En=
trechat; das sollte heißen: „Ich bin recht lustig!" Doch hatte
er eben die unangenehmen Nachrichten aus der Kammersitzung
hier empfangen."

Den 30. Mai 1850 schrieb

Varnhagen in sein Tagebuch:

„Abends Besuch vom Fürsten von Pückler, er kam von *,
der ihm stark österreichisch vorgeschwatzt hatte; so ein Diplo=
mat ist doch der eigentliche Knecht, der keine Meinung haben
darf, als die seines Dienstherren! Wir sprachen von hiesigen
Dingen, die Pückler'n ganz verächtlich sind, vom lächerlichen
Fürstenkongreß, vom unredlichen Krieg mit Dänemark, oder
vielmehr vom unredlich gesuchten Frieden."

Den 2. Juni 1850 schrieb
Varnhagen in sein Tagebuch:

„Pückler's Erscheinen hat immer etwas Angenehmes, man denkt, nun müsse was Besonderes vorgehen."

Den 4. Juni 1850 schrieb
Varnhagen in sein Tagebuch:

„Nachmittags Besuch vom Fürsten von Pückler. Wir sprachen zumeist über den Prinzen Louis Ferdinand, von dem er alles und jedes zu wissen verlangte, und über Rahel, er besah lange die Büste des Prinzen von Wichmann und wollte den Karakter des Menschen aus den Zügen heraus=studiren. Von Politik bekannte er nichts zu verstehen, und daß ihm das Schicksal der Völker und Staaten ganz gleich=gültig sei; dem besitzlosen armen Volke gestand er jede Be=rechtigung zu, und meinte auch, daß ein ungeheurer Wechsel in Besitz und Herrschaft vor sich gehen müßte, nur wünschte er für sich und alle zu seinem Leben gehörigen Menschen, außer den bisher genossenen Vorrechten auch noch das, bei dem großen Untergang verschont zu werden, seine Lebensweise möchte er unter allen Umständen fortsetzen, dazu gehört Geld und Rang, obschon er letzteren noch am leichtesten aufgäbe."

Den 9. Januar 1851 schrieb
Varnhagen in sein Tagebuch:

„Abends Besuch vom Fürsten von Pückler. Er war vorgestern in Charlottenburg beim König, und dieser hat mit freudigem Stolze zu ihm gesagt: „Nicht wahr, es ist doch eine schöne Sache, wenn man so ein viermalhundertfünfzigtausend

Mann unter Waffen stellen kann, um an ihrer Spitze der ganzen Welt zu imponiren? „Du lieber Gott! Dergleichen kann der geringste Mann, das kleinste Kind sich einbilden oder träumen. Das Rufen ist richtig, aber das Imponiren? Auerstädt und Jena sollten ihm doch einfallen."

Den 26. Januar 1851 schrieb Varnhagen in sein Tagebuch:

„Abends kam Fürst von Pückler hinkend, er hatte sich, „den ci-devant jeune homme spielend," beim Hinabspringen einiger Treppenstufen den Fuß verletzt. Spott über das Knieen beim Ordensfest; einige Herren in Pückler's Nähe schimpften laut darüber, einige Alte hatten Mühe auf die Kniee zu fallen, auch die dicke Hofdame Fräulein von Block. Ueber die christliche Frömmelei, die gar nicht christlich sei; Rahel habe Recht, es müsse eine neue Religion kommen, die heutige sei in ihren Mißbräuchen untergegangen, sei gar nicht mehr aus ihnen herauszubringen. Ueber den König, er werde der offenbaren Macht immer nachgeben, das sei sein Karakter, er schmeichle sich jede Niederlage weg, sei bei äußerem Vergnügtscheinen innerlich stets unbefriedigt; selten habe ein König so schlecht beim Volke gestanden und bei seinem Hofe zugleich."

———

267.
Pückler an Varnhagen.

Leipzig, am heiligen Abend 1851.

Verehrtester Freund,

Da Sie die Autographen sammeln, und ich meine alten Papiere (die auch, fürchte ich, nicht viel recht Brauchbares für Sie enthalten werden) noch immer nicht auspacken konnte

— so bescheere ich Ihnen einstweilen zwei Autographen von Goethe und Schiller zum heiligen Christ. Sie besitzen zwar ohne Zweifel von diesen beiden Heroen schon viel Handschriften, aber Herr von Maltitz in Weimar versicherte mich, daß leidenschaftliche Sammler von Goethe und Schiller nie genug haben könnten, und so wage ich dies Scherflein der Wittwe zu den Füßen meines gestrengen Meisters niederzulegen, en attendant mieux, wenn es möglich ist. Zum neuen Jahr aber wünsche ich Ihnen schon vorläufig gute Gesundheit und Heiterkeit, nebst stets gleich freundlicher Gesinnung für

Ihren treu ergebenen

H. Pückler.

268.

Varnhagen an Pückler.

Berlin, den 7. März 1852.

Durchlauchtigster Fürst!

Vor einer Stunde, durch den Fürsten von Schönaich-Carolath, erfuhr ich, daß Ew. Durchlaucht in Branitz sind, und ein Brief Sie dort sicher treffen wird! So säume ich denn nicht und suche die Pein zu enden, in der ich mich seit Weihnachten, seit dem Empfang Ihres liebenswürdigen Briefes und der ihm beigefügten schönen Geschenke fühle; denn eine Pein war es mir seither wirklich, Ihnen für die willkommenen Gaben, für den schönen Brief nicht danken, Ihnen nicht sagen zu können, wie sehr Sie mich durch Ihr freundliches Andenken erfreut haben! Sie schrieben aus Leipzig, auf der Durchreise, dorthin konnt' ich also nicht antworten, und ich konnte nicht einmal vermuthen, welche Richtung Sie genommen, ob ostwärts oder westwärts. Unbestimmt in die weite Welt hinaus konnt' ich Ihnen nicht schreiben, zumal ich damals manches auf dem Herzen hatte, was ich Ihnen mitzutheilen dachte, und was keinen Irrweg gehen durfte. Die Zeit hat unterdeſſen dieſen Dingen den Stachel abgebrochen, oder neuen angeſetzt, und es wäre unnütz vom vergangenen Wetter noch viel zu reden. Eher vom künftigen ließe ſich reden, das ja für alle Menſchen eine wichtige Angelegenheit iſt, beſonders für Spaziergänger und Reiſende — aber mündlich iſt dies allerdings leichter denn ſchriftlich! Dieſe Zeilen ſollen in der That nur der Ausdruck meines innigſten wärmſten Dankes ſein! Ich habe wirkliche Weihnachtsfreude empfunden beim Anblick der werthen Blätter von Schiller und Goethe, die, wie Herr von Maltitz ganz richtig erkannte, den Reichthum meiner Sammlung vermehren und zu deren Zierden und Koſtbarkeiten gehören. Vor allem aber freute mich der Aus= druck Ihrer Güte, Ihres herzlichen Wohlwollens, die aus der Sendung hervorleuchten, und die mir in düſteren Tagen ſo tröſtlich und erheiternd erſchienen ſind. —

Ich nenne jene Tage düſtere, auch deswegen, weil ich faſt immer krank war oder doch kränkelte, überhaupt unter Widrigkeiten und Mißvergnügen in den Winter hineinlebte; ſeine jetzige Strenge iſt mir lieber als die frühere naſſe Weichheit, und ſie ſcheint dem Abſchiede vorherzugehen, den nahen Frühling anzukündigen, nach welchem ich diesmal mich ungewöhnlich ſehne! — Zwar iſt die Ausſicht auf den Som= mer ſehr unſicher, wir leben in einer Zeit der Ungeborenheit und Spannung, die uns mit, weiß der Himmel, was für Mißgeburten überraſchen kann, und manche ſonſt ausführbare Vorſätze vereiteln wird; aber mich dünkt, wenn es draußen grün und die Luft mild iſt, läßt ſich alles eher ſchon er= tragen.

Wir ſind hier im Begriff eine Pairskammer zu bekom= men; die Abſtimmung am Freitag in der erſten Kammer ſtimmt mit den Anſichten des Königs überein, der inne ge= worden ſcheint, daß die Kreuzzeitungsparthei bisweilen doch auch einen Willen beſchränken, nicht bloß die Volksrechte ein= ziehen will. Die Sache hat freilich ihre großen Bedenken, und wenn sie gedeihen soll, so kommt alles darauf an, ob sie richtig und ehrlich ausgeführt wird.

Aus Grundsatz bin ich jetzt gegen ein solches Gebild, doch will ich ihm die Möglichkeit des Lebens nicht absprechen; wenn aber Willkür und Fehlgriffe die Ausführung leiten, dann ist jedes Gelingen unmöglich. —

Ich schreibe an einem mir bedeutungsvollen ernsten Tage; vor neunzehn Jahren verlor ich Rahel, und fühle seitdem unausgesetzt, daß ich mich ohne sie doch nur mit dem Leben behelfe, hinhalte! So lange wie dies gedauert hat, wird es nicht nochmals dauern, das kann ich mir zum Troste sagen! —

Lange habe ich nichts von der verehrten Frau Fürstin gehört. Ich hoffe, sie ist wohlauf, und die bessere Jahreszeit wird ihr alles Gute bringen. Leben Sie wohl, theuerster Fürst, und geben Sie Ihre litterarische Thätigkeit nicht auf! Kommen Sie doch auch wieder einmal nach Berlin! Ich sehe Humboldt, Bettinen von Arnim, Frl. Solmar, Alle fragen eifrig nach Ihnen!

In treuer Verehrung und Ergebenheit

Ew. Durchlaucht

dankbar gehorsamster

Varnhagen von Ense.

269.
Varnhagen an Pückler.

Donnerstag, den 3. März 1853.

Theuerster Fürst!

Darf ich Ihnen den abentheuerlichen Vorschlag machen — abentheuerlich, schon wegen der Unstunde für Sie — heute Nachmittag um 5 Uhr, oder auch später, eine Tasse Kaffee bei mir zu trinken? Sie würden einige bekannte

ältere und auch jüngere Gesichter — nicht Gesichte — bei
mir sehen! Ziemlich ungläubig, aber doch nicht ohne einige
Hoffnung

Ihr

treulichst ergebener

Varnhagen von Ense.

270.

Pückler an Varnhagen.

Berlin, den 4. März 1853.

Freitag früh.

Verehrtester Freund,

Durch einen Irrthum habe ich Ihr freundliches Billet
erst heute früh auf dem Tisch gefunden, wo man, wenn ich
nicht zu Haus bin, die Briefe hinlegt, hätte aber auch gestern
nicht kommen können. Nichts weniger meinen herzlichsten
Dank für die Einladung. Es hätte mich gar sehr gefreut,
die mir bekannten und lieben Gesichter bei Ihnen wiederzusehen, um so mehr, da ich gerade jetzt, schlimmer als je,
meist nur mit Masken verkehren muß, und ffeindlichen
Masken.

Mündlich vielleicht mehr davon.

Ihr von Herzen

treu ergebener

H. Pückler.

Den 7. März 1853 schrieb

Varnhagen in sein Tagebuch:

„Nachmittag Besuch vom Fürsten von Pückler. Er
spricht ganz angenehm und geistreich vom Fürsten von
Metternich, von Tettenborn, von Hafis und Heine. — Im

Verkehr ist er stets liebenswürdig. Daß ich seinen Geschmack einen schlechten nenne, weil er unser jetziges Opernhaus lobt, nimmt er gutmüthig hin."

Den 15. März 1853 schrieb

Varnhagen in sein Tagebuch:

„Gestern Abend kam Herr von S., der mich dringend zu sprechen wünschte. Er wird wegen 150 Thalern gedrängt, die er morgen bezahlen, oder in's Gefängniß wandern muß; er bittet mich, seine Handzeichnungen um diesen Preis dem Fürsten von Pückler anzubieten, oder diese Summe als Darlehn zu erlangen, da der Fürst so großmüthig als reich sei. Ich konnte nicht versagen, auf der Stelle ein Wort desfalls an Pückler zu schreiben. Wie demüthigend für S., sich durch mich an den Fürsten zu wenden, an denselben Fürsten, dessen frühere Güte er mit Spott und Hohn vergolten! In kürzester Frist erhielt ich die Antwort, in graziösester Weise, verbindlich, liebenswürdig, alles gewährend, auf die Handzeichnungen verzichtend, dabei sogleich die Anweisung auf die Summe. So ganz, prompt, rund, wie nur möglich. Ein ächt ritterlicher Edelmuth, ein ächt christliches Vergeben und Wohlthun! Ich weiß keinen Zweiten hier, der so was so thun könnte. Nur Prinz Louis Ferdinand und mein lieber Tettenborn hätten es allenfalls auch gekonnt. Aus Freude über dies seltene Gelingen, diese rasche Hülfe, die ich einem Bedrängten bringen konnte, vergaß ich mein Unwohlsein, zog mich an, und fuhr zu **, wo S. sich einfinden mußte. Der Eindruck war außerordentlich, das Gesicht verklärte sich, man sah die Erlösung, die absinkende Last. Er war durchdrungen von der Großmuth, dem ritterlichen Benehmen des Fürsten; er bezeigte lebhaft seine Bewunderung, seine Dankbarkeit, auch gegen mich. — Mich freut der schöne Zug von Pückler unsäglich.

271.
Varnhagen an Pückler.
Berlin, den 16. März 1853.
Durchlauchtigster Fürst!

Ich kann mich einem seltsamen Auftrage nicht entziehen,
und richte daher an Ihre Großmuth und Gutmüthigkeit
diese Worte! Der Baron von S., der in Jahren nicht bei
mir war, verläßt mich soeben; er ist in dringender Verlegenheit, soll morgen Mittag 150 Thaler bezahlen, und kann
diese nicht aufbringen; er hat eine Anzahl schöner Handzeichnungen, und wünscht diese für obige Summe zu ver-
kaufen, oder zu versetzen; er bittet mich, Ew. Durchlaucht zu
fragen, ob Sie geneigt wären, die Handzeichnungen sich anzueignen? wobei natürlich die angegebene Summe mehr das
augenblickliche Bedürfniß als den eigentlichen Verkaufspreis
bedeuten will! Ich füge nichts hinzu, und bitte nur um
eine Zeile Antwort.

In treuester Verehrung

Ew. Durchlaucht
gehorsamster
Varnhagen von Ense.

172
Pückler an Varnhagen.
Berlin, den 16. März 1853.
Dienstag Abend.

Da Sie sich, mein verehrtester Freund und Gönner, für
die Sache, welche den Gegenstand Ihres freundlichen Billets
ausmacht, verwenden — so ist dies hinlänglich für mich,
Ihrem Wunsche zu willfahren, und Herrn von S., dem ich
mich zu empfehlen bitte, durch ein Darlehn von 150 Thalern
aus einer momentanen Verlegenheit zu ziehen.

Auf dem nächsten Blatt erfolgt daher die nöthige An=
weisung, von den Zeichnungen jedoch kann ich keinen Ge=
brauch machen.

Gestern sah ich auf einmal wieder viele altbekannte,
aber keineswegs alte Gesichter, und freute mich deren sehr.
Tausend Herzliches von Ihrem
alten und treuen Verehrer
H. Pückler.

173.

Varnhagen an Pückler

Berlin, den 17. März 1853

Ew. Durchlaucht

würden den schönsten Lohn Ihrer edlen Großmuth empfangen
haben, hätten Sie gestern Abend den unmittelbaren Ein=
druck und die gleichsam erlösende Wirkung derselben mit an=
sehen können. Sie haben durch die liebenswürdigen Aeuße=
rungen, mit denen Sie Ihre That begleiteten, mich eben so
beschämt als verpflichtet. Doch unabhängig von dieser
näheren persönlichen Beziehung, muß ich mir gestatten, Ihnen
meine volle Bewunderung eines so schönen, ächt ritterlichen
Edelmuthes auszudrücken, den ich, bekannt mit allen näheren
Umständen, die hier in Betracht kommen konnten, mehr als
jeder Andere geeignet bin in seiner ganzen Größe zu
würdigen! Und die ganze Art — so vollständig, rasch
prompt und graziös — ich weiß gewiß, daß kein zweites
Beispiel dieser Handlungsweise jetzt aufzufinden ist. Früher
hätten allenfalls Prinz Louis Ferdinand und General von
Tettenborn sich zu annähernder Vergleichung nennen lassen,
jetzt niemand! — Ein Mehreres hoffentlich mündlich, auch
über die Sache selbst. —

In treuefter Verehrung und innigfter Ergebenheit,
theuerfter Fürft, bewundernd und dankbar

Ihr

gehorfamfter

Varnhagen von Enfe[1]).

274.

Pückler an Varnhagen.

Berlin, den 17. März 1853.
Donnerftag.

Sie loben mich fo fehr, nachfichtigfter Freund, daß ich
ganz roth davon geworden bin. Doch muß ich geftehen,
daß mich der Vergleich mit Prinz Louis Ferdinand und
Tettenborn gefreut hat, mit denen ich allerdings fehr fym=
pathifire, und auch, im Lobens= wie Tadelnswerthen etwas
gemein zu haben glaube. Uebrigens wiffen Sie, daß Chriftus
fagte: „Thue Anderen nicht, was Du nicht willft, daß Dir
die Leute thun", Confucius aber fchon vorher gefagt hatte:
„Thue Anderen, was Du willft daß Dir die Leute thun",
wozu man feltener Gelegenheit findet, und daher eine fo
gute, wie mir hier geboten ward, beim Schopf ergreifen muß.
Taufend Herzliches und Freundliches von Ihrem
treuen Schüler

H. Pückler.

Den 20. März 1853 fchrieb
Varnhagen in fein Tagebuch:

„Befuch vom Fürften von Pückler. Sehr liebenswürdig,
politifch unficher, gleichgültig, geneigt das Schlechte anzuer=

---

[1]) Der Betreffende hatte Pückler durch Schrift und Karikaturen
in der Oeffentlichkeit verfpottet, was diefer ihm mit fo viel Güte
und Edelmuth erwiederte.

kennen, sich von sogenannter Kraftäußerung imponiren zu
lassen, und die wahre Kraft und Größe, die der Gesinnung,
entgeht ihm!" —

———

Den 22. März 1853 schrieb
Varnhagen in sein Tagebuch:

„Später, als ich mich schon zu Bette gelegt hatte, kam
Fürst von Pückler; er blieb über anderthalb Stunden, und
wir hatten vertrautes, ernstes Gespräch. Er beklagte, daß
er zwei der höchsten Lebenszweige stets entbehrt habe: das
kindliche Gefühl der Familienangehörigkeit und der Eltern=
liebe so wenig, als das der ehelichen Häuslichkeit, beides
ohne seine Schuld, denn seine Eltern hätten ihn schon im
sechsten Jahr unter fremde Leute verstoßen, und eine jugend=
liche Geliebte, mit der er sein Leben hätte verknüpfen mögen,
habe er nie gefunden, wenigstens nicht in der Zeit, wo es
noch rechtzeitig gewesen wäre. Sehr aufrichtig sprach er
über Beruf und Talent, Wünsche, Erfolge im Leben, nicht
nur aufrichtig, sondern auch edel und tief, mit großen An=
forderungen an sich selbst, mit klarer Einsicht, daß der ächte
Mensch nicht für sich allein da sei, sondern auch für seine
Mitmenschen; er glaubte nicht nutzlos in der Welt gewesen
zu sein, aber lange nicht geleistet zu haben, was er hätte
leisten können. Ueber Personen mit großer Einsicht und
Milde. Er war sehr brav und liebenswürdig. Ludmilla
kam aus dem französischen Theater, und wir tranken Thee
zusammen. Pückler fuhr erst nach 10 Uhr weg".

———

Den 12. April 1853 schrieb
Varnhagen in sein Tagebuch:

„Der Fürst von Pückler sprach neulich den König, und
rühmte ihm die Rede Stahl's, der sehr gut gegen den An=

trag, die Kammern abzuschaffen, gesprochen habe; der König wandte sich zu dem dabeistehenden, ehemaligen Justizminister Uhden, und sagte mit beißendem Lächeln: „Also gegen uns!" Nun, das ist doch deutlich.

Als der König den Fürsten mit dem General von Ra= dowitz in eifrigem Gespräch sah, trat er hinzu, und fragte den General: „Was will denn der von Ihnen?" Pückler schwieg, und Radowitz antwortete, sie sprächen von einem alten Buche, dem Buche eines Jesuiten. Der König fragte nicht weiter, schien aber seinen Radowitz nicht gern mit Pückler so vertraut zu sehen! —"

274.
Pückler an Varnhagen.

Den 3. Januar 1857.
Sonnabend Abend.

Heute früh, als ich Sie nicht fand, Verehrter, war ich betrübt, als ich aber Abends die schönen Schriftzüge sah, ward ich froh, und morgen als dritte Steigerung werde ich Ihrer lieben Einladung um 6 Uhr Folge leisten. Meinen besten Dank dafür, und immer

der Alte

en tout sens.

275.
Pückler an Varnhagen.

Berlin, den 29. Januar 1857.

Herzlich leid thut es mir, mein verehrter Freund, daß Sie nun auch, gleich mir, an dessen Sequestirung so viel weniger gelegen ist, die Stube hüten müssen! Um so dank= barer bin ich für Ihre freundliche Erfüllung meines Wunsches.

Das kleine Gedicht ist reizend in Form wie Inhalt. So etwas erquickt ordentlich, und überdem hat Ihre liebenswürdige Nichte diesmal sich noch selbst übertroffen in verwandtschaftlicher Aehnlichkeit der Schriftzüge mit denen des berühmten Onkels. Ich bitte meinen Dank ihr zu Füßen zu legen.

Auch mille grazie für die gütige Antwort an Mrs. Austin. Wenn ich nicht zu faul bin, schreibe ich ihr noch selbst. Adieu für heute, und hoffentlich besuchen Sie mich doch noch zuerst.

Mit treuer Verehrung

H. Pückler.

276.

Pückler an Varnhagen.

Berlin, den 11. Februar 1857.
Mittwoch früh.

Mein verehrtester Freund und Gönner,

Mit mir geht es noch immer nicht gut, und seit einem Monat habe ich jetzt schon meine Stube hüten müssen! Mehrere Tage war ich so krank, daß ich gar niemand annehmen konnte, mit Anwandlung von Schwindel und fast von Ohnmacht. Leider habe ich gehört, daß auch Sie und Ihre liebe Nichte in diesen Tagen mich haben besuchen wollen. Meinen besten Dank dafür. Wenigstens ersehe ich daraus mit Freuden, daß Sie, wie ich es hoffte, vor mir genesen sind.

Meinen Neffen Rospoth habe ich auch seit acht Tagen nur einen Augenblick gesehen, beladen mit einem dicken Manuskript, das er Ihrer zu großen Güte vorlegen wollte. Es ist eine sonderbare Passion, die er zum Büchermachen hat.

Meine Nichten (denn auch ich habe liebenswürdige Nichten) mußte ich auch abweisen, obgleich sie zu dreien, wie die Grazien, kamen, und gar bei mir essen wollten, diese

29*

Backfische, wie sie ihr Vater sehr despektirlich nennt. Von
morgen an aber hoffe ich wieder sichtbar sein zu können, und
habe zu dem Ende sogar mein Krankenlager mit blühenden
Blumenbüschen umgeben — ein avis au lecteur für Ihre
Nichte, die mich bisher immer in einer so unästhetischen Umgebung sah, daß ich mich deren wirklich zu schämen hatte.

Also au revoir, und herzlich der

Ihrige

H. Pückler.

Den 5. März 1857 schrieb
Varnhagen in sein Tagebuch:

„Langer Besuch vom Fürsten von Pückler. Was bei
uns geschieht, läßt ihn sehr gleichgültig, aber an dem Fall
des dummen Ehescheidungsgesetzes hat er doch seine Freude.
Die Pfaffen, die Finsterlinge, die blinden Eiferer sind ihm in
der Seele verhaßt. Aus den neuesten Ansichten über Stoff
und Kraft will er sich gern geistige Aufschlüsse und behagliche
Vorstellungen über ein Jenseits oder weiterhinaus entwickeln.
— Wiederholte Einladungen nach Branitz, und Angaben über
den Weg.“

277.
Pückler an Varnhagen.

Berlin, den 9. März 1857.
Montag früh.

Hier sende ich Ihnen, mein verehrtester Freund, den unbedeutenden Autograph, im Begriff abzureisen.

Nochmals meinen besten Dank für alle erwiesene Güte
und auf Wiedersehen in Branitz mit Ihrer lieben Nichte.

Ganz der Ihrige

H. Pückler.

In Eile.

278.
Varnhagen an Pückler.

Berlin, den 24. Juni 1857.

Theuerster Fürst!

Seit dem Anfange des Mai hat meine Einbildungskraft keine Vorstelluug treuer und lieber gehegt, als die von Braniß und von deffen eblem Schöpfer und gaftfreundlichen Befiter. Aber dieser Vorstellung trat eine schlimme Wirklichkeit entgegen, ein hartnäckiges, aus dem Winter in das Frühjahr aus diesem in den Sommer mitgeschlepptes Erkältungsübel, das noch immer fortdauert, und auch der jetzigen entschiedenen Wärme nicht weichen will. Als der Mai vorüber war und auch der Juni keine Aenderung brachte, wollt' ich faft verzweifeln, aber der Huften spottete meiner Unruhe und behauptete seine Herrschaft weiter. In diesem Zustande mich in Braniß anzumelden, war unmöglich; was soll' ich in Braniß, auf das Zimmer gebannt, von aller Luftbarkeit und Thätigkeit ausgeschloffen, nur immer mit dem störenden Unheil beschäftigt? Es wäre ein schlechter Dank für Euer Durchlaucht freundliche Güte, Ihnen einen Kranken zuzuführen, der es sich vielleicht noch gar bequem machte, und bei Ihnen stürbe, wobei Sie auch noch in die Verlegenheit kämen, ihn begraben zu müffen! Zwar die Pyramide könnte wohl manchen Sinn reizen, aber es ist ungewiß, ob Euer Durchlaucht diese Stätte bewilligen würden, und außerdem ist auch meine eigene Neigung für fie noch nicht entschieden, — beffer also, ich bleibe fürerst noch davon! —

Aber in Berlin bleiben soll ich auch nicht! Da mein Uebel wirklich ein ernsthaftes Ansehen hat und keinen Arzneimitteln weichen will, so bringt man darauf, eine Luftveränderung zu verfuchen, die oft in solchen Fällen die beste Hülfe leistet. Ich mag mich nicht gern zu weit entfernen, noch ganz in ländliche Einsamkeit begeben, und wähle daher zu meinem

Ausfluge Dresden, wo sich mit dem Genuß der schönen Ge=
gend auch eine Brunnenkur verknüpfen läßt, und denke in den
ersten Tagen des Juli dahin abzureisen, begleitet von meiner
Nichte Ludmilla und von der alten Karoline, Schwester der
verstorbenen Dore. Bald wird sich ausweisen, ob ich genese
oder nicht. Im letzteren Fall ist nicht viel zu sagen, noch
zu thun, höchstens etwa die letzte Hand an einige Schriften
zu legen, die dann als oeuvres posthumes von meiner Nichte
herausgegeben werden können.

Aber ich setze sehr gern den ersteren Fall voraus, daß
ich genese und den Rest des Sommers angenehm verlebe;
für diesen Fall werde ich dann mir erlauben, aus Dresden
bescheidentlichst anzufragen, ob es dann noch rechtzeitig
und gelegen sein werde, den Rückweg über Branitz zu
nehmen? —

Meine Nichte, der stets im Sinn liegt, was Euer Durch=
laucht aus Branitz und der dort geschaffenen Gegend erzählt
haben, klagt bitter über diesen Aufschub, der vielleicht — und
wahrscheinlich — eine Verneinung wird; aber sie sieht ein,
welch' ein trauriger Gast derjenige wäre, der dort nur einzig
seinen Husten pflegen müßte! —

Wir haben gestern Frau Bettinen von Arnim besucht;
ihre Fortschritte zum Genesen sind äußerst langsam, und bis=
weilen sogar zweifelhaft. Der Zustand erzwungener Un=
thätigkeit ist für sie besonders peinlich, um so peinlicher, da
ihr Kopf ganz frei ist, und ihre Phantasie in alter Weise
fortarbeitet. —

In Frankreich ist wieder politische Bewegung. Die
Franzosen waren unter dem alten Siegeskaiser nicht erstorben,
wie sollten sie es jetzt sein? Noch preist man die Staats=
klugheit, die Herrscherkunst dessen, der im Besitze der Macht
ist, noch, denn er ist noch im Besitz; — aber wer denkt
noch daran, von der Weisheit Ludwigs des Achtzehnten

oder Karls des Zehnten, von der Klugheit des Bürgerkönigs zu reden!

Doch was gehen mich fremde Krankheiten an! Hab' ich doch mit den meinen genug zu thun, der Kopf die schwere Sorge, die demokratische Eigensucht der untergeordneten Organe in Ordnung zu halten! Vor allem aber bitte ich um gütige Nachsicht für Inhalt und Form meines Geschreibes! —

Meine Nichte empfiehlt sich angelegentlichst. Ich aber verbleibe in den Euer Durchlaucht bekannten Gesinnungen der Verehrung und Anhänglichkeit unwandelbar

Ihr

treulichst ergebener
Varnhagen von Ense.

279.
Pückler an Varnhagen.

Nassau, den 6. Juli 1857.

Mein verehrtester Freund,

Da ich schon lange von Branitz abwesend bin, und seit ich Koblenz verlassen, bald dahin bald dorthin in den schönen Nassauer Landen umhergeirrt, bis ich mich endlich hier zu einer dreifachen Kur von Fichtennadelbädern, Heilgymnastik und Elektrisiren fixirt habe, so bekam ich Ihren lieben Brief erst gestern Abend.

Die Freude, die er mir machte, ward sehr durch die Nachricht Ihres Uebelbefindens getrübt, aber ich hoffe in dieser Hinsicht bald Besseres von Ihnen zu hören, und Sie im Herbst jedenfalls en reconvalescence oder ganz hergestellt in Branitz pflegen zu dürfen.

Uebrigens hätten Sie, wenn Sie im Frühjahr oder Sommer nach Branitz gekommen wären, nur die Wüste ohne

Oasis gefunden, denn da bei uns, wie man mir in allen Briefen jammernd klagt, seit zehn Wochen kein Tropfen Regen gefallen ist, noch immediat nach enormer Hitze durch Nacht= fröste embellirt — so soll es schauderhaft dort aussehen, ob= gleich täglich 24 Mann, theils mit Feuerspritzen, theils mit gefüllten Wasserfässern gießen, um wenigstens die Gras= wurzeln und die frisch gepflanzten Bäume am Leben zu erhalten.

Hier am Rhein und an der Lahn (wo ich Goethe's „Aus meinem Leben" wieder lese) steht, grünt und blüht alles üppig unter häufigem Gewitterregen, was mir die reizendsten Spazierritte gewährt.

Ich habe mich hier, meinen ausgefallenen Arm gänzlich zu kuriren, in die Pension des Dr. Haupt begeben, wo ich, als ganz anmuthige Veränderung, ein klösterliches Leben führe. Um sechs Uhr wird aufgestanden, um sieben Uhr Bad, Douche und Einathmung von Kiefernadeldämpfen, um 11 Uhr Heil= gymnastik eine Stunde, um ein Uhr ein höchst frugales Diner um drei Uhr Elektrisiren. Dann reite ich gewöhnlich spazieren bis gegen 8 Uhr, trinke Abends Thee bei der Familie Kiel= mansegge. (Die Mama ist die Tochter Stein's, die hier einen affreusen Thurm im gothischen Styl La Motte Fouqué's gebaut hat), und um zehn Uhr, wo unser Haus geschlossen wird, gehe ich zu Bett.

Für einen alten Dandy, wie ich, eine saubere Lebens= art! sie amüsirt mich jedoch vortrefflich für eine Zeit lang. Zuweilen gebe ich mir aber auch einen Ferientag im nahen Ems, wohin ich die Postmeile, zum Erstaunen der natifs, in 14 Minuten in meinem Cab zurücklege, und mehrere Be= kannte dort finde, auch öfters der schönen und sehr liebens= würdigen Großfürstin Konstantin meine Cour mache. Wenn Sie in Dresden nicht besser werden, sollten Sie meinem Bei= spiel folgen und sich auch dieser Trinitäts=Heilmethode unter=

werfen, die unter dem geschickten Doktor Haupt immer glän=
zendere Resultate liefert, besonders für alle Arten von Leiden,
wo die Nerven die Hauptrolle spielen. Die herrliche Gegend
und Luft thut auch das ihrige dazu.

Was nun die Politik betrifft, deren Sie erwähnen, so
traue ich dem Stern, das heißt der Klugheit und Energie
des französischen Kaisers hinlänglich, um überzeugt zu sein,
daß ihn die Franzosen lebendig nicht los werden. Eher
würde er Paris in Flammen aufgehen lassen, ehe er gleich
den Bourbons, Reißaus nähme. Eine gemäßigte und wohlwollende
Despotie, wie die seinige, ist übrigens gerade das, was mir die Fran=
zosen zu bedürfen scheinen, besonders wenn sie ihnen einigen
Glanz nach außen giebt, und diese Bedingungen erfüllt ja
alle der Kaiser. Deshalb verehren ihn jetzt auch die Russen
so sehr, nachdem sie erst seine eiserne Hand gefühlt und nun
von seinem sammtenen Handschuh gestreichelt worden. Was
mögen sie dagegen wohl von unserer deutschen Macht denken
und womit diese etwa vergleichen? vielleicht mit einem aufgebla=
senen Kinderballon, der von jedem Wind beliebig fortgetrieben
wird, bei jedem Riß aber, den man ihm von außen applicirt,
die stolze Füllung fahren läßt, und machtlos zusammen=
klappt.

Ihre liebenswürdige Nichte bitte ich bestens zu grüßen,
und überzeugt zu sein, daß ich stets verbleibe Ihr alter, treu=
ergebenster Schüler und Verehrer

H. Pückler.

Unter die Pyramide wollen wir vor der Hand uns
noch nicht betten, dagegen sende ich sie Ihnen beifolgend
in effigie.

Seit wann ist denn Dore gestorben? Ich höre das erste
Wort davon, und bedaure herzlich den Verlust einer so guten
und treuen Dienerin.

280.
Varnhagen an Pückler.

Berlin, den 9. Juli 1857.

Ew. Durchlaucht

liebenswürdigen Brief empfange ich in diesem Augenblick,
noch in Berlin, das ich aber in wenigen Tagen verlassen
werde, um mit meiner Nichte Dresden zu besuchen und andere
Luft zu athmen als die hiesige. Daß Sie nicht in Branitz
sein konnten, merkt' ich wohl; aber wo Sie zu finden wären,
darüber war ich ohne alle Angabe oder Vermuthung, da
selbst die Zeitungen diesmal schwiegen; meine Phantasie
schweifte irr' nach allen Weltgegenden, es ist ihr eine wahre
Wohlthat, sich bei Ihnen in dem schönen, mir lieben und
wohlvertrauten Nassauerland ausruhen zu können! Wahrlich
die Nachricht von Euer Durchlaucht dortigem Aufenthalt hat
meine Sehnsucht nach den Rheingegenden plötzlich erweckt,
und wäre nicht so vieles schon für Dresden angeordnet und
so manches auch dort zu besorgen, ich wäre fähig, meine
Reiserichtung noch schnell zu ändern. Aber wer thut, was
er eigentlich will und wünscht? Ich weiß eine seltene, geniale
Ausnahme — wäre dieses Blatt ein Spiegel, Sie würden
im Lesen dieser Zeilen sie erblicken, ich bin nicht solcher Art,
und es bleibt daher bei Dresden, wiewohl der Reiz dieses
Ortes seit dem Empfang Ihres Briefes sich bedeutend abge=
schwächt hat.

Ich benutze die Kunde von Euer Durchlaucht festem
Aufenthalt, um Ihnen das beifolgende Buch [1]) zu überreichen,
mit welchem meine Nichte zuerst das litterarische Gebiet
öffentlich betritt. Die Arbeit ist aus wahrem Herzensbedürf=
niß hervorgegangen, der von ihr sehr geliebten edlen Freundin
ein Denkmal zu errichten, und mir scheint dies auf das glück=
lichste gelungen. Verhältnisse und Schicksale, wie die hier

[1]) Gräfin Elisa von Ahlefeldt.

geſchilderten, ſind manigfachen Mißurtheilen ausgeſetzt, und falſche Anſichten erzeugen leicht auch falſche Angaben; es iſt ein ſchönes Glück, daß hier das edelſte und reinſte Bild aus der einfachen Darlegung der ſtrengſten Wahrheit hervorgehen konnte.

Jede Zeile kann durch vollgültige Zeugniſſe belegt wer= den; ich darf dies verſichern, da ich die gebrauchten Hülfs= quellen großentheils ſelber eingeſehen und geprüft habe. Gönnen Euer Durchlaucht dem Buch einige freundliche Muße= ſtunden! Daſſelbe iſt noch nicht öffentlich erſchienen, erſt in einigen Wochen wird dies geſchehen; fürerſt ſind nur an nahe und ferne Freunde eine Anzahl von Abdrücken vertheilt worden, aber dieſe haben ſchon ſolche Aufnahme gefunden, daß die Verfaſſerin mit dem Erfolge zufrieden ſein, ja kaum einen größeren erwarten kann. Namentlich hat Humboldt ein faſt enthuſiaſtiſches Wohlgefallen bezeigt, die eingehendſten Bemerkungen über den Inhalt geſchrieben, und Ludmilla'n eigenſt beſucht, um ihr ſeinen Dank zu ſagen. Es fand ſich unerwartet die wehmüthige Beziehung, daß der im Buche gefeierte Heldenjüngling Frieſen vor fünfzig Jahren Hum= boldt's Gehülfe bei Ausarbeitung des mexikaniſchen Atlaſſes geweſen! —

Ich habe dieſer Tage Bettinen beſucht, die ich zwar etwas beſſer fand, als das vorigemal, aber doch noch weit entfernt von völliger Geneſung. Es iſt die Rede von Töplitz, indeß noch unſicher, ob etwas aus der Reiſe wird. Auch Bettina und ihre Töchter ſind ganz eingenommen von Lud= milla's Buch. —

Die arme gute Dore ſtarb im Februar vorigen Jahres. Sie war ſchmerzlich krank während ſieben Monaten; ich habe ſie während dieſer Zeit Tag und Nacht gepflegt, das war ihr ein großer Troſt, und auch mir. Sie hatte in unſcheinbarer Gewöhnlichkeit vortreffliche Eigenſchaften, und ihr Andenken ſteht mir ſehr hoch und werth. —

Prophezeihen will ich in politischen Dingen nichts; aber der geschichtliche Rückblick auf das, was ich erlebt habe, bringt großen Unglauben an das Bestehende hervor. Ich habe schon manche Katastrophen gesehen, die des alten Preußenthums, des alten Napoleons, der französischen Könige, des Fürsten von Metternich, zuletzt die des Kaisers Nikolaus, von dem jetzt kein Mensch mehr spricht, von dem aber noch vor kurzem die ganze Welt und wie sprach! —

Wenn Euer Durchlaucht mir gütigst etwas zu schreiben haben, so würde zunächst Dresden poste restante die sicherste Adresse sein. —

Meine Nichte empfiehlt sich angelegentlichst, und ich verbleibe in unwandelbarer Gesinnung verehrungsvollst und treulichst

Ew. Durchlaucht

ganz ergebenster

Varnhagen von Ense.

281.

Pückler an Varnhagen.

Frankfurt am Main, den 20. Juli 1857.

Verehrtester,

Tausend Dank Ihnen und der liebenswürdigen Schriftstellerin, denen ich eine der anmuthigsten Lektüren verdanke, die mir seit langer Zeit vorgekommen ist. Wenn doch unsere modernen Romanarbeiter diesen eben so gediegenen als scheinbar leicht hingeworfenen Styl, diesen weltmännischen Anstand bei der lieblichsten Natürlichkeit, sich auch einigermaßen zu eigen machen könnten! Aber es scheint, daß unserer schönen Litteratur, nie mehr als jetzt, der gute Geschmack und die Kenntniß der verschiedenen gesellschaftlichen Zustände, wie sie wirklich sind, mit deren charakteristischen wahren Schwächen und Vorzügen, größtentheils fast ganz abhanden gekommen ist, die breiteste Langweiligkeit noch abgerechnet.

Meistens finde ich nur groteske Uebertreibung in den unterhaltenden Werken dieser Art, Effekthascherei ohne geschickte Verbindung, selten wahres Leben, und im Allgemeinen eine merkwürdige Unbekanntschaft mit den Allüren der guten Gesellschaft. Man sieht immer que l'auteur n'a écouté qu'aux portes. Darin sind uns Engländer und Franzosen sehr überlegen, wenn auch einige glänzende Ausnahmen bei uns stattfinden.

Eine solche ist unbestreitbar das kostbare Büchlein Ihrer Nichte. Diese, wie ein klarer Bach unter Blumen in reizender Umgebung, sanft und durchsichtig dahinfließende Erzählung eines hochbegabten Menschenlebens ist unbeschreiblich anziehend. Aber irre ich mich, wenn ich einige Schalkhaftigkeit darin finde, ihr den Anhang der Briefe dreier in ihrer Zeit gefeierten Personen mit auf den Weg gegeben zu haben? Der Vergleich dieser Zindelfolie mit dem ächten Edelstein des über ihr ruhenden kleinen Meisterwerks erschien mir allerdings schlagend — denn in der That, wie holprig und ungenießlich sind dagegen die Briefe Immermann's, wie fade und alles geschmacklos lobhudelnd die des stets überentzückten Priesters, wie von geschraubtem Gefühl und schlechtversteckter Eitelkeit übersprudelnd, dem Philiströsen sehr nahe kommend, wie ihre Romane, die Briefe der guten affektirten Paalzow!

In der Erzählung Ihrer Nichte sehen wir viel wahrere, folglich zehnmal interessantere Karaktere, sich mit wenigen genialen Strichen selbst entfalten, und durch ihre bloßen Contoure so deutlich sich abheben von dem Stoff, auf dem sie gemalt sind, wie die Gebilde eminenter Künstler, und das alles so einfach, als wenn es eben gar nicht anders sein könnte, selbst die drei Briefsteller erkennt man, ein wenig zwischen den Zeilen lesend, ganz vortrefflich, wenn auch mit mildester Hand gezeichnet. Nur Immermann haßt man, daß er diesen wohlthuenden Engel so verlassen konnte.

Ich danke Ihnen einen wahren Genuß, mein sehr ge= ehrter Freund, und küsse den schönen Geist Ihrer Nichte in Gedanken; aber wie in aller Welt ist es möglich, daß ich einer so seltenen, exklusiven Person, für die mir Ihre Nichte eine wahrhaft anbetende Liebe und Hingebung eingeflößt hat, in Ihrem Zirkel nie in Berlin begegnete, ja, nie von ihr gehört habe, jedenfalls nie von Rahel, die sie doch gekannt haben muß, aufmerksam auf dieselbe gemacht worden bin? Hat sie denn nur das Talent Ihrer schöpferischen Nichte so hinreißend ausgeschmückt, diese Frau, welche für mich das wahre Ideal einer solchen darstellt, wie ich selbst sie mir ge= wünscht hätte, aber ihr leider immer nur in meiner Phan= tasie begegnet bin.

Lachen Sie nicht über diesen jugendlichen Enthusiasmus des Greises mit Ihrem mephistophelischen Lächeln, manche Menschen bleiben immer innerlich jung, et après tout, cette fois-ci, la faute en est toute à votre nièce.

Die mir entwischte französische Phrase zeigt Ihnen schon wieder, wie incorrigible ich in meinen Fehlern bin, und wie sehr ich in allem der fortwährenden Langmuth des Meisters bedarf, die ich auch nur durch meine herzliche Anhänglichkeit und höchste Anerkenntniß verdienen kann.

Mit Ihrer Gesundheit geht es doch wohl jetzt besser, da Sie nichts davon erwähnen, und Ihre schöne Handschrift immer gleiche Kraft und Festigkeit zeigt, während die meinige schon bedeutend beim Schreiben zittert.

Das Papier ist zu Ende, also Glück auf!

H. Pückler.

Den 17. November 1857 schrieb
Varnhagen in sein Tagebuch:

„Nachmittags Besuch vom Fürsten von Pückler. Zum
erstenmal ungefärbten grauweißen Bartes, sehr gealterte Züge,
sonst aber munter und geistesrege wie früher. Vierzehn Tage
war er in Potsdam, beschäftigt mit Parkanlagen in Babertsberg,
auch wohl mit treuer Berichterstattung an die Prinzessin
von Preußen. Er sagt Ludmilla'n die ausgezeichnetsten Artigkeiten
über ihr Buch. Er liest mir aus seinen Reiseblättern
vor, was der Fürst von Metternich über mich gesagt hat,
nämlich daß auch er es sehr bedauere, mich nicht bei seiner
Person gehabt zu haben, daß er wünsche, ich möchte sein
Biograph werden, niemand sei besser dazu geeignet. Auch
sonst noch vieles über Metternich liest er und erzählt er;
seine Töchter waren bei ihm auf dem Johannesberg, der
Spanier Montenegro, der in Wien für den Günstling der
Fürstin galt, und bei ihm noch jetzt ein Faktotum ist, mehr
als der Familie lieb zu sein scheint; die Taubheit soll nicht
so arg sein. Metternich hat eine große Unterredung in
Dresden 1813 mit Napoleon genau niedergeschrieben, und
dem Fürsten von Pückler zu lesen gegeben, später scheint er
sie auch Hrn. Thiers mitgetheilt zu haben, der bald nach
Pückler bei ihm war, und gute Eindrücke gemacht und empfangen
hat. Unterhaltende Bemerkungen über Weiber, über
die erste Herzogin von Sagan, die ihre Liebhaber immer
heirathete, über die Lust der englischen Frauen am Davonlaufen,
über Frau von * und ihr Verhältniß mit dem Adjutanten
des Prinzen *. Ueber den Amerikaner Hume und
seine Cagliostrostreiche, Pückler hält alles für Taschenspielerkünste,
Bauchrednerei, zum Theil ganz grob ausgeführt, der
Prinz von Preußen aber glaubt an Geistermacht. — Der
Fürst war über eine Stunde bei uns und sehr angenehm.
Morgen will er auf einige Wochen nach Branitz gehen.

282.

Pückler an Varnhagen.

Branitz, den 18. Novbr. 1857.

Verehrtester Freund,

Hierbei übersende ich den Aufsatz des Fürsten Metternich, den ich mir gelegentlich wieder zurückzustellen bitte, wenn ich in spätestens vierzehn Tagen nach Berlin zurückkomme.

Denken Sie nicht vielleicht in Folge der Ihnen durch mich mitgetheilten Aeußerung des Fürsten, einmal an ihn zu schreiben? Es wäre wohl für ihn selbst, wie für das ganze Publikum ein großer Vortheil, wenn einst von Ihrer Meister= feder seine so merkwürdige und inhaltreiche Biographie be= arbeitet würde.

Große Männer kommen ja nur zu ihrer ganzen Geltung, wenn große Talente ihre Geschichte schreiben!

Für heute nichts weiter, denn ich finde hier so viel bringende Geschäfte, und so viel Briefe zu beantworten, daß mir davor graut. Ameisengeschäfte, die aber doch erledigt werden müssen, — denn meine mangelhafte Natur bestimmte immer mein trauriges Loos: viel zu thun — im Nichts. Mein ganzes Leben besteht in lauter unvollkommenen Skizzen, aber kann man etwas anderes werden als man ist? Ich be= zweifle das, und wünsche nur, ich hätte weniger Hang zum Nachdenken über mich selbst, denn das Resultat ist selten erfreulich.

Gute Nacht, es ist schon zwei Uhr nach der Geisterstunde,

Ihr treu ergebener

H. Pückler.

Der liebenswürdigen Nichte meine Verehrung, dieser Schöpferin weiblicher Vollkommenheit im lebenswarmen Bilde reizender Phantasie. Nein, nein höre ich aus sanftem Munde lispeln: „Nur Wahrheit, wahre Wahrheit!" Oh, ich glaube ja schon — aber was sich liebt das neckt sich — und im schlimmsten Fall herrscht ja in Preußen Glaubens= und Gewissensfreiheit.

———

Den 16. Mai 1858 schrieb
Varnhagen in sein Tagebuch:

„Nachmittags Besuch vom Fürsten von Pückler. Er sieht denn doch in seiner jetzigen Weißheit sehr verfallen aus, klagt auch über Alter, war im Ausgang des Winters rheu= matisch leidend 2c. Er bekennt auch, schönen Besuch gehabt zu haben, eine Miß, auch die Gräfin von Meervelt, wegen deren er ein kurzes Verhör ausstehen muß, zum erstenmal seh' ich ihn etwas verlegen! Ganz heiter und mit sichrer Ueberlegenheit spricht er von Immermann's „Münchhausen", wo er so häßlich mitgenommen wird, und den er erst jetzt gelesen hat; der Angriff war ihm völlig unbekannt geblieben! Vielleicht Bettinen von Arnim auch der noch plumpere gegen sie gerichtete! So getrennt sind in Deutschland noch Litteratur und Leben! — Er lobt mir die Gräfin Klotilde von Lottum, ihre Gesellschaften, fordert mich auf, diese zu besuchen. Sie giebt ihren Freunden alle Sonntag ein Mittagessen, die Freunde sind lauter alte Herren, sie nennt sie daher ihre Kadetten."

———

Den 27. Mai 1858 schrieb
Varnhagen in sein Tagebuch:

„Nachmittags Besuch vom Fürsten von Pückler. Er kommt im Auftrage der Prinzessin Karl, um bei Ludmilla'n anzufragen, ob es ihr genehm sei, den Wunsch der Prinzessin, sie kennen zu lernen, zu erfüllen. Ich bejahe es in ihrem Namen, dann kam sie selbst, und bestätigte es. Der Fürst sieht die Prinzessin zum Mittagessen beim Prinzen von

Preußen. Pückler spricht vom Minister von Stein sehr gering, hält ihn für einen verworrenen Kopf, der bald dieses bald jenes wollte, beschränkt in Ansichten ꝛc. Metternich und Harden=berg stehen ihm weit näher, obgleich er deren Schwächen auch gut kennt. Ueber die heutigen Minister äußert er die tiefste Verachtung. Er sagt, Humboldt habe nicht klug gethan, seinen Brief an Dedenroth zu veröffentlichen, er habe nur die Leute recht aufmerksam gemacht, und die alberne Schrift werde reißend gekauft. Ueber Wilhelm von Humboldt.——"

Den 1. Juni 1858 schrieb
Varnhagen in sein Tagebuch:

„Bei mir war Fürst von Pückler, der noch heute nach Branitz abreisen wollte. Wir sprachen über den Fürsten von Metternich, über Gentz, die Herzogin von Sagan, den kranken König mit seinen Schrullen und Einbildungen, die schon in den Zeiten spielten, da er noch für vernünftig galt. Eine dieser Schrullen ist, daß er die Fürsten von preußischer Mache des Prädikats Durchlaucht beraubt hat, das er denen von fremder Mache läßt. Pückler klagt unwillig über diese Be=raubung, die für ihn mehr eine Lächerlichkeit als eine Herab=setzung sei, die er aber doch zurückgenommen wünscht. Der Prinz von Preußen, wenn er zur Regierung kommt, wird sogleich den Titel herstellen. Der Fürst bittet mich, ihm etwas darüber aufzusetzen, was er dem Prinzen von Preußen übergeben könnte als eigne Meinung.

Der Fürst von Pückler machte auch seinen Abschiedsbesuch bei Ludmilla, wo er noch Frau von Bülow fand."

283.

Pückler an Varnhagen.

Schloß Branitz, den 16. Juni 1858.

Mein verehrtester Gönner,

Sie sind wirklich die Liebenswürdigkeit selbst, und daneben wir Alle rechte Stümper gegen Sie! Wie schön wollte ich, wenn ein König, regieren, mit einem Minister wie Sie an meiner Seite, und ein solches Talent läßt man feiern! Aber bei uns eben darum — das erklärt leider unsere ganze Geschichte seit langer Zeit, und wird uns, fürchte ich, auch die Zukunft rauben, die vielleicht noch möglich anders zu gestalten wäre, trotz aller Versäumnisse der Vergangenheit, wenn — aber

„Der Mann, der das Wenn und das Aber erdacht,
Hat sicher aus Heckerling Gold schon gemacht."

Also nun auf Ihren lieben Brief zurückzukommen, meinen allerbesten Dank dafür, und habe ich nicht ermangelt mich mit Ihren Federn zu schmücken. Unverändert habe ich ihr vortreffliches Resumé [1]) abgeschrieben, und weiter damit operirt. Später werde ich über die Folgen Bericht erstatten.

Der Frau Prinzessin Karl gratulire ich zu der gemachten neuen Bekanntschaft mit Ihrer Nichte, die, wie ich sehe, ihr schon außer dem angenehmen, auch nützlich geworden ist.

Was sind nun Ihre Pläne für diesen Sommer? Obgleich wir (das heißt, ich allein ganz und gar nicht) jämmerlich von der Hitze leiden, die Gras und Bäume vertrocknet, 28 Grad Réaumur täglich im Schatten, also ziemlich afrikanisch, so hätte ich Ihnen doch gern vorgeschlagen, es einmal mit meiner kleinen Oasis zu versuchen, aber ich muß es jetzt erst mit den Familienbesuchen abgethan haben, die mich seit Jahren drängen, und sich nicht mehr abweisen lassen, so langweilig sie mir, unter uns gesagt, auch meistens sind, und dies um

---

[1]) Ueber den Titel Durchlaucht.

so mehr, da im Hause von allen Seiten noch gebaut und
meublirt wird, alles voll Maler, Vergolder, Tapeziere ꝛc.,
die ich sämmtlich im Hause unterbringen muß, so daß mir
nicht mehr als drei bis vier anständige Fremdenzimmer der=
malen übrig bleiben, woraus folgt, daß ich meine Gäste in
kleinen Portionen nur nach einander und nicht mit einander
sehen kann, sie daher, wie in England, alle auf genau bestimmte
Tage einladen muß, denn bliebe eine Serie nur einen halben
Tag länger als vorgeschrieben, so müßte die nächste im Park
bivouakiren. In fünf bis sechs Wochen hoffe ich alles das
los zu sein. Einige Prinzliche Besuche habe ich in dieser
Bredouille ganz abwenden müssen, denn ich bin allerdings,
wie Sie gesagt haben, noch immer zu eitel, mich und Branitz
in solcher Blöße und unvollendeter Toilette sehen zu lassen
obgleich ich vielleicht sterbe, ehe sie vollendet ist. Und den=
noch hat der Puff, den man hie und da in den Zeitungen
losgelassen, alle Welt neugierig auf Branitz gemacht, ohne
daß wirklich Grund dazu vorhanden ist. Man hat mit allem
seine wahre Noth! mit Besitz, ohne Besitz, mit Verstand, ohne
Verstand, mit dem Wissen wie mit Ignoranz, selbst mit dem
Talent wie ohne Talent, und dem Genie mag es erst noch
übler gehen. Aber ich schwatze mit Ihnen wie ein altes
Weib, und finde kaum noch Platz, Sie deshalb um Ver=
zeihung zu bitten, und zu wiederholen was Sie längst wissen,
wie sehr ich Sie liebe und ehre.

H. Pückler.

284.
Pückler an Varnhagen.
Schloß Branitz, den 9. Juli 1858.
Sonnabend Abend.

Verehrter Freund,

Da ich nun mit meiner Familie fertig bin, und ein
schöner Regen unsere schmachtenden Fluren erfrischt hat, so

frage ich an, ob es Ihnen und Ihrer liebenswürdigen Nichte wohl jetzt konveniren könnte, mich mit Ihrem Besuche in Branitz zu erfreuen?

Ich bleibe noch bis zum 25. Juli hier, worauf ich nach dem Rhein reisen muß.

Ich war vom Beginn dieser Woche so schmerzlich erkrankt, an einem Rheuma oder Nervenaffektion, die genau den halben Kopf, das heißt die ganze linke Seite desselben, einnahm, und mit fast unerträgbarem Reißen dermaßen darin wüthete, daß ich 76 Stunden lang weder eine Minute Schlaf hatte noch in dieser ganzen Zeit irgend etwas zu mir genommen habe als Medizin und kaltes Wasser, eine wahre Tortur, wie sie die Inquisition ihren Opfern kaum schlimmer hat anthun können. Selbst die Cholera, die ich auf der Donau durch= machen mußte, und die in ihrer ganzen Stärke auch nur 36 Stunden dauerte, hat mich so leiden gemacht! Doch wie das Uebel ohne irgend einen erkennbaren Grund fast plötzlich eingetreten, verschwand es auch beinahe eben so schnell, als habe ein böser Geist mich zu seinem Vergnügen gemartert. Die Natur ist im Ganzen liebevoll, aber im Einzelnen zu= weilen schreckbar grausam. Meine Geduld hat aber bei alle dem stoischer ausgehalten, als ich mir selbst zugetraut, und das thut mir gewissermaßen wohl, seit die Qual vorüber ist, und ich mich erfrischt fühle wie nach lange tobendem Gewitter. Was hat mich nun kurirt? Die zwei mich behandelnden Aerzte, das lange, unwillkürliche Fasten, oder des Uebels eigene Erschöpfung durch dessen wilde Heftigkeit? Ein Deutscher grübelt immer nach der Ursache, so lange er noch Besinnung hat — wohl eine geistige Krankheit unserer Race die mehr Anderen als uns meist zu Gute kommt. Ich will mich jedoch lieber, wie ein Südländer, der besser gewordenen Gegenwart freuen, und der Hoffnung auf eine frohe Zukunft durch Ihre Annahme meiner Bitte, welche das Hauptmotiv dieses, wieder etwas lang gewordenen Briefes ist.

Der vortrefflichen Nichte küsse ich die Hand, und ver=
bleibe in Erwartung einer recht gütigen Antwort mit alter
Verehrung

ganz der Ihrige

H. Pückler.

285.

Pückler an Varnhagen.

Schloß Branitz, den 13. Juli 1858.

Dies ist ein höchst liebenswürdiger Krankenbesuch, von
dem ich die vollständigste Herstellung erwarte, und mich sehr
darauf freue. Auch das Barometer verspricht Sonnenschein,
so daß ich hoffe, Ihnen und Ihrer liebenswürdigen Nichte
selbst als Cicerone in meiner kleiner Schöpfung dienen zu
können. Bis jetzt durfte ich die Stube noch nicht verlassen,
über die strenge Diät habe ich mich aber schon hinweggesetzt.

Jetzt noch einen Rath für die Reise. Wenn Sie nicht
einen eigenen Wagen mit sich führen, so werden Sie mit
Extrapost schlechter und langsamer fahren, als mit der
Personenschnellpost, die sich unmittelbar in Guben an die
Eisenbahn anschließt, und Sie in vier Stunden (6 Meilen)
nach Kottbus bringt. Dort erwartet Sie meine Equipage
auf der Post, und ein Fourgon für Ihre Effekten, denn
Hutschachteln werden doch gewiß hinlänglich dabei sein.
Auch ich fahre häufig mit dieser Post, die einen sehr guten
Wagen hat.

Wie sehr freue ich mich endlich einmal gewiß zu sein,
Sie hier zu sehen! Und bitte die Götter nur um Sonne,
und leidigliches Wohlsein während Sie hier sind.

Ich muß schließen, um die Post nicht zu versäumen,
damit Sie diesen Brief noch erhalten. Also auf Wiedersehen
zu übermorgen, und herzlichst Ihr und Fräulein Ludmilla's

sehr ergebener

H. Pückler.

Den 31. August 1858 schrieb
Varnhagen in sein Tagebuch:

„Nachmittags Besuch vom Fürsten von Pückler. Feste
in Babertsberg. Große Paraden. Diese letzteren hat er mit=
gemacht, obschon er drei Tage mit einer Art Cholera heim=
gesucht war, — „Ich mußte wohl die Militairsachen mitmachen,
wenn ich nicht beim Prinzen von Preußen allen Kredit ver=
lieren wollte." Der Fürst erzählte vielerlei mit großer
Liebenswürdigkeit. — Schilderung und Lob von Bremen,
von Hamburg. Ueber den General von Tettenborn, der Fürst
klagt, unser Kriegswesen, so schön und tüchtig es sei, fresse
uns auf, das Land werde davon verschlungen, und für die
vielen Millionen, die das Heer koste, leiste es nichts als daß
es da sei. Den Seewesenschwindel hat der Fürst auch nicht."

––––––––––

Den 2. September 1858 schrieb
Varnhagen in sein Tagebuch:

„Abends Besuch vom Fürsten von Pückler, beinahe
2 Stunden, bis halb 9 Uhr. Sehr angenehme Unterhaltung;
Jugendgeschichten, Hofsachen, Gesellschaft, Bücher, zuletzt ernst=
heitere Betrachtungen über Leben und Tod, Unsterblichkeit,
Gottheit. Der Fürst bezeigte die vollkommenste Ergebung in
Gott, wahre Frömmigkeit, sprach über persönliche Fortdauer
wie es Schleiermacher zu thun pflegte, Bekenntniß der Un=
wissenheit, aber Zuversicht, daß der Geist nicht sterben könne,
daß das Allgemeine mehr werth sei als das Einzelne. —
Die Prinzessin Karl hat wieder Ludmilla'n gegen den Fürsten
sehr gelobt. Sie giebt ihm Bücher zu lesen, er will ihr die
von uns eifrig empfohlenen „Erzählungen eines Unstäten"
von Moritz Hartmann geben. — Verachtung der Hofschranzen;
solche, die ihn sonst kaum beachten wollten, nähern sich ihm
mit Beflissenheit, mit Schmeicheleien und Huldigungen, weil

sie sehen oder vermuthen, daß er beim Prinzen von Preußen etwas gilt. — Der Fürst war in Generalsuniform, die ihm sehr gut stand. — Ueber den Oberstallmeister General Adolph von Willisen hatten wir ein ernsthaftes Gespräch, der Fürst wurde von mir in der guten Meinung, die er von ihm hat, kräftigst bestärkt."

————

Den 8. September 1858 schrieb
Varhagen in sein Tagebuch:

„Ludmilla bekommt einen Brief vom Fürsten von Pückler, der gegen eine Angabe Arndt's, Pückler habe den Halunken Tschoppe dem Fürsten von Hardenberg empfohlen, Einspruch thut, und darüber ein Schreiben an den Redakteur der „National=Zeitung" richtet, in der jene Angabe abgedruckt worden. Uebrigens war damals der kleine Tschoppe nur ein Wicht, noch nicht der Halunke, der später in ihm her=vortrat."

————

Den 17. September 1858 schrieb
Varnhagen in sein Tagebuch:

„Ausgegangen mit Ludmilla. Besuch beim Fürsten von Pückler. Seine Schwägerin Gräfin von Seydewitz geht weg. Er giebt uns einen Brief zu lesen, den er an einen Vetter ge=schrieben hat, worin er bekennt, daß ihn das Leben nicht mehr reizt, daß er es zu lang findet, und das Aufhören fast herbeiwünscht, aber gar nicht aus Trübsinn oder Schwermuth, sondern ganz heiter, und auch noch ganz vergnügt mit dem Leben spielend, wenn die Gelegenheit sich giebt. Weitläufiges Gespräch über diesen Gegenstand. große Aufrichtigkeit. Er beklagt, daß er niemand habe, der ihn liebt, eine gute Tochter würde ihn beglücken, der könnte er viel zu Gefallen thun. Seine Unabhängigkeit war ihm sonst das Liebste, jetzt möchte er gern etwas Abhängigkeit. Daß er sich aus dem Urtheil

Anderer nichts mache, sei meist nur angenommener Schein gewesen, bekennt er aufrichtig. Ueber die Fürstin spricht er mit klarer Einsicht, sie war seine Freundin, ihr Karakter aber dem seinigen zu ähnlich. Er giebt Ludmilla'n bereitwillig allerlei Aufschlüsse und Erläuterungen, zu denen ich nachher manchen Nachtrag liefere! Binnen wenig Tagen reist er nach Baden-Baden zur Prinzessin von Preußen. Ueber unser politisches Elend seufzt er, und sieht kein Ende desselben. Mangel an Kraft, an Entschluß, auf der einen Seite, Mangel an Einsicht und Willen auf der anderen. Keine Männer sind da, die etwas leisten könnten; Mangel an allem!" —

Den 30. September 1858 schrieb
Varnhagen in sein Tagebuch:

„Gegen Abend Besuch vom Fürsten von Pückler; er versucht auszufahren, in's Theater, kann aber noch nicht reisen. Er ist sehr angegriffen, sieht schlimm aus, ist minder lebhaft als sonst. Er hat im Königstädtischen Theater neben zwei Damen gesessen, von denen die jüngere durch Schönheit und ausgezeichnetes Wesen ihn sehr einnahm; erst nachher nannte sein Lohndiener sie ihm, es war Frl. Seignen, die Tochter des sardinischen Gesandten. Der Graf von Schaffgotsch erbot sich ihn mit ihr bekannt zu machen, in der katholischen Kirche wo sie stets anzutreffen sei; noch ist es aber nicht geschehen. Der Fürst erzählte die Sache sehr anmuthig, und Theater (die gemeine Posse „Berlin wie es weint und lacht") und Kirche spielten artig durch einander. — Ueber die hiesigen Zustände! Es wird schon eine Zeit kommen, wo man die Folgen der jetzigen Staatsvernachlässigung erkennen wird."